Alpinwandern Graubünden

Tag für Tag Berg und Tal

*Oh, diese weiten, ruhigen, unermesslichen Bergtage,
die zugleich zur Arbeit und zur Rast anregen! Tage,
in derer Licht alles gleichermassen göttlich erscheint,
die tausend Fenster öffnen, um uns Gott zu offenbaren.
Niemals wieder, so müde er auch sein mag, sollte
einer schwach werden, der den Segen eines Bergtags
empfängt; was ihm sein Schicksal auch bereithält,
langes Leben, kurzes Leben, stürmisch oder ruhig,
er ist für immer reich.*

John Muir

Alpinwandern Graubünden
Weitwandern in 65 Etappen
Peter Donatsch/Paul Meinherz

Tag für Tag Berg und Tal

Mit 16 Abbildungen vierfarbig,
4 Fotos schwarz/weiss
und 65 Diagrammen

Verlag Schweizer Alpen-Club

1. Auflage 1998
© 1998 Verlag des SAC
Alle Rechte beim Schweizer Alpen-Club

Satz: TransfoTexte SA, Lausanne
Druck: Gasser Print AG, Chur
Bindung: Buchbinderei Burkhardt AG, Mönchaltorf

Printed in Switzerland
ISBN-Nr. 3-85902-176-1

Inhalt

Zum Geleit	11
Vorwort	13
Zum Gebrauch des Führers	16
Bergwandern, aber sicher!	22
Alpines Rettungswesen	26
Schutz der Gebirgswelt	34

Routen

A Nordbünden

I Rätikon – Madrisa ... 37

1 Maienfeld – Enderlinhütte ... 40
Die Clubhütte am Berghang über den Weinbergen

2 Enderlinhütte – Falknis – Fläscher Tal – Ijes – Schesaplanahütte (Seewis) ... 44
Rheinpanorama von Chur bis zum Bodensee

3 Schesaplanahütte – Schesaplana – Gamsluggen – Colrosa – Carschinahütte (St. Antönien) ... 47
Sererhards «Mirabilia der Berge»

4 Carschinahütte – Gemschtobel – Sulzfluh – Karrenfeld – Tilisunahütte – Sulzfluhhöhlen – Partnun (St. Antönien) ... 52
Als Bergwanderer auf einen Kletterberg

5 Partnun – Riedchopf – St. Antönierjoch – Gafier Joch – Juonen Fürggli – Madrisajoch – Ereztälli – Schlappin (Klosters) ... 57
In Kalk und Gneis wachsen verschiedene Blumen

6 Schlappin – Schottenseefürggli – Seegletscher – Seelücke – Saarbrückener Hütte (Gaschurn) ... 60
Ein langes Bergtal – ganz hinten locken die Berge

II Silvretta – Samnaun ... 65

7 Saarbrückenerhütte – Litzner Sattel – Winterlücke – Klosterpass – Rote Furka – Silvrettahaus (Klosters) ... 68
Im Zwiegespräch mit Gletscherzungen

Inhaltsverzeichnis

8	Silvrettahaus – Silvrettapass – Plan Mezdi – Chamanna Tuoi (Guarda) .... In der Mitte des grössten Bündner Gebirges	71
9	Chamanna Tuoi – Furcletta – Urezzas – Val Urschai – Fuorcla da Tasna – Heidelberger Hütte (Ischgl) .... An Hirten und Herden vorbei zu sich selbst	74
10	Heidelberger Hütte – Zeblasjoch – Samnaun..................... Zurück ins Schweizer Zollfreigebiet Samnaun	78
11	Samnaun – Fuorcla Maisas – Zuort – Kurhaus Val Sinestra (Sent) ... Versteckte Wege im Schatten des Muttler	82
12	Kurhaus Val Sinestra – Fuorcla Campatsch – Chamanna da Naluns – Scuol... Von Lärchenwäldern zu Skilift-Masten	88

III Linard – Grialetsch – Kesch 91

13	Scuol – Chamanna da Naluns – Alp Laret – Val d'Urezzas – Chamanna Tuoi (Guarda) .... Geruhsames Wandeln angesichts wilder Berge	94
14	Chamanna Tuoi – Fuorcla d'Anschatscha – Val Lavinuoz – Fuorcla Zadrell – Vernela – Berghaus Vereina (Klosters) .... Auf Zadrells Spuren am Piz Linard vorbei	96
15	Berghaus Vereina – Jörigletscher – Chant Sura (Flüelapass) – Munt da Marti – Chamanna da Grialetsch (Davos) .... Bergwanderung quer zum Passverkehr	102
16	Chamanna da Grialetsch – Fuorcla Vallorgia – Scalettapass – Chamanna digl Kesch (Bergün)............................. Von der Sanftheit der Gletscher	104
17	Chamanna digl Kesch – Porta d'Es-cha – Chamanna d'Es-cha (Madulain) .... Wettlauf auf dem Gletscher	108
18	Chamanna d'Es-cha – Fuorcla Pischa – Val Plazbi – Darlux – Bergün .. Szenenwechsel: vom Engadin ins Albulatal	110

IV Ela – Jenatsch – Avers – Maloja 113

19	Bergün – Chamonas d'Ela – Pass d'Ela – Fuorcla Tschitta – Naz – Preda Rund um den mächtigen Piz Ela	116

20	Preda – Naz – Val Mulix – Fuorcla da Bever – Vadret Laviner – Chamanna Jenatsch .... Ringsum ein Kranz unnahbarer Gipfel	121
21	Chamanna Jenatsch – Fuorcla d'Agnel – Fuorcla digl Leget – Muttariel – Alp Flix .... Ein weisser Gletscher und ein See in farbiger Wüste	124
22	Alp Flix – Lai da Marmorera – Muttans – Val Bercla – Fallerfurgga – Juf .... Ein Abend im höchsten Dorf Europas	129
23	Juf – Forcellina – Pass da Sett – Pass Lunghin – Piz Lunghin – Maloja oder Casaccia .... Vom höchsten Dorf zur berühmten Wasserscheide	133

V Bergell (Nord) – Valle di Lei – Rheinwald – Safien 137

24	Maloja – Casaccia – Val Maroz – Val da Cam – Soglio .... Atemberaubende Aussichten	140
25	Soglio – Passo del Turbine – Passo di Lei – Rifugio Baita del Capriolo (Innerferrera) .... Lang, länger, am längsten: die längste Etappe	145
26	Rifugio Baita del Capriolo – Passo di Sterla Settentrionale – Rifugio Giovanni Bertacchi (Madesimo/Monte Spluga) .... Der Himmel schon südlich, der Weg noch rauh	149
27	Rifugio Giovanni Bertacchi – Pass da Niemet – Punt da la Muttala – Sufers .... Steine, Schafe und verwunschene Sümpfe	152
28	Sufers – Cufercalhütte .... Nach den langen Etappen: kurz und gut	158
29	Cufercalhütte – Farcletta digl Lai Pintg – Farcletta digl Lai Grond – Safien Turrahus .... Vom kleinen See über den grossen See in die Hölle	161
30	Turrahus – Bärenlücke – Alp Tomül – Vals Platz .... Über ein Meer aus Alpwiesen zur Bärenlücke	164

VI Vals – Rheinwald – Greina – Medelsergruppe 167

31	Vals – Valserberg – Hinterrhein .... Über alte Fusswege zu neuen (Auto-)Bahnen	170

Inhaltsverzeichnis **8**

32	Hinterrhein – Zapporthütte	172
	Der Rhein hat viele Quellen, aber nur einen Ursprung	
33	Zapporthütte – Canallücke – Lampertsch Alp – Läntahütte (Vals) ...	174
	Das im Stausee versunkene Walser-Dorf	
34	Läntahütte – Passo Soreda – Lago di Luzzone – Capanna Motterascio (Campo Blenio)...	178
	Freie Sicht aufs Gipfelmeer!	
35	Rifugio Motterascio – Greinapass – Capanna Scaletta oder Camona da Terri (Campo Blenio oder Surrein)	181
	Weltberühmte, vielbewanderte Greinaebene	
36	Capanna Scaletta oder Camona da Terri – Fuorcla Sura da Lavaz – Camona da Medel (Curaglia)	184
	Von Wollgrasbüscheln zu Wolkenfetzen	
37	Camona da Medel – Fuorcla dalla Buora – Piz Ault – Curaglia oder Fuorns	188
	Aussichtsreicher geht's (fast) nicht mehr	
VII	**Val Cristallina – Cadlimo – Maighels – Punteglias**	**193**
38	Curaglia oder Fuorns – Pass Cristallina – Capanna Boverina (Campo Blenio)	196
	Der schönste Bündner Bergsee liegt im Tessin	
39	Capanna Boverina – Passo di Gana Negra – Lukmanierpass – Capanna Cadlimo (Airolo)....................................	199
	Entlang der Wasser- und Wetterscheide	
40	Capanna Cadlimo – Passo Bornengo – Camona da Maighels (Oberalppass)	202
	Berge und Täler, wo man sich verlieren kann	
41	Camona da Maighels – Oberalppass – Rueras	207
	1320 Kilometer Rhein bis Rotterdam	
42	Rueras – Val Mila – Mittelplatten – Etzlihütte (Bristen)	210
	Nur der Wind singt in den Hochspannungsdrähten	
43	Etzlihütte – Chrüzlipass – Val Strem – Fuorcla da Strem Sut – Camona da Cavardiras (Disentis)	212
	Zwei Pässe zwischen zwei Hütten	
44	Camona da Cavardiras – Alp Cavrein Sura – Val Gliems – Fuorcla da Punteglias – Camona da Punteglias (Trun)	217
	Schritt für Schritt durch ein geologisches Museum	

VIII Biferten – Vorab – Sardona – Calanda 223

45 Camona da Punteglias – Alp da Punteglias – Tschegn Dado – Frisal –
Bifertenhütte (Breil/Brigels) 226
Endlich – aus dem Geröll auf liebliche Alpweiden

46 Bifertenhütte – Falla Lenn – Fuorcla da Gavirolas – Fil dil Fluaz –
Panixerpass-Schutzhütte (Pigniu) 230
Mondlandschaft im Hochgebirge

47 Panixerpass-Schutzhütte – Rotstock – Fil da Ranasca – Fuorcla da
Sagogn – Camona da Segnas (Flims) 234
Aus der Ruhe auf den Rummelplatz

48 Camona da Segnas – Segnas Sura – Sardonapass – Sardonahütte
(St.Martin/Vättis) 237
Gletscher grenzt Graubünden von St. Gallen ab

49 Sardonahütte – Plattenseeli – Gigerwaldspitz – Gigerwald – Vättis   243
Wildreiches Wanderland: das St. Galler Oberland

50 Vättis – Schaftälli – Tüfels Chilchli – Calanda – Calandahütte
(Haldenstein) 246
Zweitausend Meter über der Hauptstadt

51 Calandahütte – Vazer Alp – Stelli – Zweienchopf – Chimmispitz –
Furggels (St. Margretenberg) 250
Zum Abschluss ein unbekannter Höhenweg

B Südbünden

I Unterengadin – Nationalpark 253

101 Sur En oder Ramosch – Val d'Uina – Passo di Slingia – Schutzhaus
Sesvenna 256
Auf verstecktem Schluchtweg nach Italien

102 Schutzhaus Sesvenna – Fuorcla Sesvenna – S-charl 258
Berge und Dörfer mit wohlklingenden Namen

103 S-charl – Val Mingèr – Sur il Foss – Fuorcla Val dal Botsch – Il Fuorn   261
Es gibt nur einen Schweizer Nationalpark

104 Il Fuorn – Punt la Drossa – Murter – Chamanna Cluozza (S-charl) ... 265
Zur Geburtsstätte des Parc Naziunal

105	Chamanna Cluozza – Fuorcla Val Sassa – Chamanna dal Parc Varusch (S-chanf) Weglos im Nationalpark: die grosse Ausnahme	268
106	Chamanna dal Parc Varusch – Alp Vaüglia – Piz Arpiglia – La Punt Die liebliche Seite des Bergwandererlebens	272

II Mittleres Engadin – Bernina – Maloja 275

107	La Punt – Fuorcla Prüna – Val da Fain – Bernina Suot oder Berghaus Diavolezza Die Einsamkeit im Val Prüna ist hörbar	278
108	Berghaus Diavolezza – Vadret Pers – Vadret da Morteratsch – Morteratsch – Pontresina Zu Besuch beim König der Bernina	282
109	Pontresina – Val Roseg – Chamanna Coaz (Pontresina) Von den Wiesen zu den Gletschern	288
110	Chamanna Coaz – Fuorcla Fex-Roseg – Fex Crasta oder Maloja Der Weg nach Süden ist mit Geröll gepflastert	290

III Bergell (Süd) 293

111	Maloja – Capanna del Forno Engadiner Ebenen, Engadiner Hochgebirge	296
112	Capanna del Forno – Pass da Casnil Nord – Capanna da l'Albigna (Vicosoprano) Bizarre Berge, flache Gletscher und ein See	300
113	Capanna da l'Albigna – Pass Cacciabella Sud – Capanna di Sciora (Bondo/Promontogno) Versteinertes Schauspiel von ungeheurer Kraft	303
114	Capanna di Sciora – La Plota – Capanna Sasc Furä (Bondo/Promontogno) Letzte Atemzüge reine Natur vor dem Abstieg ins Tal	308

Anhang

Literatur und Abbildungen 311

Ortsverzeichnis 314

Zum Geleit

Wandern ist eine der beliebtesten Freizeitbeschäftigungen. Wandern in den Bergen vermittelt besonders intensive Naturerlebnisse. Wer will, kann dort die eigene Leistungsfähigkeit testen.

Unter den SAC-Mitgliedern gibt es viele Skitourenfahrer, Hochtouren sind ebenfalls beliebt, einige betreiben das Klettern aus Leidenschaft – der weitaus grösste Teil jedoch ist in der Freizeit auf Wanderungen unterwegs. Wandern nicht nur den gelb markierten Wegen entlang, sondern auch zu Hütten, über Pässe und zu leichten Gipfeln, auf Routen also, die als Bergweg oder alpine Route (oder ev. gar nicht) markiert sind und teilweise Erfahrung im Umgang mit Pickel und Seil erfordern.

Viele Besucher aus dem In- und Ausland verbringen Ferien in unserer Alpenwelt. Oft sind sie sich der Gefahren nicht bewusst, denen sie in den Bergen plötzlich ausgesetzt sein können. Oder sie haben gerade aus diesem Grund Hemmungen, überhaupt etwas zu unternehmen.

Vor einigen Jahren gab der SAC-Verlag einen Führer «Wandern alpin» heraus. Er enthielt eine Auswahl von lohnenden Routen aus der ganzen Schweiz zu Hütten, über Pässe und zu leichten Gipfeln – in der Regel oberhalb der Baumgrenze. Dieser Band hat sehr grosse Verbreitung gefunden. Für die neue Serie wurde das Land in Regionen aufgeteilt.

Gerade auch in Graubünden gibt es eine grosse Zahl von alpinen Wanderungen. Der Autor dieses Wanderführers, Peter Donatsch kennt den Kanton als engagierter und kritischer Beobachter. Er ist oft zu Fuss unterwegs, er klettert und geht mit dem Gleitschirm auch in die Luft. In verschiedenen Werken hielt er seine Beobachtungen in Wort und Bild fest. Der SAC verlieh ihm als Anerkennung für sein Wirken den Kulturpreis. Zusammen mit seinem Sektionskollegen Paul Meinherz entwickelte er die Idee der «Hautes-Routes» (Weitwanderungen) und trug die entsprechenden Routen zusammen. Familien, Gruppen, Senioren finden hier Anregungen für ein- und mehrtägige Wanderungen. Auch weniger bekannte Gegenden in der «Ferienecke» unseres Landes lassen sich so neu entdecken.

Der neue Wanderführer ist aber nicht nur ein technisches Werk. Eingestreut in die Beschreibungen finden die Leserin und der Leser zusätzliche Texte kultureller Art, mit Informationen zu Besonderheiten, die mit der entsprechenden Etappe zusammenhängen.

Die Verlagskommission dankt den Autoren ganz herzlich für ihre grosse Arbeit. Wir wünschen den Benützern viel Vorfreude bei der Lektüre, und dann vor allem: erlebnisreiche, unfallfreie Touren!

Oberwichtrach, im Juli 1998   Der Präsident der Verlagskommission
Martin Gurtner

Vorwort

«Im Kommen sind die nostalgischen Nomaden, Leute also, die tatsächlich, aber auch in geistiger Hinsicht ständig unterwegs sind, den Kontakt mit verschiedenen Lebensformen suchend», sagte die amerikanische Trendforscherin Suzi Chauvel. Altes wird wieder neu, Altbewährtes anders bewertet – Hauptsache ist dabei, dass Seele und Geist in Bewegung bleiben und der Austausch mit anderen und anderem gewährleistet ist.

Für diese innere und äussere Bewegung bietet sich das Wandern geradezu an. Eine neue Reihe von SAC-Führern ist im Entstehen, deren erster, vorliegender Band die Region Graubünden umfasst. Weder Berge noch Wanderwege können oder sollen in diesem Werk neu erfunden werden. Wir können nur den Blick auf anderes lenken, wir können anders erleben, wir können genauer hinschauen, während wir unterwegs sind. Diese Idee ist nicht neu; wir kennen sie aus den Reiseberichten des letzten Jahrhunderts, aus den Texten von Goethe, Seume, Twain und ihrer Art des kontemplativen, einfühlsamen Beschreibens. Es sind Berichte aus einer Zeit, in der die Menschen noch staunend durch die Alpen gingen. Der vorliegende Wanderführer bewegt sich auch in einer schönen Tradition des Schweizer Alpen-Clubs, indem er die Idee der zum Teil noch im letzten Jahrhundert erschienenen «Itinerarien für die Excursionsgebiete des SAC» aufnimmt. Ein Beispiel dafür ist das Itinerarium für das Bündner Oberland, das der «Grand Old Man» der Gebirgstouristik, Johann Coaz, 1874 verfasste. Dieses Werk ist nicht nur ein Führer, sondern darüber hinaus eine lesenswerte Fundgrube voll von unzähligen geografischen, historischen und volkskundlichen Informationen, Kuriositäten und Hintergrundwissen.

Das Konzept des SAC-Itinerariums leitete uns beim Verfassen von «Tag für Tag Berg und Tal». Trotzdem strebt dieser Führer kein nostalgisches oder verklärtes Zurückblicken auf die romantischen Zeiten der Alpen-Wahrnehmung an, sondern bietet ein aktuelles Konzept: Er enthält genaue Hinweise für das «Wohin?», vermittelt aber auch Hinweise auf das «Wie?» und das «Wieso?» Er plädiert dafür, das Staunen wieder zu entdecken, das wir angesichts überbewerteter körperlicher Leistungen und umfassend vorhandener technischer Möglichkeiten verlernt haben. Wir wollen versuchen, die Umgebung und somit die Gegenwart bewusster und sinnlicher wahrzunehmen.

Immer mehr Menschen wollen nicht nur leben oder gelebt werden; sie möchten er-leben. Dieser Führer kann sie auf Wege führen, wo dies möglich ist. Dabei sind auch Mittel recht, die vielleicht nach bisheriger Auffassung in einem Wanderführer keinen Platz hatten: Hinweise auf ein Gourmet-Ziel unter den SAC-Hütten, ein neues Skiliftprojekt, eine historisch wichtige Oertlichkeit oder das «Beizli» eines innovativen Bauern als Zwischenhalt. Langsam, einfühlsam, offen und neugierig – so heissen die Stichworte. «Der Weg ist das Ziel», lautet ein vielzitierter Slogan. Dabei kommt es allein auf die Qualität des Weges an.

Das Konzept der «Haute Route», der Höhenwanderung, erlaubt es, mehrere Tage oder sogar Wochen auf der Höhe zu bleiben. Übernachtet wird, wenn immer möglich, in SAC-Clubhütten und anderen Bergunterkünften. Das «Haute Route»-Konzept erlaubt neue Routenkombinationen, die Verbindung von geologisch, topographisch, aber auch kulturell völlig unterschiedlichen Regionen und Oertlichkeiten. Immer wieder sind wir beim Erkunden und Schreiben ins Staunen gekommen, wie vielfältig die Bergnatur Graubündens ist; wir wunderten uns über die Gegensätze, denen wir als Wanderer auf engem Raum und in kurzer Zeit ausgesetzt waren. Manchmal war die Fülle der Eindrücke beinahe nicht zu verkraften – und dabei waren wir ja in der langsamsten aller menschlichen Geschwindigkeiten, im Schrittempo, unterwegs.

Wandern ist an sich eine sanfte Tätigkeit, aber wenn sie von Massen ausgeübt wird, bringt auch diese umweltfreundliche Fortbewegungsart Probleme mit sich (Anreise, Unterkunft, Verpflegung, Belästigung, Ansprüche). Dem «Wie» kommt deshalb grösste Bedeutung zu. Wenn viele Menschen aufbrechen und neue Welten besuchen, um sich von ihrem Alltag zu erholen oder zu sich selber zu finden, dürfen die «Besuchten» nicht vergessen werden. Im einfühlsamen Gespräch zwischen Reisenden und Bereisten ist es möglich, auch in menschlicher Hinsicht weiterzukommen.

Staunen bereitet auch die Tatsache, dass man zu Fuss ganz schön weit kommen kann, wenn man sich nur genügend Zeit dafür nimmt: In einer Woche gelangt man auf der beschriebenen «Bündner Haute Route» beispielsweise vom Oberalppass bis nach Maienfeld. Man überschreitet dabei Dutzende von Passübergängen, durchquert zahlreiche Gesteinsschichten, Vegetationsstufen, Wildnis- und Kulturlandschaften und begegnet gelungenem und weniger geglücktem Menschenwerk.

Eines ist sicher: Keiner wird als der zurückkehren, als der er ausgezogen ist.

Dank

Ich danke meinem Clubkameraden aus der Sektion Rätia, Paul Meinherz (Maienfeld), der von Anfang an bei der Routenplanung zu diesem Führer mitgeholfen hat und das Gebiet östlich des Julierpasses (R. 1 – R. 22; 101-105) weitgehend selbst begangen, inhaltlich betreut und beschrieben hat.

Dank sage ich all jenen, die uns mit Informationen für Routen und thematische Texte versorgt haben: Thomas Aebli (Hinterrhein), Michael Berther (Vals), Andreas Brunner (Mels), Pieder Caminada (Castrisch), Valentino del Curto (Piuro), Gian Denoth (Chur), Heinrich Haller (Zernez), Thomas Meier (Luzern), Alexi Sialm (Disentis) und Marco Volken (Zürich). Ursi Meinherz (Maienfeld) las die Routenbeschreibungen, Marc Graf (Michelbach-le-Haut) die technischen Informationen, und Peter Krebs (Bern) lektorierte die thematischen Texte. Peter Vetsch (Chur) erstellte die Höhenprofile und Kartenausschnitte.

Der Verlagskommission des SAC mit ihrem Präsidenten Martin Gurtner (oberwichtrach) gebührt Respekt für ihren Mut, ein Projekt zu lancieren, dessen genauer Ausgang nicht von Anfang an feststand. Grosse Unterstützung erfuhr ich von Arthur Zingg (Worben), dem Verlagsleiter des SAC-Verlags, der als aufmerksamer Auftraggeber im Hintergrund, wenn nötig aber auch konkret mit Rat und Tat das Projekt begleitet hat.

Den grössten Anteil am Gelingen hatten zwei Frauen: Christine Kopp (Bürglen), die mit Geduld und Akribie die Texte lektoriert und mit immer neuen Verbesserungsvorschlägen bereichert hat. Meine Frau Ursi hat mich auf vielen Touren begleitet und mir beim manchmal mühseligen Datensammeln sowie bei der äusserst aufwendigen Schlussredaktion wesentlich geholfen. Ich bin sehr dankbar für die Momente und Tage am Berg, die mir durch die Beschäftigung mit diesem Werk geschenkt worden sind.

Maienfeld, im Mai 1998
Peter Donatsch

Zum Gebrauch des Führers

Aufbau

Der Führer ist in 2 Hauptgebiete, 11 Teilgebiete und 65 Tagesetappen gegliedert.

Hauptgebiete und Teilgebiete

A Nordbünden
   Umfasst die Teilgebiete I – VIII; total 51 Tagesetappen (R. 1-51)

B Südbünden
   Umfasst die Teilgebiete I – III; total 14 Tagesetappen (R. 101-114)

Die Seite «Teilgebiet» enthält eine kurze Charakterisierung der Region, die auch als Gesamtheit begangen werden kann. Ein Teilgebiet umfasst zwischen vier und sieben Tagesetappen. Aufzählung der Tagesetappen (Routen).

Tagesetappe

Die Tagesetappen (Routen) enthalten folgende Informationen:

Oberzeile

Nennt Ausgangs- und Endpunkt sowie die wichtigsten Stationen einer Tagesetappe.
Geografische Namen entsprechen der Schreibweise in der Landeskarte 1:25 000.

Routen-Nummer

Der Führer beschreibt 51 Tagesetappen in Nordbünden (nördlich des Inn: 1-51) und 15 in Südbünden (südlich des Inn: 101-114).

Titel

Auf einen Satz gebrachte Charakterisierung der Tagesetappe.

Beschreibung

Subjektive Beschreibung einiger prägender Faktoren entlang der Tagesetappe.

Routencharakter und Schwierigkeit

Schwierigkeiten und Verhaltensregeln für das Wandern, s. Kapitel «Bergwandern, aber sicher!» (Seite 22).

Schwierigkeits-Bewertung

Es wird die SAC-Skala für Bergwanderungen (B, BG, EB) und für Hochtouren (L, WS) angewendet. Zusätzliche Hinweise präzisieren: gut markiert, schlecht markiert, nicht markiert usw. Auch auf möglicherweise auftretende Schwierigkeiten wird hingewiesen: Probleme bei Sichtverschlechterung, Niederschlag usw.

B Bergwanderer
Es werden Wege und Pfade benützt. Exponierte Stellen sind mit Drahtseilen oder Geländern versehen. In steilem Gelände ist der Weg gut ausgebaut. Die Route führt über nicht sehr steile Weiden mit sichtbaren Pfadspuren.

EB Erfahrener Bergwanderer
Routen im freien, auch steilen Gelände mit oder ohne Pfadspuren. Ausgesetzte Stellen sind nicht mit Geländern versehen. Man muss sich orientieren und das Gelände beurteilen können. Sicheres Gehen und Schwindelfreiheit sind erforderlich. Ein Misstritt kann zu einem tödlichen Sturz führen. Unter Umständen muss angeseilt werden. Die Hände werden nur zum Stützen des Gleichgewichts gebraucht. Das Überschreiten von schneegefüllten Couloirs muss beherrscht werden. Gute Bergschuhe sind unbedingt erforderlich.

BG Berggänger
Steiles Gras, das zum Teil mit Felsen durchsetzt ist. Allgemein heikel, der Gebrauch der Hände ist erforderlich. Griffe und Tritte bestehen aus Grasbüscheln und brüchigem Fels. Man muss deren Festigkeit beurteilen können. In Schattenhängen überquert die Route eventuell Schneefelder. Ein Sturz kann oft nicht aufgehalten werden. Einzelne Stellen können klettertechnische Schwierigkeiten bieten (I-II). Der Einsatz von Pickel und Seil zum Sichern ist erforderlich.

L Leicht (niedrigste Bewertung für Gletschertouren)
Bis max. 20 Grad geneigte Firn- oder Eisfelder und schwach geneigte Felsen. Keine Spalten, kein Bergschrund. Breite Rücken, nicht ausgesetzt. Übersichtliches Gelände. Sicherungsmöglichkeiten gut.

WS Wenig schwierig
Bis max. 30 Grad geneigte Firn- oder Eisfelder und wenig geneigte Felsen. Einzelne Spalten, kein Bergschrund. Abgeflachte Grate. Recht übersichtliches Gelände. Sicherungsmöglichkeiten recht gut.

Zeit

Gesamtzeit für normal trainierte Wanderer mit allen üblichen Pausen.

Ausgangspunkt

Informationen zum Einsteigen in eine Tagesetappe finden sich jeweils bei «Endpunkt» und «Talort» der vorangehenden Etappe.

Endpunkt

Informationen zur Unterkunft am Etappenziel.
Im Gebirge Beschreibung der Hütte. Name, Oertlichkeit (bei Gebirgsunterkünften Koordinaten und Höhenkote), Ort, evtl. Besitzer, Telefon- und Fax-Nummer für Reservation, Platzangebot, Oeffnungszeiten, allenfalls besondere Hinweise.
Ist der Endpunkt ein Dorf, folgen neben einer kurzen Charakterisierung des Ortes Informationen über Anreisemöglichkeiten (öffentlicher Verkehr inkl. Fahrplanfeld und Privatauto) sowie Auskunftsstellen (Tourismusbüro, Bahnhof, Post, allenfalls Bergbahnen usw.) sowie einige Unterkünfte (Hotels oder Pensionen).

Spezielles zu den Unterkünften

Die Reservation, wenn möglich einige Tage im voraus, empfiehlt sich in jedem Fall. Es kann sowohl bei SAC-Hütten als auch bei privaten Unterkünften vorkommen, dass sie wegen frühzeitigem Einschneien usw. kurzfristig geschlossen werden. Im Grenzgebiet ist weiter zu beachten, dass nicht alles so perfekt funktioniert wie in der Schweiz. Zur Reservation gehört, dass man sie absagt, wenn man sie nicht einhalten kann.
Sämtliche Angaben zu den Unterkünften wurden von den Beherbergern mittels Fragebogen eingeholt (Stand Ende Januar 1998).

Hütten des Schweizer Alpen-Clubs

Die SAC-Hütten sind saisonal bewartet. Ist ein Hüttenwart anwesend, erhält man Getränke und einfache Mahlzeiten. Halbpension ist meist in Absprache mit dem Hüttenwart möglich.
Alle SAC-Hütten weisen einen ganzjährig offenen Winterraum (Selbstversorgerraum) auf, wo man Ofen, Holz und Lager mit Wolldecken findet. Reservationen nimmt man beim Hüttenwart oder beim Hüttenchef der Besitzer-Sektion vor.

Andere Unterkünfte

Hotels und Pensionen in den Dörfern sind in der Regel ganzjährig geöffnet. Private Berghäuser haben saisonale Oeffnungszeiten. Wo sie ausfindig gemacht werden konnten, sind sie angegeben. Private Berghäuser verfügen über keine allgemein und immer offene Räume.

Einfachster Abstieg ins Tal

Beschreibt den einfachsten und schnellsten Weg von einer Berg-Unterkunft ins Tal.

Talort

Kurze Charakterisierung des Ortes. Informationen über Anreisemöglichkeiten (öffentlicher Verkehr inkl. Fahrplanfeld und Privatauto) sowie Auskunftsstellen (Tourismusbüro, Bahnhof, Post, allenfalls Bergbahnen usw.).

Karte

Nummer und Name der für die entsprechende Route notwendigen Landeskarte der Schweiz, Massstab 1:25 000.

Ausrüstung

Hinweis auf für die jeweilige Etappe möglicherweise oder ziemlich sicher notwendigen speziellen Ausrüstungsgegenstände wie Seil und Pickel für Gletscher-Überquerungen, Orientierungsmittel usw.

Verschiedenes

Hinweise auf militärische Schiessen, nützliche Taxis oder andere Transportmöglichkeiten, Spezielles zum öffentlichen Verkehr usw.

Sehenswürdigkeiten

Hinweise auf interessante Orte, Gegenstände, Personen oder Dienstleistungen.

Die Route

Der Text ist unterteilt in einzelne Abschnitte, die sich durch die Topographie ergeben. Wo die Route klar ersichtlich verläuft, ist der Text kurz, an neuralgischen Stellen kann er ausführlich sein. Am Abschnittsende Zwischenzeiten.
Die Richtungsangaben links und rechts beziehen sich auf die Marschrichtung und werden mit der Himmelsrichtung (N, S, E, W) kombiniert.

Länge der Routenbeschreibung

Die Routenbeschreibungen wurden nach dem Grundsatz «so viel wie unbedingt nötig, so wenig wie möglich» verfasst.

Variante(-n)/Alternative(-n)

Besondere Umstände können einen Umweg notwendig machen. Offensichtliche Alternativen wurden angegeben. Die Auswahl der Varianten und Alternativen ist subjektiv und nicht abschliessend.

Gipfel

Kurze Hinweise auf lohnende, in der Nähe der Route liegende Gipfel mit Angabe von Schwierigkeit, Besteigungszeit und Charakter des Auf- und Abstiegs.

Abkürzungen

Abb.	Abbildung
AVS	Alpenverein Südtirol
CAI	Club Alpino Italiano
DAV	Deutscher Alpenverein
E	Osten
FAT	Federazione Alpinistica Ticinese
FOB	Furka-Oberalp-Bahn
LK	Landeskarte
m	Meter
Min.	Minuten
N	Norden
OeAV	Oesterreichischer Alpenverein
P.	Punkt (kotiert)
PD	Peter Donatsch
PM	Paul Meinherz
PW	Personenwagen (Autozufahrt)
UIAA	Union Internationale des Associations d'Alpinisme
R.	Route
RhB	Rhätische Bahn
s.	siehe...(Hinweis auf...)
S	Süden
SAC	Schweizer Alpen-Club
SAT	Società Alpinistica Ticinese
SBB	Schweizerische Bundesbahnen
Std.	Stunde
UTOE	Unione Ticinese Operai Escursionisti
W	Westen

Namen

Die Namen entsprechen der Schreibweise in der Landeskarte 1:25 000. Im Lauftext können Hütten- und Flurnamen auch in der deutschen Form erscheinen (z. B. Medelserhütte für Camona da Medel; Greinaebene für Plaun la Greina).

Öffentlicher Verkehr

Um sich schnell über die An- und Abreisemöglichkeiten informieren zu können, sind bei Endpunkten und Talorten die Fahrplanfelder des Schweizerischen Kursbuchs angegeben.
Man beachte beim Kursbuch das Kleingedruckte über Fahrzeiten, eingestellte Linien, die Notwendigkeit der Reservation usw.

Telefonnummern

Wetterbericht: 162
Spezialwetterbericht SMA Zürich: 01 252 76 44 (täglich ab 17 Uhr)
Schweizer Alpen-Club (SAC): Monbijoustr. 61, Postfach, 3000 Bern 23.
Tel. 031 370 18 18, Fax 031 370 18 00
Notruf der Schweiz. Rettungsflugwacht (Rega): 1414
Regionale Auskunftsstelle für militärische Schiessen (RAMS): 081 725 11 95

Thematische Texte

Texte und Informationen im Reportagestil zu wichtigen Themen, denen der Wanderer im Verlauf seiner Touren begegnen kann.

«*Das Bergsteigen ist zwar nützlich, allein es kann nicht anders als mit Gefahren vorgenommen werden. Gott hat aber jedem Menschen hinlängliche Fähigkeiten mitgeteilt, wie er die Gefahren erkennen und ihnen ausweichen möge. Folglich mache er von ihnen Gebrauch.*»

Pater Placidus a Spescha,
«Anleitung zur Unternehmung von Bergreisen», 1800

Bergwandern, aber sicher!

Allgemeines zu den Touren dieses Führers

Die meisten Routen dieses Führers bewegen sich oberhalb der Baumgrenze bis auf rund 3000 Meter über Meer – sie führen also durch alpines Gelände. Viele Routen folgen markierten Wanderwegen, einige verlaufen in weglosem Gelände ohne Markierungen. Erfahrung im Finden von Routen und im Umgang mit der Karte werden vorausgesetzt. In Ausnahmefällen ist der I. Grad der UIAA-Schwierigkeitsskala im Klettern notwendig.

Ihre Fähigkeiten

Wandern soll Spass machen. Deshalb ist wichtig, dass Sie sich und Ihre Fähigkeiten (Kondition, Kraft, Trittsicherheit, Schwindelfreiheit, psychische Verfassung, Orientierungsvermögen) nicht überschätzen. Bauen Sie bei Ihren Wanderungen eine Zeitreserve ein, die auch Pausen enthält. Es ist wichtig, stets eine gewisse Reserve an physischer und psychischer Kraft zu haben, damit man «zulegen» kann, wenn es die Situation (Schlechtwetter, Notfall usw.) erfordert.
Wenn das Gelände für Ihre Begriffe nicht oder nicht ausreichend sicher begehbar ist oder Sie im Zweifel über den Weiterweg sind, dann kehren Sie um. Entscheiden Sie sich im Zweifelsfall für den Rückweg auf der Ihnen bekannten Route, anstatt einem Pfad ins Unbekannte zu folgen: Den Weg, den Sie gekommen sind, kennen Sie nämlich bereits. Nehmen Sie keine (vermeintlichen) Abkürzungen, die Sie nicht kennen, sondern bleiben Sie auf der Route. Fragen Sie im Zweifelsfall andere Wanderer, aber vertrauen Sie ihnen nicht blindlings; auch ein kompetent wirkender Einheimischer kann sich einmal irren. Lassen Sie sich nicht dazu verleiten, Geländepartien zu begehen, die Ihre physischen oder psychischen Fähigkeiten übersteigen. Schon mancher Wanderer wurde an ausgesetzter Stelle plötzlich von Schwindel oder Unsicherheit befallen, und er konnte weder vorwärts noch zurück.

Ihre Vorbereitung

Gehen Sie wenn möglich nicht allein in die Berge, sondern suchen Sie sich erfahrene Begleiter oder schliessen Sie sich einer Gruppe an.
Studieren Sie die Karte und den Wanderführer, und machen Sie sich mit der Umgebung vertraut, bevor Sie loswandern. Tragen Sie die geplante Route zu Hause in die Karte ein.
Hinterlassen Sie eine Nachricht über Ihr Ziel und die beabsichtigte Zeit der Rückkehr bei Verwandten, Bekannten oder unter der Frontscheibe Ihres Autos im Tal, um eine allfällige Suchaktion zu erleichtern. Erkundigen Sie sich beim Hüttenwart über den Zustand von Wegen und Routen. Auch ein Eintrag ins Hüttenbuch kann bei einer Suchaktion den Suchenden weiterhelfen.

Ihre Ausrüstung

Für die in diesem Wanderführer beschriebenen Touren benötigen Sie im allgemeinen keine spezielle Ausrüstung – Ausnahmen sind bei den Routen erwähnt. Gute, stabile und eingelaufene Berg- oder Wanderschuhe mit griffiger Sohle sind unbedingt notwendig.
Tragen Sie strapazierfähige Bekleidung, und packen Sie einen guten Wind- und Regenschutz und einen warmen Pullover ein, denn auch im Sommer kann es beispielsweise bei einem Gewitter empfindlich kalt werden. Die grellen oder knalligen Farben der Berg- und Wanderbekleidung sind nicht nur ein «Modegag»; solche Kleider werden auch besser gesehen. Im Frühsommer und im Herbst sind Gamaschen angenehm.
Stabile Wander- oder Skistöcke schonen die Gelenke und bieten eine Gleichgewichts-Hilfe beim Begehen von Schneefeldern. Man kann mit ihnen auf kurzen Strecken Trittstufen in harten Schnee ritzen – einen Sturz aufhalten kann man damit allerdings nicht. Denken Sie ausserdem an Sonnenbrille und Kopfbedeckung. Auch eine kleine Apotheke und eine Stirn- oder Taschenlampe sind im Notfall hilfreich.
Orientierungsmittel: Karte, Höhenmeter und Kompass können bei Nebel und schlechter Sicht äusserst hilfreich sein.
Vergessen Sie Speis und Trank nicht, denn ein Schwächeanfall wegen mangelnder Verpflegung kann – zusammen mit einem Schlechtwettereinbruch – unangenehm bis gefährlich werden.

Die Berge

Die Berge haben ihre eigenen Gesetze. Wir müssen uns ihnen anpassen und nicht sie sich uns. Wenn Sie den markierten und beschilderten Wanderwegen folgen, werden Sie kaum Probleme haben.
Der Winter setzt in den Bergen früher ein als im Tal. Sie müssen deshalb schon im Oktober auf weiten Strecken mit einer geschlossenen Schneedecke rechnen,

die alle Wege und Pfade verdeckt. Eine solche Schneedecke ist auch deshalb trügerisch, weil sie Steine und Löcher nur überdeckt und die Gefahr von Fehltritten in irgendwelche Löcher besteht.
Im Bereich der bestossenen Alpen sind die Hirten darauf angewiesen, dass die Wanderer alle Gatter und Zäune schliessen, da das Vieh sonst entweichen kann.

Die Gletscher

Für die Begehung der Gletscher empfiehlt sich ein mind. 25 bis 30 m langes und mind. 10 mm dickes Seil in Kombination mit einem Anseilgurt sowie ein leichter Eispickel. Beim Anseilen gilt grundsätzlich: Bei Spaltensturzgefahr so lang wie möglich, bei Absturzgefahr so kurz wie möglich. Wichtig für die Begehung von Gletschern im Sommer ist auch die Tageszeit: Frühmorgens tragen Schneebrücken eher als am Nachmittag, wenn der Schnee aufgeweicht ist. Auf völlig aperen Gletschern ist das Gehen im allgemeinen recht einfach, wenn das Eis nicht steil ist. Für steilere Abschnitte auf Firn und Eis ist ein Eispickel sehr nützlich.
Es versteht sich von selbst, dass jeder Ausrüstungsgegenstand, sei es Seil und Pickel oder Karte und Kompass, nur etwas nützt, wenn der Mensch, der ihn trägt, mit ihm umgehen kann.

Wege und Routen

Wanderwege (gelbe Tafeln) sind im Sommer normalerweise ohne alpintechnische Probleme begehbar.
Wanderwege im Gebirge sind weiss-rot-weiss markiert.
Auf hochalpinen Routen (weiss-blau-weiss markiert) betritt man das Hochgebirge. Entsprechende Erfahrung und Ausrüstung sind erforderlich. Achtung: Die Markierung sagt nichts über eventuelle alpine Schwierigkeiten und Gefahren aus! Die Route über den Cacciabellapass beispielsweise ist markiert, gehört aber trotzdem zu den alpintechnisch schwierigsten Routen dieses Führers. Regelmässig ereignen sich dort schwere Unfälle.
Im Frühsommer kann Altschnee die Wege bedecken. Begehen Sie solche Partien vorsichtig, Altschnee- und Firnreste können hart und rutschig sein. An steilen, besonnten Hängen besteht im Frühling die Gefahr von Nassschneerutschen.
Zur Haute Route: Ein gewisses Risiko bei einer Weitwanderroute besteht darin, dass man unterwegs den Druck verspürt, den nächsten Endpunkt erreichen zu «müssen». Das darf aber niemanden dazu verleiten, gefährliche Passagen unüberlegt anzugehen. Im Zweifelsfall kehrt man besser um und geht zum Ausgangspunkt zurück oder ins Tal hinunter.

Das Wetter

Bei schönem und trockenem Wetter ist das Wandern in den Bergen wunderschön. Blitzschnell kann an einem sonnigen Tag jedoch ein Gewitter aufziehen, dichte

Wolken verdunkeln dann die Sonne, und Nebel raubt dem Wanderer die Sicht. Es wird kalt, beginnt zu regnen oder – das ist auf Höhen über 2500 Meter auch im Sommer möglich – zu schneien. Hören Sie vor Ihrer Wanderung zu Hause den Wetterbericht, und planen Sie eine Tour, bei der Sie rechtzeitig wieder im Tal oder in einer Hütte sein können, wenn beispielsweise Gewitter angesagt sind. Starten Sie morgens so früh wie möglich, und treten Sie den Rückzug an, wenn Sie der Wetterentwicklung nicht mehr trauen.

Werden Sie von einem Gewitter überrascht, verlassen Sie exponierte Punkte wie Grate, Gipfel oder freie Flächen. Am sichersten sind Sie im Wald oder in Kauerstellung an einem trockenen Ort. Meiden Sie aber Felsnischen und einzelne Felsblöcke.

Es ist wichtig, dass Sie jederzeit wissen, wo Sie sind, denn Nebel oder dichte Wolken können sehr schnell einfallen. Bei schlechter Sicht ist es noch wichtiger, den Weg nicht zu verlassen. Befinden Sie sich bereits abseits markierter Routen, warten Sie erst einmal ab, bis die Sicht besser wird. In dichtem Nebel dürfte es reine Glückssache sein, einen verlorenen Weg wieder zu finden.

Alpines Rettungswesen

Der Schweizer Alpen-Club, SAC, und die Schweizerische Rettungsflugwacht, REGA, besorgen gemeinsam den alpinen Rettungsdienst.

Die rund um die Uhr in Betrieb stehende Alarmzentrale der REGA dient der Koordination und gewährleistet eine rasche und zweckmässige Hilfeleistung.

Der Einsatz der Flugrettung bzw. der Rettungsmannschaften kann infolge schlechter Witterung oder Nacht verzögert oder gar verunmöglicht werden.

Alpine Gefahren und Risiken

Die meisten Bergunfälle sind eine Folge von risikobehafteten Entscheidungen und Handlungen im Umgang mit den spezifischen Gefahren der Gebirgswelt.

Die wichtigsten Gefahren sind:

- Sturz
- Lawinen
- Spalteneinbruch
- Steinschlag
- Eisschlag
- Blitzeinwirkung
- Wächtenabruch

Bei einem Wetterumschlag können sich diese Gefahren vervielfachen, oder sie können nicht mehr rechtzeitig erkannt werden.

Die hauptsächlichsten Risikofaktoren sind:

- Selbstüberschätzung
- mangelnde Vorbereitung
- fehlende Ausbildung
- Gruppendynamik
- unzureichende körperliche Verfassung
- mangelhafte Ausrüstung

Vorbeugen ist besser als Heilen:

Gute Kenntnisse und ständiges Beobachten der Berge sind die besten Voraussetzungen, um Unfälle zu vermeiden.

Diese Kenntnisse muss man sich selbst aneignen, indem man:

- Fachliteratur liest und studiert,
- fachspezifische Kurse besucht,
- das Gelernte in die Praxis umsetzt und ständig übt.

Tourenvorbereitung:

- Wetterbericht **Tel. 162**
  oder Spezialwetterbericht abhören **Tel. 157 12 62 18**
- Tourenplanung auf LK 1:25 000 vornehmen.
- Zeitplan unter Beachtung der Jahreszeiten und Schlüsselstellen (Umkehr) aufstellen.
- Tourenziel und Route den eigenen Fähigkeiten und denen der Teilnehmer anpassen.
- Im Zweifelsfalle stets einen Bergführer engagieren.
- Tour evtl. mit Bergführern, Hüttenwarten u.a. besprechen.
- Beabsichtigte Tour mit Rückkehrort und -zeit einer Kontaktperson bekanntgeben bzw. im Hüttenbuch vermerken.

Tourenbeginn:

- Ausrüstung kontrollieren
- Lokale Beurteilung der Verhältnisse
- Routenwahl: den Verhältnissen und den einzelnen Teilnehmern anpassen.

Während der Tour:

- Wetterentwicklung beobachten (Wind, Temperatur, Nebel, usw.)
- Teilnehmer beobachten
- Mögliche Gefahren und gefährliche Stellen frühzeitig erkennen und umgehen
- Zeitplan einhalten – evtl. Umkehr vor Schlüsselstelle.

Verhalten bei Bergunfällen:

- Ruhe bewahren
- Lage beurteilen
- Verunfallte(n) vor weiteren Unfällen schützen
- Eigene Sicherheit
- ERSTE HILFE leisten.

Alpines Rettungswesen

Alarmieren:

- Alarmierungsmittel: Eigene Funkgeräte (evtl. Notfunk oder Mobiltelefon)
  SAC-Hüttentelefon (evtl. über 111)
  SOS-Telefone bei Kraftwerkanlagen usw.
  Meldung zu Fuss zum nächsten Telefon stets zu zweit,
  Meldung schriftlich.

- Alarmstellen: REGA Tel. 1414
  Polizei Tel. 117

- Inhalt einer Meldung:
WER	Name, Standort, Verbindungsmittel
WAS	Art, Umfang und Wichtigkeit des Unfalles
WO	Koordinaten, Höhe ü.M. und Ortsbezeichnung
WANN	genaue Zeit des Ereignisses
WIEVIELE	Verletzte – Verletzungsart
WETTER	Sichtweite, Wind, Niederschläge usw.
HINDERNISSE	Kabel, Leitungen usw.
EIGENE MITTEL	Funk, Rettungsmaterial usw.
GETROFFENE MASSNAHMEN	Was wurde bereits unternommen?
ACHTUNG	Bei SOS-Telefonen Rückruf verlangen
	Telefon nicht verlassen
	Sich bei schlechter Funkverbindung etwas verschieben.

Alpine Notsignale:

Zeichengebung für die Flugrettung:

NO
Hilfe nicht
notwendig

YES
Hilfe
notwendig

Internationales Notrufzeichen:

Sechsmal in der Minute ein Zeichen geben (blinken, rufen, pfeifen), eine Minute warten, Zeichen wiederholen. Antwort: dreimal in der Minute ein Zeichen geben, eine Minute warten, Zeichen wiederholen.

Helikopter-Rettung

- Helilandeplatz ausserhalb Lawinenfeld vorbereiten:
  Hindernisfreier Platz, 25 auf 25 m festtreten
  Horizontale Aufsetzfläche 4 auf 4 m
  Keine losen und aufrechtstehenden Gegenstände am Platz
  Hindernisfreier Anflug, in zwei Richtungen mit 45°
  Bei diffusem Licht Umgebung markieren

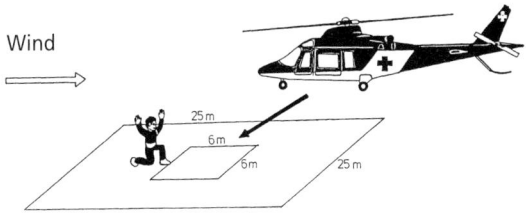

25×25 m = hindernisfreier Raum
6×6 m = Aufsetzfläche

- Verhalten am Landeplatz:
  Ausser Einweiser alle mindestens 20 m vom Landeplatz weg
  Einweiser mit Rücken zum Wind, Arme erhoben
  Beim Einschweben des Helis Standplatz halten, evtl. kauern
  Annäherung zum Heli erst bei stehendem Rotor und von vorn
  Achtung mit Skis, Stöcken und Sonden

Keine losen Gegenstände liegen lassen

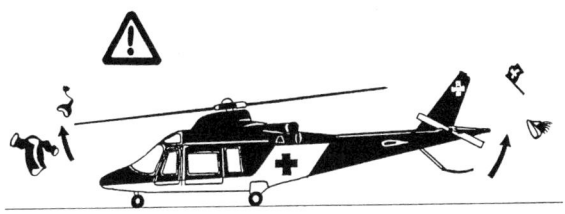

Achtung auf Antennen, Skis, Sondierstangen usw.
Sich nur von vorn und in gebückter Haltung dem Heli nähern

Nur von der Talseite herangehen

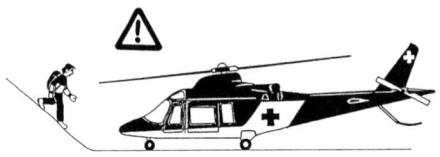

Augenkontakt zum Piloten behalten
Bei laufenden Rotoren sich dem Helikopter immer nur von vorne und erst auf Zeichen der Besatzung nähern

ERSTE HILFE

Frage	Zeichen/Symptome	Zustand	Lebensrettende Sofortmassnahmen
1. Gibt er Antwort?	• nicht ansprechbar • nicht weckbar (in den Arm kneifen, nie schütteln, um bestehende Verletzungen nicht zu verschlimmern) • reagiert nicht	bewusstlos Erstickungsgefahr	Kopf nach hinten, Mund nach unten 1. Wenn Atmung ausreichend: Seitenlagerung 2. Vor Kälte (auch von unten), Nässe und Hitze schützen 3. Ununterbrochen überwachen Äusserste Sorgfalt bei Wirbelsäulen- und Schädelverletzten
2. Atmet er?	• Atmung rasch, oberflächlich, unregelmässig, röchelnd oder schnappend • Gesicht (vor allem Lippen) und Fingernägel blau verfärbt • keine Atembewegung sicht- und fühlbar • Ein- und Ausströmen der Atemluft weder hör- noch spürbar (mit Ohr an Nase und Mund des Patienten prüfen)	Atemstillstand oder ungenügende Atmung Akute Erstickungsgefahr	Sofort beatmen (Mund zu Nase, notfalls Mund zu Mund) 1. Kopf schonend nach hinten strecken, Unterkiefer gegen Oberkiefer, Unterlippe gegen Oberlippe pressen 2. Vorsichtig Luft in die Nase einblasen, Ausatmen beobachten (sehen/hören), dann 12–15 Beatmungsstösse pro Minute 3. Bei starkem Widerstand und/oder fehlendem Ausatmen Kopfhaltung verbessern, Fremdkörper entfernen

Frage	Zeichen/Symptome	Zustand	Lebensrettende Sofortmassnahmen
3. Blutet er?	• Venenblutung: flächenhaft sickernd bis stark fliessend • Schlagaderblutung: entsprechend dem Pulsschlag spritzend oder strömend • Mischblutungen (Venen- und Schlagaderblutungen) sind häufig • an innere Blutungen denken • auf Blut achten, das von den Kleidern aufgesogen wurde	Blutversorgung lebenswichtiger Organe gefährdet Kreislaufversagen Schockgefahr	1. Patienten flach lagern 2. Blutenden Körperteil (wenn möglich senkrecht) hochhalten 3. Bei ungenügender Blutstillung Fingerdruck herzwärts 4. Druckverband mit weichem Druckpolster (Stoff, möglichst hoch und schmal) und Binde anlegen, notfalls doppelt 5. Falls Druckverband ungenügend: Finger- oder Faustdruck direkt in die Wunde (eventuell mit Druckpolster) 6. Verletzte Gliedmasse hochlagern und ruhigstellen
4. Ist sein Puls fühlbar?	• rascher, nur schwach fühlbarer Puls • blasse, nasse (feuchtklebrige) und kühle Haut • Teilnahmslosigkeit oder auch auffallende Unruhe, Erregung • flache, beschleunigte Atmung	Schock Kreislaufversagen	1. • In der Regel und bei unbekannter Ursache horizontale Lagerung • Ist die Schockursache mit Sicherheit eine starke Blutung oder ein grosser Flüssigkeitsverlust (z.B. bei Verbrennungen): Beine etwa 30 cm anheben • Nichtbewusstlose Schockpatienten mit Atemnot, Brustverletzung (ohne Blutung in den Luftwegen), Schädelverletzung, Herzinfakt: Oberkörper hochlagern 2. Schutz vor Kälte, Nässe, Hitze: Zuspruch, Überwachung

Haftung für die Kosten einer Rettungsaktion

Ob eine Rettungskolonne des SAC, die REGA oder die Polizei durch einen unbeteiligten Dritten, einen Kameraden des Hilfsbedürftigen oder durch den in Not Geratenen selbst aufgeboten wird, hat keinen Einfluss auf die Frage, wer die Kosten des Einsatzes zu tragen hat. Hiefür gelten folgende Regeln:

– Der in Not Geratene hat alle in seinem Interesse gemachten Auslagen zu ersetzen, die notwendig oder nützlich und den Verhältnissen angemessen waren. Dieser Anspruch besteht auch in dem Falle wo der beabsichtigte Erfolg nicht eintritt.

– Wer sich von einer Tour nicht wie vereinbart zurückmeldet und trotz telefonischen oder anderen Nachforschungen nicht gefunden wird, muss die Kosten für die daraufhin angeordnete Suchaktion ersetzen, auch wenn diese unnötig oder ergebnislos war.

– Wer für einen Dritten, der sich in Not befindet, Hilfe besorgt, haftet nicht für die Kosten der durch ihn veranlassten Hilfeleistung.

– Wer einem in Not geratenen Menschen hilft und dabei Aufwendungen beisteuert oder zu irgendwelchem Schaden kommt, muss diese Auslagen nicht selbst tragen.

Schutz der Gebirgswelt

– Hilf die Alpenwelt bewahren

Als Alpinisten und Wanderer möchten wir uns in einer ursprünglichen, naturnahen Landschaft bewegen. Infolge vielfältiger Nutzung durch den Menschen steht die Natur aber auch in den Alpen von vielen Seiten her unter Druck. Jeder kann zum Schutz der Alpen beitragen, indem er sich in den Bergen als Gast und Bewahrer verhält und nicht als Eindringling, Störer oder gar Zerstörer.

– Schone Tiere, Pflanze und Stein

Nimm Rücksicht auf Tiere aller Art. Wir ängstigen Tiere am wenigsten, wenn wir uns an Wege und Routen halten und nur disziplinierte Hunde mit uns führen. Besonders schädigend für Wildtiere ist es, sie aus Winterstandorten aufzuscheuchen; in tieferen Lagen ist dies der Wald, oberhalb der Waldgrenze sind es Strauchpartien, Einzelbäume und Blockgruppen.

Blumen und andere Pflanzen, seien sie nun gesetzlich geschützt oder nicht, sind am schönsten an ihrem ursprünglichen Standort. Der Bergwald ist heute durch mancherlei Einflüsse geschwächt und gefährdet; er benötigt besonderen Schutz. Verzichte auf das jungwaldschädigende Variantenskifahren! Meide auf Abfahrten von Skitouren nach Möglichkeit den Wald.

Halte Mass beim Mineraliensuchen. Orientiere Dich über Einschränkungen und Verbote sowie über den Kodex der Mineraliensucher.

– Lass nichts zurück

Die Sauberhaltung der Berge muss uns Selbstverständlichkeit und Ehrensache zugleich sein.

Nimm alle Abfälle von der Tour und von der Hütte mit zurück ins Tal. Vermeide Proviant mit aufwendigen und unnötigen Verpackungen aus Glas, Blech, Aluminium oder Kunststoffen.

Verlasse Rast-, Biwak- und Notdurftplatz sauber und im ursprünglichen Zustand.

Mit dem Auto bringen wir Abgase, Gestank und Lärm in die Berge. Benutze wo immer möglich öffentliche Verkehrsmittel. Wenn Du nicht auf das Auto verzichten kannst, dann
- nutze die Kapazität durch gemeinsames Fahren voll aus,
- stelle den Wagen auf tiefgelegene Parkplätze und
- halte Dich an Fahrverbote auf Alp- und Forststrassen.

– Respektiere das Eigentum Einheimischer

Wiesen, Weiden, Wälder, Zäune und Alphütten haben einen Besitzer, auch wenn er häufig nicht zugegen ist!

– Auch Du bist Konsument

Wenn Du Dich im Gebirge gelegentlich über zu viele Seilbahnen, über Pistenplanien, verschandelte Siedlungen, Staudämme, wasserlose Bäche oder Fluglärm ärgerst, bedenke, dass vieles davon mit unseren Konsumgewohnheiten in der Freizeit und im Alltag zusammenhängt.

Kommission
Schutz der Gebirgswelt

Rebberge bei Maienfeld und Falknis (R. 1)

I Rätikon – Madrisa

Helle und dunkle Gesteine voller Blumen

Vom flachen Bündner Rheintal und den Weinbergen der Bündner Herrschaft in die Bergwelt des Rätikon und der östlichen Silvretta. Während den einzelnen Tagesetappen begegnen wir mannigfaltigen Landschaftstypen, die von verschiedenen Gesteinen geprägt sind: weichem, schwarzem Bündner Schiefer (Rheintal und östlicher Rätikon), hellem Sulzfluhkalk (Schesaplana bis Rätschenfluh) und Silvrettagneis (ab Partnun und Madrisahorn).
Die Höhenunterschiede der Tagestouren sind mässig, man muss nie sehr weit hinunter steigen. Einige Gipfel entlang der Route sind lohnend und einfach zu besteigen.

Die Tagesetappen

1 Maienfeld – Enderlinhütte
   Die Clubhütte am Berghang über den Weinbergen

2 Enderlinhütte – Falknis – Fläscher Tal – Ijes – Schesaplanahütte (Seewis)
   Rheinpanorama von Chur bis zum Bodensee

3 Schesaplanahütte – Schesaplana – Gamsluggen – Colrosa – Carschinahütte (St. Antönien)
   Sererhards «Mirabilia der Berge»

4 Carschinahütte – Gemschtobel – Sulzfluh – Karrenfeld – Tilisunahütte – Sulzfluhhöhlen – Partnun (St. Antönien)
   Als Bergwanderer auf einen Kletterberg

5 Partnun – Riedchopf – St. Antönierjoch – Gafier Joch – Juonen Fürggli – Madrisajoch – Ereztälli – Schlappin (Klosters)
   In Kalk und Gneis wachsen verschiedene Blumen

6 Schlappin – Schottenseefürggli – Seegletscher – Seelücke – Saarbrückener Hütte (Gaschurn)
   Ein langes Bergtal – ganz hinten locken die Berge

38

39 I Rätikon – Madrisa

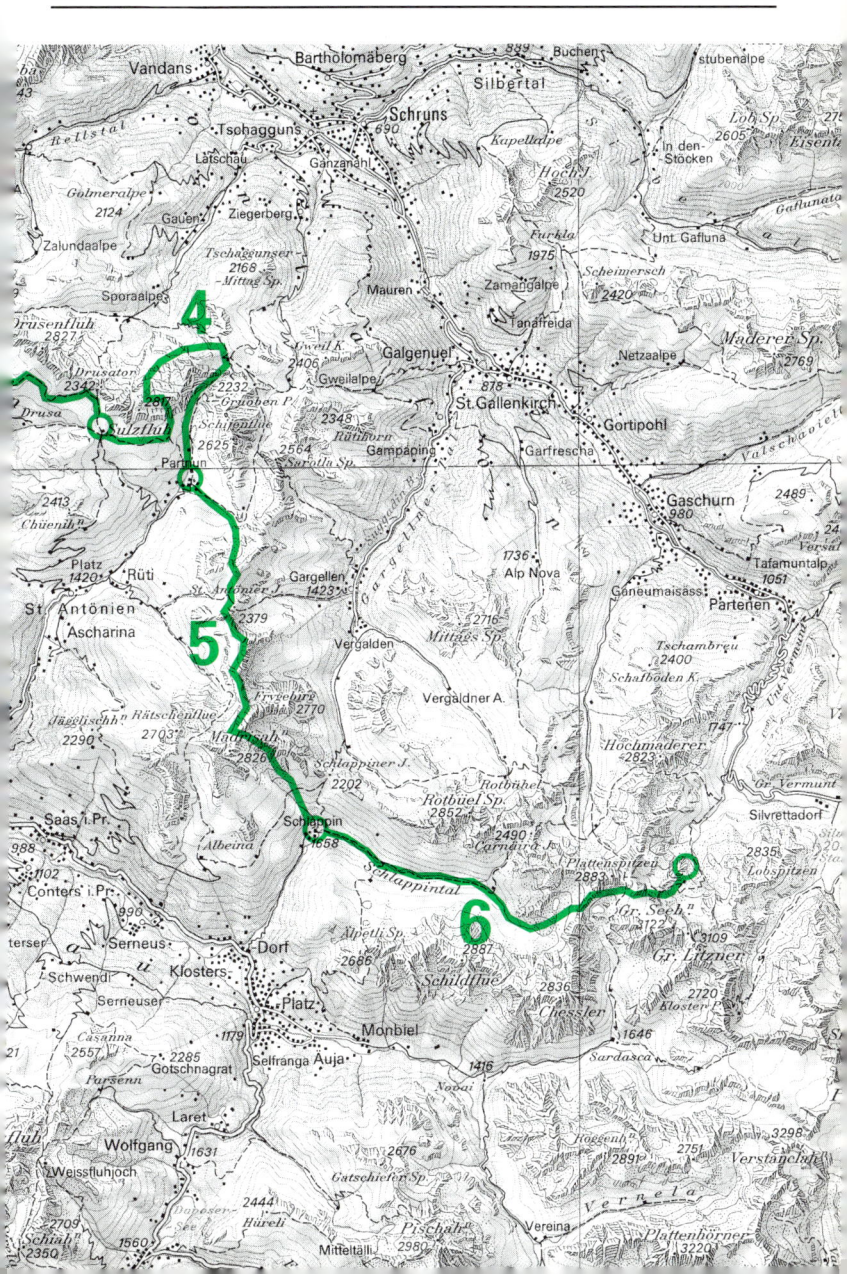

Maienfeld – Enderlinhütte

1 Die Clubhütte am Berghang über den Weinbergen

Die erste Etappe der Haute Route durch Graubünden beginnt im flachen Rheintal, verlangt ausgiebig Zeit in den historischen Winkeln von Maienfeld, passiert die letzten Reste der Stadtmauern aus dem Hochmittelalter und führt dann sanft durch die Weinberge hinauf. Auch der Steigwald gehört noch den Wanderern – ab dem Enderlinstein gehen wir aber unter die Bergsteiger. Ziel ist die Enderlinhütte am Falknis hoch über dem Bündner Rheintal. Nach 51 Tagesetappen werden wir den Ausgangspunkt Maienfeld wieder erreichen.

B Routencharakter und Schwierigkeit

Kurzer, leichter Hüttenanstieg von 600 m auf 1500 m. Es sind fast beliebige Ausgangspunkte möglich. Beim Enderlinstein auf 974 m setzt der Enderlinweg an. Er ist steil, aber gut gepflegt.

Zeit   2 Std.

Ausgangspunkt   Maienfeld (504 m)

Historisches Städtchen am Eingang von Graubünden.
SBB Chur – Zürich und Chur – St. Gallen, Postauto nach Bad Ragaz, Landquart, Fläsch und Jenins. Fahrplanfelder 880, 900, 905, 900.65,
PW: Autobahnausfahrt Maienfeld bis St. Luzisteig (713 m). P vor der Passhöhe.
Tourismus Bündner Herrschaft (im Postgebäude): Tel. 081 302 58 58.
Gaststätten und kleine Hotels.

Hotel Alpenrose
7304 Maienfeld.
Tel./Fax: 081 302 13 25.
5 Doppelzimmer. Ganzjährig geöffnet.

Hotel Hirschen
7304 Maienfeld.
Tel./Reservation: 081 302 66 46.
27 Betten. Ganzjährig geöffnet.

Hotel-Gasthaus Falknis
7304 Maienfeld.
Tel./Reservation: 081 302 18 18, Fax 081 302 66 24.
12 Betten und Heustall. Ganzjährig geöffnet.

Fläsch oder Bad Ragaz, Jenins oder Malans oder sogar Balzers sind ebenfalls mögliche Ausgangspunkte. Von der Station Bad Ragaz über die Eisenbahnbrücke, auf dem Rheindamm nach N und durch die Weinberge, das Holz und den Föreliwald auf die St. Luzisteig. Die verschiedenen Feld- und Waldwege durch den Steigwald führen alle zum Enderlinstein im Loch (974 m).

Endpunkt Enderlinhütte (1501 m) 760.570/211.920

SAC-Sektion Pizol, 7320 Sargans.
Hüttenwart Niklaus Saxer, Malans. Tel./Fax 081 322 95 54, in der Hütte 077 81 61 29. (45 Plätze). Bewartet von Juni bis Oktober an Wochenenden. Getränke.
Die Hütte liegt auf Falknisbargün in einer Waldlichtung am Weg zum Falknis-Gipfel.

Einfachster Abstieg ins Tal Nach Maienfeld

Auf der Aufstiegsroute nach Maienfeld.

Einkehrmöglichkeit unterwegs

Landgasthof Luzisteig, auf der St. Luzisteig.
Tel. 081 302 72 22 und 302 72 81, Fax 081 302 74 34.

Karte 1155 Sargans, 1156 Schesaplana

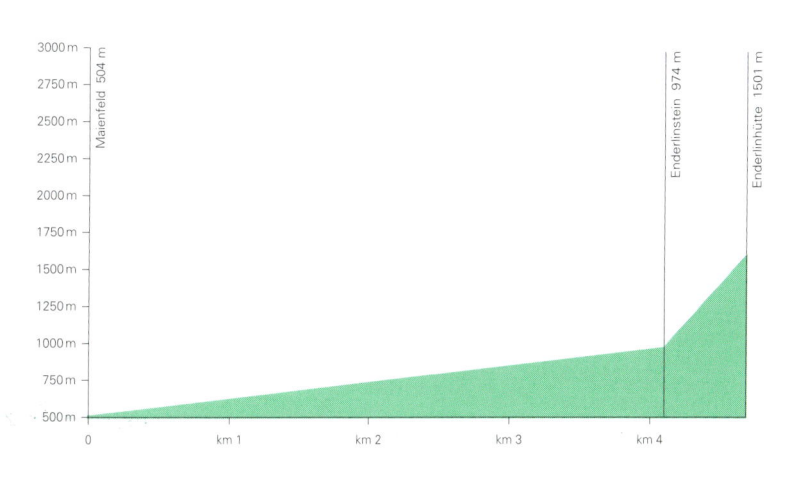

Maienfeld – Enderlinhütte

Sehenswürdigkeiten Maienfeld und St. Luzisteig

Das Weinstädtchen Maienfeld inmitten seiner Rebberge, das Bauerndorf Fläsch und der Weltkurort Bad Ragaz mit der Taminaschlucht, wo aus grosser Tiefe 36 Grad warmes Wasser aus den Felsen sprudelt. 800 m nördlich von St. Luzisteig liegt die Schanz, eine eindrückliche Festungsanlage der Bündner an ihrer Nordgrenze; es handelt sich dabei vielleicht um das bedeutendste Bauwerk des Freistaates Alt Fry Rätia. Die bestehenden Anlagen stammen aus der Restaurationszeit.

Route

Von Maienfeld durch die Weinberge zur Pola, hier links abbiegen und durch prächtigen Eichenhain zu P. 664 und über Weiden zum alten Schützenhaus am Waldrand auf 720 m. Von der Westecke des Parkplatzes führt ein schmaler, alter Waldweg gerade aufwärts bis zum Enderlinstein (P. 974). Beim Enderlinstein links hoch und gut markiert auf dem Steg nach links über die Lochrüfe. Nun auf dem steilen, gepflegten Enderlinweg zur Enderlinhütte. 2 Std.

Von Bad Ragaz über die Eisenbahnbrücke, auf dem Rheindamm nach N bis P. 502, dann durch die neuen Weinberganlagen ins Holz und den Föreliwald. Die Steigstrasse querend durch den Steigwald zum Enderlinstein und auf dem Enderlinweg zur Hütte. 2½ Std.

Von St. Luzisteig durch das Gelbovel bei P. 837 dem Waldweg nach rechts folgend bis zur nächsten Kurve. Ein Wegweiser zeigt den Fussweg, der zum nahen Steg über die Rüfe führt; wieder hinauf und beim Enderlinstein auf den Enderlinweg. 1¾ Std.

Der Weg eines Bergführers

Enderlinhütte und Enderlinweg erinnern an Fortunat Enderlin von Maienfeld. Der Schweizer Alpen-Club hat einmal versucht, jeden Personenkult in den Bergen zu unterbinden: Die Namen von Hütten und Gipfeln, die nach Personen benannt waren, sollten geändert werden. Tatsächlich hat die Besitzersektion Piz Sol ihre Hütte eine Zeitlang Falknishütte genannt, aber der Name Enderlin war stärker und hat überlebt.

Noch weiss in Maienfeld jedermann, dass Fortunat Enderlin ein «Bergführer» war. Er lebte von 1824 bis 1918. Als die ersten Gäste in die Berge geführt werden wollten, gab es noch keine Ausbildungskurse für Führer. Der erste Bündner Bergführerkurs fand erst 1890 statt. Fortunat Enderlin war einer dieser «Bergführer», sein Beruf war es nicht; aber der Falknis wurde mit der Zeit sein Berg. Am 19. Juli 1880 führte er Eduard Imhof (Vater) und Andreas v. Sprecher aufs Glegghorn; die Tour gilt als die erste touristische Besteigung dieses Berges. Enderlin war damals 56; wahrscheinlich hatte er das Glegghorn schon früher bestiegen, ein Tourenbuch führte er nicht.

Als Bauernsohn konnte Enderlin das elterliche Gut in der Bünte ob Maienfeld übernehmen. Zusammen mit seiner tüchtigen Frau Verena bewirtete er dort Gäste aus dem nahen Kurort Ragaz. Bei einem kühlen Trunk die Fremden zu unterhalten, habe ihm besser behagt, als in der Glut der brennenden Sonne im Weinberg zu werken. Bergsteigen war für ihn auch ein bisschen Flucht vor der täglichen Arbeit. Ueber hundertmal habe Fortunat den Falknis bestiegen, aber das ist in seinem langen Leben gar nicht so erstaunlich: Ein knappes Dutzend Besteigungen pro Sommer reichten, und mit 90 Jahren stand er zum letzten Mal auf dem Gipfel.

1910 baute er etwa auf halbem Weg eine Hütte. Sein Sohn half ihm dabei. Gut möglich, dass er es schätzte, einen Teil des mühsamen Aufstiegs am Vortag zurückzulegen, er war 84, aber der Falknis war noch immer sein Berg. Wer mit ihm in Maienfeld aufbrechen durfte, in seiner Hütte sein Gast war, ihm dann am Morgen auf seinem Weg folgte, den er gefunden, immer wieder begangen und jedesmal da und dort etwas verbessert hatte, der kam dem Falknis näher. Bergführer Enderlin war weder Fachmann noch Lehrer des Bergsteigens, er betrieb auch keine Bergsteigerschule. Enderlin markierte seinen Weg nicht und verfasste keine Routenbeschreibung. Er musste den Leuten den Falknis selber zeigen, er wollte dabei sein, Schritt für Schritt. Er war hier vertraut, liebte Bäume und Blumen, Felsen und Tiere. Von dieser Liebe sprang oft ein Funke auf seine Gäste über. Dem Bergerlebnis fügte sich eine Begegnung mit diesem Mann an, dem der Falknis Inhalt des Lebens war und den Gästen weit mehr zu zeigen hatte als nur den Aufstieg. (PM)

Enderlinhütte – Falknis – Fläscher Tal – Ijes –
Schesaplanahütte (Seewis)

2 Rheinpanorama von Chur bis zum Bodensee

Ein ausgesetzter Pfad führt über die steilste Bergflanke der Bündner Herrschaft und überwindet sogar Felsstufen, die mit Eisenstiften und Drahtseilen bestens gesichert sind. Ein Rauschen begleitet uns bis weit in die Höhen, doch rauschen die Autos auf ihrer Bahn, nicht der Rhein in seinem Bett. Auf dem Falknis folgt unser Blick dem Rhein noch einmal bis hinunter zum Bodensee, dann aber wenden wir uns dem Kranz der Bündner Berge zu: Rätikon, Silvretta, Bernina, Oberalp, Tödi – irgendwann werden wir auf unserer Haute Route auch dort vorbeikommen!

EB Routencharakter und Schwierigkeit

Ausgesetzter Weg zum Falknis mit einzelnen Felsstufen, die aber mit Eisenstiften und Drahtseilen gesichert sind. Wer den Weg bei Nebel oder Dunkelheit verliert, findet sich in den sehr steilen, von Felsen durchsetzten Grasflanken vor allem im Abstieg schwer zurecht. Der Übergang über das Barthümeljoch ist markiert, aber bei Nebel nicht leicht zu finden. Der Enderlinweg ist rot-weiss markiert, entspricht aber in der Schwierigkeit eher den blau-weissen Markierungen.

Zeit   6-7 Std.

Ausgangspunkt   Enderlinhütte (s. R. 1)

Endpunkt   Schesaplanahütte (1908 m)   770.500/212.800

SAC-Sektion Pfannenstiel, 8708 Männedorf.
Tel./Reservation: 081 325 11 63, Hüttenwart Christian Fausch, Seewis.
Tel.: 081 325 15 47. Bewartet von Mitte Juni bis Mitte Oktober.

Einfachster Abstieg ins Tal   Nach Seewis

Über Cani nach Seewis. B. 4 Std.

Talort   Seewis Dorf (947 m)

Dorf auf sonniger, stiller Terrasse, Hotels, Gaststätten. Medizinisches Rehabilitations-Zentrum.
Kur- und Verkehrsverein: Tel. 081 325 10 81.
Mit SBB bis Landquart, anschliessend RhB Landquart – Davos bis Seewis/Valzeina; weiter mit Postauto oder mit Postauto ab Landquart nach Seewis.
Fahrplanfelder 910 und 910.20.

Enderlinhütte – Falknis – Fläscher Tal – Ijes – Schesaplanahütte (Seewis)

Karte

1165 Schesaplana

Sehenswürdigkeit

Alp Stürfis

Hier ist im 17. Jahrhundert in den Wirren des Dreissigjährigen Kriegs ein stattliches Walserdorf verschwunden. Ein grosser Teil der Bevölkerung starb an der Pest, die Ueberlebenden wanderten ins Tal nach Maienfeld ab. Sie waren dort als Bürger willkommen. Auf den Weiden, die die Walser von Wald und Steinen befreiten, sömmern heute Maienfeld und Fläsch gemeinsam 600 bis 700 Stück Vieh und über 1000 Schafe. Gedenkstein auf dem alten Kirchhügel.

Route

Von der Hütte auf dem Enderlinweg erst durch Fichten und Bergföhren hinauf zu den ersten kleinen Felsstufen. Darüber weit nach rechts zur meist trockenen Rüfe (sie kann bei Gewittern unpassierbar werden). Über glatte Platten an Seilen und Eisenstiften gut gesichert an den Fuss des Simeliturms (sinwel = rund) und unter ihm auf gutem Weglein, aber sehr ausgesetzt, auf die Weiden, die zum Fürkli hochführen (2247 m). 2½ Std.
Auf markiertem Weg über Schafweiden weiter zum Gipfel (2560 m). ¾ Std.
Im Frühsommer auf Altschnee direkt zum Obersee, sonst zurück zum Fürkli und auf markiertem Weg zu den Hütten. Beim untersten See (P. 1889) (im Sommer oft ausgetrocknet) verlässt man den Alpweg und folgt Wegspuren (ohne Markierung) nach E und auf dem Alpweg nach Ijes. Dem

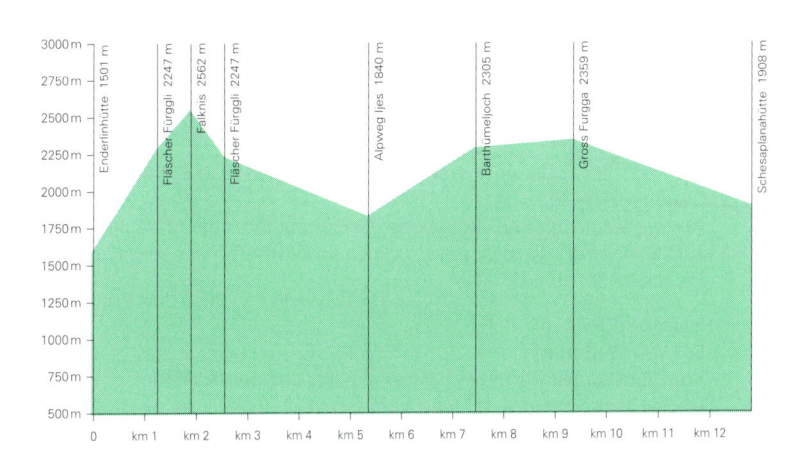

Enderlinhütte – Falknis – Fläscher Tal – Ijes –
Schesaplanahütte (Seewis)

Viehweg auf gleicher Höhe nach E folgen, bis Wegzeichen und dürftige Wegspuren links abzweigend über grüne Matten zum Barthümeljoch hochführen. 2¾ Std.
Der Anschluss an den Liechtensteinerweg ist hier bei Nebel nicht leicht zu finden. «Kellerna» nennen die Einheimischen dieses unübersichtliche Karrenfeld mit Dolinen und Rippen. Über Altschnee und Schutt nördlich am Tschingel vorbei und zur Gross Furgga (2359 m). Hier ist die Schesaplanahütte täuschend nahe; auf dem Liechtensteinerweg zuerst Richtung Chlei Furgga und dann über viele Rippen und Rinnen kurzweilig zur Hütte. 2 Std.

Varianten

Vom Malanser Aelpli
Ausgangspunkt Malanser Aelpli (1801 m). Mit der Aelplibahn von Malans. Postauto von Landquart und Bad Ragaz. Fahrplanfeld 900.65.
Aelplibahn: Fahrt auf Verlangen. Samstag/Sonntag oft lange Wartezeiten. Reservation Talstation Aelplibahn: Tel. 081 322 47 64 oder Sekretariat Igis 081 322 47 76.
Vom Aelpli auf gutem Fahrweg über Vorderalp, Bad, Fläscheralp bis zur Abzweigung Ijes.
Zeit vom Aelpli zur Schesaplanahütte: 5-6 Std.

Über Stürfis und Cani
Statt zur Alp Ijes aufsteigen auf dem Alpweg abwärts nach Stürfis. Ein Fussweg führt nach Cani weiter. Er ist nach den Alphütten nicht sichtbar, aber markiert, wird im Wald deutlich und endet auf dem Alpweg in Cani, der zur Schesaplanahütte führt.

Gipfel

Falknis (2562 m)
B. ¾ Std.
Vom Fläscher Fürkli über Weglein in Schafweiden markiert zum Falknis-Gipfel.
Abstieg auf der gleichen Route oder im Frühsommer über Altschnee direkt zum Obersee abrutschen, sonst zurück zum Fläscherfürkli und von dort ins Fläschertal bis zum Untersee.

Naafkopf (2570 m)
B. 1 Std. Wegspuren.
Vom Barthümeljoch ohne Schwierigkeiten auf den Naafkopf, die Dreiländerspitze Schweiz-Liechtenstein-Oesterreich.
Abstiegsmöglichkeit zur Pfälzerhütte. B. 1 Std. Wegspuren.

Schesaplanahütte – Schesaplana – Gamsluggen – Colrosa – Carschinahütte (St. Antönien)

3 Sererhards «Mirabilia der Berge»

Die Schesaplana ist der populärste Berg der ganzen Gegend. 600 Meter hoch ist der Abbruch, der am Morgen ganz finstern, am Mittag leuchtend weissen ostalpinen Dolomitplatte. Wir steigen voll Staunen durch diese Wand hoch. Ein findiger Forscher hat schöne Versteinerungen entdeckt. So unglaublich es auch scheint, wir müssen nicht klettern, um auf den Gipfel zu gelangen. Schon vor über zweihundert Jahren beschrieb der Pfarrer und Chronist Nicolin Sererhard die Aussicht vom Schesaplanagipfel. Richtige Bergfreude, ja Begeisterung klingt aus den Worten seines amüsanten und äusserst lesenswerten Berichts. An schönen Tagen fällt es leicht, auf dem Schesaplanagipfel seine Worte nachzuempfinden.

EB **Routencharakter und Schwierigkeit**

Der Schweizerweg ist ein gut ausgebauter Felsenweg. Wenige Stellen sind ausgesetzt, aber gut gesichert. Der Abstieg beginnt mit einem steilen Firnfeld, wird aber bald angenehm. Die Gamsluggen sind sogar bei guter Sicht nicht ganz leicht zu finden, bei Nebel äusserst schwierig. Die Orientierung ist erst ab Colrosa problemlos.

Zeit	7 Std.

Ausgangspunkt	Schesaplanahütte (s. R. 2)

Endpunkt	Carschinahütte (2236 m) 781.620/208.970

SAC-Sektion Rätia, 7000 Chur.
Tel. Hütte: 020 774 27 97. Hüttenwart Roman Guidon, 7265 Davos- Wolfgang. Reservationen auch auf Fax: 081 416 35 85.
85 Plätze (12 Plätze im freundlichen Winterraum mit Küche). Bewartet Mitte Juni bis Oktober.
Die Hütte liegt auf der Carschinafurgga unter der SW-Wand der Sulzfluh und ist ein vielseitiger Stützpunkt für Wanderungen.

Einfachster Abstieg ins Tal

Über Obersäss und Untersäss zum Fahrsträsschen Partnun und St. Antönien. 2 Std.
Über Drusa und Schuders nach Schiers. 4 Std. bis Schuders.

Schesaplanahütte – Schesaplana – Gamsluggen – Colrosa –
Carschinahütte (St. Antönien) **48**

Talort — St. Antönien (1420 m)

Abgeschlossenes Hochtal, typische Walsersiedlung mit Zentrum «Platz» und verschiedenen Fraktionen.
SBB bis Landquart, RhB Landquart – Davos bis Küblis, anschliessend Postauto nach St. Antönien, Fahrplanfelder 900, 910 und 910.55.
Mit PW über Landquart – Küblis nach St. Antönien.
Verkehrsverein: Tel./Fax 081 332 32 33.
Hotels, Pensionen und Ferienwohnungen.

Karte — 1156 Schesaplana, 1157 Sulzfluh

Verschiedenes — Sassa Plana

Die romanischen Wörter «sassa», Fels, und «plana», Ebene, erklären den Namen Schesaplana. Völlig überraschend breitet sich auf dem ebenen Felsen ein Gletscher aus und erweckt einen unerwarteten Eindruck: Eine hochalpine Gletscherlandschaft, die ringsum in tiefgrüne Täler abfällt.

Sehenswürdigkeit — Kirche St. Antönien

Reformierte Kirche von St. Antönien: zusammen mit Fläsch die erste reformierte Gemeinde Graubündens. Die Kirche stammt aus dem 14. Jahrhundert. Schiff mit Holztonne überwölbt, Chor mit gotischem Sterngewölbe.

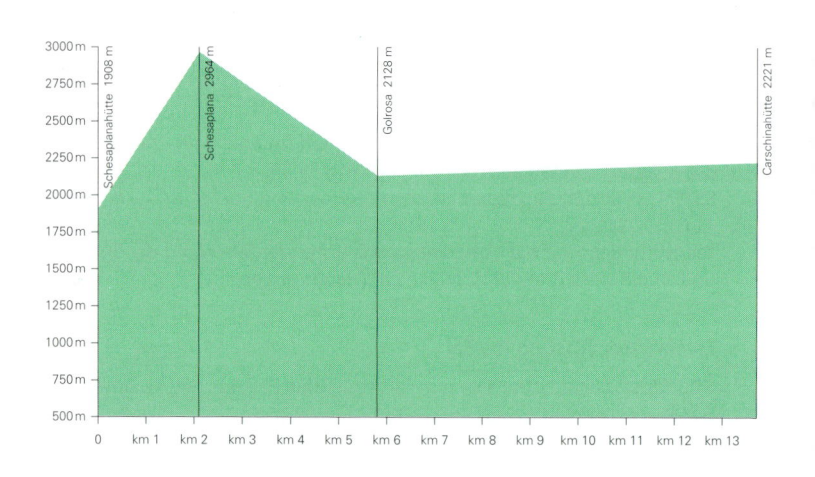

Route

Von der Hütte führt der Schweizerweg markiert und gut gesichert durch die weisse, zum Teil wilde Fluh hie und da etwas ausgesetzt auf das Plateau hinauf. Im Nebel nicht ganz leicht zu finden, bei Neuschnee nicht zu empfehlen. Vom Rand des Gletschers in leichtem Gelände zum Gipfel. 2½ Std.

Über den Südgrat zur Scharte absteigen und links, meist über Schnee, in die Ostflanke auf die Tote Alp. Auf etwa 2550 m zweigt der markierte Weg rechts ab. Die Wegspuren zur Gamsluggen werden durch Schneefelder und kleine Stufen unterbrochen, und die Gamsluggen ist nicht leicht zu finden. Man erreicht sie auf markiertem Weg von rechts nach links und fast horizontal. (Man kann auch zum Lünersee absteigen und von der Lüneralp übers Cavelljoch nach Colrosa gelangen; Umweg von 1 Std.) Von der richtigen Scharte führt der Abstieg nach zuerst ganz deutlich nach rechts (W), man versuche nicht, irgendwo weglos abzusteigen. Von P. 2129 «Bi den Seeli», zum Teil weglos nach Colrosa. 1 Std.

Bei Nebel führen hier verwirrende Wegspuren in alle Richtungen. Man suche jedenfalls die Schutzhütte und folge dort den Wegweisern. Sie weisen von nun an den Weg zuverlässig bis zur Carschinafurgga. 3 Std.

Varianten

Vom Schesaplanagipfel zur Totalphütte OeAV (2380 m) absteigen. Sie ist bewartet von Pfingsten bis Oktober (14 Plätze). Weiter zur Douglashütte OeAV (1973 m). Restaurant, geöffnet von Pfingsten bis Oktober, 55 Betten, 150 Plätze im Lager. Winterraum. Auskunft Verkehrsamt Brand, Tel. 0043 5559 5550.

Von der Douglashütte über den Oefenpass zur Lindauerhütte OeAV (Restaurationsbetrieb über Pfingsten und Juni bis Oktober; 23 Betten, 103 Plätze im Lager. Winterraum). Zurück über das Drusator zur Carschinafurgga.

Schesaplana-Bergreise

Der Bericht über die Erstbesteigung der Schesaplana um 1730 durch den Seewiser Pfarrer Nicolin Sererhard mit zwei Begleitern nimmt in einem der meistzitierten Bücher über Graubünden viel Platz ein. Sererhard soll auch im vorliegenden Wanderführer ausführlich zum Wort kommen. Sein Werk «Einfalte Delineation aller Gemeinden gemeinen dreyen Bünden», geschrieben um 1742, gedruckt 1872, wurde auf Anregung von Professor Johann Jakob Scheuchzer verfasst. Scheuchzers «Naturgeschichte des Schweizerlandes» diente dem Bündner Pfarrer als Vorbild. Der Abschnitt über die Tour auf die Schesaplana ist die älteste reine Bergfahrtenbeschreibung aus den Ostalpen.

«Meine Schaschaplana Bergreis hat mich in noch mehr Verwunderung versezet als der Tschingel. Meine Reisegefährten waren der jetzige Ganey Badwirt und ein alter, nunmehr 83jähriger Jäger. Wir pernoctirten in der Alp auf dem wilden Heu, morgens stiegen wir eine gäche Felsenkehle (Schafloch) hinauf bis in die Höhe, da wir durch enge Kluppen auf den grossen Gletscher hin kamen, da musste mich schon über drei Ding verwundern, dann beym Eintritt sezte mich auf einen Stein, ein wenig zu ruhen, mochte aber keinen Augenblick erleiden auf dem Stein zu sitzen, beschaute ihn, da befande, daz er mit vielen kleinen Spizlein überzogen, die ebenso spizig als Nadeln gewesen. Als wir über einen traten, fanden wir zuerst eine hole Tiefe, da kam es mir spanisch vor, als alldorten gar nichts anders sehen konnte als Himmel und Schnee. Doch eben in dieser Gegend gewahrete noch eine Curiositaet, dann wir sachen vor diesem Eingang gegen über ein Stük Gletscher einer Oval-Ründe, der seine in recta linea artige Züg hatte, die bey ihrer Endung um etwas krum gebogen und auch durchhin um etwas schwärzlich waren, da sonst allenthalben ringsum her alles nur Schnee ware. Dieser Plaz machte just die Figur wie ein gepflugter Aker, an deme die Furchen noch zu spühren sind. Ich schreibe dieses zu dem favonio (Föhn), welcher zuoberst an die Felsenkähle angeputscht und per repercussionem durch die enge Kluppen seinen Zug und eben an diesem seinen Anstich gehabt, an welchem er durch seine den Schnee erweichende Natur und per circulationem besagte Würkung gemacht, dass aber die surculi oder kleine Fürfelsen um etwas angeschwärzt, rürt eben von bemelter Ursach, weil der stark blasende und durch die enge Klupp hindurchgetriebene Wind etwas Erdstaub und Sand mit sich wird geführt, und allhier in den durch ihn erweichten Schnee hinterlassen haben.

Wir marschierten über den entsetzlich grossen Gletscher und betrachteten auch mit Verwunderung die ungeheuren Gletscher-Spält. Bei einem dieser, in welchem die Sonne hineinglänzte, legte ich mich auf den Bauch und schaute in die Tiefe hinab, bis mir das Gesicht verging; konnte doch den Grund des abyssi mit dem Gesicht nicht erreichen.

Wir kamen endlich auf den obersten Gipfel des Berges, da ging es erst an eine rechte Verwunderung, nachdem noch vorher hier unten auf dem grossen Gletscher ein Erstaunen vorgegangen, denn wir fanden auf diesem Gletscher Stücke von Nuss-Schalen, Ross- und Menschenhaar, Hobelschnitten, worüber wir uns nicht wenig verwunderten. Ich schrieb es den Sturmwinden zu, welche dergleichen Dinge in der Tiefe erhoben und durch die Luft hieher getragen gleichsam wie fliegende Spreuel. Auf dem obersten Gipfel sahen wir mirabilia. Finde diesen Gipfel den höchsten des sich weit erstreckenden Gebirgs Rhaeticonis, dessen auch Guler und Sprecher in ihren Chroniken Meldung tun; bald all andere scheinen gegen ihn, wenn man auf diesem Gipfel stehet, niedrig und zum Teil auch nur Büchel zu sein. Der Prospekt an diesem Ort ist etwas admirables. Man siehe rings umher etliche hundert hohe Gebirge mit ihren hervorragenden Gipfeln, welche meistens weis bekappet oder mit weisen Gletscher Flecken versehen. Solcher Gebirge siehet man von danen vier bis fünf Rayen hinder einandern in einer recht wundersamen concatenation, dz man von weitem meynte, diese concatenation zieche sich bey jedem Reyen recht circul-weis rings umher. Man siehet, soweit als es das Auge ertragen mag, nichts als Bergen und Bergen, eine unglaubliche Weite rings umher, aussert bey einer einigen Oeffnung über den Lindauer See hinaus ins Schwaben-Land, da präsentiert sich das schönste Ansehen von der Welt; die Städte Lindau, Constanz, die Insel Reichenau, Arbon, Hochen-Ems etc. scheinen einem ganz nahe zu sein, mit dem Perspectiv kann man die Täcker und Gebäu gar wohl distinguiren. Weiter hinaus mag man wohl einige Tage Reisen weit ins Schwabenland übersehen, da praesentieren sich dem Aug eine unzählbare Menge von Städten, Dörfern, Kirchen-Thürn hinter einandern. Item eine seltsame Versicolorität der mancherlei Feldern, Akern, Waldern etc., dz mans ohne Verwunderung und Lust nicht ansehen kann. Wann einer den äussersten Bezirk rings herum umreisen sollte, den man hier übersehen kann, wurde er wohl viel Wochen zubringen müssen.

Die ganze Eidgenossenschaft und Bünden ist hier zu übersehen und noch sehr weit weiter hinaus über beidere Gebirge hin. Unter etlich hundert übersehenden Gebirgen mag diesem Berggipfel keines das Aussehen benemmen, als nur der Gotthard ob Waltensburg um etwas, die andern appariren alle so weit, als es das Aug ertragen mag, übersichtlich. Unter so vielen Berg-Ländern komt einem allhier keines bergigter vor als das Tyrol. Da siecht man einen gächen Felsenspiz hinder dem andern, das es von weitem anzusehen, gleisam wie ein Wald.

Der Pfarrer Sererhard sieht seine Heimat Graubünden als göttliche Schöpfung. Sie ist wie die ganze Erde «voll allenthalben der Güte des Herrn, wo immer man die Aufmerksamkeit hinwendet, findet man Spuren und Merkmahle der Allmacht, Weisheit und Güte unseres Gottes, wer will die Wunder des Herrn alle erzählen können». (PM)

Carschinahütte – Gemschtobel – Sulzfluh – Karrenfeld –
Tilisunahütte – Sulzfluhhöhlen – Partnun (St. Antönien)

4 Als Bergwanderer auf einen Kletterberg

Bei der Carschinahütte gibt sich die Sulzfluh senkrecht und unnahbar. Nach dem Blockgewirr einer wilden Bergsturzlandschaft erlaubt aber eine kurze, felsige Stufe den Einstieg ins Gemschtobel, dann geht es leicht zwischen lotrechten Kalkwänden zum Gipfel, der den schönsten Einblick in die wilden Drusentürme vermittelt. Über ein abweisendes Karrenfeld zur gastfreundlichen Tilisunahütte. Das nur sanft geneigte, blendend weisse Karrenfeld gleicht einem wild zerrissenen Gletscher mit Spalten und Stufen. Es bildet den schönsten Kontrast zu den steilen Felswänden der Süd- und Südwestseite. Tief unten auf dem Partnunsee kündigt ein kleines Ruderboot die Nähe des Ferienortes St. Antönien-Partnun an.

B, EB Routencharakter und Schwierigkeit

Bis zum Gemschtobel markierter Wanderweg (B).
Gemschtobel (EB).
Während den ersten Metern muss man sich kurz mit den Händen behelfen. Deutlichen Markierungen folgend, aber weglos über das Karrenfeld zur Tilisunahütte. Bei Nebel halte man sich genau an die Markierungen. Karte und Kompass sind unerlässlich.

Zeit

6½ Std.

Ausgangspunkt

Carschinahütte (s. R. 3)

Einfachster Abstieg ins Tal

Zum Mittelsäss und auf Alpweg über Untersäss nach St. Antönien. 2 Std. Oder auf markiertem Wanderweg von der Carschinahütte nach S zum Bärgli und über Aschüel auf Fahrsträsschen nach St. Antönien. 2½ Std.

Endpunkt

Partnun (1763 m)

Partnun war früher die Sommersiedlung der St. Antönier; jetzt bringen sie ihr Heu auf dem guten Fahrsträsschen schon im Sommer ins Dorf.

Berggasthaus Sulzfluh
7246 St. Antönien.
Tel./Reservation: 081 332 12 13, Fax 081 332 37 29.
50 Betten in 10 Zimmern. Geöffnet Ostern bis Ende Oktober. Petroliumbeleuchtung im Restaurant.

Carschinahütte – Gemschtobel – Sulzfluh – Karrenfeld –
Tilisunahütte – Sulzfluhhöhlen – Partnun (St. Antönien)

Einfachster Abstieg ins Tal   Nach St. Antönien

Fahrsträsschen nach St. Antönien. 1¼ Std.

Talort   St. Antönien (s. R. 3)

Unterkunft und Einkehrmöglichkeit unterwegs

Tilisunahütte (2208 m)
OeAV-Sektion Vorarlberg, 23 Betten, 103 Lager, 25 Notlager, Funkverbindung.
Bewartet Mitte Juni bis Anfang Oktober.

Karte   1157 Sulzfluh

Sehenswürdigkeiten   St. Antöniertal

Sulzfluhhöhlen, das Karrenfeld nordöstlich der Sulzfluh, Karren- und Dolinenlandschaft am Gruobenpass.
Lawinen: Dank der Lawinenverbauungen am Chüenihorn und der Lawinenkeile bergseits an jedem Haus lebt man heute in St. Antönien nach schweren Katastrophen auch im Winter sicher. Hinter den Schutzbauten hat auch der Wald am Chüenihorn wieder Wurzeln gefasst. Es kann aber immer noch vorkommen, dass die Leute bei grosser Lawinengefahr ihre sicheren Häuser während Tagen nicht mehr verlassen. Darüber freuen sich am meisten die Schulkinder!

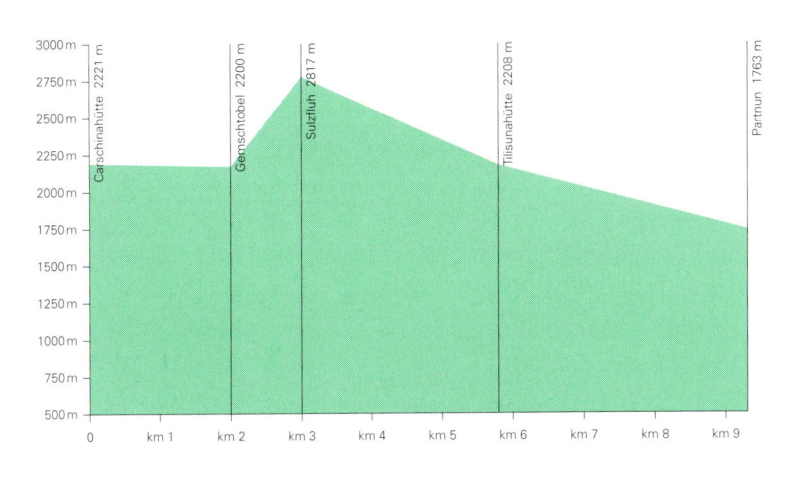

Route

Von der Carschinahütte durch Bergsturztrümmer nach E zur Brunnenegg. Bei Sulz auf Wegspuren, die Höhe haltend, zum Einstieg ins Gemschtobel. Eine Felsstufe von 50 m führt in die grünen Flanken des Gemschtobels. Über Schutt und Geröll steigen wir auf einem gutem Weglein weiter und gelangen über einen kleinen, nach gerichteten Firnhang zum schönsten Aussichtsgipfel. 2 ½ Std.

Abstieg längs der Landesgrenze nach NE durch die fremdartig anmutende Mondlandschaft des grossen Karrenfeldes zur Tilisunahütte. 1 ¼ Std.

Zurück nach Partnun führen drei Wege, sie sind alle etwas rauh, aber gut markiert. Am kürzesten ist das Tilisunafürggli, besonders rauh und steil das Grüenfürggli; es führt an den Sulzfluhhöhlen vorbei. Am leichtesten ist der Gruobenpass. Bei Nebel wird diese Karren- und Dolinenlandschaft sehr unübersichtlich, weil die Wegrichtung immer wieder wechselt. 2-3 Std.

Höhlengeheimnisse an der Sulzfluh

Der Wissenschaft sind die Sulzfluhhöhlen seit über 200 Jahren bekannt. Ihre ganze Ausdehnung wurde allerdings erst in den letzten fünfzehn Jahren erfasst, als Mitglieder der Arbeitsgemeinschaft das grosse Höhlensystem zu erforschen und zu vermessen begannen. Dabei stiessen sie auch auf Reste von Höhlenbären, einer Gattung, die vor über 10 000 Jahren ausgestorben ist.

Dies war der erste Nachweis von Höhlenbären in Graubünden. Nach gründlichen Vorbereitungen begann das Paläontologische Institut der Universität Wien 1990 mit systematischen Ausgrabungen. Geborgen wurde vor allem Knochenmaterial von Höhlenbären, aber auch von Braunbären, Wolf und Vielfrass. Die rund 100 000 Jahre alten Funde sind auch klimageschichtlich von grossem Interesse. Der Höhlenbär konnte als reiner Pflanzenfresser nur in ausgesprochen warmen Phasen in Höhen oberhalb von 2000 Metern überleben.

Die Fundstellen lagen 150 m vom Eingang entfernt; die Materialien wurden an diese spätere Lagerstätte geschwemmt. Eine Besonderheit sind die Knochen des Vielfrasses, des grössten Vertreters aus der Familie der Marder, der in Europa heute nur noch in den Gebirgen Skandinaviens lebt. In Eiszeiten wurde er von den vorstossenden Eismassen nach Süden gedrängt. So gelangte er in die Alpen.

Die Höhlenbären der Sulzfluhhöhlen waren etwas grösser als die heutigen Braunbären. Ihr Verdauungsapparat war weniger entwickelt als jener der wiederkäuenden Huftiere oder der Hasen. Sie waren deshalb auf energiereiche Nahrung angewiesen. Diese fanden sie hier nur vor 80 000 bis 120 000 Jahren, und zwar entweder in der Warmzeit zwischen Riss- und Würmeiszeit oder in einer der warmen Phasen zu Beginn der Würmeiszeit.

Schon 1864, nur wenige Monate nach der Gründung, hat die Sektion Rätia des SAC eine Exkursion zu den Sulzfluhhöhlen ausgeführt. Die Ergebnisse sind in einem Büchlein festgehalten. Darin schreibt Johann Coaz, der Sektionspräsident und spätere eidgenössische Oberforstinspektor: «Jeder knüpfte die Röcke gehörig zu, rüstete Hammer, Fläschchen und Taschen und zündete sein Laternchen an. Zuerst kommt man über Schutt und Schlammassen. Der Querschnitt wird keilförmig, wölbt sich oben 20 Fuss hoch, so dass man sofort sieht, dass man sich nicht in einer Felsspalte, sondern in einer Auswaschungshöhle befindet. Die Teilnehmer sprangen über Stufen hinunter, krochen durch Engnisse, verteilten sich in Verzweigungen und riefeneinander wie Kobolde zu.»

Nach einiger Zeit stiess die Expedition auf einen Felsblock, der feucht und schmierig war. Sie kletterten hoch und auf der andern Seite wieder hinunter. In einer Nische standen sie plötzlich vor einem See. «Man hätte meinen mögen, ein

Maler habe die Gruppe mit Künstlersinn geordnet, so gelungen sah die Staffage aus. Einen Augenblick war alles ruhig, jeder streckte sein schwaches Lichtlein in die Nische hinein und bog sich gegen dieselbe vor. Da plötzlich zischte es durch die Höhle, gleichzeitig ist dieselbe und der kleine See von einem grellen röthlichen Licht erfüllt, in dessen Schein auch der Kobolde Gestalten und blasse Gesichter aus dem Dunkeln hervortraten. Aber kaum ½ Minuten dauerte das Licht der abgebrannten bengalischen Flamme, das Bild verliert sich wieder in den matten Schein der schwachen Laternenlichter. Dagegen ertönte der Beifall der Gesellschaft durch die Hallen, und als ob die Schallwellen sich den Wänden entzündet, wurde es wieder helle, und die dunklen Höhlenwände zeigten sich von einem mattgrünem Licht übergossen von ganz anderm Effekt als das röthliche. Unser Sektions-Feuerwerker wollte auf eine schöne, augenfällige Art sagen, wie sehr es darauf ankomme, in welchem Lichte man eine Sache betrachte.»

Dann wird Coaz wieder sachlicher: «Merkwürdigerweise besitzt die Seehöhle (eine der Sulzfluhhöhlen) wie auch die andern von uns besuchten nur winzige Stalakmiten und Stalaktiten. Wir fanden einen einzigen grösseren Stalaktit, 1 Fuss hoch und 2½ Zoll Durchmesser. Dagegen erzählt Pfarrer Catani, der die junge Sektion Rätia zur Expedition angeregt hat: «Die Sulzfluhhöhle ist in ihren inneren Teilen eine wahre Werkstatt der kristallisierenden Natur. Die weissen Wände mit grotesken Figuren von erhabener Arbeit gezieret, worin Einbildungskraft, so gut als in der berühmten Baumannshöhle, allerlei Bilder finden kann, Altarstücke, Statuen, Gesimse, kleine Eisberge oder was man will. Die obern Gewölbe sind ganz glatt und haben sogar verschiedene artige Eselsrücken, als wären sie mit Menschenkunst gemacht, alles ist nett und mit einem schönen Weiss übertüncht. Unzählige Wassertropfen hängen in diesem Gewölbe, und doch kann man lange horchen, bis ein einzelner hier oder dort fällt.»

Coaz fährt fort: «Leider wurden wir nicht in diese interessanten Höhlen geführt.» Die Expedition findet nur wenig Tropfsteine, und Coaz zitiert die Gründe von Professor Theobald: «Erstens ist das Gestein sehr dicht und lässt nur wenig Wasser durchsickern, und zweitens ist an der Oberfläche die äussere vegetabilische Bodendecke dünn oder fehlt ganz. Dadurch wird dem Sickerwasser zuwenig Kohlensäure beigemischt, um eine zur Tropfsteinbildung hinreichende Kalkmasse in sich aufzulösen.» Noch ist das Höhlensystem nicht vollständig erforscht, für Unkundige verwirrend und sehr gefährlich. Es sieht gegenwärtig auch nicht danach aus, dass die Höhlen zur Attraktion für Touristen werden könnten. (PM)

Partnun – Riedchopf – St. Antönierjoch – Gafier Joch –
Juonen Fürggli – Madrisajoch – Ereztälli – Schlappin (Klosters)

5 In Kalk und Gneis wachsen verschiedene Blumen

Eine unwegsame, lange, aber grossartige, ab dem Madrisajoch sogar richtig alpine Etappe! Nach einem steilen Aufstieg auf den Riedchopf tänzeln wir stundenlang über den Grat, der die Schweiz von Oesterreich trennt. Der Abschnitt vom Juonen Fürggli ins Ereztälli könnte sich in den Hochalpen befinden, so grossartig und spannend präsentiert er sich. Auf dem Juonen Fürggli stehen wir einen Augenblick sogar ratlos da: Wo weiter? Wir müssen tatsächlich dem Wildwechsel folgen und in die nächste Gratscharte steigen, wo die gewaltigen, wie von einem Riesen hierher geschleuderten Felsblöcke des Ereztälli sichtbar werden. Wir steigen dorthin ab und erreichen danach Alpweiden. Durch schattige Wälder führt ein Alpweg in die ehemalige Walsersiedlung Schlappin.

EB Routencharakter und Schwierigkeit

Spannende Bergwanderung, die am Madrisajoch feinen Spürsinn für die beste Route voraussetzt. Auf neuem Fussweg über den Riedchopf zum St. Antönier Joch und noch etwas weiter, dann wegloser Abschnitt. Einige Stellen verlangen sehr gute Trittsicherheit. Bei der Überschreitung von Juonen Fürggli und Madrisajoch muss man den Weg zwischen Felszacken und über Gratscharten selber suchen. Diese weglosen Übergänge haben fast hochalpinen Charakter. Im Ereztälli müssen wir ein wildes Blockgewirr queren.

Zeit   6 ¾ Std.

Ausgangspunkt   Partnun (s. R. 4)

Endpunkt   Schlappin (1643 m)

Prachtvolle, schwarzbraune Blockholzbauten; der Ort ist heute noch Sommersiedlung einzelner Bauern von Klosters.

Berghaus Erika
Am Schlappiner See, 7252 Klosters Dorf.
Tel./Reservation: 081 422 11 17, Fax 081 422 11 17.
16 Plätze im Lager, 3 Doppelzimmer. Ganzjährig geöffnet.
Busbetrieb auf Anfrage.

Einfachster Abstieg ins Tal   Nach Klosters

Fahrsträsschen nach Klosters, 1 ¼ Std.
Fahrbewilligung auf dem Polizeiposten Klosters.

Partnun – Riedchopf – St. Antönierjoch – Gafier Joch – Juonen Fürggli – Madrisajoch – Ereztälli – Schlappin (Klosters)

Talort
Klosters Dorf (1124 m)

Touristenort inmitten herrlicher Wiesen, Weiden, Wälder und Alpen.
Mit SBB nach Landquart, RhB Landquart – Davos bis Klosters. Fahrplanfeld 910.
Mit PW über Landquart – Davos bis Klosters.
Verkehrsbüro Klosters: Tel. 081 410 20 20.
Zahlreiche Hotels, Geschäfte, Banken.

Karte
1157 Sulzfluh, 1177 Serneus

Sehenswürdigkeiten
Flora

Eindrücklicher Wechsel der Alpenflora vom Kalkgebiet der Sulzfluhdecke zum kristallinen Gestein der Plasseggen-Madrisakette.

Route

Von Partnun Stafel auf dem Weg nach Plasseggen bis zur Abzweigung Rotspitz in der Engi auf 2027 m (Wegweiser auf Stein am Boden). Neu angelegter Weg zum Rotspitz bis Abzweigung Riedchopf (Wegweiser mit Stange). Auf dem linken Steilhang windet sich der markierte Weg über P. 2540 zum Gipfel. 2½ Std.

Auf gutem Weg zum St. Antönier Joch. Auf P. 2506 endet der Pfad. Auf dem Grat weiter an den Fuss der Gargäller Chöpf. Diese werden auf der

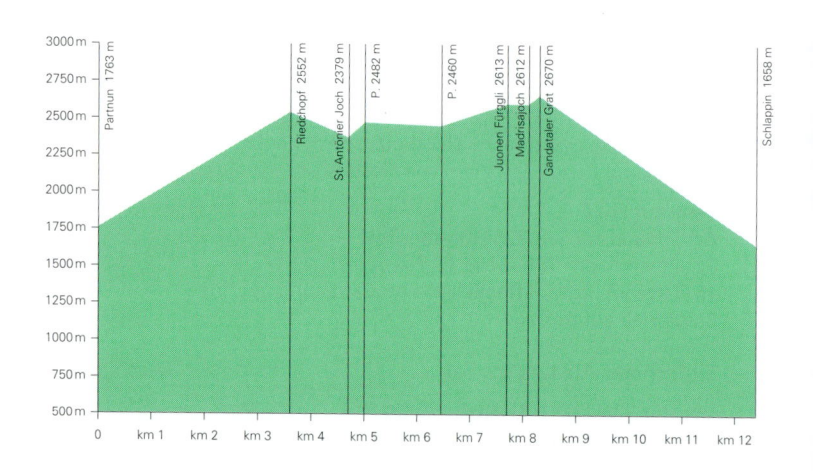

W-Seite umgangen. Wegspuren führen auf dem auf der Karte deutlich sichtbaren Band von N nach S abwärts – nicht bis an den Wandfuss absteigen. Man erreicht den Grat immer noch absteigend bei P. 2467. Kurzweilig mit beidseits herrlichen Ausblicken über den Grat weiter zu P. 2521 und geführt von vielen Steinmännchen zum Riesensteinmann im Juonen Fürggli. 2 Std.

Auf der Ostseite von P. 2682 leicht ansteigend über Gamswechsel zur obersten Scharte der Gandataler Chöpf zwischen P. 2732 und P. 2639. Achtung: Nicht ins Gandatal absteigen! Über sehr steile Grasflanken und Felsplatten in das gewaltige Blockfeld im Ereztälli absteigen, auf 2450 m quer durch das Blockfeld nach Süden zu den Weiden der Saaser Alp. Weiter entweder nach links zum Weg, der vom Schlappiner Joch ins Dörfchen Schlappin führt, oder zur Bergstation der Madrisabahn 800 m über Klosters. 2½ Std.

Varianten

Statt der heiklen Umgehung der Gargäller Chöpf steigt man zum Gafier See ab und erreicht den Grat wieder bei P. 2460.

Statt der alpinen Überschreitung vom Juonen Fürggli zum Madrisajoch und weiter ins Ereztälli kann man auf gutem Weg vom Gafier Joch zum Rätschenjoch queren und über die Saaser Alp Schlappin erreichen.

Gipfel   Rätschenhorn (2703 m)

Bei der Variante über das Rätschenjoch lohnt sich der kurze Aufstieg auf das Rätschenhorn.
EB. 20 Min.

Schlappin – Schottenseefürggli – Seegletscher – Seelücke –
Saarbrückener Hütte (Gaschurn)

6 Ein langes Bergtal - ganz hinten locken die Berge

Eine lange Talwanderung muss nicht langweilig sein! Nach 7 Kilometern sind wir erst 350 m höher. Ein Bergtal ist das Schlappin gleichwohl mit Steilflanken rechts und Steilflanken links. Nach zwei Stunden windet sich der Schlappinbach um das Plattenhorn, genau hinter ihm liegt in traumhafter Einsamkeit der Hüenersee. Völlig ratlos sucht man den Ausgang; er führt über das wilde Schottenseelüggli zum Schottensee. Am Seegletscher finden wir eine Eiszeitlandschaft, nichts als Steine, Wasser und Sand, alles ganz weich, die blau-weissen Zeichen auf den Felsen am Rand sind das einzig feste Element. Seelücke schreibt man schon mit «ck», wir sind an der Grenze der schweizerdeutschen Ortsnamen.

EB Routencharakter und Schwierigkeit

Keine Schwierigkeiten bis zum Hüenersee. Nach dem Alpweg zum Innersäss ist es an uns, den Weiterweg zu finden. Wegzeichen führen uns durch riesige Blockfelder im verwirrenden Gelände zum Hüenersee. Der Weiterweg über das Schottenseelüggli zum Schottensee und zur Seelücke ist mit «alpin» angeschrieben.

Zeit   5½ Std.

Ausgangspunkt   Schlappin (s. R. 5)

Endpunkt   Saarbrückenerhütte (2538 m)   797.950/197.400

DAV-Sektion Saarbrücken, A-6794 Parthenen/Vorarlberg.
Tel./Reservation: 0043 5558 4235, Tel./Fax Hüttenwarte Paula und Wilhelm Weisskopf: 0043 5442 62439.
20 Betten, 65 Plätze im Lager. Bewartet Mitte März bis ca. Ende April und 1. Juli bis 30. September.
Die Hütte steht am Ostsporn des Klein Litzner etwa 100 m über dem Vorfeld des Litznergletschers. Höchstgelegene Hütte im Silvrettagebiet.

Einfachster Abstieg ins Tal   Zur Bielerhöhe

Fahrsträsschen zum Madlenerhaus DAV und zur Bielerhöhe an der Silvrettastrasse. 3 Std.

Talort   Galtür in Tirol (1584 m)

Der Ort liegt am Ausgang des Jamtals an der Silvrettastrasse, von Feldkirch durchs Montafon über die Bielerhöhe und Ischgl nach Innsbruck.

Schlappin – Schottenseefürggli – Seegletscher – Seelücke – Saarbrückener Hütte (Gaschurn)

Karte 1177 Serneus, 1178 Gross Litzner

Sehenswürdigkeit Bergbauernarbeit

Besonders eindrücklich erkennbar ist die Arbeit der Bergbauern, die im Schlappin ihre Alpweiden räumten und Steine zu Haufen auftürmten, um dazwischen ein schmales Streifchen Weideland zu gewinnen.

Route

In den ersten zwei Stunden gewinnen wir auf dem Alpsträsschen nur 200 m Höhe, ab Innersäss folgt man den Wegzeichen an den Tanzlauben vorbei zum Hüenersee. Wegweiser: Schijenfurgga rechts; wir müssen links zum Schottenseefürggli («alpin» steht auf der Tafel). 3½ Std.
Vom Fürggli führen deutliche Wegspuren nach S hinunter, wir sollten aber nach N. Man lasse sich nicht vom schwach ausgetretenen Weglein abbringen, die Grasflanken in der Fallinie sind sehr steil und von den Lawinen ganz glatt gefegt. Die Eiszeitlandschaft nördlich des Schottensees ist eindrücklich und gut passierbar. Zur Linken, an den Felsen auf der Nordseite des Seegletschers, sind blau-weisse Wegzeichen angebracht; sie geben die Richtung an. Den Weg muss man am Rand des Seegletschers hinauf zur Seelücke selber suchen. Bei Nebel ist ein Kompass unerlässlich. 1½ Std.
Auf der Nordseite der Lücke liegt lange Schnee, man kann die Hütte auch bei schlechter Sicht nicht verfehlen; links zieht sich ein Felssporn hoch, hier

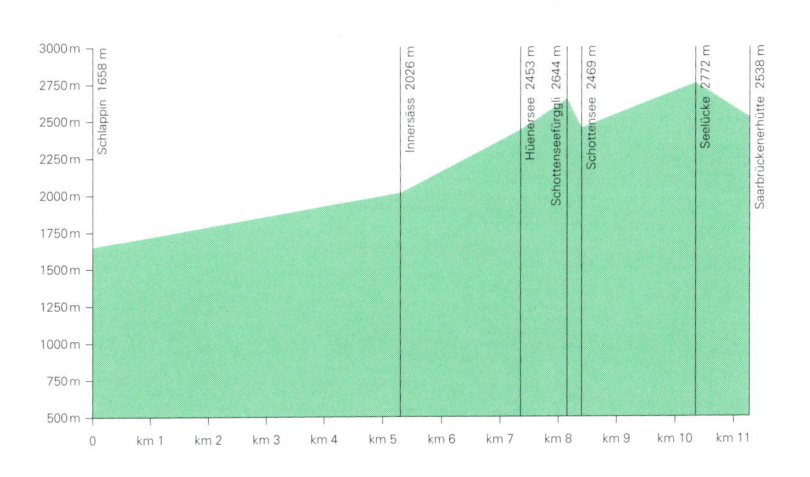

kommt man gar nicht an der Hütte vorbei, und von rechts trifft man sicher auf das Fahrsträsschen, das von der Bielerhöhe zur Hütte führt. Wegspuren und Markierungen geben den kurzen Abstiegsweg an. ½ Std.

Variante — Kromerlücke

EB. Vom Schottensee auf Wegspuren zur Schweizerlücke (2745). Ganz am oberen Rand des Schweizergletschers in eine Lücke in der Rippe am rechten Gletscherrand und weiter auf Trittspuren leicht ansteigend über den Kromergletscher zur Kromerlücke. Zuerst sehr steil, aber auf gutem Weglein zur Hütte. Viel begangener Uebergang von der Tübinger Hütte zur Saarbrückener Hütte. 3 Std. vom Schottensee.

Gipfel — Chlei Seehorn (3031 m)

WS. 1½ Std. von der Seelücke.
Über den Seegletscher an das linke untere Ende der steilen Firnzunge, die zum Sattel der beiden Gipfel führt. Nach Überschreiten des Bergschrundes rechts über den Steilhang hinauf bis unter die Gipfelfelsen. Nach rechts auf den Grat und über diesen zum Gipfel.

Ein Volk der Hirten

Das Topos von den Schweizern als Volk der Hirten ist zwar einerseits ein veraltetes und verzerrtes Idealbild, andererseits sind noch heute viele Hirten im Sommer auf den Alpen beschäftigt. Vor 50 Jahren hat Richard Weiss «Das Alpwesen Graubündens» beschrieben. John Matieu schreibt zur Neuauflage von 1992: «Seit den Feldaufnahmen von Richard Weiss in den Jahren 1934 bis 1937 hat sich das Bündner Alpwesen gründlich verändert. Man wird heute keinen Hirten mehr sehen, der seine Füsse in Schuhe mit Holzsohlen steckt und sich mangels Socken mit Riedgras oder Lumpen behilft. Aber das Buch von Richard Weiss ist ein Klassiker der Volkskunde mit Ausstrahlungen in manch andere Wissenschaftszweige.» Der Professor für Volkskunde hat die Aelpler ernst genommen.

Einzelsennereien sind auch im Puschlav und in der Mesolcina verbreitet, in romanischem Kulturgebiet also. Mathieu warnt vor kulturgeschichtlichen Begründungen dieser Art, überhaupt vor der Bezeichnung «uralt» irgendeines Zustandes in unserm Alpwesen. Man habe sich auch in Fragen der Alpwirtschaft abgewöhnt, in Jahrtausenden zu denken. Die spätmittelalterliche Verlagerung von der Kleinvieh- zur Grossviehhaltung habe das Alpwesen entscheidend verändert; heute tun dies vor allem die technischen Neuerungen.

Aelpler und Aelplerinnen von heute stammen immer weniger aus der nahen Gegend und sind oft gar nicht Bauern. Die meisten Hirten- und Sennhütten sind zeitgemäss eingerichtet, sauber und bequem, denn die Menschen, die im Sommer rund hundert Tage auf der Alp verbringen, sollen sich wohl fühlen können. Noch vor nicht allzu langer Zeit stand in der Sennerei neben dem Kochherd der Esstisch, an dem Senn, Zusenn, Kuhhirt, Batzger, so nennt man den Hüttengehilfen, und manchmal noch ein Hirtenbub zur Mahlzeit zusammensassen. Es war der einzige Aufenthaltsort für die vier bis fünf Menschen. Wer sich zurückziehen wollte, legte sich auf seinen Platz im gemeinsamen Lager. Dabei sieht sich die Arbeitsgemeinschaft auf der Alp am Tag der Alpfahrt vielleicht zum ersten Mal, und nach der Alpentladung geht jeder wieder seinen eigenen Weg.

Die Alpwirtschaft ist in Graubünden doppelt wichtig. 80 000 Tonnen Heu müsste man für die 17 000 Kühe einbringen, wenn sie im Tal blieben; diese Menge entspräche dem Futter, das die Tiere in den drei Sommermonaten auf der Alp verzehren. Sie setzen in dieser Zeit 2 Millionen Kilo Fleisch an, und 1000 Älpler verwerten 10,6 Millionen kg Alpenmilch, das ist die vorgeschriebene Höchstmenge. Daraus werden 592 000 kg Käse und 91 000 kg Butter hergestellt. Während die Zahl der Kühe erstaunlich konstant ist, steigt die Zahl der Ziegen und Schafe. Nur jede zwanzigste Alp wird nicht genossenschaftlich genutzt – 190 000 Hektaren alpines

Kulturland werden in Gemeinschaftsarbeit gepflegt. Die Bauern vieler Gemeinden müssen noch immer für jede Kuh, die sie alpen, auf den Sommerweiden oben Fronarbeit leisten. In mancher Hinsicht sind die Landwirte auf dem Weg zurück zur Natur. Die «Mutter-Kindbeziehung» auf der Weide ist wieder möglich: Mutterkuhhaltung heisst das Fachwort. Allerdings dürfen erst etwa vier von hundert Kühen ihr Kalb säugen. In Frankreich sind es schon 47! Das Fleisch gealpter Tiere ist feiner und wird den Konsumenten seit ein paar Jahren als «Natura Beef» angeboten. «Natura Beef» ist ein Qualitätslabel, nur Fleisch von Kühen, die einen Sommer auf der Alp waren, darf unter diesem Namen verkauft werden.

In Graubünden werden etwa 80 000 Schafe gesömmert. Die Organisation Pro Specie rara bemüht sich, vom Aussterben bedrohte Rassen zu retten. Dazu gehört beispielsweise das Oberländer Schaf mit seinem schwarz behaartem Kopf, den schwarzen Beinen und einem weissen Wollmantel. Ein Züchter auf der Luzisteig hält eine andere seltene Rasse: das fuchsfarbige Engadinerschaf. Sein mageres, an Wildbret erinnerndes Fleisch ist besonders wohlschmeckend.

Schafe leben oft in grossen Herden von weit über 1000 Tieren; Tierseuchen bilden hier immer wieder eine Gefahr. Gegenwärtig ist es die Moderhinke, eine Erkrankung der Klauen. Dank sehr straffer Kontrollen sind die Bündner Schafe aber fast seuchenfrei. Schafhaltung ist billig, der Hirt braucht zwar eine angemessene Unterkunft, die Schafe hingegen nicht. Auch das Futter ist günstig, es kostet 18 bis 30 Rappen pro Tier und Sommer. Der Preis für ein Tier steigt gleichzeitig um 40 bis 80 Franken: ein sensationeller Mehrwert.

Der Zug einer Schafherde auf einer Alp ist ein schönes Bild. Überhaupt verschönern belebte Alpen unsere Bergwanderungen, und eine weidende Herde mit ihrem Geläute verleiht der Landschaft besonderen Reiz. Vielleicht dient uns eine Alphütte bei Regen als Unterstand, es gibt sogar einzelne Notunterkünfte und Telefonanschlüsse für Notfälle. Rechnen wir noch die Pflege der Wege und Weiden dazu, so ist der Beitrag der Bergbauern an den Genuss auf Bergwanderungen nicht zu unterschätzen. Die «Bergferien» der Tiere werden vom Bund unterstützt, je nach Alter und Art fein säuberlich abgestuft: So werden für die Sömmerung eines Schafes 10 Franken bezahlt, für eine Milchkuh 300. Sogar die Bergbauern sind auf den Erholungswert des Alpsommers angewiesen: Sie finden in ihren Reihen nicht mehr genügend Leute, die im Sommer «z'Alp» gehen. Ein Viertel der Bündner Alpkäsereien wird von jungen Menschen aus dem Unterland betrieben, eine ganze Anzahl davon sind Studenten, die ihre Sommerferien zu einem Bergerlebnis besonderer Art machen. So werden in der landwirtschaftlichen Schule Plantahof in Landquart jährlich um die fünfzig Frauen und Männer in einem Kurs von drei Wochen in die Kunst des Käsens eingeführt. (PM)

Am Barthümeljoch (R. 2)

Gipfelblick von der Schesaplana (R. 3)

Vereinatal mit Vereina-Berghaus (R.14)

Am Scalettapass (R. 16)

II Silvretta – Samnaun

Vom Gletscherpass in den östlichsten Bündner Zipfel

Die Silvretta ist vor allem im Winter bei Skitouristen sehr beliebt, im Sommer gehört das Massiv zu den stillsten und grossartigsten Gletschergebieten Graubündens. Die Samnauner und Unterengadiner Berge werden in keiner Jahreszeit viel besucht. Deshalb findet man auf diesen Etappen noch die oft beschworene Bergeinsamkeit, die aus vielen Regionen der Alpen weitgehend verschwunden ist. Man wandert immer wieder über die Landesgrenze nach Oesterreich, trifft dort andere Menschen an und erlebt in den dortigen Hütten eine andere Mentalität.

Die Tagesetappen

7 Saarbrückenerhütte – Litzner Sattel – Winterlücke – Klosterpass – Rote Furka – Silvrettahaus (Klosters)
Im Zwiegespräch mit Gletscherzungen

8 Silvrettahaus – Silvrettapass – Plan Mezdi – Chamanna Tuoi (Guarda)
In der Mitte des grössten Bündner Gebirges

9 Chamanna Tuoi – Furcletta – Urezzas – Val Urschai – Fuorcla da Tasna – Heidelberger Hütte (Ischgl)
An Hirten und Herden vorbei zu sich selbst

10 Heidelberger Hütte – Zeblasjoch – Samnaun
Zurück ins Schweizer Zollfreigebiet Samnaun

11 Samnaun – Fuorcla Maisas – Zuort – Kurhaus Val Sinestra (Sent)
Versteckte Wege im Schatten des Muttler

12 Kurhaus Val Sinestra – Fuorcla Campatsch – Chamanna da Naluns – Scuol
Von Lärchenwäldern zu Skilift-Masten

66

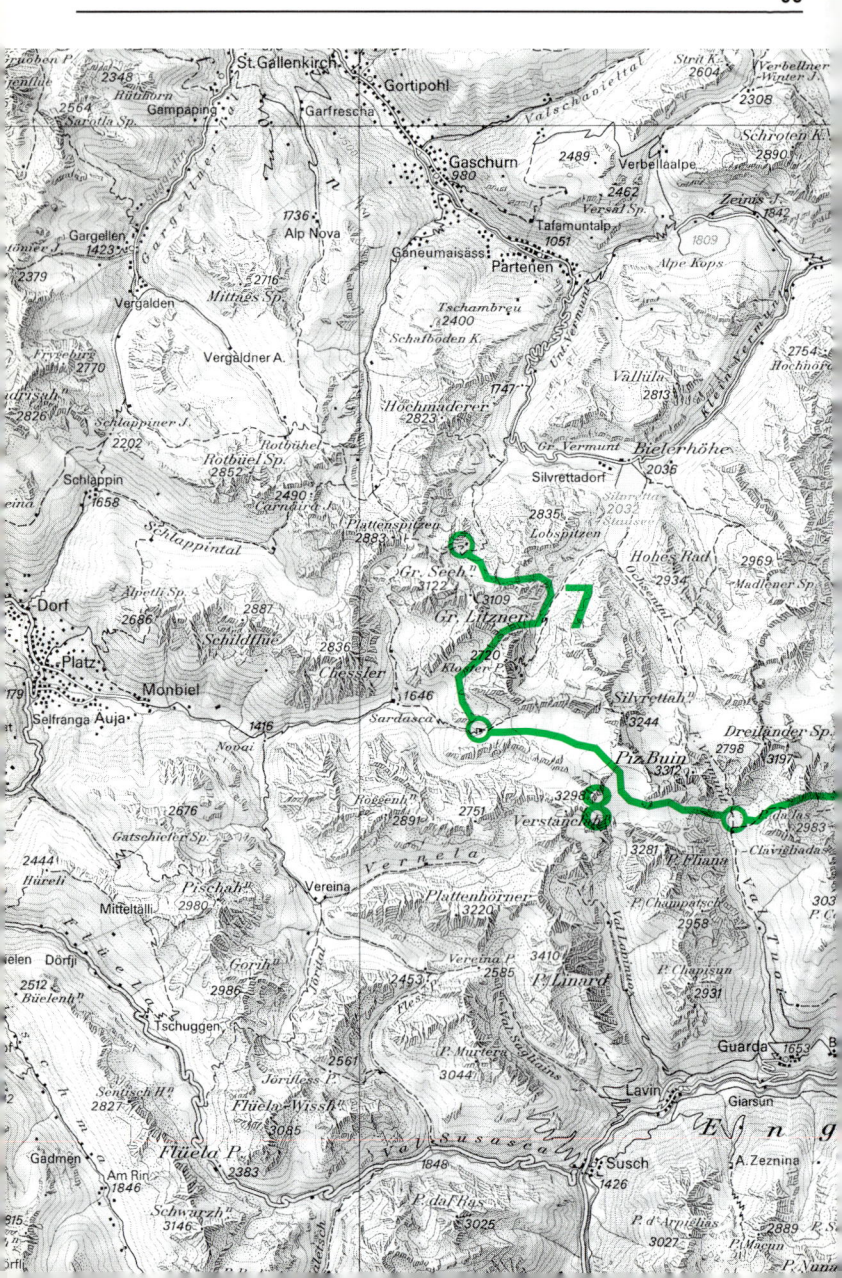

II Silvretta – Samnaun

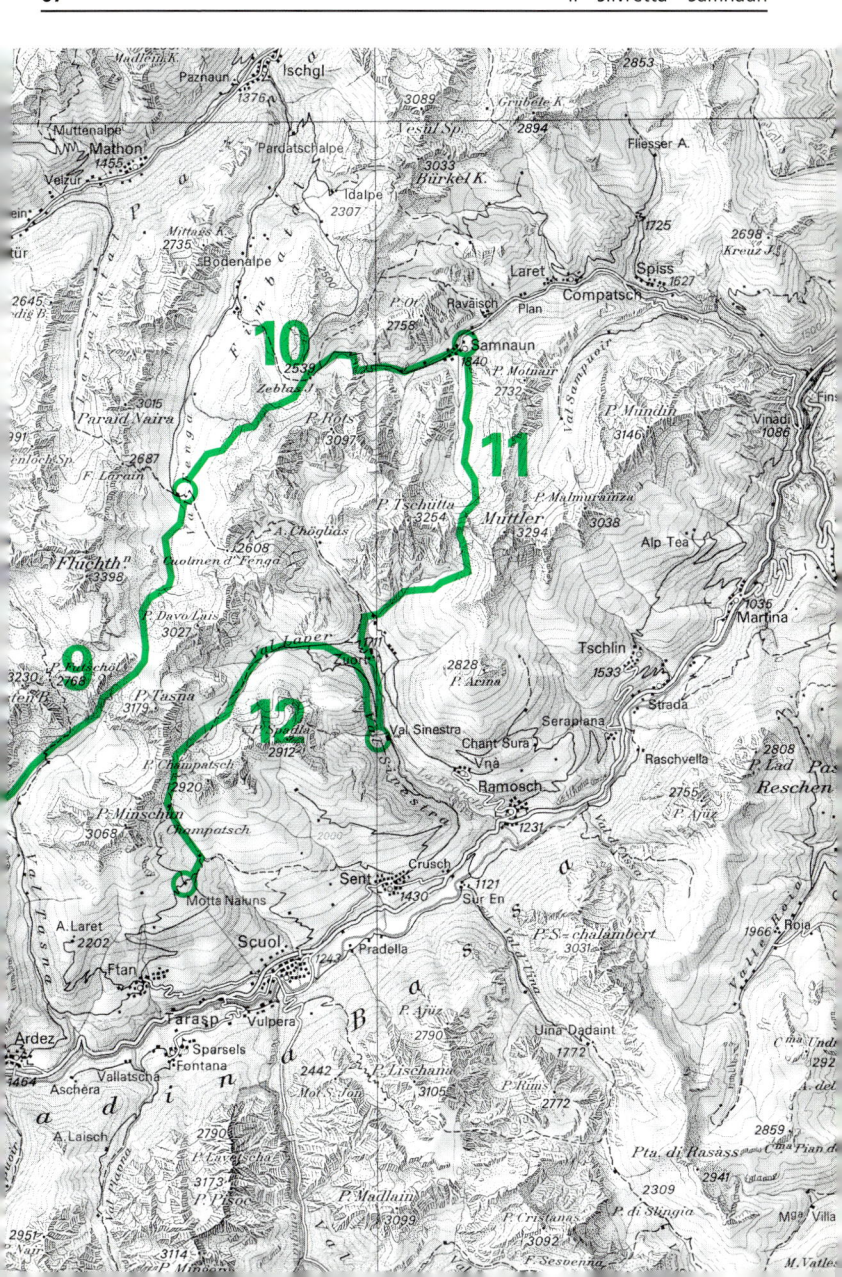

Saarbrückenerhütte – Litzner Sattel – Winterlücke –
Klosterpass – Rote Furka – Silvrettahaus (Klosters)

7 Im Zwiegespräch mit Gletscherzungen

Eine Etappe von sehr hochalpinem Charakter – sensationell, spannend und gar nicht mühsam. Schon nach 10 Minuten betreten wir den Litznergletscher, blankes Eis knirscht bei jedem Schritt. Der Litzner Sattel ist aper, ein herrlicher Punkt, ringsum Gletscher und Grate und wilde Zacken, vielleicht können wir in der Nordwand des Gross Litzner sogar Bergsteiger beim heiklen Aufstieg beobachten. Zierliche Spuren weisen den Weg über das schneeweisse Firnfeld zur Winterlücke. Die Rote Furka ist «Drehscheibe» in den Silvretta-Bergen: Breit und grosszügig liegt der Silvrettagletscher vor unsern Füssen und dahinter der mächtigste all dieser Gipfel – das Verstanklahorn.

EB Routencharakter und Schwierigkeit

Vier kleine Pässe zwischen Felszacken werden überschritten. Die Route ist durchwegs markiert, überquert aber einen kleinen Gletscher, Firnfelder und felsige Scharten. Bei schlechter Sicht ist der Weg schwer zu finden, sogar kurz vor der Hütte sind noch Irrwege möglich.

Zeit 4¼ Std.

Ausgangspunkt Saarbrückenerhütte (s. R. 6)

Endpunkt Silvrettahaus (2341 m)   798.460/192.550

SAC-Sektion St. Gallen, 9000 St. Gallen.
Tel. Hütte: 081 422 13 06. Hüttenwart Urs Liebing, Teufi Dischma, 7260 Davos. Tel.: 081 416 28 03.
70 Plätze. Bewartet Mitte Juli bis September. Liegt eine Viertelstunde vom Rand des Silvrettagletschers entfernt.

Einfachster Abstieg ins Tal Nach Klosters

Auf dem Hüttenweg über Alp Sardasca. 3-4 Std. (Bus-Taxi von Klosters bis Sardasca).

Talort Klosters (s. R. 5)

Karte 1178 Gross Litzner, 1198 Silvretta

Sehenswürdigkeit Silvrettahaus

Hier errichtete der SAC 1865 seine dritte Hütte. Später wurde etwas tiefer ein richtiges Berghaus gebaut. Die alte Hütte steht noch, doch das Berghaus ist jetzt SAC-Hütte geworden. Eindrückliche Lage in Gletschernähe mit freiem Blick ins Prättigau.

Route

Von der Saarbrückenerhütte auf dem Fahrsträsschen zur ersten Kurve, dann auf gutem Fussweg zum Rand des Litznergletschers. Er ist hier nicht ganz ohne Spalten, wer sie ganz meiden will, steige noch etwas weiter ab und am Nordrand des Gletschers in den Litzner Sattel hoch. (Ein Abstecher auf den Sattelkopf lohnt sich.) 1 Std.

Auch im Hochsommer wirkt der Weiterweg winterlich, wer will, steigt im «Glötter» hoch, die andern folgen den Spuren auf dem Firnfeld. Am obern Rand achte man auf einige Spalten, denn die letzten Schritte zur Winterlücke führen in jedem Fall über Schnee. Auf deutlichem Weglein durch schuttreiche Felsen nur wenig absteigen und gleich wieder hoch zum Klosterpass. 1 Std.

Auf Wegspuren und Steinmännchen folgend über Felsrücken und kleine Stufen nach S zur Roten Furka absteigen. 1 Std.

Man suche hier den weiteren Abstieg zum Rand des Silvrettagletschers leicht rechts der Furka, wo das gut ausgetretene Weglein beginnt. Deutliche Wegweiser stehen auf der Moräne am Gletscherrand und weisen den Weg zur Silvrettahütte. Achtung: Zwischen den Buckeln der Moräne orientiere man sich genau und steige ja nicht ins Galtürtälli ab! 1 Std.

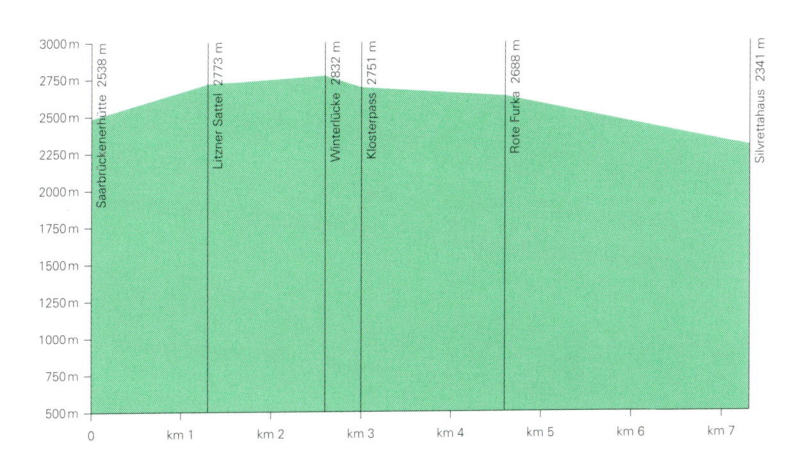

Variante — Abkürzung von R. 7 auf R. 15

Von der Winterlücke weglos über Ober Silvretta nach Sardasca und Novai absteigen. Noch im Wald stossen wir auf den Fahrweg nach Vereina und folgen ihm bis zur Abzweigung des Wanderwegs unterhalb Stutzegg, P. 1628. Dem Inner Ruchbach entlang in herrlicher Wanderung zum Berghaus Vereina. Von Novai 1½ Std.

Diese Variante ist eine Möglichkeit, die Rundwanderung um eine Woche abzukürzen und von Route 7 direkt zu Route 15 vorzurücken.

Silvrettahaus – Silvrettapass – Plan Mezdi – Chamanna Tuoi (Guarda)

8 In der Mitte des grössten Bündner Gebirges

Verführerisch sanft ruht der Silvrettagletscher vor dem Silvrettahorn, das Eis ruht aber nicht, und wo es talwärts fliesst, wird es zerrissen. Der Pfad auf dem Gletscher führt nördlich der Spaltenzonen vorbei. Dort wo er steiler wird, ist auch der Grund unruhig, doch die Spalten bleiben vom Schnee überdeckt. Wer ganz sicher sein will, geht hier am Seil. Angst ist ein schlechter Begleiter, doch Vorsicht ist am Platz: Gletscher sind nun einmal tückisch. Der Abstieg ins Val Tuoi ist steil, streckenweise kann man auf lockerem Gestein abrutschen. Am Nachmittag schwillt der Bach vom Schmelzwasser oft so stark an, dass uns nichts anderes übrig bleibt, als den müden Füssen schon zehn Minuten vor der Hütte ein kühles Bad zu gönnen.

EB Routencharakter und Schwierigkeit

Mehr als die Hälfte des heutigen Wegs führt über Gletscher. Damit ist dieser Abschnitt nicht unbedingt gefährlicher als andere Etappen, aber die Grundsätze für die Begehung von Gletschern sind zu beachten: Man breche frühzeitig auf; Schneebrücken über Spalten, die am Morgen noch tragfähig sind, können am Nachmittag einbrechen. Spaltenzonen werden immer quer zu den Spalten begangen. Verhindert Nebel die Sicht, gehe man nicht auf den Gletscher.

Der Silvrettagletscher ist flach und auch in ausgeapertem Zustand leicht zu begehen. In Passhöhe wird er nie ausapern, meistens ist ein Pfad ausgetreten. Ohne Sicht ist die Orientierung auf dem Pass ausserordentlich schwer. Das Gletschervorfeld im Abstieg ist wie üblich mühsam, stellenweise deckt Schutt das Eis zu.

Zeit   4½ Std.

Ausgangspunkt   Silvrettahaus (s. R. 7)

Endpunkt   Chamanna Tuoi (2250 m)   805.490/190.150

SAC-Sektion Engiadina Bassa, 7574 Sent.
Tel. Hütte: 081 862 23 22. Reservation: Rico Luppi, 7551 Ftan.
Tel.: 081 864 94 14. Hüttenwart Balser Derungs, 7551 Ftan.
Tel.: 081 846 16 43.
95 Plätze. Bewartet Juli bis Oktober.
Die Hütte liegt zuhinterst im Val Tuoi an seiner E-Seite auf einer Moräne.

Silvrettahaus – Silvrettapass – Plan Mezdi –
Chamanna Tuoi (Guarda)

Einfachster Abstieg ins Tal Nach Guarda

Nach Guarda auf dem markierten Hüttenweg. 2 Std.

Talort Guarda (1653 m)

Besonders schönes Engadiner Dorf.
Mit RhB Chur – St. Moritz bis Bever, St. Moritz – Scuol bis Guarda oder mit RhB ab Landquart – Davos, anschliessend Postauto Davos – Flüela – Scuol bis Guarda. Fahrplanfelder 940, 960, 910 und 910.75.
Mit PW über Landquart – Davos – Flüelapass – Scuol bis Guarda.
Verkehrsverein: Tel. 081 862 23 42, Fax 081 862 21 66. Post: Tel. 081 862 21 42, Fax 081 862 24 72. Postautodienst: Tel. 081 862 21 88.
Bahnhof: Tel. 081 864 11 81.
Zwei Hotels, Lebensmittelgeschäft und Bank.

Karte 1198 Silvretta

Ausrüstung

Seil und Pickel sind zu empfehlen, vor allem bei nicht ganz sicheren Verhältnissen. Man erkundige sich in der Hütte.

Sehenswürdigkeit Guarda

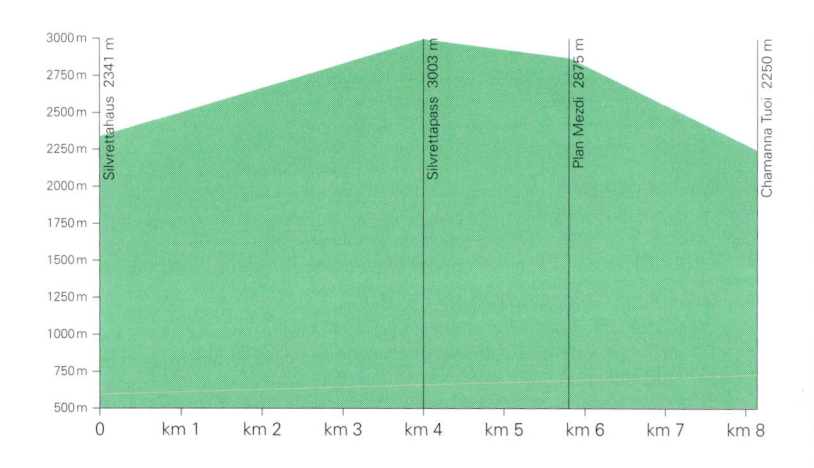

Der Name heisst «Wache». Einst lag das Dorf an der Strasse; abseits, auf seiner prachtvollen Terrasse, verarmte es nach dem Bau der Talstrasse und wurde erst in den Jahren 1939 bis 1945 restauriert, aussen mit öffentlichen Mitteln, das Innere der Häuser mit privatem Geld.

Route

Auf gutem Weg von der Hütte zum Steinmann in der Nähe von P. 2532 und am Moränenseelein vorbei zum Gletscher. Wenn Neuschnee Weg und Markierungen verdeckt, findet man sich hier nicht leicht zurecht. Vor allem im Abstieg ist darauf zu achten, dass man nicht nach rechts ins Galtürtälli gelangt. Über den ganz flachen Gletscher an den Fuss des Egghorns. Nun nach S abbiegend zwischen grossen Spalten hindurch und wieder nach E auf den Silvrettapass. 2 Std.

Leicht absteigend Richtung SE wieder zwischen einigen, meist verdeckten Spalten zu den Felsen von Plan Mezdi. Über den Firn von Plan Rai nach E an den Seelein vorbei nach Cronsel absteigen, bis man unter dem Piz Buin Grond Wegspuren findet. In der Gegend von S-chardunas trifft man auf den Weg von der Fuorcla Fermunt, der zur Tuoi-Hütte führt. Im Frühsommer kann man über Schneerinnen bis fast zur Hütte abrutschen, kommt dort aber nicht immer leicht über den Bach. 2 Std.

Gipfel

Egghorn (3147 m)
WS. ¾ Std.
Vom Silvrettapass über Firn auf den Grat und nach NW zum Gipfel.

Signalhorn (3174 m)
WS. 1 Std.
Vom Silvrettapass in den Sattel zwischen Egghorn und Signalhorn. Über den Grat nach SE zum Gipfel und zur Fuorcla dal Cunfin absteigen.

Chamanna Tuoi – Furcletta – Urezzas – Val Urschai –
Fuorcla da Tasna – Heidelberger Hütte (Ischgl)

9 An Hirten und Herden vorbei zu sich selbst

Weiter Weg über Pässe und durch abgelegene Bergtäler, weitab aller Dörfer; man begegnet nur Schafen, Ziegen und Kühen. Schwierigkeiten sind keine zu überwinden abgesehen von einer weglosen Steilstufe vom Val d'Urschai zum Lai da Fasch'Alba. Am Ende erwartet uns ein gastfreundliches Haus: die Heidelberger Hütte. 1889 erbaute die DAV-Sektion Heidelberg an dieser Stelle ihre erste Hütte. Man spricht hier wie in Tirol und bezahlt in Schilling, aber die Alpweiden rings um das Haus gehören den Engadiner Gemeinden Sent und Ramosch.

EB Routencharakter und Schwierigkeit

Auf markierten Wegspuren über die Furcletta. Auf dem Alpweg von Marangun d'Urezzas nach Marangun d'Urschai. Weglos zum Talschluss und ganz steil, zuletzt eine steile Schutthalde zum Lai da Fasch'Alba queren. Ueber weite Schuttfelder zur Fuorcla da Tasna und auf gut markiertem Wanderweg zur Hütte. Im Frühsommer sind ausgedehnte Schneefelder zu überqueren.

Zeit	7½ Std.
Ausgangspunkt	Chamanna Tuoi (s. R. 8)
Endpunkt	Heidelberger Hütte (2264 m) 814.900/199.250

DAV-Sektion Heidelberg.
Tel.: 0043 5444 5418.
Ca. 100 Plätze. Zimmer mit fliessendem Wasser, Duschen. Bewartet vom 1. Juli bis 30. September. Gepäcktransport von und nach Ischgl.

Einfachster Abstieg ins Tal	Nach Ischgl

Nach Ischgl. Fahrsträsschen. 3½ Std.

Talort	Ischgl (Tirol)
Karte	1198 Silvretta, 1199 Scuol, 1178 Gross Litzner, 1179 Samnaun
Verschiedenes	Reisepass

Ein Pass ist nicht nötig. Wir sind in einer deutschen Hütte, bezahlen in Schilling und haben die Schweiz doch nicht verlassen!

Route

Kurz nach der Tuoi-Hütte vom Weg zur Fuorcla Vermunt rechts abzweigen, Wegzeichen und Spuren folgend über Gras, Sumpf und Geröll nach E zur Furcletta (2735 m), einem leichten Uebergang zwischen spitzen Felszacken. 1½ Std.

Ueber Geröll nach E auf die Schafalp absteigen und von Marangun bis Urezzas auf gutem Pfad. 1½ Std.

Über die Weiden nach N zum Brücklein über die Aua d'Urschai und auf Alpweg nach Marangun d'Urschai. Beim Wegweiser Pass Futschöl nicht über den Bach, sondern weiter nach NE nach Plan da Mattun. Oestlich des steil herabschäumenden Baches über üppige Grasflanken hoch über P. 2625 und am Lai da Fasch'Alba vorbei zur Fuorcla da Tasna. 3 Std.

Auf dem ganz flachen Uebergang ist der Weiterweg bei Nebel schwer zu finden, man steige genau nach N ab bis in der Gegend von P. 2547, Foppa Trida, der Weg zur Heidelberger Hütte immer deutlicher wird. 1½ Std.

Variante   Pass Futschöl und Kronenjoch

Von Marangun d'Urschai dem Wegweiser folgen zum Pass Futschöl (2768 m), bei der Zollhütte rechts vom Weg abzweigen zum Kronenjoch (2980 m) und vor allem im Frühsommer über sanfte Schneehänge leicht nach Foppa Trida absteigen, wo man auf den Weg zur Heidelberger Hütte trifft. Bei festem Trittschnee ist diese Variante der Fuorcla da Tasna vorzuziehen.

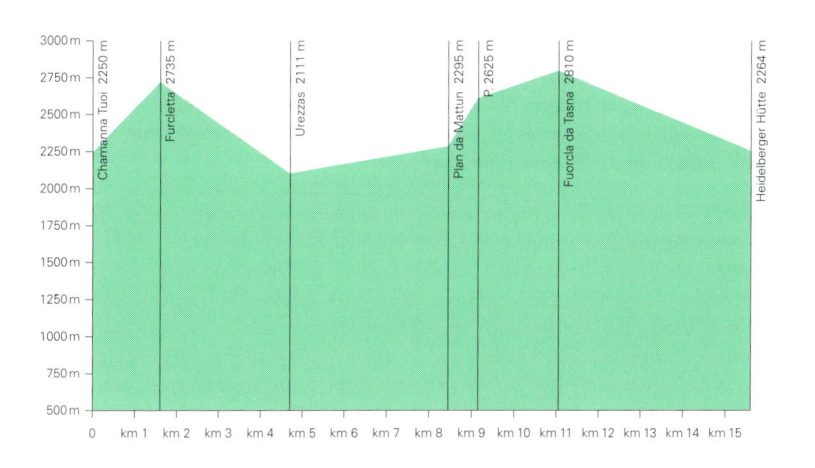

Vom Schellenursli und der Gewalt des Herdengeläutes

Alois Carigiet und Selina Chönz zeigen in ihrem berühmten Buch «Schellen Ursli», was eine Kuhglocke vermag: Ursli muss in Haus und Stall helfen und kommt als letzter zu Onkel Gian, der die Schellen zum Umzug Chalandamarz verteilt. Ursli muss mit der kleinsten vorliebnehmen. Doch er weiss: Oben auf der Alp hängt eine besonders grosse; die will er holen, auch wenn er im Schnee tief einsinkt und erst am nächsten Tag zurückkommen kann. Was er auf seiner Alptour erlebt und der Kummer seiner Eltern, die nicht wissen, wo Ursli geblieben ist, davon erzählt das Bilderbuch. Es endet mit einem grossen Fest der Dorfgemeinschaft. Alle wollen den Umzug der Jungen mit den Kuhglocken sehen. Ursli darf ihn anführen, weil seine «Plumpe», die weitaus grösste unter den bauchigen Schellen, besonders tief und dumpf tönt. In ihrem herben, geheimnisvollen Ton liegen die stärksten magischen Kräfte – sie sollen den Winter vertreiben!

Es gibt verschiedene Gründe, das Vieh mit einer Glocke auf die Weide zu treiben: Die Glocke hilft dem Hirten, seine Tiere im Nebel und auch im Dunkeln des frühen Morgens zu finden, wenn er sie zum Melken in den Stall treiben will. Die schmucke und wohlklingende Glocke erfüllt die Tiere zudem mit Stolz – darüber besteht gar kein Zweifel. Sie wehren mit ihrem Geläute dem Unheil – daran muss man glauben. Lärmumzüge mit Kuhglocken in der Art des Chalandamarz sind uralt. Auf diese Weise wollten die Menschen im Frühling die Fruchtbarkeit wecken. Darum zog man auch mit lautem Schellengeläute auf die Alp. Beim Schellenursli wirkt nur noch der Stolz auf die grosse Glocke. Er will nicht einfach dabei sein, wenn die Knaben mithelfen, am ersten Märztag den Winter endlich zu vertreiben, er will den andern vorausgehen.

Herdengeläute freut auch die Bergwanderer, seien sie eben dem Lärm der Städte entflohen oder von rauhen Höhen herabgestiegen. Sind sie dort oben einmal vom Nebel dicht eingehüllt und nähern sich dem Läuten, dann beruhigt es sie. Wo rechts und links Kuhglocken tönen, fühlt sich jeder geborgen.

Es ist klar, dass der Hirt auf weitläufigen, unübersichtlichen Alpweiden die Kuhglocken für sein Vieh braucht. Auf den eingefriedeten Weiden im Tal sind sie nicht nötig. Das Geläute wehrt aber auch dem Unheil! Das haben jene vergessen, für die am frühen Morgen die Kirchenglocken nicht läuten dürfen. Der Glaube an die magische Wirkung des Klangs, auch der eigenen Stimme, scheint bei uns zwar stark zurückgegangen zu sein. Ganz sicher ist dies allerdings nicht, denn die Angst vor der Stille ist heute offenbar bei vielen grösser denn je, nur wird sie meist mit andern Mitteln als mit Glockengeläute vertrieben.

Selina Chönz hat fein mitgehört und erfasst, was alles in den Glockentönen mitschwingt, und Alois Carigiet hat das Geheimnis gezeichnet: Ursli schläft selig in der Alphütte, den Kopf auf der mächtigen «Plumpe». Draussen in der Nacht wachen Hirsch und Reh, Fuchs und Hase, Eichhörnchen, Marder und Vögel und staunen, was in der Alphütte Wunderbares geschieht.

Noch heute sagt man in Graubünden, dass die Kuhglocken das den Kühen angeblich gefährliche Wiesel und auch die Schlangen vertreiben. Wenn man den Saum- und Zugpferden vor allem im Winter beim Holztransport und auf den Passwegen Glocken umband, so hatten ihre Schellen gewiss Signalwirkung. Sie sind aber auch Schmuck gleich wie das Dachsfell und die roten Tuchlappen, die man an den Kummet band. Die runden Messingscheiben auf dem Lederzeug des Zugeschirrs sollten Tier und Gefährt vor Bösem bewahren.

Der Einzug der Tiere ins Dorf beim Alpabzug wird jeden Herbst ein kleiner Triumphzug. Die Siegerin im Ringkampf, die Heerkuh, und die Heermesserin, die Kuh, die während des Sommers am meisten Milch gab, bekommen die grössten «Plumpen». In vielen Orten gehören diese der Gemeinde, sie sind meist so gross und schwer, dass sie den Tieren erst kurz vor dem Dorf umgehängt werden. Alte Tiere werden im Stall oft ganz unruhig, wenn sie «ihre» Glocken am Chalandamarz hören. Legt einer aber zu viel Wert auf die Kuhglocke, wird er zum «Schällanarr». Erst die Aufklärer haben die ersten Touristen in die Berge gelockt. Vor bald 300 Jahren haben die beiden Gelehrten Johann Jakob Scheuchzer und Albrecht von Haller in ihren Schriften nicht nur die Alpenlandschaft gepriesen, sondern auch ihre Bewohner, in deren einfacher, von Natürlichkeit bestimmter Lebensform sie ein reineres Menschentum verwirklicht sahen: «Wohl dir, vergnügtes Volk! O danke dem Geschicke, das dir der Laster Quell, den Überfluss, versagt.» Auch in Schillers Wilhelm Tell lesen wir noch: «Lieber die Gletscherberge im Rücken haben als die bösen Menschen.»

Dem Geist der Aufklärung war Magie eigentlich fremd, Glocken sind Relikte aus früheren Zeiten. Doch hat man sich längst ans Läuten gewöhnt und findet es schön. Seine magischen Kräfte haben sich wieder versteckt und wirken ganz im Geheimen.

Die Schweizerinnen und Schweizer sind zwar längst kein Volk der Hirten mehr. Vor mancher Alphütte steht nicht mehr ein knorriger Alpöhi, sondern ein junges Paar, freundlich und aufgeschlossen, Studenten manchmal von irgendeiner Fakultät, die in einem kurzen Kurs die Kunst des Käsens gelernt haben und den Sommer auf einer Alp verbringen. Ich schaute einem von diesen zu, wie er auf der Warte vor der Hütte den Segen in die Weite hinaus rief. Mir schien, dass der eintönige Ruf den Abendfrieden vertiefte. (PM)

Heidelberger Hütte – Zeblasjoch – Samnaun

10 Zurück ins Schweizer Zollfreigebiet Samnaun

Der gebräuchlichste, gut markierte und touristisch interessanteste Weg von der Heidelberger Hütte nach Samnaun. Nachdem man die wilde Welt der Gletscher und Zacken des Silvrettagebietes durchquert hat, wirkt diese Wanderung wie der liebliche Ausklang einer grossen Fahrt. Durch die steile Schlucht des Schergenbachs erreichen wir schliesslich Samnaun, und das geschäftige Treiben der Massen im Zollfreigebiet wirkt wie ein Schock.

B Routencharakter und Schwierigkeit

Bei gutem Wetter ein Spaziergang auf gepflegtem, markiertem Wanderweg. Bei Neuschnee und Nebel, wenn Weg und Markierungen nicht deutlich sichtbar sind, kann er zur heiklen Orientierungsaufgabe werden.

Zeit	4½ Std.

Ausgangspunkt	Heidelberger Hütte (s. R. 9)

Endpunkt	Samnaun (1840 m)

Mit RhB Chur – St. Moritz bis Bever, umsteigen nach Tarasp bis Scuol, anschliessend Postauto Scuol – Samnaun. Fahrplanfelder 940, 960 und 960.70. Mit PW über Landquart – Davos – Flüelapass – Scuol Richtung Landeck bis Vinadi und nach Samnaun.
Touristikverein Samnaun: Tel. 081 868 58 58, Fax 081 868 56 52.
Post Samnaun Compatsch: 081 51 33, Fax 081 868 52 51.
Post Samnaun Dorf: 081 868 52 16, Fax 081 868 55 76.
Zahlreiche Hotels und Geschäfte, Banken.

Hotel Derby
Zentrale Lage, 7563 Samnaun-Dorf.
Tel./Reservation: 081 868 5115, Fax 081 868 55 49.
12 Zimmer. Geöffnet Dezember bis September.

Hotel Muttler
Zentrale Lage, 7563 Samnaun-Dorf.
Tel./Reservation: 081 861 81 30, Fax 081 861 81 31.
Ganzjährig geöffnet.

Karte	1179 Samnaun

Route

Von der Heidelberger Hütte nach E ein Stück weit auf der Fimberpassroute. Bei P. 2380 die Abzweigung nach links nicht verpassen! Auf gutem Weg höher, bis man auf rund 2700 m fast flach am runden Piz Val Gronda vorbei gegen Vesil absteigt und zum Zeblasjoch quert. 2 Std. Gleich nach dem Joch erreicht man das Fahrsträsschen, dem man bis Samnaun folgt. 2 Std.

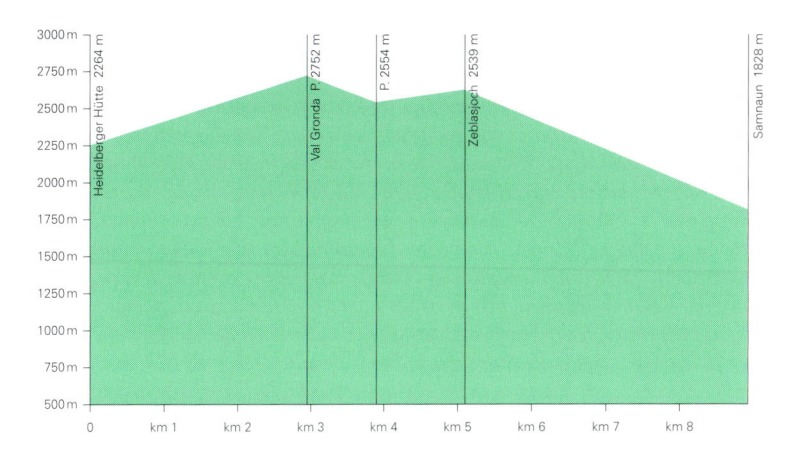

Samnaun: zollfrei, ski- und schnapstouristisch

«Unsäglich weit von der Welt» sei das Tal, schrieb der Chronist zu Beginn dieses Jahrhunderts. 1912 wurde dann in das östlichste Tal Graubündens eine Strasse gebaut, der auch eine wichtige politische Bedeutung zukam: «Die Tiroler müssen wissen, dass die Schweizerische Eidgenossenschaft auch für ihre versprengten Kinder sorgt», schrieb, von Heimatgefühlen durchdrungen, Hans Schmid in seinem Buch «Bündnerfahrten».

«Wo Kurven, Tunnels, Benzin und Schnaps sich die Hand reichen – dort ist Samnaun»; so charakterisierte die Bündner Zeitung in den neunziger Jahren die Situation des Tales nüchtern und wenig schmeichelhaft. Die diesbezüglichen Zahlen sind beeindruckend: Waren, die es in diesem abgelegenen Bergtal (auf über 1800 Meter) massenweise zu kaufen gibt, sind nicht etwa Artikel des täglichen Bedarfs oder einheimische Spezialitäten, sondern Kosmetika, Uhren, Schmuck, Zigaretten und Schnaps. Weitaus wichtigster Grund für den Wohlstand in Samnaun ist der Einkaufstourismus im zollfreien Tal: Drei von vier Personen, die dem Samnaun einen Besuch abstatten, bringen einen Liter Branntwein mit nach Hause. Dies geht aus Erhebungen der Eidgenössischen Oberzolldirektion hervor. Und die Besucher füllen den Tank ihres Autos mit billigem Benzin. Ueber 30 Millionen Liter Treibstoff werden von Tankwagen ins abgelegene Hochtal gefahren und in den Tanks von Tausenden von Personenwagen wieder aus dem Tal hinaus. Eine unbegreifliche, unsinnige Situation, die aber dem Tal enorm viel Geld einbringt: 1988 betrug die Wertschöpfung aus dem Einkaufstourismus schon rund 18 Millionen Franken, was allein an Gemeindesteuern 3 Millionen Franken ergab. 1994 lag der Umsatz aus Tourismus und Einkaufstourismus bei rund 125 Millionen Franken. Und das alles bei lediglich 650 Einwohnern!

Eine Studie der Eidgenössischen Technischen Hochschule zeigt, dass die Abschaffung des Zollfreistatus nicht nur für die betroffenen Gemeinden, sondern auch für Kanton und Bund Nachteile durch Mindereinnahmen bringen würde. Genügend Gründe also für das Eidgenössische Parlament, die vom Bundesrat geforderte Aufhebung des «Schnaps- und Benzinprivilegs» und die damit verbundene Erhöhung des Benzinpreises auf das schweizerische Niveau abzulehnen. Die Zoll-Sonderstellung bleibt den Samnaunern also vorerst erhalten.

Dies trotz offensichtlicher Probleme: Rund 2800 Einkaufstouristen ergiessen sich im Sommer, rund 1000 in der Wintersaison täglich (!) ins abgelegene Hochtal und wälzen sich mit ihren Karossen durch die kleinen Ortschaften. Oekologischer Unsinn? Ungerechte Sonderstellung gegenüber anderen Orten, die ebenfalls ums wirtschaftliche Überleben kämpfen? Präjudiz? Anachronismus? Dolchstoss gegen den

Aufbau eines qualitativen Tourismus? Keines dieser Argumente drang im Parlament gegen die einfache Begründung durch, der Zollfreistatus sei «lebenswichtig» für Samnaun. Die Schweizerische Eidgenossenschaft sorgt noch immer für ihre versprengten Kinder im Samnaun.

Besucherinnen und Besucher zu Fuss können Richtung Unterengadin weiterziehen, wo die Welt noch in Ordnung ist. Wenigstens heute noch. Denn der Zusammenschluss der Skigebiete von Samnaun und Scuol wird schon diskutiert. (PD)

Samnaun – Fuorcla Maisas – Zuort – Kurhaus Val Sinestra (Sent)

11 Versteckte Wege im Schatten des Muttler

Ein alpiner Abstecher ins Herz der östlichsten Gipfel Graubündens, in die Region von Muttler und Piz Tschütta. Schwindende Gletscher haben eine wilde, komplizierte Topographie hinterlassen, in der es für den Wanderer gar nicht so einfach ist, sich zurechtzufinden. Dafür ist diese Orientierungs-Uebung ausserordentlich reizvoll. Gut trainierte Bergwanderer sollten den Muttler besteigen. Die Aussicht vom 3294 m hohen Gipfel gilt als eine der ausgedehntesten Graubündens – und das will bei der Auswahl doch etwas heissen!

BG Routencharakter und Schwierigkeit

Alpine Route, die keinen durchgehenden Weg aufweist und deren Markierungen nicht immer einfach zu verfolgen sind. Nicht zu unterschätzen sind die hochalpine Umgebung, der Gletscher und die verwirrliche Topographie im Bereich der Fuorcla Maisas. Und das alles nahe der Dreitausendmeter-Grenze!

Zeit   5 ¼ – 5 ½ Std.

Ausgangspunkt   Samnaun (s. R. 10)

Endpunkt   Kurhaus und Berghaus Val Sinestra (1522 m)

6 km von Sent, Postautoverbindung, 7554 Sent.
Tel./Reservation Hotel: 081 866 31 05, Fax 081 866 34 52.
Tel./Reservation Berghaus: 081 866 33 34.
130 Betten Hotel, 30 Betten Berghaus. Geöffnet Juni bis Oktober, Weihnachten und Ostern. Anmeldung erforderlich, da das Haus meist durch Pensionsgäste belegt ist.
Kurhaus und Berghaus liegen am Ende der Fahrstrasse von Sent ins Val Sinestra, 9 km hinter Sent.
Postauto Scuol – Sent – Val Sinestra. Fahrplanfeld 960.65.

Einfachster Abstieg ins Tal   Nach Sent

Strasse und (im Sommer) Postauto-Verbindung sowie Taxidienst des Kurhauses nach Sent – Scuol.

Talort   Sent (1430 m)

Zahlreiche charaktervolle Bürgerhäuser, viele mit dem sogenannten «Sentergiebel», prägen das Unterengadiner Dorf am linken Talhang.

Samnaun – Fuorcla Maisas – Zuort – Kurhaus Val Sinestra (Sent)

Mit RhB Chur – St. Moritz bis Bever, St. Moritz – Scuol bis Endstation, anschliessend Postauto Scuol – Samnaun bis Sent. Fahrplanfelder 940, 960 und 960.70.
Mit PW über Landquart – Davos – Flüelapass – Scuol – Sent.
Verkehrsverein Sent: Tel. 081 864 15 44, Fax 081 864 01 92.
Post: 081 864 13 51, Fax 081 864 98 40.
Einige Hotels, Geschäfte und Bank.

Einkehrmöglichkeit unterwegs — Hof Zuort

Kleines, traditionsreiches Gasthaus mit alten, getäferten Stuben und einer gemütlichen Sonnenterrasse.

Karte — 1179 Samnaun, 1199 Scuol

Sehenswürdigkeit — Kurhaus Val Sinestra

Das alte Kurhaus Val Sinestra an diesem äusserst abgelegenen und eigentlich unattraktiven Ort in der Schlucht wurde 1909 bis 1912 gebaut und erlebte Aufstiege und Niedergänge. Die Arsen-Eisen-Quelle wurde aus vielerlei Gründen aufgesucht: Die Gäste kamen mit Arthrose, Blutkrankheiten, Syphilis, Migräne. Seit 1977 werden Kur- und Berghaus von einer holländischen Familie als Hotel geführt, das hauptsächlich holländische Gäste beherbergt, die mit dem Car in den Niederlanden geholt und wieder zurückgebracht werden.

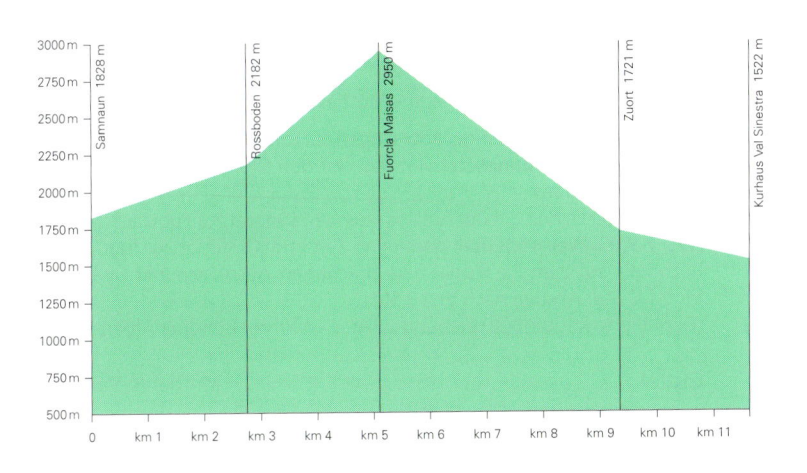

Samnaun – Fuorcla Maisas – Zuort – Kurhaus Val Sinestra (Sent) **84**

Route

Von Samnaun auf dem Alpweg bis gegen den Talschluss auf dem Rossboden. Ein markierter Bergweg führt weiter bis zur Fuorcla. Man benutzt nicht mehr den auf der LK eingezeichneten tiefsten Einschnitt; auf etwa 2950 m ist der Grat flacher. Man erreicht die von Felszacken und Geröllhalden eingefasste Fuorcla Maisas. 2½ Std.

Von der Fuorcla Maisas (2848 m) steigt man auf deutlichen Wegspuren im Geröll ein kurzes Stück nach S ab, bis man erneut in einer Art Pässchen steht. Gegenüber, im SW, erkennt man den Felskopf Mot da Tumasch (P. 2907), den man ansteuert, um an seiner N-Seite auf Markierungen und Wegspuren zu treffen, die zunächst nach SE über schwarzes Geröll hinunterführen, bis man auf ca. 2600 m den ersten begrasten Buckel erreicht. Von hier an steigt man durch das nach SW verlaufende Val Tiatscha ab. Die Route ist mit Holzpflöcken markiert und verläuft über mehrere Stufen immer links der Schlucht gegen den Wald hinunter. Kurz vor den ersten Bäumen, auf ca. 2240 m, werden die Wegspuren zu einem deutlichen Wanderweg, der bald darauf zur Alp Pradgiant (P. 2075) führt. Von den Alpgebäuden an folgt man der Strasse, bis sie bei P. 1845 aus dem Wald auf gemähte Wiesen kommt. Die Strasse führt nach SE nach Vnà, nach NW (taleinwärts) gehend, erreicht man nach wenigen Minuten die Häuser von Griosch (P. 1817), wo ein markierter Weg zum Bach hinab und diesem entlang talauswärts zum Hof Zuort mit Restaurant (P. 1711) leitet. 2 Std.

Von Zuort ist der Weg ins Kurhaus Val Sinestra markiert. Er führt auf der rechten Talseite des Val Sinestra hinauf und erreicht bei P. 1762 die Alpstrasse Sent – Val Laver. Auf der Strasse talauswärts (S) gehend, erreicht man kurz vor der Schlucht des Val da Ruinas eine scharfe Kurve (P. 1655). Hier zweigt ein kleiner Pfad ab, sticht in die Tiefe, überquert den Bach und erreicht nach kurzer Strecke das Kurhaus Val Sinestra (P. 1522). ¾ Std.

Variante Samnaun – Muttler – Fuorcla Maisas – Val Tiatscha

WS. Technisch unschwierige, aber lange Tour, die sicheres Wetter und gute Sichtverhältnisse voraussetzt. 4½ Std. auf den Gipfel, ¾ Std. vom Gipfel zur Fuorcla Maisas.

Als besonders schön gilt der Abstieg über den Südgrat zur Fuorcla Pradatsch (WS, 2 Std.). Wer noch über genügend Zeit und Kondition verfügt, steige nochmals auf zum Piz Arina, dem prächtigen Aussichtspunkt über dem Inntal. 2 Std. Abstieg nach Vnà 2 Std.

(Detaillierte Routenbeschreibung s. SAC-Clubführer Bündner Alpen, Bd. 8.)

Gipfel Muttler (s. Variante)

Ein Blick in die Bündner Geschichte

Dass die «Ferienecke Graubünden» zur Schweiz gehört, ist gar nicht so selbstverständlich. Am Morgarten zum Beispiel ist Graf Friedrich IV. von Toggenburg von den Eidgenossen mit Keulen und Hellebarden erschlagen worden. Maienfeld war Lieblingssitz des Hauses Toggenburg, das das Gebiet zwischen Davos und dem Bodensee regierte. Die Bündner könnten heute zu Oesterreich gehören. Der Entscheid über die Zugehörigkeit zur Schweiz fiel erst vor 200 Jahren: 1797 schlug Napoleon das Veltlin zu Italien, und 1803 machte er das Bündnerland zum 16. Kanton der Helvetik. Dem Volkswillen entsprach das damals nicht. Europas Machthaber kümmerte sich allerdings nicht darum, und so schlecht hatte er damit gar nicht entschieden.

Die Bündner Geschichte beginnt mit den drei Bünden: 1367 schlossen die Gotteshausleute (Bistum Chur) in Zernez einen Bund, 1424 wurde unter einem Ahornbaum in Trun der Graue Bund beschworen und 1436, nach dem Tod Friedrichs VII. von Toggenburg, der Bund der Zehn Gerichte in Davos.

Die drei Bünde sollen 1471 in Vazerol ihren Zusammenschluss beschworen haben, Urkunden fehlen, Forscher bezweifeln es. Jedenfalls gab es keine Wiese am See wie das Rütli, aber in den Schulbüchern steht es noch so.

Die Parallele zu den drei Ländern am Vierwaldstättersee ist offensichtlich, und die Verbindungen waren auch tatsächlich eng. Anschlussbegehren der Bündner wurden allerdings eher kühl aufgenommen, die streng demokratische Form der Drei Bünde, in denen nichts ohne die Zustimmung der Gemeinden durchgesetzt werden konnte, ging den Führenden in der Eidgenossenschaft viel zu weit. 1701 schlug die Tagsatzung ein Gesuch der Bündner in freundlichem Ton ab, später wiesen die Bündner ihrerseits Einladungen der Eidgenossen höflich zurück. In den Wirren der Französischen Revolution warben revolutionäre Bündner Patrioten für den Anschluss an das von Frankreich geführte Helvetien. Aber die Mehrheit schreckten die Greuel, die in Frankreich geschahen, zu stark ab. An der Seite Oesterreichs bleibe das Erbe der Vorfahren besser erhalten, meinten die Aristokraten.

Die entscheidende Machtprobe gegenüber dem Deutschen Reich hatten die Bündner an der Seite der Eidgenossen 1499 im Schwabenkrieg zu bestehen. Für die Bündner fiel die Entscheidung an der Calven, einem Feld ganz unten im Münstertal bei Glorenza/Glurns im Etschtal. Hier starb Benedikt Fontana, der Führer der Gotteshausleute. Simon Lemnius hat ihn in der «Raeteis», einem Bündner Epos in klassischer Form, zum Freiheitshelden der Bündner gemacht.

Im Bergland fanden nie alle Arbeit und Brot – wie übrigens in den Berggebieten der ganzen Welt, wo die Arbeitslosigkeit uralt ist. Als Zuckerbäcker arbeiteten

Bündner zum Beispiel in Italien, Frankreich, Deutschland und Russland – eigentlich überall, wo es galt, vornehme Menschen mit Süssigkeiten zu verwöhnen. Wer Bergler sich als Rohlinge vorstellt, der irrt: Es gab schon früher Feinschmecker unter den Bündnern, auch bei den Bauern. Nach alten Rezepten entstehen – geschickt verfeinert – heute ausgesuchte Spezialitäten.

Bündner Baumeister haben prachtvolle Barockbauten geschaffen, vor allem in Österreich und in Süddeutschland sowie in Russland. In Eichstätt in der Fränkischen Alb zum Beispiel hat Gabrieli von Roveredo im Auftrag des Fürstbischofs eine ganze Stadt aufgebaut. Als Frankreich die Architekten akademisch zu schulen begann, war die grosse Zeit der Bündner Naturtalente vorbei. Daheim sollten die Leute nun sehen, wie weit es einer in der Fremde gebracht hatte: So sind manche der prachtvollen Bündner Häuser entstanden, die wir noch heute bewundern.

Geld verdiente man in Bünden als Säumer über die Alpenpässe, als Verwalter der Untertanenlande im Veltlin und im Solddienst in fremden Heeren. Die Bündner Pässe Flüela, Scaletta, Albula, Julier, Septimer, Splügen, San Bernardino, Maloja und Lukmanier hatten grosse Vorteile: Die Täler sind bis nahe an die Uebergänge bewohnt, so dass die Lasttiere am gleichen Tag wieder zurück am Ausgangspunkt waren. Sie waren alle auch im Winter passierbar: Auf einer gut hergerichteten Schlittenbahn brachte ein Pferd weit grössere Lasten über den Berg als auf dem holprigen Sommerweg. Der Transitverkehr blühte deshalb vor allem im Winter.

Die Tierhalter waren genossenschaftlich zu «Porten» zusammengeschlossen. Jeder Porte stand ein Transportabschnitt zu, auf dem sie auch den Weg zu unterhalten hatte. Durch die Porten wurden die Erträge aus dem Passverkehr breit verteilt, viele Bündner wurden wohlhabend, sehr reich wurden dabei nur ganz wenige.

Das war beim Solddienst ganz anders: Dieser lag in der Hand weniger völlig dominierender Familien, wobei weit über allen andern die Salis und Planta standen. Ihre Schlösser und Herrschaftssitze zeugen noch heute von Macht und Reichtum. Söhne dieser Familien dienten als hohe Offiziere an fremden Königshäusern, warben daheim Söldner an und liessen sich nicht nur dafür bezahlen, sondern bezogen auch sogenannte «Pensionen». Das waren regelmässig fliessende, feste Beträge, die aber im geheimen ausbezahlt wurden. An diesen Geldern klebte ohne Zweifel viel Blut der Landsleute, die in ihrem Dienst starben. Allerdings setzten die Reichen einen Teil dieser Einkünfte im Bündnerland ein. Als reiche Bauherren liessen sie ihre Paläste aufführen und brachten damit vielen Handwerkern sehr schöne Arbeit. Auf diese Weise konnten sie ihr Geld etwas «rein waschen».

Auch die einträglichen Aemter in den Untertanenländern Bormio, Veltlin und Chiavenna wurden nicht breit gestreut; die aristokratischen Familien hielten sie fest in ihrer Hand. Zwar wurde jeder Beamte von einer Bündner Gemeinde gewählt. Mit tagelangen Ess- und Trinkgelagen warben die Vornehmen in ihren herrschaftlichen Häusern um die Gunst der Bevölkerung. Warum sollte diese ihre Stimme nicht demjenigen geben, der zum ausgelassensten Gelage einlud?

Die französische Revolution fegte diese Geldquellen der Privilegierten weg. Im Veltlin verloren 130 Familien zum Teil sehr ausgedehnte Besitzungen und die Drei Bünde zwei Drittel ihrer Zolleinnahmen. Dem Wunsch vieler Veltliner, als vierter Bund dem Land der Bündner beizutreten, widersetzten sich vor allem die Veltliner Aristokraten. Napoleons Angebot, zu vermitteln, schlugen die Bündner Gemeinden aus. 100 Jahre später versiegte die dritte und letzte Bündner Geldquelle: Die Gotthardbahn brachte die Güter über die Alpen, die Bündner Säumer hatten nun fast nichts mehr zu tun.

Inzwischen ist Graubünden die «Ferienecke der Schweiz». Jede fünfte Ferienübernachtung des Landes wird in Graubünden gezählt. Gäste aus der Schweiz und aus Deutschland machen über 85% aller Logiernächte aus. Die meisten kommen zum Wintersport, die Bergwanderer im Sommer sind aber die treusten Besucher. Beliebt sind Exkursionen mit der Rhätischen Bahn und mit Postautos, ganz neu ist der Kongresstourismus. Davos, Arosa und St. Moritz sind weltbekannt, 140 weitere Kurorte bieten Ferienerlebnisse an. Die grossartige Alpenlandschaft, die Stille freundlicher Täler, die kulturellen und sprachlichen Besonderheiten werden Erholungsuchende weiterhin anziehen, denn das alte Passland ist sehr leicht erreichbar. (PM).

Kurhaus Val Sinestra – Fuorcla Campatsch –
Chamanna da Naluns – Scuol

12 Von Lärchenwäldern zu Skilift-Masten

Vielbegangene und unschwierige Etappe, die aus den dunklen und tiefen Wäldern des Val Sinestra hinaus in das heitere Alptal Laver und auf die Fuorcla Campatsch führt. Beim Aufstieg geniesst man einen erinnerungsvollen Blick zurück auf die Etappe vom Vortag, auf den Muttler und den Abstieg von der Fuorcla Maisas. Von der Fuorcla Campatsch weg gerät man mitten in die Anlagen des Skizirkus von Scuol, die im Sommer nicht einmal halb so «anziehend» wirken wie im Winter.

B Routencharakter und Schwierigkeit

Markierte Wanderwege.

Zeit — 4½ – 5 Std.

Ausgangspunkt — Kurhaus oder Berghaus Val Sinestra (s. R. 11)

Endpunkt — Chamanna da Naluns (2350 m)

Berghaus des Skiclubs im Skigebiet von Scuol.
Tel. 081 864 14 05, Fax 081 864 14 06.
(20 Plätze in Touristenlager).
Das Berghaus steht auf einer Terrasse ½ Std. oberhalb der Seilbahn-Bergstation Motta Naluns.
Achtung: Bei Redaktionsschluss dieses Führers konnte der Pächter nicht sagen, ob er das Haus im Sommer öffnet. Es empfiehlt sich deshalb dringend, vorher (spätestens am Vortag) anzurufen. Sollte die Hütte nicht geöffnet sein, bleibt nur der Abstieg nach Scuol (evtl. mit der Bergbahn).

Einfachster Abstieg ins Tal — Nach Scuol

Nach Scuol (mit der Bergbahn):
B. ¼ Std. Markierter Wanderweg.
Abstieg zur Seilbahn-Bergstation Motta Naluns und mit der Bergbahn nach Scuol.

Nach Scuol (zu Fuss):
B. 2 Std. Markierter Wanderweg.
Vom Berghaus zur Bergstation Motta Naluns und über Flöna (P. 1720) nach Scuol.

Kurhaus Val Sinestra – Fuorcla Campatsch – Chamanna da Naluns – Scuol

Talort	Scuol (1243 m)

Hauptort des Unterengadins.
Mit RhB Chur – St. Moritz bis Bever, St. Moritz – Scuol bis Endstation; oder mit RhB ab Landquart – Davos, anschliessend Postauto Davos – Flüela – Scuol. Fahrplanfelder 940, 960, 910 und 910.75.
Mit PW über Landquart – Davos – Flüelapass – Scuol.
Scuol Tourismus AG: Tel. 081 861 22 22, Fax 081 861 22 23.
Post: Tel. 081 864 11 21, Fax 081 864 91 48, Postautodienst Tel. 081 864 16 83. Bahnhof: Tel. 081 864 11 81, Fax 081 864 95 07.
Zahlreiche Hotels, Geschäfte und Banken.

Karte	1179 Samnaun, 1199 Scuol

Route

Die erste halbe Wegstunde vom Kurhaus Val Sinestra ist identisch mit der letzten von R. 11. Dort, wo der Weg von Zuort in die Alpstrasse mündet, geht man auf der Strasse weiter. Bald öffnet sich das stille, abgelegene Val Laver. Kurz bevor die Strasse den Bach überquert, bei Pra da Chomps, geht man über Alpweiden nur leicht ansteigend taleinwärts (westlich), bis man gegenüber den Alpgebäuden Pra San Flurin (P. 2031) die Aua da Tirail überschreitet. Der deutliche Weg verläuft nun rechts des Bachs nach SW dem Hang entlang hinauf zur schon von weitem sichtbaren Einsattelung der Fuorcla Campatsch (links davon am Horizont die ersten Vorboten des

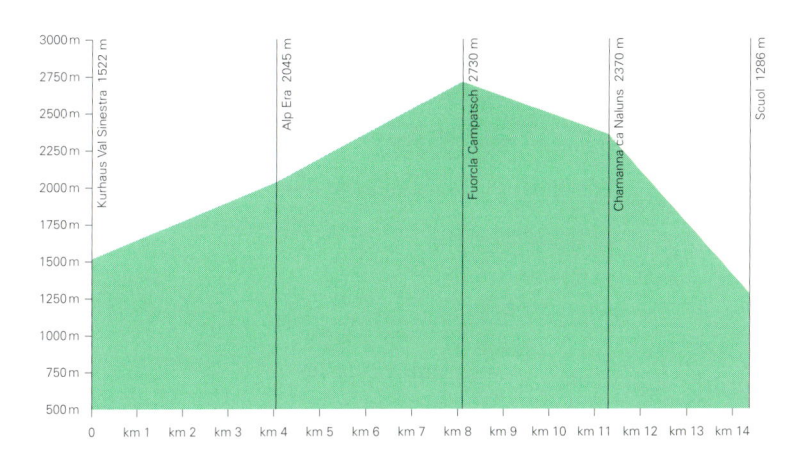

Skigebietes von Scuol). In den letzten Mulden unterhalb des Übergangs verliert sich der Weg stellenweise, doch man geht immer rechts des Bachs bis zur letzten, steilen Schutthalde, durch die Trittspuren zur Fuorcla Campatsch (P. 2730) hinaufführen. 3½ Std.

Von der Passhöhe sieht man ins verkabelte Skigebiet. Der Weg senkt sich zur Liftstation (P. 2452) und wechselt auf den flacheren Partien weiter talauswärts auf die rechte Seite des Kessels von Champatsch und an die NE-Seite des Piz Minschun. Hier verlaufen einige Wege, und es gibt zahlreiche Markierungen. Man hält sich möglichst rechts zwischen 2400 m und 2350 m, passiert den Bach des Val Ruschna bei P. 2337 und trifft so ohne Umwege auf das unverwechselbare, rosarote Gebäude der Chamanna da Naluns (2350 m). 1¼ Std.

III Linard – Grialetsch – Kesch

Vorbei an den klingendsten Bergnamen Mittelbündens

Mit wenig Höhenverlust führen die Tagesetappen aus dem Unterengadin durch die Berggebiete der zentralen Bündner Alpen. Dank zahlreichen Hütten muss man nie unter 2000 Meter Meereshöhe absteigen. Einige Gletscherüberquerungen und Gipfelbesteigungen sind in diesem Abschnitt inbegriffen. Ausserdem geht man an den bekanntesten Bergen Mittelbündens vorbei: Piz Linard, Verstanklahorn, Flüela Weisshorn, Flüela Schwarzhorn, Piz Grialetsch, Piz Kesch.

Die Tagesetappen

13 Scuol – Chamanna da Naluns – Alp Laret – Val d'Urezzas – Chamanna Tuoi (Guarda)
Geruhsames Wandeln angesichts wilder Berge

14 Chamanna Tuoi – Fuorcla d'Anschatscha – Val Lavinuoz – Fuorcla Zadrell – Vernela – Berghaus Vereina (Klosters)
Auf Zadrells Spuren am Piz Linard vorbei

15 Berghaus Vereina – Jörigletscher – Chant Sura (Flüelapass) – Munt da Marti – Chamanna da Grialetsch (Davos)
Bergwanderung quer zum Passverkehr

16 Chamanna da Grialetsch – Fuorcla Vallorgia – Scalettapass – Chamanna digl Kesch (Bergün)
Von der Sanftheit der Gletscher

17 Chamanna digl Kesch – Porta d'Es-cha – Chamanna d'Es-cha (Madulain)
Wettlauf auf dem Gletscher

18 Chamanna d'Es-cha – Fuorcla Pischa – Val Plazbi – Darlux – Bergün
Szenenwechsel: vom Engadin ins Albulatal

92

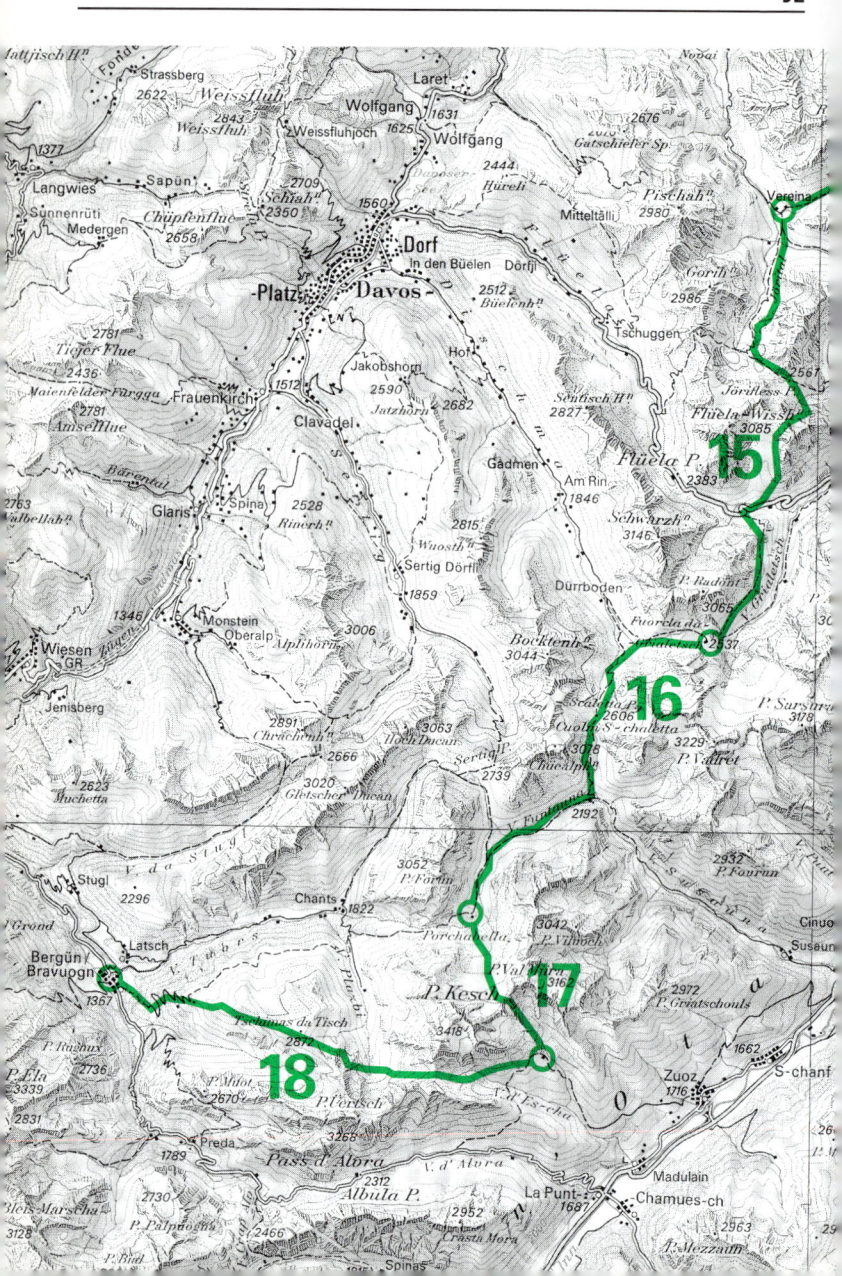

III Linard – Grialetsch – Kesch

Scuol – Chamanna da Naluns – Alp Laret – Val d'Urezzas –
Chamanna Tuoi (Guarda)

13 Geruhsames Wandeln angesichts wilder Berge

Der Weg vom mit Bahnen und Liften erschlossenen Ski- und Wandergebiet Motta Naluns ins Val Tasna ist Teil des touristisch propagierten Panoramawegs «Via Engiadina». Das bedeutet zwar, dass es im Vergleich zu anderen Etappen recht viele Wanderer hat, doch der Weg ist auch ausgesprochen schön. Ein geruhsames Dahinwandeln, knapp tausend Meter über dem Engadin und gegenüber den wilden «Unterengadiner Dolomiten» rund um den Piz Lischana. Von Urezzas auf die Fuorcletta fliesst dann noch einmal der Schweiss, ehe in der Tuoi-Hütte die Beine unter den Tisch gestreckt werden können.

B Routencharakter und Schwierigkeit

Markierte Wanderwege. Von Naluns bis Valmala Schilder «Via Engiadina».

Zeit	5 Std.
Ausgangspunkt	Chamanna da Naluns (s. R. 12)
Endpunkt	Chamanna Tuoi (s. R. 8)
Einfachster Abstieg ins Tal	Nach Guarda (s. R. 8)
Talort	Guarda (1653 m) (s. R. 8)
Karte	1198 Silvretta

Route

Von der Chamanna da Naluns auf dem beschilderten Wanderweg nach Prui (2058 m), wo sich die Bergstation der Sesselbahn nach Ftan befindet. Weiter zunächst nach W auf dem Weg über Clünas (2135 m) zur Alp Laret (2206 m), einem ausserordentlich idyllisch und aussichtsreich gelegenen Plätzchen. Nun senkt sich der Weg am S-Hang des Val Tasna in den Talgrund, den man bei der Alp Valmala (1979 m) erreicht. Hier erlaubt

Scuol – Chamanna da Naluns – Alp Laret – Val d'Urezzas – Chamanna Tuoi (Guarda)

eine Brücke den Uebergang über den Tasna-Bach. Links des Bachs folgt man einige Schritte dem Gewässer, dann wendet sich der Weg der kleinen Ebene entlang zur Alp Urezzas (2111 m). 2½ Std.

Weiter wie bei R. 9 (in umgekehrter Richtung) nach W ins Val Urezzas und zur Chamanna Tuoi. 2½ Std.

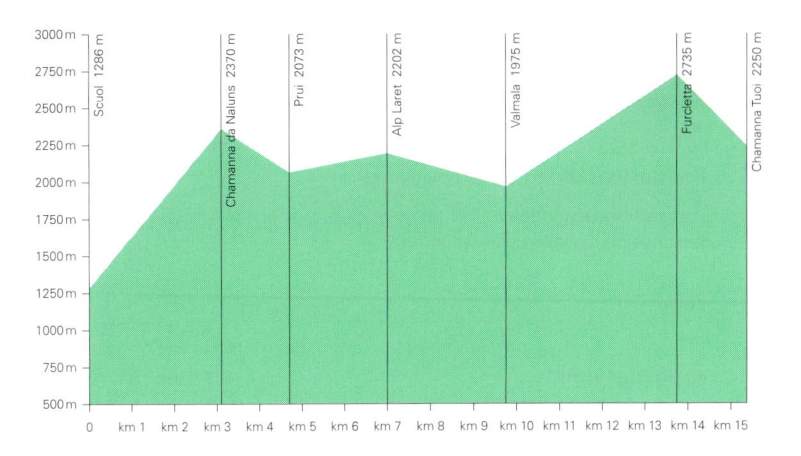

Chamanna Tuoi – Fuorcla d'Anschatscha – Val Lavinuoz –
Fuorcla Zadrell – Vernela – Berghaus Vereina (Klosters)

14 Auf Zadrells Spuren am Piz Linard vorbei

Wir brauchen heute etwas bergsteigerisches Selbstvertrauen, lassen uns nicht von Markierungen am Weg führen, sondern suchen ihn selber auf der Karte und im Gelände. Jeder Abschnitt wird so zu einer Entdeckung – was gibt's Schöneres in den Bergen! Schon im Aufstieg vom Val Tuoi in die Fuorcla d'Anschatscha halten wir uns nicht an die Wegbeschreibung im SAC-Clubführer; weiter nördlich geht's besser. In der Fuorcla zieht der Piz Linard den Wanderer zum ersten Mal in seinen Bann; er wird es wieder und wieder tun.

EB Routencharakter und Schwierigkeit

Fast durchwegs weglos und nicht markiert, aber nie schwierig. Die Routenfindung verlangt viel Spürsinn.

Zeit   8 Std.

Ausgangspunkt   Chamanna Tuoi (s. R. 8)

Endpunkt   Berghaus Vereina (1943 m)   794.100/187.950

Tel. Berghaus: 081 422 12 16, wenn keine Antwort Tel. 081 422 25 80 (7250 Klosters).
Gemäss einer Abmachung des Besitzers mit dem SAC wird dessen Mitgliedern und allen Mitgliedern alpiner Vereine für das Matratzenlager die Taxe der SAC-Hütten verrechnet.
Das Berghaus liegt einmalig schön auf einer kleinen, mit Bergföhren bewachsenen Kuppe, wo sich Täler und Tälchen nach allen Seiten hin öffnen.

Unterkunft unterwegs   Alp Marangun (2025 m)   802.180/187.540

Tel. Reservation: Reto Rauch, 7530 Zernez 081 856 14 25.
Info: Fax 081 856 15 80.
Gemeinde Lavin, 7543 Lavin. Tel./Fax 081 862 27 57. Einfache Hütte mit Kochgelegenheit, 12 Plätze, ganzjährig geöffnet.

Einfachster Abstieg ins Tal   Nach Klosters

Über Novai nach Klosters, Fahrsträsschen. 3 Std.
Vereinabus nach Klosters-Platz.

Chamanna Tuoi – Fuorcla d'Anschatscha – Val Lavinuoz – Fuorcla Zadrell – Vernela – Berghaus Vereina (Klosters)

Talort	Klosters (s. R. 5)

Karte	1198 Silvretta

Sehenswürdigkeit	Piz Linard

Der Piz Linard ist einer der Grossen unter den Bündner Bergen, der höchste der Silvretta-Gruppe, der sich auch durch seine Form auszeichnet: Vier Kanten bilden ein fast rechtwinkliges Kreuz; die längste fällt in einem Schwung 1300 m zur Alp Marangun ab. Der Berg musste schon früh die Aufmerksamkeit auf sich ziehen: Campell berichtet 1572 von einem Chuonard, der unter grossen Mühen den Gipfel bestieg und ein goldenes Kreuz hinauf trug. Noch hat es niemand gefunden! Auch Pfarrer Lienhard Zadrell soll um 1700 auf dem Gipfel ein Paar Steigeisen gefunden haben, tausendmal besser als die seinen. Er nahm sie dann anstatt der seinen mit. Die Klosterser nannten den Gipfel Lavinerhorn, Campell bezeichnete ihn als Piz Chünard; geblieben ist der Name, der an Pfarrer Lienhard Zadrell erinnert, der am gleichen Tag in Lavin und in Klosters gepredigt haben soll und über die Fuorcla Zadrell die Kanzel wechselte. Die erste gesicherte Besteigung glückte Prof. Oswald Heer mit Bergführer Joh. Madutz im Jahre 1835.

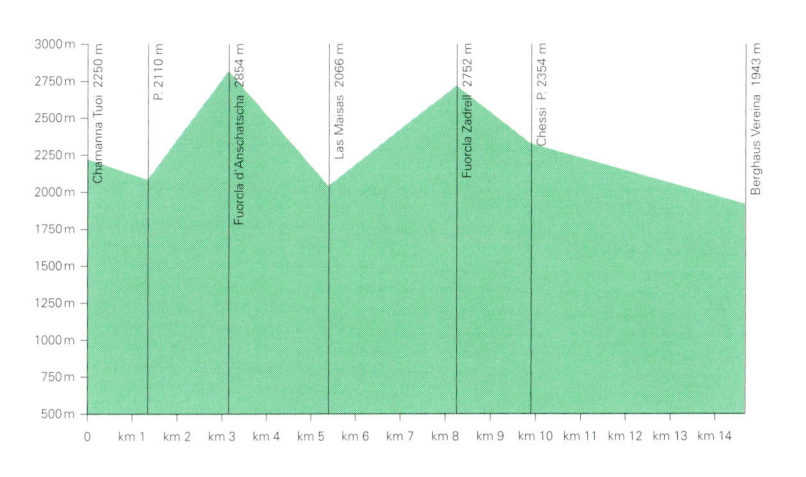

Route

Von der Tuoihütte talwärts bis zum Brücklein über die Clozza etwa bei P. 2110. Nach W über Weiden hochsteigen bis dicht an die Felsen, nun aber nicht wie im SAC-Führer dem Bach zu den Seelein folgen, sondern unter den Felsen auf Schafweglein rechts hinauf halten und nördlich von P. 2463 in die Mulde der Fuorcla d'Anschatscha. Weiter rechts halten, nicht zu den Lajets, sondern durch die breite Mulde in die Fuorcla d'Anschatscha. 2½ Std.

Durch den Schuttkessel hinab bis auf eine Höhe von 2350 m, wo Weglein nach rechts in den Talschluss von Las Maisas hinunterführen. Auf der andern Talseite über Wegspuren zwischen kleinen Felsköpfen in die grosse Geröllmulde und immer rechts haltend zur Fuorcla Zadrell. Das Vermessungszeichen steht nicht im Übergang, sondern links davon. 3½ Std.

Von der Fuorcla über Firn und Geröll an P. 2647 vorbei und über kleine Stufen hinunter, bis man auf der Grasrippe auf Wegspuren trifft. Auf der Nordseite des Vernelabachs bis zum Berghaus Vereina. 2½ Std.

Variante
Halbierung der Etappe

Übernachtung in der Alp Marangun im Val Lavinuoz.

Allegra

Wir setzen unser Französisch ein, wenn wir nach Frankreich fahren, frischen die Italienischkenntnisse vor der Italienreise auf. Doch wer nach Graubünden reist, lernt kaum Romanisch. Dabei wäre es für die Schweizer ein Teil ihrer Identität! Die Schweiz ist viersprachig, Deutsch, Französisch und Italienisch werden durch die Nachbarnationen gestützt und sind nicht in ihrer Existenz bedroht. Romanisch dagegen braucht die Unterstützung der Schweizerinnen und Schweizer.

Warum sagen wir beim Eintritt in die Chamanna, die Berghütte, nicht «Allegra»- so heisst das Grusswort nämlich im Engadin, «Bun di» im Oberland. Irgendwo müssten wir anfangen. Wir kratzen in Spanien oder Italien ja auch alle Wörter zusammen, die wir kennen und bringen sie möglichst oft an. Ein paar romanische Wörter wären wir unsern Mitbürgern schuldig.

Diese Einstellung kannte ich noch nicht, als ich mit Romanischsprechenden zusammen an die Kantonsschule ging. Die meisten Fächer besuchten wir in sprachlich getrennten Klassen, den Unterricht in Turnen, Geschichte und Religion erhielten wir gemeinsam. Unsere Schulkameraden verstanden unser Deutsch gut. Wir haben kein Wort Romanisch von ihnen gelernt. Nachträglich finde ich es sehr schade.

Die vierte Landessprache der Schweiz steht heute ganz anders da als vor 60 Jahren. 1938 fühlte sich die Schweiz bedroht, vor allem von Norden her, die Südtäler spürten den Druck aus dem Süden. Damals hat die Schweiz mit 91% der Stimmenden Romanisch zwar nicht zur schweizerischen Amtssprache, aber doch zur Nationalsprache erklärt. Amtssprachen blieben Deutsch, Französisch und Italienisch. Seit 1996 steht ein neuer Sprachenartikel in der Bundesverfassung, der mit 76% Jastimmen angenommen wurde. Romanisch ist damit den andern drei Landessprachen fast gleichgestellt. Bund und Kanton fördern die Verständigung und den Austausch unter den Sprachgemeinschaften. Der Bund unterstützt zudem Massnahmen zur Erhaltung der romanischen Sprache, anordnen muss sie allerdings der Kanton.

Surselvisch, Sutselvisch, Surmeirisch, Putèr und Vallader, die Sprachen im Oberland, Domleschg/Schams, Albulatal, Oberengadin und Unterengadin unterscheiden sich untereinander so stark, dass für die Erstklässler fünf verschiedene Lesebücher gedruckt werden müssen; Erwachsene kennen manche Wörter der andern Sprachgebiete nicht, können aber gut miteinander reden. Die Scheu, sprachliche Eigenarten zu vermischen, war bis vor kurzem so gross, dass Romanen miteinander oft deutsch sprachen.

Bewusst als Mischsprache wurde in jüngster Zeit das Rumantsch Grischun geschaffen. Dazu wird aus Surselvisch, Vallader und Surmeirisch wird nach dem Mehrheits-

prinzip das Wort oder die Lautform für Rumantsch Grischun ausgewählt. Es soll als gemeinsame Schriftsprache für alle Bündner Romanen verbinden. 1982 erarbeitete Heinrich Schmid, Professor für Romanistik in Zürich, die Richtlinien dazu.

Am Steuerpult aller Bemühungen um die romanische Sprache sitzt die Lia Rumantscha. Der Verein nimmt Beiträge von Bund und Kanton entgegen und setzt sie zur Sprachförderung ein. Bei seiner Gründung 1919 waren es 10 000 Franken, heute sind es 2,4 Mio. Aufgrund eines Finanzhilfegesetzes unterstützt der Bund die Sprachförderung im Kanton zusätzlich, und zwar seit 1996 mit 5 Mio. Franken. All diese Massnahmen und viele weitere sollen nicht Almosen sein für eine winzige Randgruppe. In Graubünden sind es nur 30 000 Menschen, 17 % der Einwohner des Kantons, in der ganzen Schweiz sprechen nicht mehr als 70 000 Menschen romanisch. Rätoromanisch spricht man auch in Italien: Hier heisst es Dolomitenladinisch, Codorisch, Comelisch oder Friaulisch. Im Friaul leben 700 000 Rätoromanen.

Romanisch geht auf die Sprache der Römer zurück: 15 v. Chr. haben Tiberius und Drusus das Land der Räter erobert und eine römische Provinz Rätia geschaffen. Während Jahrhunderten war Latein die Verwaltungssprache, die einheimischen Räter mussten es lernen, gaben aber ihre sprachliche Eigenart trotzdem nicht ganz auf. So ist ein Latein mit rätischem Charakter entstanden. Zentren dieser römischen Verwaltungsgebiete waren Augsburg und Chur, man sprach einst Rätoromanisch bis an die Donau. Das älteste romanische Sprachdokument ist der Würzburger Schriftversuch aus dem 10. Jahrhundert. Die Herrschaft der Römer war damals schon längst zusammengebrochen. Wie das Romanisch der Räter zur Zeit der Römer klang, wissen wir also nicht.

Aus dem Norden einwandernde germanische Völker drängten das Romanisch in die Alpen zurück; als mündliche Umgangssprache überlebte es hier Jahrhunderte. Erst die Reformatoren schufen eine romanische Schriftsprache: Sie wollten die heilige Schrift in der Sprache des Volkes verkünden, im untern Engadin anders als im obern, im Albulatal anders als in der «Cadi», dem Bündner Oberland. Die Schriften der Reformatoren haben die Regionalsprachen fixiert. Bald wurden diese Schriftsprachen auch für nichtreligiöse Texte verwendet. Literarische Texte aus Mittelbünden wurden erst um die Jahrhundertwende gedruckt. Eine sutselvische Schriftsprache gibt es seit 1943.

Im 19. Jahrhundert wurde das Romanisch besonders bedrängt, Kurgäste kamen ins Land, sie schufen Arbeitsplätze, Nichtromanen wurden im Sprachgebiet sesshaft. Gleichzeitig wanderten viele Romanischsprechende in die Industrie- und Verwaltungszentren ab.

Wie lange das Romanisch ohne die Tatkraft sprach- und kulturbewusster Bündner überlebt hätte, ist schwer zu sagen. Der Kampf ist noch nicht gewonnen, die Bedingungen unserer Zeit sind nicht günstig. Die Menschen sind unruhig geworden, sesshaft sind nur noch wenige. Romanen, die auswandern, müssen die fremde Sprache sofort sprechen, ins Sprachgebiet Einwandernde können sich Zeit lassen. Wer nur kurze Zeit da bleibt, fängt oft gar nicht an, Romanisch zu lernen.

Am meisten Sorge bereitet den Fachleuten, dass die Zahl derer, die Romanisch besser beherrschen als eine andere Sprache, zurückgeht. Diese reden daheim zwar Romanisch, nach aussen aber fühlen sie sich in der Zweitsprache sicherer.

Man meint, die Gründe des Rückgangs zu kennen: Es fehlt ein Zentrum. Die Romanen sind sprachlich zersplittert, wirtschaftlich kommt man nur in andern Sprachen vorwärts, die Medien bringen die Welt in die Stube und: Was sind 30 000 Menschen in einer globalistischen Welt? Unerschüttert wirken die Sprachförderer der Lia Rumantscha dennoch weiter. Ihr Ziel liegt in der Aufwertung des Romanischen für jeden einzelnen Menschen, sei er Romane, Bündner oder Schweizer. Wenn wir die Sprache als Kulturgut betrachten, als eines, das allen Menschen am nächsten liegt, das jeden prägt und Eigenständigkeit schafft, dann stehen die Aussichten für diese eigenständigste Schweizer Sprache als fester, innerer Halt in der Globalisierungswelle wohl gar nicht so schlecht. (PM)

Berghaus Vereina – Jörigletscher – Chant Sura (Flüelapass) –
Munt da Marti – Chamanna da Grialetsch (Davos)

15 Bergwanderung quer zum Passverkehr

Das Berghaus Vereina wäre zum Bleiben geeignet, aber das weisse Spitzchen des Flüela Wisshorns lockt hinten im Jörital. Die Wanderung über den Gletscher prägt uns und den Tag für kurze Zeit, wir stapfen schweigsam wie richtige Alpinisten höher, aber im Abstieg über Schafweiden an die Flüelastrasse tauchen wir in eine andere Welt ein: Motorradfahrer dröhnen vorbei, jagen einander in die Kurven und drehen auf den Geraden wieder voll auf. Der Lärm verstummt gleich nach Munt da Marti, wir nähern uns dem Bergkranz von Grialetsch, und mittendrin steht das Tagesziel.

EB/BG Routencharakter und Schwierigkeit

Ein kurzer Abschnitt beim Ueberschreiten der Gratscharte am Flüela Wisshorn BG.
Bergwanderweg bis zu den Jöriseen, auf markiertem Bergweg zur Winterlücke, dann über den mässig steilen Jörigletscher zur Gratscharte bei P. 2941 und weglos über Blockgestein und Alpweiden an die Flüelastrasse. Auf markiertem Hüttenweg zur Grialetschhütte.

Zeit

7-8 Std.

Ausgangspunkt

Berghaus Vereina (s. R. 14)

Endpunkt

Chamanna da Grialetsch (2542 m)   792.800/176.300

SAC-Sektion St. Gallen, 9000 St. Gallen.
Tel. 081 416 34 36. Hüttenwart H.P. Reiss, Davos Glaris. Tel.: 081 401 14 51.
(75 Plätze. Bewartet von Juli bis Oktober).
Die Hütte steht wenig südlich der Fuorcla da Grialetsch und ist Ausgangspunkt für sehr lohnende, leichte Gletschertouren.

Einfachster Abstieg ins Tal

Nach Davos

Nach Dürrboden – Dischma – Davos (3 Std., 1 Std. bis Dürrboden).

Talort

Davos (1552 m)

Grosser Fremdenverkehrsort («höchste Stadt der Alpen») im Landwassertal.
SBB nach Landquart, RhB Landquart – Davos. Fahrplanfeld 910.
Mit PW Landquart – Davos. Von Süden über den Flüelapass.
Zahlreiche Hotels, Geschäfte, Banken.

Berghaus Vereina – Jörigletscher – Chant Sura (Flüelapass) – Munt da Marti – Chamanna da Grialetsch (Davos)

Unterkunft und Einkehrmöglichkeit unterwegs — Flüela-Hospiz

Karte — 1197 Davos, 1217 Scalettapass

Route

Auf bequemem Weg zu den Jöriseen, auf markiertem Weglein zur Winterlücke. Erst über den Grat, dann über den Gletscher nach SE zur Scharte südlich von P. 2941. 3 Std.

Weglos in die groben Blockfelder und über Schafalpen an die Flüelastrasse absteigen. 1½ Std.

Entweder über die Brücke bei P. 2176 oder, indem man die Susasca weiter oben überspringt, zum Beginn des Hüttenwegs über Munt da Marti zur Grialetschhütte. 2 Std.

Variante — Winterlücke – Wägerhus – Flüela-Hospiz

Von der Winterlücke auf markiertem Weg zum Wägerhus an der Flüelastrasse (2207 m) absteigen und auf Wanderweg am Flüela-Hospiz vorbei zum Beginn des Hüttenwegs nach Grialetsch.

Gipfel — Flüela Wisshorn (3085 m)

WS. 1 Std.
Von der Winterlücke über den NW-Grat in leichter Blockkletterei und evtl. über den NE-Grat in die Scharte vor P. 2941 absteigen.

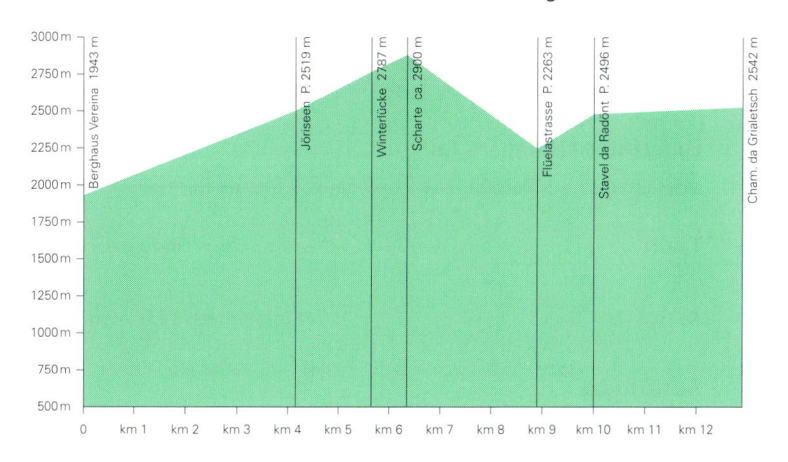

Chamanna da Grialetsch – Fuorcla Vallorgia – Scalettapass –
Chamanna digl Kesch (Bergün)

16 Von der Sanftheit der Gletscher

Auf Grialetsch führen alle Wege zum Gletscher. In einer halben Stunde erreicht man von der Hütte den Rand des Eises. Man steigt durch sanfte Schneemulden hoch, als läge darunter kein Eis. Ein Klischee wird widerlegt: Gletscher sind nicht durchwegs gefährlich, sie können ruhig sein, harmonisch, sie wirken auf das Auge ausgleichend. So offen ist auch die Fuorcla Vallorgia zwischen Piz Vadret und Piz Grialetsch, ein Flugzeug könnte hier landen! Den Nachmittag füllt eine Höhenwanderung. Hoch über der Alp Funtauna führt ein aussichtsreicher Weg zur Chamanna digl Kesch.

B Routencharakter und Schwierigkeit

(EB nur bis zum Scalettapass) Weglos auf Firn und Gletscher über kleine, bei Nebel schwierig zu findende Lücken und Pässchen zum Scalettapass. Zur Keschhütte führt ein markierter Bergwanderweg.

Zeit	6½ Std.

Ausgangspunkt	Chamanna da Grialetsch (s. R. 15.)

Endpunkt	Chamanna digl Kesch (2632 m)	786.560/168.870

SAC-Sektion Davos, 7260 Davos.
Hütte: Tel. 081 407 11 34. Hüttenwart Ruedi Käser, 7494 Wiesen.
Tel.: 081 404 17 26.
(85 Plätze, Winterraum 30 Plätze. Bewartet Juli bis Oktober).
Die Hütte liegt auf aussichtsreicher Kuppe am Fuss des ganz Mittelbünden beherrschenden Piz Kesch.

Einfachster Abstieg ins Tal

Über Chants nach Bergün (2 Std. bis Chants, 4 Std. bis Bergün).

Talort	Bergün (s. R. 18)

Karte	1217 Scalettapass, 1237 Albulapass

Ausrüstung

Schuhwerk für eine längere Gletscherwanderung.

Sehenswürdigkeiten Bergün

Das Dorf Bergün an der «Via Imperiala» entwickelte sich zu einem Gesamtkunstwerk. Zwanglos ordnet sich jeder Einzelbau in ein stattliches Ganzes. Bürgerstolz und Liebe zum Schönen sind hier Gestalt geworden. Bergüner Heimatmuseum.

Route

Von der Hütte auf einem Pfad nach S über einen Gras- und Schutthang auf die Terrasse P. 2665 und weiter, bis sich der Pfad in Gletschernähe verliert. Am westlichen Rand ist der Gletscher fast spaltenlos, man steigt rechts haltend zur Fuorcla Vallorgia und von ihr nochmals 40 m über Schnee oder Geröll auf die Schulter südlich des Piz Grialetsch. Nun auf gleicher Höhe nach W zum kleinen Seelein, von dort nach S, bis man am Ende der Felsrippe rechts steil hinauf auf eine Gratschulter gelangt, von der sich ein unbenannter Gletscher zum Scalettapass hinunterzieht. Rechts haltend über den ganz sanften Gletscher hinunter zum Scalettapass. 3½ Std.

Auf dem Passweg nach S absteigen bis zur Abzweigung (Wegweiser an einer Stange: Keschhütte). Am steilen Südhang des Chüealphorns führt nun der schmale, aber gut markierte Bergweg auf gleicher Höhe nach W. Er biegt kurz ins Val Sartia ein, wo er auf den Weg vom Sertig Pass trifft, den steilen Westhang des Piz Forun durchquert und erst kurz vor dem Talschluss die Talsohle des Val dal Tschüvel erreicht. 100 m höher auf grüner Kuppe steht das Tagesziel, die Keschhütte. 3 Std.

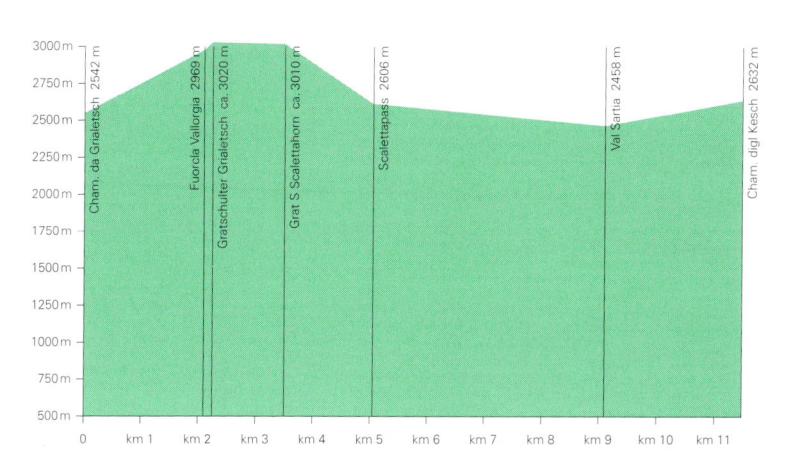

Variante — Über den Scaletta-Samweg

Von der Chamanna da Grialetsch auf dem Hüttenweg Richtung Dürrboden absteigen, beim Schönbüel auf den alten Scaletta-Saumweg wechseln und auf ihm zum Pass. Weiter wie oben.

Gipfel — Piz Grialetsch (3131 m)

L. 1 Std.
Ein herrlicher, rundum von Gletschern umgebener Punkt. Von der Fuorcla Vallorgia nach NW auf den oberen Schuttrücken hinauf. Auf ihm weiter nach NW, bis der Gipfelkopf durch seine Westflanke über steile Schutthänge leicht zu ersteigen ist. Sehr lohnend.

Geschichte und Geschichten rund um das Bündner Wappentier

Kein Tier symbolisiert «die Alpen» so stark wie der Steinbock. Auch für viele Bündner ist er stark emotional beladen, unter anderem weil er das Wappen ihres Kantons ziert. Und doch haben ihn die Menschen einmal zum Verschwinden gebracht. Heimisch, ausgerottet und wieder angesiedelt – so lautet kurz zusammengefasst die Geschichte des Steinwildes in der Schweiz. Im 15. Jahrhundert war der Steinbock in der Schweiz noch weit verbreitet. 1809 wurde der wahrscheinlich letzte Steinbock des Landes im Wallis geschossen. Die letzten Tiere der Alpen fanden in den abgelegenen italienischen Westalpen ein Rückzugsgebiet. Die Geschichte der Wiederansiedlung in der Schweiz ist ungewöhnlich und enthält dramatisch-spannende Elemente, die an einen Kriminalroman erinnern.

Retter der Schweizer Steinböcke waren Ausländer: Die italienischen Könige Vittorio Emanuele I. und Vittorio Emanuele II. bestimmten die Gebiete, in denen die Tiere sich angesiedelt hatten, zu königlichen Revieren und bejagten sie so massvoll, dass sich die Tiere vermehren konnten. In der Schweiz versuchte man die Wiederansiedlung des Steinwildes während vieler Jahre mit Hausziegen-Bastarden. Diese Versuche waren zum Scheitern verurteilt, vor allem weil die Bastarde ihre Kitze früh im Jahr setzten, und die Jungen dadurch meist nicht überlebten. Als diese Versuche scheiterten, kamen die Schweizer auf neue Ideen und beschafften sich 1906 mit Hilfe von italienischen Wilderern reinrassige Steinbock-Kitze aus dem Aostatal. Im Tierpark «Peter und Paul» in St. Gallen zog man sie mit der Milchflasche auf und entliess sie 1911 im St. Galler Weisstannental in die Freiheit: Der Steinbock war wieder in der Schweiz heimisch. 1994 zählte man im ganzen Land rund 14 000 Tiere, im Alpenraum wird ihre Zahl auf 30 000 geschätzt.

Ausgewachsene Exemplare der Spezies Steinwild – das männliche Tier heisst Steinbock, das weibliche Steingeiss – werden 100 bis 160 cm lang und haben eine Widerristhöhe von 75 bis 100 Zentimeter. Die Hornlänge, auffälligstes Merkmal dieser Tiere, kann bis zu 120 Zentimeter betragen. Das Steinwild ist hervorragend an das harte Leben im Gebirge angepasst. Dem Energieverlust im Winter begegnen sie mit einem dichten Winterfell, der im Sommer angefressenen Fettschicht, der nach Abschluss der Brunft nur noch geringen Wandertätigkeit und einem Wintereinstand, welcher der Sonne ausgesetzt ist. Das Beispiel des Steinwildes zeigt, dass eine grossräumig verdrängte Tierart durchaus wieder eine Chance hat, sofern der Mensch bereit ist, ihr den nötigen Schutz zu gewähren. Heute, gegen Ende des 20. Jahrhunderts, arbeitet man an der Wiederansiedlung von Bartgeier und Luchs und spricht von der Rückkehr des Bären in die Schweiz. (PD)

Chamanna digl Kesch – Porta d'Es-cha –
Chamanna d'Es-cha (Madulain)

17 Wettlauf auf dem Gletscher

Der Piz Kesch ist ein überragender Bündner, mit 3414 Metern ist er der höchste Berg Mittelbündens. Wie der Tödi, der Piz Linard oder der Piz Platta dominiert er seine zahlreichen Trabanten. Aus der Nähe sieht er allerdings ganz anders aus als aus der Ferne: massiger, grösser, und nicht mehr so elegant. Er steht in der Mitte des Bündnerlandes, ist höher als all seine Nachbargipfel. Gipfelgelüste? Kein Problem! Ein Bergführer begleitet Wanderer auf diesen stolzen Gipfel (Voranmeldung in der Hütte). Der Führer bringt uns zurück zur Porta d'Es-cha, wo wir den Weiterweg leicht wieder allein finden werden.

EB Routencharakter und Schwierigkeit

Markierter Bergpfad, ein Aufstieg am Gletscherrand und ein ganz kurzer, mit Ketten gesicherter Abstieg über die Felsstufe an der Porta d'Es-cha. Der markierte Bergweg leitet durch die Moränen hinunter zur Es-cha-Hütte.

Zeit   3 Std.

Ausgangspunkt   Chamanna digl Kesch (s. R. 16)

Endpunkt   Chamanna d'Es-cha (2594 m)   788.750/165.200

SAC-Sektion Bernina, 7500 St. Moritz.
50 Plätze. Hütte: Tel. 081 854 17 55. Hüttenwart Josias Müller, 7260 Davos Dorf. Bewartet von Juli bis September.
Die Hütte steht auf einem Moränenwall in der Val d'Es-cha an der S-Seite des Piz Kesch.

Einfachster Abstieg ins Tal   Nach Madulain

B. 2 Std.
Val d'Es-cha – Sattel Gualdauna – P. 2256, Punt Granda an der Albulastrasse.

Talort   Madulain (1697 m)

Kleiner Ort im mittleren Engadin.
Mit RhB Chur – St. Moritz bis Bever, anschliessend St. Moritz – Scuol bis Madulain. Fahrplanfelder 940 und 960.
Mit PW über Landquart – Davos – Flüelapass – Scuol bis Madulain.
Tourissem infurmaziun (Verkehrsbüro): Tel. 081 854 11 71.

Chamanna digl Kesch – Porta d'Es-cha – Chamanna d'Es-cha (Madulain)

Karte

1237 Albulapass

Ausrüstung

Festes Schuhwerk und Orientierungsmittel. Gletscherausrüstung.

Route

Von der Chamanna digl Kesch auf gutem Pfad nach S auf den Vadret da Porchabella. Der östliche Gletscherrand weist nur sehr wenig Spalten auf. Hier führt ein meist gut ausgetretener Pfad zur schmalen Gratscharte der Porta d'Es-cha. 2 Std.

Der Abstieg nach Süden ist so gut gesichert, dass die Läufer der Keschstafette sogar im Wettlauf hier hochrasen. Wir finden auf der kleinen Felsstufe am Grat Halt an festen Ketten, queren dann auf gleicher Höhe nach Süden auf die Gratschulter, hinter der einmal der Vadret d'Es-cha lag. Heute ist nur noch ein riesiges Blockfeld übriggeblieben. Wegzeichen weisen den Abstieg auf den grünen Moränenrücken, auf dem die Chamanna d'Es-cha steht. 1 Std.

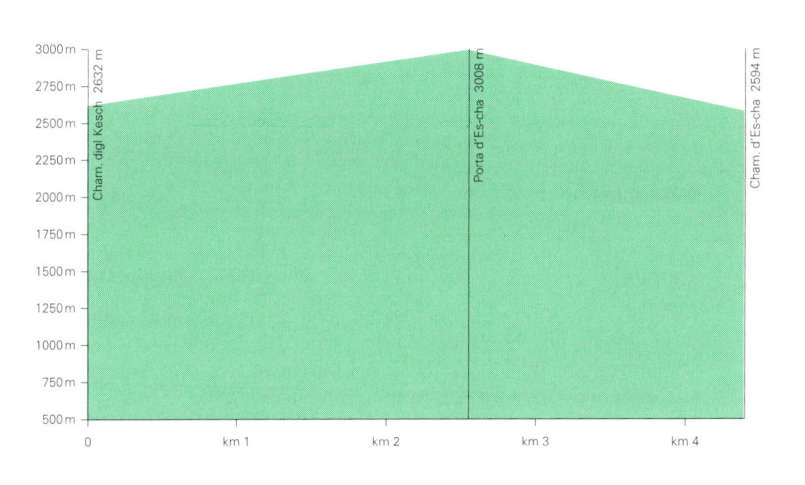

Chamanna d'Es-cha – Fuorcla Pischa – Val Plazbi – Darlux – Bergün

18 Szenenwechsel: vom Engadin ins Albulatal

Am Fuss der symmetrischen Schieferpyramide des Piz Blaisun bleibt es so still, dass man auf seiner Nordseite die fallenden Steine fast ständig hört. Dieser Berg scheint nur aus Steinen, nicht aus Felsen gebaut zu sein. Nichts als Steine begleiten uns auf dem Weg nach Plazbi. Dann geniessen wir das Schauspiel einer Wanderung über den Panorama-Balkon von Lena Secha hoch über Chants im Val Tuors. Auf und ab geht's bis nach Darlux und schliesslich steil nach Bergün hinunter. Der Piz Ela wird höher und höher, je näher wir dem stattlichen Dorf Bergün an der Albulabahn kommen.

EB Routencharakter und Schwierigkeit

Weglos und zurückhaltend markiert zur Fuorcla Pischa. Auf Hartschnee im Frühsommer geht alles viel leichter. Man breche rechtzeitig auf, bevor die Sonne den Schnee zu sehr aufweicht. Das lohnt sich auch für den Abstieg: Von der Fuorcla Pischa rutschen wir über Schneehalden oder später etwas holpriger durch lockeren Schutt hinunter. Dann führt ein kurzweiliges Fussweglein ins Grüne. Markierter Höhenweg nach Darlux und Fahrsträsschen ins Tal nach Bergün.

Zeit 6 Std.

Ausgangspunkt Chamanna d'Es-cha (s. R.17)

Endpunkt Bergün (1367 m)

Ferienort. Alte, stolze Bündner Häuser sind Zeugen des einst blühenden Saumverkehrs über den Albulapass.
Verkehrsverein: Tel. 081 407 11 52, Fax 407 14 04.
Mit RhB Chur – St. Moritz bis Bergün. Fahrplanfeld 940.
Mit PW über Chur – Filisur und auf der Albulapassstrasse nach Bergün. (Der Albulapass wird im Winter nicht geöffnet.)
Zahlreiche Hotels, Geschäfte, Bank und ein Schwimmbad.

Hotel Albula
Im Dorfzentrum, 7482 Bergün.
Tel./Reservation: 081 407 11 26, Fax 081 407 14 83.
14 Zimmer, 6 Studios. Geöffnet Mai bis Oktober und Dezember bis Mitte April.

Sporthotel Darlux
7482 Bergün.
Tel./Reservation: 081 407 14 15, Fax 081 407 14 40.
45 Zimmer. Geöffnet Dezember bis April und Juni bis Oktober.

Hotel Sonnenheim
Nähe Bahnhof, 7482 Bergün.
Tel./Reservation: 081 407 11 29, Fax 081 407 23 88.
22 Betten. Geöffnet Dezember bis Oktober.

Karte

1237 Albulapass, 1236 Savognin

Route

Auf dem Hüttenweg vom Albulapass zur Es-cha-Hütte nach W bis auf den Rücken, der vom Piz Cotschen herunterzieht. Hier zweigt man vom Hüttenweg rechts ab. Der Weiterweg wird wenig begangen und verliert sich weiter oben immer öfters. Man sucht ihn deutlich nördlich des Bachs auf der kleinen Schulter, die immer flacher zur Fuorcla Pischa führt. 1½ Std. Beim Abstieg von der Fuorcla Pischa hält man sich an den rechten Rand des Schuttstroms Murtel d'As-cha, um auf 2600 m den Ausstieg aus der Oede ins Grün von As-cha nicht zu verpassen. Hier beginnt ein kurzweiliger Weg zur Alp Plazbi. 1½ Std.

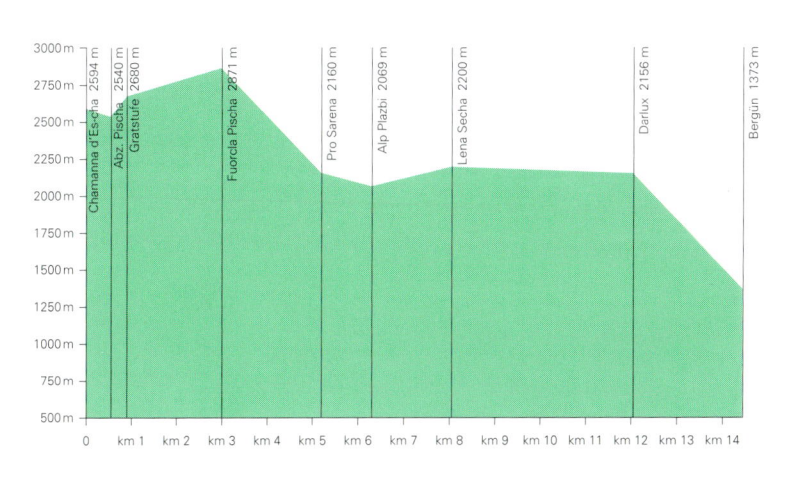

Es lohnt sich, die Ava da Plazbi schon hier auf einem festem Brücklein zu überqueren. Dann trifft man auf dem Kuhweglein etwa bei P. 2114 auf den Wanderweg von Alp digl Chant, der als herrlicher Panoramaweg nach Darlux führt. 2½ Std.

Nach Bergün folgt man dem steilen Fahrsträsschen bis Crap Sot igls Munts, von dort führt ein viel schönerer Fussweg durch lichten Wald hinunter. 1 Std.

Variante
Durch das Val Tuors

Von Plazbi nach Chants und auf dem Fahrsträsschen oder teilweise auf Wanderwegen nach Bergün.

Gipfel

Piz Blaisun (3200 m)
EB. 1 Std.
Die regelmässige Schieferpyramide wird selten bestiegen. Von der Fuorcla Pischa steigt man ohne Schwierigkeiten in einer Stunde zum Gipfel. Hier zeigt vor allem der Piz Kesch ein ganz neues Gesicht.

Piz Darlux (2642 m)
B. 1½ Std.
Von Muotta Sur: Oft besuchter Aussichtsberg, der mit dem Piz Fregslas und den Tschimas da Tisch eine kleine, selbständige Gruppe bildet. Von Muotta Sur über den Grasrücken zum Gipfel und nach W absteigen zur Alp Darlux.
EB. 2 Std.
Vom Val Plazbi: Vom Talschluss im Val Plazbi nach W über Murtel da Lai auf Tschimas da Tisch aufsteigen (prächtige Aussicht!) und, immer noch Wegspuren folgend, über den Grat zum Piz Darlux.

IV Ela – Jenatsch – Avers – Maloja

Vielzitierte Vielgestaltigkeit Graubündens

Vom Albulatal im Herzen Mittelbündens über das Avers ins Oberengadin – vom alpinen ins südlich angehauchte Graubünden. Dieser Abschnitt verbindet unterschiedlichste Berg- und Landschaftsformen, mehrere Kulturkreise und vier Sprachen. Die vielzitierte «Vielgestaltigkeit» Graubündens wird sichtbar und erlebbar. Die schroffen Kalkberge der Bergünerstöcke sind eine beinahe vergessene Ecke. Im weiten Hochtal Avers leben deutschsprachige Walser ganzjährig auf einer Höhe von 2200 Meter. In Maloja beginnt das romanischsprachige, weltberühmte Oberengadin und endet das italienischsprachige Südtal Bergell. Oder umgekehrt. Urgestein, wenn auch ganz junges, prägt hier die Bergformen.

Die Tagesetappen

19   Bergün – Chamonas d'Ela – Pass d'Ela – Fuorcla Tschitta – Naz – Preda
     Rund um den mächtigen Piz Ela

20   Preda – Naz – Val Mulix – Fuorcla da Bever – Vadret Laviner – Chamanna Jenatsch
     Ringsum ein Kranz unnahbarer Gipfel

21   Chamanna Jenatsch – Fuorcla d'Agnel – Fuorcla digl Leget – Muttariel – Alp Flix
     Ein weisser Gletscher und ein See in farbiger Wüste

22   Alp Flix – Lai da Marmorera – Muttans – Val Bercla – Fallerfurgga – Juf
     Ein Abend im höchsten Dorf Europas

23   Juf – Forcellina – Pass da Sett – Pass Lunghin – Piz Lunghin – Maloja oder Casaccia
     Vom höchsten Dorf zur berühmten Wasserscheide

114

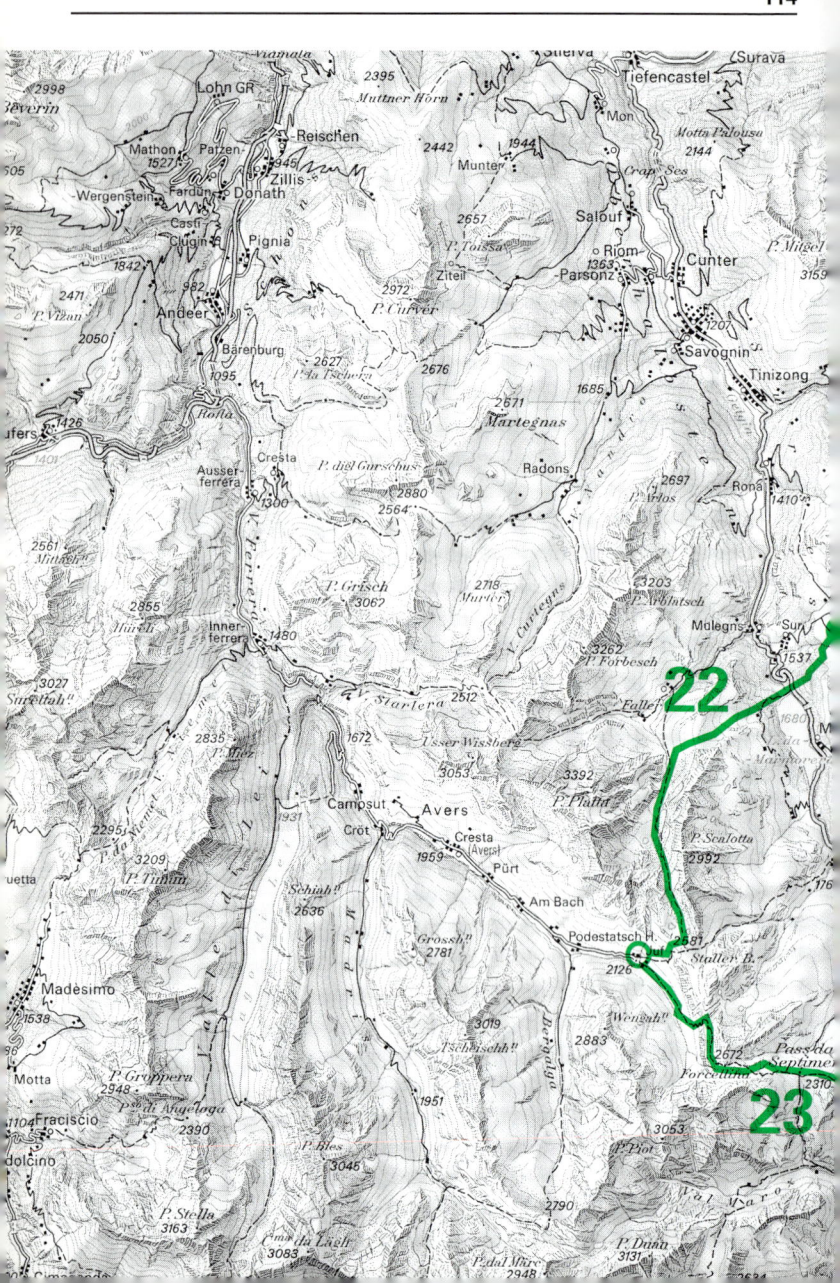

115   IV   Ela – Jenatsch – Avers – Maloja

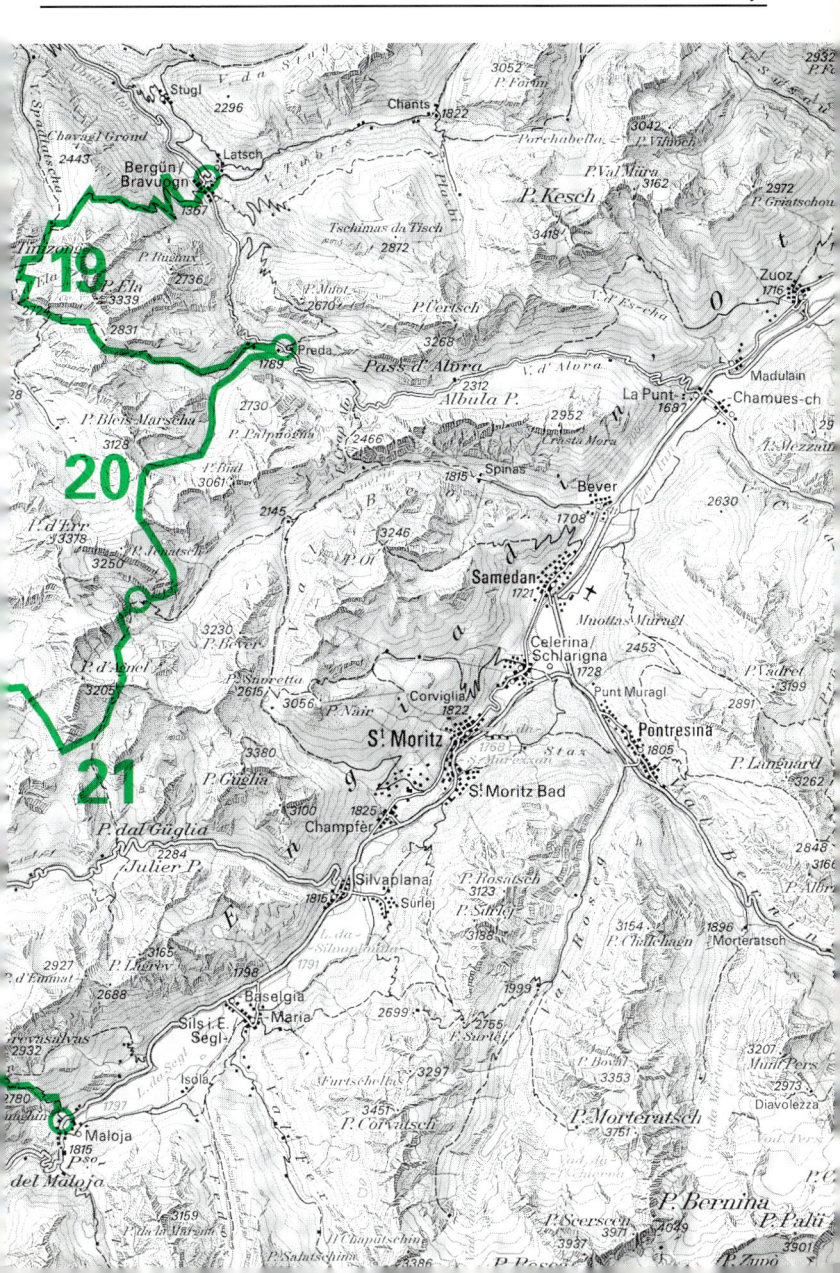

Bergün – Chamonas d'Ela – Pass d'Ela – Fuorcla Tschitta –
Naz – Preda

19 Rund um den mächtigen Piz Ela

Es gibt viele heilige Berge, der Piz Ela könnte einer sein. Wer solche Gipfel betritt, entweiht einen heiligen Ort, wer sie umrundet, ehrt und achtet die unberührbare Grösse. Vielleicht spüren wir auf der Wanderung rund um diesen mächtigen Berg den Hauch einer Pilgerfahrt. Wir überwinden auf dem Hüttenweg zur Elahütte auf Anhieb 1000 m Höhe; dort sind wir den Grossen ganz nahe: Corn da Tinizong und Piz Ela. Zusammen mit dem Piz Mitgel bilden diese Berge ein Dreigestirn von seltener Wucht und Schönheit der Form. Ein selbst für den Bergkanton Graubünden seltenes Bild.

B **Routencharakter und Schwierigkeit**

Auf steilem, markiertem Hüttenweg hinauf zur Chamonas d'Ela, noch einmal auf und ab über den Pass d'Ela zur Fuorcla Tschitta. Immer auf markiertem Bergweg 1100 m hinunter nach Naz.

Zeit	7½ Std.

Ausgangspunkt	Bergün (s. R.18)

Endpunkt	Preda (1789 m)

Einige Häuser am nördlichen Eingang des Albula-Bahntunnels.
Mit RhB Chur – St. Moritz bis Preda. Fahrplanfeld 940.
Mit PW über Chur – Thusis – Albulapass bis Preda.

Pension «Sonnenhof Preda»
Zwischen Naz und Preda, 7482 Preda.
Tel./Reservation: 081 407 13 98, Fax 081 407 16 01.
10 Zimmer. Geöffnet Anfang Juni bis Ende Oktober und ca. 20. Dezember bis Mitte April. Vegetarisch und rauchfrei.

Hotel Kulm
Beim Bahnhof Preda, 7482 Preda.
Tel./Reservation: 081 407 11 46, Fax 081 407 21 46.
20 Doppelzimmer. Geöffnet Pfingsten bis Ende Oktober, Dezember bis April.

Unterkunft unterwegs	Chamonas d'Ela (2252 m)	722.570/165.530

SAC-Sektion Davos, 7260 Davos.
30 Plätze. Bewartet von Juli bis Oktober an Wochenenden. SOS-Telefon.
Die Hütte steht zuhinterst im Val Spadlatscha.

Karte

1236 Savognin, 1237 Albulapass

Sehenswürdigkeiten

Preda

Preda hatte während des Bahnbaus den Charakter einer Goldgräber-City des Wilden Westens. Davon ist nichts mehr zu sehen. Heute ist es Ausgangspunkt für den Bahnlehrpfad nach Bergün, Tagesausflüge in die Seitentäler und grosse Bergtouren. Wildbeobachtungen fast wie im Nationalpark.

Route

Vom Bahnhof Bergün hinab zu P. 1363 an der Albula und jenseits des Bachs hinauf an den Waldrand. Zuerst auf dem Waldweg, dann auf steilem Fussweg nach Uglix und auf die Kuppe bei P. 2385. Auf gutem Weglein durch die steile Flanke leicht absteigend zur Elahütte (2252 m). 3 Std.
Auf gut markiertem Weg über den Pass d'Ela (2724 m) zu den Lajets. 2 Std. Bei P. 2564 links abzweigen auf den Weg zur Fuorcla Tschitta (2824 m). 1½ Std.
Auf markiertem Weglein nach N, dann zum Teil weglos westlich an P. 2725 vorbei auf eine Schulter und über Geröllhalden in allen Farben ins Grün bei P. 2633. Schliesslich durch das Val Tschitta und durch den God Fallò nach Naz. Der Bahnlinie entlang zur Station Preda. 2½ Std.

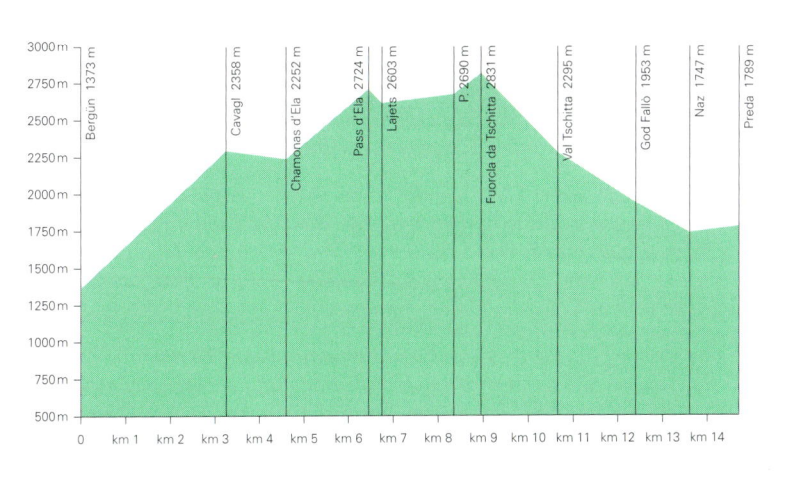

Die Bahn für Graubünden

Nach der Eröffnung der Gotthardbahn 1882 war Graubünden nicht mehr Transitland. Mit Blick auf die Verhältnisse am Brenner oder am Gotthard meinen heute viele: zum Glück! Für jene, die vom Transitverkehr lebten, brach aber eine Welt zusammen. Schon in vorrömischer Zeit wurden die Pässe begangen, die Römer, die Grossmeister im Strassenbau, bauten sie aus. Vom Saumverkehr wurde zwar niemand sehr reich, gutes Geld aber brachte er vielen, und zwar fast überall im Bündnerland. Nach dem Bau der Gotthardbahn war es damit aus!

Auch die Bündner haben von einer Transitbahn geträumt: Das Projekt der grossen Splügenbahn ist noch immer nicht aus allen Köpfen. Gebaut wurde aber an ihrer Stelle die Rhätische Bahn (RhB), ein zentrales Bündner Eisenbahnnetz von 375 Kilometern Länge mit Anschlüssen nach Norden, Westen und Süden. Auch wenn die Berninabahn bis nach Italien fährt, als Transitbahn ist die Schmalspurbahn nicht geeignet. Touristen geniessen aber die prachtvollen Bahnausflüge.

Am 9. Oktober 1889 wurde die Linie Landquart-Klosters eröffnet; das war der Anfang. Das Glanzstück im Netz ist die Albulabahn, gebaut von 1898 bis 1903. Am 30. Juni 1903 verliess die letzte Postkutsche Bergün Richtung Albulapass. «Schwarzumflort, in langsamem Schritt, begleitet vom Trauermarsch der Musik. Stumm, mit Tränen in den Augen und nicht wissend, was die Zukunft bringen werde, verfolgten die Bergüner dieses ergreifende Bild.»

«Einen Tag später erreichte der girlandengeschmückte erste fahrplanmässige Dampfzug den Bahnhof Bergün/Bravuogn, Vorbote einer Entwicklung, die das wirtschaftliche und gesellschaftliche Leben in wenigen Jahren ändern sollte», lernen wir auf dem bahnhistorischen Lehrpfad Preda-Bergün.

Er lehrt uns noch mehr: «Nur wer die Schwierigkeiten kennt, bündnerische Gemeinden unter einen Hut zu bringen, weiss das vollbrachte Kunstwerk zu würdigen. – Schwerlich gibt es ein zweites Land, wo während eines halben Jahrhunderts eine überreiche Saat von Eisenbahnprojekten eine so spärliche Ernte ausgeführter Linien hervorbrachte wie im Kanton Graubünden.»

Es ging nicht so glatt, wie die kurze Bauzeit vermuten liesse. Wir staunen: 25 Jahre für ein Netz von 375 Kilometern durch engste Bergtäler, über hohe Steilstufen und schliesslich quer durch den Alpenkamm. Der höchste Punkt liegt beim Ospizio Bernina auf 2353 m und der tiefste gleich unten in Tirano auf 429 m. ü. M. Die Berninabahn überwindet Steigungen bis zu 70 Promille und kommt deshalb nicht ohne Zahnräder aus. 39,968 km Tunnel wurden gebohrt, der Vereinatunnel von 19,06 km nicht eingerechnet: Er ist noch im Bau. Die Brücken haben eine Gesamt-

länge von 12 km, die längste steht bei Langwies. Sie misst 285 m. Die höchste führt bei Solis über die Albula. 53 elektrische Lokomotiven ziehen täglich 350 bis 400 Züge durchs Bündnerland, in 306 Personenwagen sind 16 202 Sitzplätze vorhanden, 8,5 Millionen Reisende setzen sich jedes Jahr darauf, über eine Million Tonnen Güter werden befördert.

Vom Gerangel um mögliche und unmögliche Bahnprojekte steht heute nichts mehr in den Zeitungen, jahrelang aber füllte es die Spalten. Schliesslich entschied sich das Bündner Volk am 26. November 1889 für das von Ingenieur Gilli vorgeschlagene zentrale Netz im Innern Graubündens. Der Anschluss von Scuol nach Landeck war darin ebenfalls vorgesehen. Ob das Engadin durch den Julier oder den Albula erreicht werden sollte, war noch immer nicht klar; 1898 entschieden schliesslich die Räte in Bern: Gebaut wird die Albulabahn!

Diese führt über 63 km von Thusis nach St. Moritz und überwindet dabei 1323 m Höhe. 25 Projekte wurden eingereicht, einzelne wollten die Höhenunterschiede mit Spitzkehren überwinden. Ausgeführt wurden schliesslich die Pläne des Zürcher Ingenieurs Moser.

Menschen, die sich gegen Verkehrswege wehrten, gab es seit eh und je. Schon im 16. Jahrhundert liessen die Stulser bei Bergün die Steine, die sie aus den Wiesen räumten, mit Genuss auf die Via Imperiala kollern, die Reisenden sollten die Gefahren der Berge kennenlernen. Warum die Latscher kurz vor der Fertigstellung der Rhätischen Bahn 240 m oberhalb der Bahn einen Schmelzwassersee entleerten und damit den ganzen Hang in Bewegung setzten, blieb ungeklärt. Erst dadurch wurde der Glatscheras-Tunnel nötig.

Das Kernstück des Bahnwunders Albula liegt zwischen Preda und Bergün; ein reizvoller Lehrpfad zeigt die Einzelheiten. Die Strasse misst 7 km, die Bahn braucht 12,5 km, um die 416 m Höhe zu überwinden. Wer heute die Bilder aus der Bauzeit betrachtet, kann nicht übersehen, dass die Natur das grösste Wunder vollbracht hat: Die Baumeister hinterliessen trostlos abgeholzte Schutthalden, heute aber windet sich das Bähnchen durch grüne Wälder und Wiesen in einer Landschaft, die wieder ganz der Natur gehört.

Auf der Fahrt mit der Albulabahn verliert der Fahrgast die Orientierung. Kaum hat er auf der Terrasse Latsch entdeckt, verschluckt ihn der Plaz-Tunnel. Auf dem 100 m langen Viadukt über die Ava da Tisch erhascht er einen kurzen Blick ins Val Tisch, sieht auf der andern Seite tief unten an der Albula den Campingplatz von Bergün, dahinter den mächtigen Piz Rugnux, im Süden Piz Bial und La Piramida, wechselt auf die andere Talseite und dreht sich im Kreis wie eine Katze beim Spiel mit ihrem eigenen Schwanz. Aber das ist erst der Anfang, bei Punt Ota windet sich sogar die Strasse in Kehren hoch, die Bahn verschwindet einfach im Berg, taucht 50 Meter höher wieder auf. Das aber reicht immer noch nicht: Deshalb wechseln die Geleise erneut die Talseite, verschwinden wieder, und der Zug fährt dann gelassen über sanfte Wiesen in den Talkessel von Preda.

Preda ist noch immer ein Maiensässdörfchen. Im Sommer kommen die Bauern von Bergün zum Heuen nach oben. Jetzt steht halt ein Bahnhof in ihren Wiesen, der letzte auf der Nordseite der Alpen. Lieblich und rauh zugleich und ganz still ist Preda geblieben.

Das hat man sich eine Zeit lang anders erträumt. «Preda, die Zukunftsstadt»: So wurde eine Postkarte bedruckt, die den Tunneleingang zeigt, das Chalet Nicolay und eine eben ankommende Lokomotive. Das Dorf, umrahmt von Piz Ela, Muot, Zavretta und Dschimels träumte vom Aufstieg zum Kurort. Damals standen neben Häusern und Baracken für 600 Arbeiter auch Magazine, Werkstätten, ein Spital und eine Kirche. Doch die Arbeiter gingen weg, was noch brauchbar war, wurde an andern Stellen aufgebaut, den Rest liess man zerfallen. Preda ist keine Stadt der Zukunft geworden. Wer Glück hat, im Hotel Kulm oder in den wenigen Ferienhäuschen die stille Bergwelt zu geniessen, durch die hin und wieder der Pfiff einer Lokomotive gellt, bedauert es nicht. Er versteht auch die Zuversicht, die vor hundert Jahren herrschte, denn Preda liegt wunderschön. (PM)

20 Ringsum ein Kranz unnahbarer Gipfel

Auf dieser Etappe fesselt nicht ein einziger dominierender Gipfel; von den wilden Zacken imponiert bald dieser, bald jener und ordnet sich dann doch wieder ein in die Vielfalt, die nur der Piz Bleis Marcha eine Zeitlang beherrscht. Ein Weg fehlt fast ganz, Abschnitt für Abschnitt stellt den Wanderer vor die Frage: Wie weiter? Rechts oder links des Crappa, führt die Rinne wirklich aufs Firnfeld der Fuorcla da Bever, wo geht's am Piz Laviner vorbei? Auf den steilen Grasflanken der Crasta Jenatsch folgt die Frage: Wann zeigt sich endlich die Hütte?

EB Routencharakter und Schwierigkeit

Der Uebergang ist nicht ausgetreten, meist weglos und nicht durchgehend markiert. Karte, Kompass und Höhenmesser sind unentbehrlich. So eindrücklich die Übergänge bei gutem Wetter sind, ohne Sicht könnte man leicht irgendwo oder nirgends ankommen: Im Val d'Err vielleicht oder ganz unten im Val Bever statt in der Chamanna Jenatsch. Der letzte Abschnitt zur Chamanna Jenatsch führt über sehr steile Grasflanken. Die Hütte wird erst im letzten Augenblick sichtbar.

Zeit   7½ Std.

Ausgangspunkt   Preda (1789 m) oder Naz (1747) (s. R. 19)

Endpunkt   Chamanna Jenatsch (2652 m)   775.350/155.660

SAC-Sektion Bernina. Hütte: Tel. 081 833 29 29. Hüttenwart A. Hagmann, 7077 Valbella. Tel.: 081 384 64 62.
60 Plätze. Bewartet von Juli bis Oktober.
Die Hütte liegt zuhinterst im Val Bever auf einem Hügel.

Einfachster Abstieg ins Tal   Nach Spinas/Bever

Durchs Val Bever zur RhB-Station Spinas an der Strecke Chur – St. Moritz. Fahrplanfeld 940.

Talort   Bever (1780 m)

Um 1800 galt Bever als das reichste Dorf im Engadin. Brunnenplätze, Bogen über der Dorfgasse, schmiedeeiserne Gitter an doppelläufigen Aussentreppen und Sgrafitti zeugen noch heute davon. Das Bahnhofbuffet zeigt, dass Bever als Umsteigebahnhof gedacht war.

Preda – Naz – Val Mulix – Fuorcla da Bever – Vadret Laviner – Chamanna Jenatsch

Mit RhB Chur – St. Moritz bis Bever. Fahrplanfeld 940.
Mit PW über Chur – Thusis – Albulapass nach Bever.
Verkehrsverein: Tel. 081 852 49 45.
Bahnhof: Tel. 081 852 52 08.
Einige Hotels und Gasthäuser.

Karte 1237 Albula, 1236 Savognin, 1256 Bivio

Ausrüstung

Orientierungshilfen: Karte, Kompass und Höhenmesser!

Route

Von der Station Preda dem Bahngeleise folgend nach Naz und auf herrlichem Waldweg zur Abzweigung im God Fallò nach Mulix. Im Talschluss von Alp Mulix endet der Weg. Man umgeht die Felsstufe auf La Crappa links oder rechts oder klettert gleich westlich des Bachs über kurzweilige Stufen hoch. 2½ Std.

Wunderschön träumt der Lai Negr ganz in der Nähe, man gönne ihm den Umweg von einer halben Stunde und quere dann über glattgeschliffene Felsrücken am kleinen See vorbei nach S zum Einstieg in die enge, aber gut begehbare Geröllrinne zum Firnfeld, das zur Fuorcla da Bever führt (2949 m). 2½ Std.

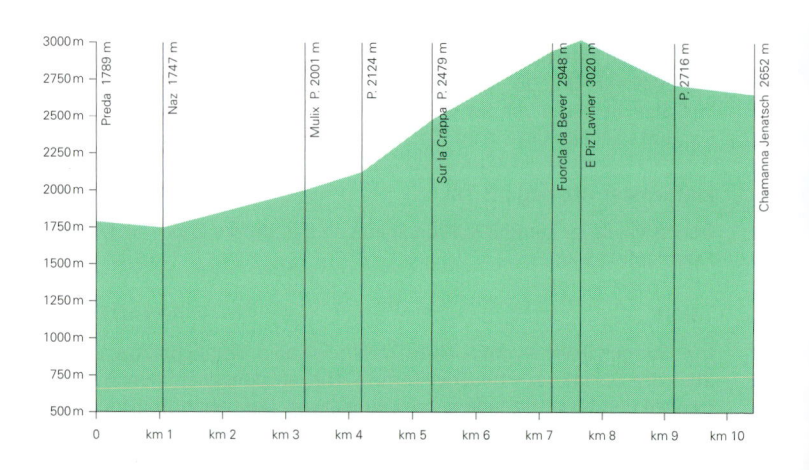

Achtung: Nicht nach E absteigen, sondern leicht ansteigend hinüber zum Ostgrat des Piz Laviner auf 3020 m. Durch die Geröllmulde nach S an P. 2716 vorbei absteigen, bis man die steile Flanke fast auf der Höhe der Hütte quert und die Chamanna Jenatsch erreicht. 2 ½ Std.

Variante Val Bever

Von der Fuorcla da Bever über steile Flanken ins Val Bever absteigen und zur Station Spinas der RhB.

Gipfel Piz Jenatsch (3250 m)

EB. Von der Fuorcla Laviner über Firn und ganz leichte Felsen zum Gipfel. Über Blockstufen über den Westgrat absteigen, bis eine steile Geröllrinne nach S auf die Terrazza da Jenatsch hinabführt. Über etwas mühsame Geröllhalden hinab bis in die Talmulde und nach SE zur Chamanna Jenatsch absteigen. 3 ½ Std.

Diese Überschreitung ist etwas schwieriger und etwas länger, aber kurzweiliger als der Abstieg von der Fuorcla da Bever über die Grasflanken an der Crasta Jenatsch.

Chamanna Jenatsch – Fuorcla d'Agnel – Fuorcla digl Leget –
Muttariel – Alp Flix

21 Ein weisser Gletscher und ein See in farbiger Wüste

Ein ganz sanfter Gletscher – «agnels» sind Lämmchen – und leichter Übergang genau von Norden nach Süden, vom Eis in südliche Wärme. Auf der Fuorcla digl Leget wirklich ein Wunder: ein toter Bergsee, ohne Zufluss, ohne Ausfluss. Am Ufer nur nacktes Gestein, fremd, wüstenartig, kalt. Ein eisiger Wind weht über den kleinen Pass. Eine kleine Steilstufe trennt uns noch von den saftigen Wiesen, und von Terrasse zu Terrasse gelangen wir auf die einzigartige Hochebene der Alp Flix, wo ein grosser Heu-Ladewagen die dicke Mahd frisst, um die Ernte ins Tal zu fahren. Die Dreistufenwirtschaft der Bergbauern ist weitgehend vorbei, Maiensässe sind auch hier zu Feriensässen geworden.

EB Routencharakter und Schwierigkeit

Auf gut markiertem Hüttenweg zum Vadret d'Agnel und ein sehr kurzes Stück über den mässig ansteigenden Gletscher zur Fuorcla. Abstieg auf dem Hüttenweg zum Wegweiser «Fuorcla digl Leget», markiert. Erst auf Wegspuren, dann auf markiertem Bergweg zur Alp Flix.

Zeit   4 Std.

Ausgangspunkt   Chamanna Jenatsch (s. R. 20)

Endpunkt   Alp Flix (1975 m)

Sommersiedlung mit verstreuten Gehöften und weiten, ebenen Heuwiesen.

Berghaus Piz Platta
Tel./Fax 081 684 51 22.
7 Doppelzimmer, 3 Lager mit 10 bis 16 Plätzen. Geöffnet ganzjährig ausser vom 20. April bis zum 20. Mai.

Einfachster Abstieg ins Tal   Nach Sur

Fahrsträsschen.

Talort   Sur (1617 m)

Kleines Dorf abseits der Julierpassstrasse.
Mit RhB Chur – St. Moritz bis Tiefencastel, anschliessend Postauto; oder Postauto Chur – St. Moritz oder Chur – Bivio bis Sur. Fahrplanfelder 940, 900.84 und 900.85.
Mit PW über Chur – Thusis – Julierpass bis Sur.

Chamanna Jenatsch – Fuorcla d'Agnel – Fuorcla digl Leget – Muttariel – Alp Flix

Sehenswürdigkeit — Tigias/Alp Flix

Geologen meinen, die auffallend weite Terrasse der Alp Flix sei einmal Talboden des Urrheins gewesen. Das Haus Tga d'Meir zeugt von einer frühen romanischen Besiedlung. Dann kamen die Walser und rodeten den Wald, der später auch Opfer des Bergbaus wurde. Die Pest dezimierte die Bewohner dermassen, dass sie ins Tal nach Sur zogen und dort Romanisch lernten. Bis ins 17. Jahrhundert war Flix dauernd bewohnt.

Karte — 1256 Bivio

Route

«Fuorcla d'Agnel: bequemer Uebergang vom Julierpass ins Val Bever», steht im «Albula»-Clubführer des SAC. Von der Chamanna Jenatsch zum Julierpass ist er noch bequemer. Auf dem Hüttenweg über den Ova d'Err und am Steilhang des Piz Picuogl ins Vorfeld des Vadret d'Agnel auf Wegspuren über den Gletscher zur Fuorcla. 1 Std.

Auf gutem Weg nach S bis zur Kuppe P. 2568 absteigen. Gleich dahinter zweigt ein Weglein rechts zur Fuorcla digl Leget (2711 m) ab. 1 Std.

Dem Wegweiser folgend, quert man die kleine Wüstenebene und steigt, Markierungen und Wegspuren folgend, durch Schutt und Runsen bis zu P. 2337 m ab. Hier beginnt der schöne Fussweg, der stets auf gleicher Höhe in den Kanonensattel führt. Die Terrasse der Alp Flix liegt nun gleich vor uns. Der Weg führt zu den Bauernhäusern von Salategnas und weiter nach Tigias. 1 Std.

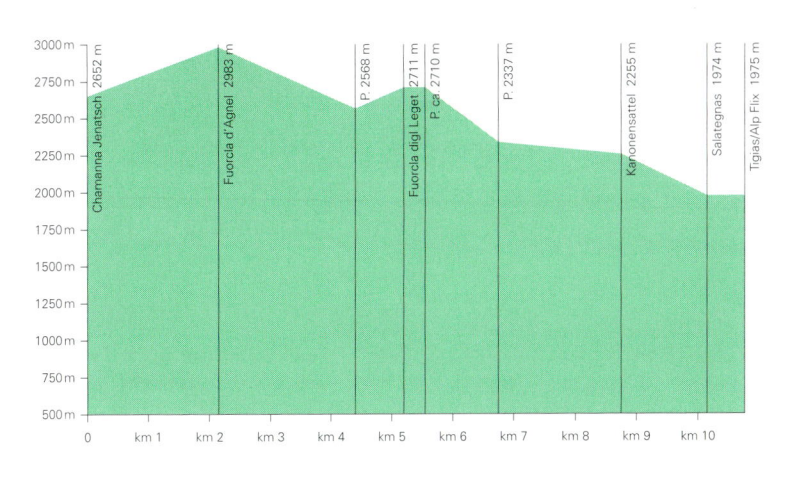

Gipfel

Piz Agnel (3205 m)
L. 2 Std.
1835 wurde dieser Berg bestiegen; dabei handelte es sich um die erste gesicherte Gipfelbesteigung in dieser Gegend. Man steigt auf dem Vadret d'Agnel statt zur Fuorcla d'Agnel nach W zur Fuorcla da Flix und über den Westgrat zum Gipfel.

Piz Surgonda (3196m)
L. 1 Std.
Schöner Aussichtsberg. Von der Fuorcla d'Agnel über den Schutt- und Blockkamm auf den ersten Absatz. Von hier über den Kamm oder auch etwas rechts der Kante empor, zuletzt über einige Blockstufen auf den westlichen Vorgipfel. Dann über den plattigen Felskamm zur Gratsenke und hinüber zum Hauptgipfel.

Georg Jenatsch

Jeder Bündner kennt den Namen sehr wohl, das Bild von Georg Jenatsch aber ist je nach Standpunkt grundverschieden: Er hat den alten Freistaat der Bündner eigenwillig aus der schwierigsten Lage herausgeführt, und die Bündner wären ganz gern stolz auf diesen erzschlauen, tollkühn kämpfenden Politiker, der zum Wohle Alt Fry Rätiens die Höfe von Wien und Paris mit grossem Geschick gegeneinander ausspielte. Doch den Instrumenten, die er einsetzte, fehlte der Wohlklang, sie tun einem immer noch weh: Mord, Verrat und masslose Machtgier.

Ein Denkmal liess ihm niemand errichten, trotzdem vergisst ihn keiner. Künstler, wie Daniel Schmid mit seinem Film «Jenatsch» beispielsweise, sind seiner Eigenart näher gekommen als die Geschichtskundigen. Der Film tastet in den grundlosen Tiefen der Leidenschaften. Ein klingender Knopf vom Gewand des Helden, der vor 350 Jahren ermordet wurde, regt einen Journalisten an, Geheimnisse um Georg Jenatsch aufzudecken. Führer des Bündner Volkes erschlugen Jenatsch, wie er zuvor seinen Gegner Pompejus Planta. Vielleicht war Jenatschs Geliebte dabei, Lukretia Planta, die Tochter des Opfers, und schlug auch zu; ob aus Hass oder Liebe ist im Dunkeln ihrer Seele nicht auszumachen. Der Film versucht, diese Geheimnisse zu lichten.

Conrad Ferdinand Meyer hat in seinem Roman «Jürg Jenatsch» das bekannteste Bild von Jenatsch gezeichnet. Der hochsensible, vornehme Zürcher Patrizier, der zeitweise mit seinem eigenen Leben nicht zurecht kam, hat seine eigenen Abgründe in Georg Jenatsch zu ergründen versucht. Er hat seinen Helden wahrscheinlich viel zu stark verherrlicht. Sein Jenatsch ist mit seiner Schlauheit sogar Kardinal Richelieu überlegen. Jenatsch spielt auch mit dem edlen Herzog Duc de Rohan aus höchstem französischem Adel. Dieser glaubt nicht, dass Jenatsch, den er an die Macht gebracht hat, ihn verraten könnte.

Ein Schriftsteller aus unsern Tagen, Hans Mohler, unterstützt vom Kulturfonds des Kantons Graubünden, der Stiftung Pro Helvetia und andern, nannte seinen Roman 1961 «Der Kampf mit dem Drachen». Die Auflage von 1981 trägt hingegen den Titel «Georg Jenatsch». Mohler geht mit Daten und Fakten exakter um als Meyer, dem Geheimnis des Leidenschaftlichen bleibt er aber ferner.

Zum Schluss bitten wir den Historiker um sein Bild von Georg Jenatsch: Am Anfang des 17. Jahrhunderts war fast ganz Europa vereinigt, und dem Hause Habsburg wäre es beinahe gelungen, alle Länder unter ein Zepter zu bringen: Die Habsburger regierten in Oesterreich, Ungarn, in Spanien, in den Niederlanden und in Oberitalien. Vereint mit Rom wollten sie die Einheit Europas wahren. Nur Frankreich und die Republik Venedig widerstanden dieser Hegemonie. Graubünden als Pass-

land zwischen diesen Zentren wurde zur Drehscheibe der beiden Machtblöcke Europas.

Der junge Pfarrer Jenatsch hatte erfahren, wie ohnmächtig die Menschen gegenüber erkaufter Waffengewalt sind. Er legte den Talar ab und griff selber zum Schwert, setzte Gewalt an den Platz des Wortes. Seine Gegner erschlug er, und zwar zuerst den Anführer Pompejus Planta. Die Anhänger des Ermordeten riefen das Heer der Oesterreicher um Hilfe. Jenatsch wurde Offizier und warf an der Seite Rohans Oesterreich aus dem Land der Bündner. Jetzt aber hatten diese Frankreichs Truppen zu unterhalten. Weil Frankreich nicht bereit war, das Land zu räumen, paktierte Jenatsch im geheimen mit Habsburg. Um den Bündnern einen neuen Krieg zu ersparen, zog der edle Herzog mit seinem französischen Heer kampflos ab und opferte damit seine Stellung in Frankreich. Dieser Verrat lastete schwer auf den Bündnern; ein Freiheitsfest wollte nur Georg Jenatsch. Im Siegestaumel wurde er dann erschlagen. Dies geschah bei Musik und Tanz am 24. Januar 1639 in der Wirtschaft zum Staubigen Hüetli in Chur. (PM)

Alp Flix – Lai da Marmorera – Muttans – Val Bercla – Fallerfurgga – Juf

22 Ein Abend im höchsten Dorf Europas

Beim Überschreiten des Staudamms von Marmorera stelle man sich vor, dass in diesem Stausee ein ganzes Bergdorf versunken ist – man sollte diese Tatsache nie ganz vergessen! Auf Muttans steht man ganz plötzlich einem weiteren prominenten Bündner Berg gegenüber: dem Piz Platta. Später sind es wieder einmal «Lajets», Seen, die uns anhalten lassen, Felsen und Farben in hundert Spiegeln. Bei den Flüeseen schauen wir aus grosser Höhe auf das Ziel dieser Etappe hinunter: Die Siedlung Juf, das höchstgelegene, ganzjährig bewohnte Dorf Europas.

B **Routencharakter und Schwierigkeit**

Auf holprigem Wanderweg hinunter zum See, auf Viehweg vom Damm nach Pra Miez und weglos über Weiden über Muttans ins Val Bercla. Weiter auf markiertem Weg nach Juf.

Zeit 7 Std.

Ausgangspunkt Alp Flix (s. R. 21)

Endpunkt Juf (2126 m)

Sehr kleine Siedlung zuhinterst im Avers.
Mit RhB Chur – St. Moritz bis Thusis, anschliessend Postauto bis Andeer, dann Andeer – Juf. Fahrplanfelder 940 und 940.40.
Mit PW über Chur – Thusis – San Bernardino bis Rofflaschlucht, dann Richtung Avers nach Juf.
Verkehrsverein: Tel. 081 667 11 67/66, Fax 081 667 12 02.
Post: Tel./Fax 081 667 12 59.
Zwei Gasthäuser.

Pension-Restaurant Edelweiss
7448 Avers-Juf.
Tel./Reservation: 081 667 11 34.
24 Betten, 60 Plätze im Lager, 22 Plätze im Jugendhaus. Ganzjährig geöffnet. Im Jugendhaus kann selbst gekocht werden.

Einkehrmöglichkeit unterwegs

Restaurant Marmorerasee an der Julierstrasse.

Karte 1256 Bivio

Alp Flix – Lai da Marmorera – Muttans – Val Bercla – Fallerfurgga – Juf

Route

Von Tigias über Salategnas zum Fussweg durch den Wald an die Julierstrasse. 1 Std.

Ueber den Staudamm nach Castigl und auf Viehweg nach Pra Miez. Weiter meist weglos auf die breite Kuppe von Muttans. 3 Std.

Weglos zu den Lajets hinunter und über steile Grasflanken leicht absteigend auf den markierten Weg, der zur Fallerfurgga führt. 2 Std.

An den Flüeseen vorbei auf den Stallerberg. Auf uraltem Passweg steigen wir steil nach Juf ab. 1 Std.

Gipfel   Tälihorn (3164 m)

L. 1 Std.

Vom Lai Neir im Val Bercla nach W zur Bärggla Furgga und über den gestuften Südgrat in leichter Kletterei zum Tälihorn. Wieder zurück zur Bärggla Furgga und über die Bandseen absteigen nach Avers Cresta.

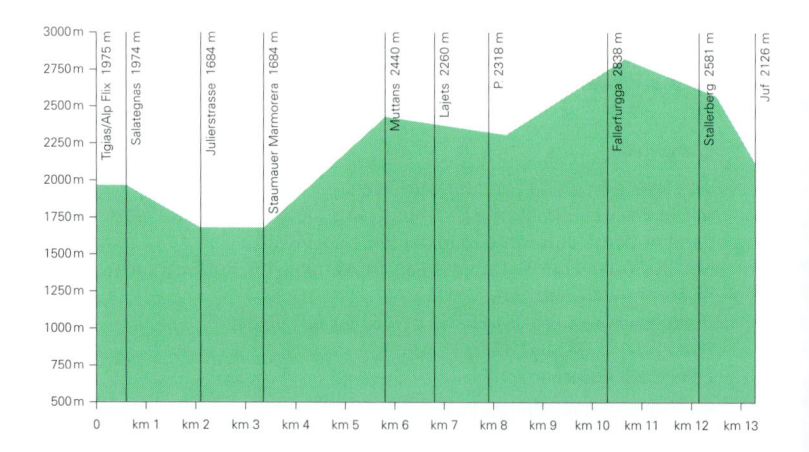

Am Sitz der höchsten Europäer

Juf im Avers, 2126 Meter über Meer. Das Avers und besonders der Ort Juf, die höchstgelegene, ganzjährig bewohnte Siedlung Europas, faszinieren aufgrund ihrer extremen Lage viele Menschen. Dabei sollte aber gerade hier auf Vereinfachungen verzichten, wer Land und Leute an diesem aussergewöhnlich hoch- und abgelegenen Ort im Herzen der Alpen besser verstehen möchte.
Neunzig Prozent der Fläche der Alpen sind lebensfeindliche Natur, aus den restlichen zehn Prozent hat der Mensch eine Kulturlandschaft zu seinem Nutzen gemacht. Die Alpen waren auch eine Bühne für die letzte grosse inneralpine Völkerwanderung Europas: Der Weg der Walser über 1000 Jahre zeitliche und 850 Kilometer räumliche Distanz. «Die Eroberung der Alpen ist nicht die Geschichte der Bergsteiger, die eines Tages über 4000 Meter hinausgestiegen sind, sondern die der Walser, die seit sieben Jahrhunderten in Juf, im Averstal, 2000 Meter hoch, dem höchstgelegenen Dorf Europas leben.» So fasst der italienische Walserforscher Enrico Rizzi die Bedeutung des Bergvolkes zusammen. Walsertum ist in erster Linie Sprachvolkstum. Der rote Faden, der die Walser verbindet, ist denn auch das Walserdeutsche, eine alemannische Sprache mit unzähligen Dialekten. Sie ist nach einer gewissen Angewöhnungsphase für den Deutschsprechenden recht gut zu verstehen.

«Die Teutscher Sprach seynd von ihren Alt-Vorderen her und doch von der weltschen Sprach umgeben, seynd ohn Zweifel Gallier oder Germanier gewesen, wie dieses die teutsche Sprache anzeigt», vermutete ums Jahr 1500 mit viel Phantasie der Chronist Aegidius Tschudi und folgerte daraus, dass es sich bei den Walsern um die Ureinwohner der Alpen handle. Dabei stammen die Vorfahren des heutigen Bergvolkes aus dem Flachland: Heidnische Alemannen, die in den Jahren 500 bis 700 nach Christus vom süddeutschen Raum aus nach Süden drängten. Zunächst als Räuber mit Schwert und Lanze, dann als Siedler mit Viehzeug und Pflug. In der Folge überstiegen sie in entbehrungsreichen Wanderungen zu Fuss die Alpen und siedelten sich am Oberlauf der Rhone, im heutigen Goms, an.
Ihre Herkunft aus dem Wallis gab ihnen den Namen: Walser. Das Gebirge hat seine eigenen Regeln und wer überleben will, muss sich ihm anpassen. Die Siedler entwickelten die notwendigen Arbeitstechniken und Werkzeuge, die sie zum Überleben brauchten. Sie besassen Pioniergeist, Wille zur Selbstständigkeit und Ideen.

Auf welchen Routen genau die Walser ins Avers – sie selbst sprechen den Talnamen «Over» aus – einwanderten, ist bis heute nicht zweifelsfrei belegt. Der Mainzer Geschichtsprofessor Hermann Weber schreibt: «1292 wird im oberen Avers eine Gruppe von Walsern fassbar, die um diese Zeit bereits über einen beträchtlichen Besitzstand und eine ausgedehnte Viehwirtschaft im Gebiet von Juf und vom Bergalgatal verfügte; sie stammen – wie die Rheinwalder – aus dem Pomatt (Pie-

mont/Italien), stehen unter dem Schutz von Como, erhalten von Como als Entschädigung Zollrechte gegenüber Leuten aus Chur zugesprochen und werden zu diesem Zeitpunkt möglicherweise sogar als eine unter einem Ammann stehende Gemeinschaft organisiert.»

Das Avers ist bis heute eine kleine Gemeinschaft in einem sehr abgelegenen Hochtal zwischen 1700 und 2100 Meter über Meer geblieben. Eine Strasse gibt es erst seit 1961, sie wurde von den Kraftwerken gebaut und bis zuoberst asphaltiert. Lage, Klima und Topographie prägten und prägen die Menschen. Eine deutliche «Schollentreue» sagt man den Berglern bis heute nach, das bestätigt auch der Bergbauer Rino Menn aus Juf spontan: «Wenn du hier geboren bist, gehst du nicht weg, wenn du nicht wirklich dazu gezwungen bist». Das heutige Leben im Hochtal spielt sich in einem komplexen Schwebezustand zwischen historisch gewachsenen Strukturen, althergebrachten (Land-) Wirtschaftsformen und – oft zu heftig eingebrochenen – Segnungen der Gegenwart ab. Überdimensionierte Futtersilos aus Kunststoff stehen angelehnt an sonnengebräunte Holzställe, Satellitenschüsseln bringen Baywatch und Miami Vice in uralte, niedrige Stuben und, besonders im Sommer, quellen die wenigen ebenen Flecken in Juf über vom Lärm und Gestank vieler Autobusse, die alle die «höchstgelegene Siedlung Europas» und deren Bewohner bestaunen wollen. Flüchtige Tagesbesucher verpassen die Rückseite der Postkarte, auf der der Himmel nicht immer blau, die Schweizerfahne nicht nur weissrot und die Wiesen nicht das ganze Jahr über grün sind. Für die Einheimischen ist ihr Tal zuerst einmal Ort, wo man überleben will und muss – und somit immer wieder Ausgangspunkt für drängende Zukunfts-Fragen.

Die Berglandwirtschaft, die traditionelle und am weitesten verbreitete Wirtschaftsform der Walser, befindet sich auf Talfahrt. Die durchschnittlich bewirtschaftete Fläche pro Betrieb im Avers sank von 28 ha (1978) auf 18 ha (1990); die Zahl der Betriebe schwand ebenfalls. Und ihre Zukunft ist ungewisser denn je, denn zurzeit wird in der Schweiz, wie in ganz Europa, auch über frühere Tabus wie Preissenkungen und der Abbau von Subventionen diskutiert. In diesem Umfeld sitzen Bergbewohner wie die Avner auf ihrer Scholle und harren der Dinge, die auf sie zukommen.

Hotels und Pensionen existieren nicht viele, die rund 400 Gästebetten reichen gerade aus, um jährlich rund 35 000 Nächtigungen zu erwirtschaften. Ideen für die Bewältigung der Zukunft gibt es, doch die Realisierung ist schwierig. «Sanfter» Tourismus wäre eine Möglichkeit, die Zukunft anzugehen. Doch die vielen Busse, welche mit dem Klischee von der höchstgelegenen Ortschaft Europas ihre Plätze füllen, stehen dem entgegen. Ausser ein bisschen Umsatz in den Restaurants von Juf bringen diese Touristen nicht viel. Im Gegensatz zu den Walsern, die von weit her kamen und blieben, gehen die meisten Besucher (zu) rasch wieder. (PD)

23 Vom höchsten Dorf zur berühmten Wasserscheide

In dieser Region zwischen den Tälern der Julia, des Inn und des Averserheins wurde schon früh alpine Wirtschafts- und Verkehrsgeschichte geschrieben, und zahlreiche Sehenswürdigkeiten zeugen davon: Von Juf, dem höchsten ganzjährig bewohnten Dorf der Alpen, wandert man über einen alten Handelsweg der Walser zum Septimerpass, den zuvor schon die Römer zu einer vielbegangenen und streckenweise sogar befahrenen Route gemacht hatten, und weiter zum Lunghinpass, wo die Kontinentalwasserscheide die Bäche in drei verschiedene Meere schickt. Man begeht klassische und deshalb entsprechend stark frequentierte Wanderwege.

B **Routencharakter und Schwierigkeit**
Markierte Wanderwege.

Zeit 6-6½ Std.

Ausgangspunkt Juf im Avers (s. R. 22)

Endpunkt Maloja (1815 m) oder Casaccia (1458 m)

Maloja Dorf am nördlichen Ende des Malojapasses. Gehört topographisch zum Oberengadin und politisch zum Bergell.
Mit RhB Chur – St. Moritz, anschliessend mit Postauto Pontresina – Chiavenna bis Maloja. Fahrplanfelder 940 und 940.80.
Mit PW über Chur – Thusis – Julierpass – Maloja.
Verkehrsverein: Tel. 081 824 31 88, Fax 081 824 36 37.
Post: Tel. 081 824 31 41, Fax 081 824 34 52.
Zahlreiche Hotels, div. Geschäfte, Bank.

Hotel Salecina
Stiftung Salecina, 7516 Maloja.
Tel./Reservation: 081 824 32 39, Fax 081 824 35 75.
Ganzjährig geöffnet.

Hotel-Restaurant Longhin
Im Dorfzentrum, 7516 Maloja.
Tel./Reservation: 081 824 31 31, Fax 081 824 36 77.
30 Betten. Geöffnet Mitte Mai bis November und Anfang Dezember bis April.

Juf – Forcellina – Pass da Sett – Pass Lunghin – Piz Lunghin – Maloja oder Casaccia

Casaccia
Das erste – oder letzte – Dorf an der Südrampe des Malojapasses.
Mit RhB Chur – St. Moritz, anschliessend mit Postauto Pontresina – Chiavenna bis Casaccia. Fahrplanfelder 940 und 940.80.
Mit PW über Chur – Thusis – Julierpass – Maloja – Casaccia.
Post: Tel. 081 824 31 46, Fax 081 824 35 03.

Hotel Stampa
Im Dorfkern, 7602 Casaccia.
Tel./Reservation: 081 824 31 62, Fax 081 824 34 74.
25 Betten in 13 Zimmern, 12 Plätze im Lager. Geöffnet Dezember bis Mitte April und Juni bis Ende Oktober.

Gasthaus Septimer
Im Dorfkern, 7602 Casaccia.
Tel./Reservation: 081 824 32 66.
6 Betten. Ganzjährig geöffnet.

Karte — 1276 Val Bregaglia

Sehenswürdigkeiten — Kontinentalwasserscheide/Metzgerei

In der Gegend des Lunghinpasses entspringen drei Flüsse, deren Wasser alle in ein anderes Meer fliessen: Die Julia ins Oberhalbstein, in den Rhein und in die Nordsee, die Maira durch das Bergell Richtung Mittelmeer, der Inn durch das Engadin und weiter bis ins Schwarze Meer.

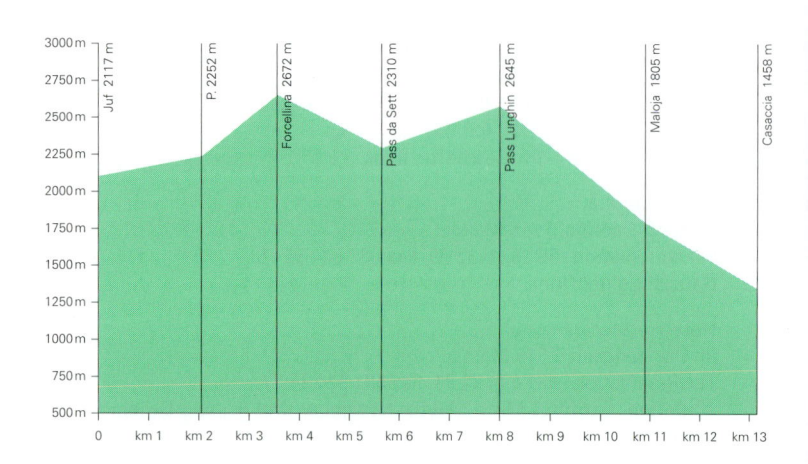

Die Metzgerei von Pila.
In Pila, dort wo der Inn über einen kleinen, flachen Boden schlängelt, steht Renato Giovanolis Metzgerei. Ein Besuch lohnt sich unbedingt. Man kann seinen Proviant ergänzen, denn die Würste aus Pila schmecken köstlich!

Route

Ab Juf führt der Weg dem linken Talhang dem Jufer Rhein entlang zuerst flach, dann ansteigend und mit einigen Kehren zur Forcellina (P. 2672) hoch. 1¾ Std.
Auf der E-Seite des Passes windet sich der Weg zwischen Felsbuckeln in die flache, sumpfige Umgebung des Septimerpasses (2310 m) hinab. 1 Std. Hier kreuzt man den Passweg, der von N nach S verläuft, im rechten Winkel und steigt gemächlich über einen schuttigen Rücken gegen E zum Pass Lunghin (2645 m) hinauf. 1¼ Std.
Von der Passhöhe (berühmte Wasserscheide; rechts im S der Piz Lunghin) ist im E die Mulde mit dem Lägh da Lunghin sichtbar, eine weitere Stufe tiefer das Oberengadin mit dem Silsersee. Der Weg führt am rechten (nördlichen) Seeufer vorbei, steigt über eine steile Felsstufe hinunter in flacheres Gelände, überquert den Bach (es ist der junge Inn) und erreicht wiederum über steile Stufen über Plan di Zoch (P. 1945) und Pila (P. 1835) Maloja im Talboden des Engadins (1815 m). 2½ Std.

Variante Septimerpass – Val Maroz – Casaccia

B. Markierter Wanderweg und Alpstrasse. 2 Std.
Die Variante verkürzt diese Etappe und Etappe 24 um je 1¼ Std.
Am Septimerpass (P. 2310) biegt man scharf nach rechts ab und folgt der historischen Septimerroute gegen S. Ueber die stellenweise gut sichtbaren Strassenbauten aus der Römerzeit führt der Weg ohne Umwege ins Val Maroz. Ab dem Talboden bei der Alp Maroz Dora (1799 m) führt eine Alpstrasse nach Casaccia (1458 m).

Gipfel Piz Lunghin (2780 m)

EB. 1 Std. vom Pass Lunghin.
Vom Pass Lunghin ist der Gipfel auf Wegspuren zuerst Richtung SE, dann E unschwierig zu ersteigen. Umfassender Ausblick über die Engadiner sowie die nördlichen und südlichen Bergeller Berge. Atemberaubender Tiefblick ins Bergell.

Das Bergell beginnt im Engadin und endet in Italien

Wo das Oberengadin bei Maloja jäh rund vierhundert Meter in die Tiefe stürzt, beginnt geographisch das Bergell (italienisch Bregaglia). Und es geht weiter abwärts: Vom obersten Dorf Casaccia bis zur Landesgrenze bei Castasegna beträgt der Höhenunterschied auf nur 32 Kilometern Distanz noch einmal rund 700 Meter. Da passt das Wort des Dichters Conrad Ferdinand Meyer von der «steilen Treppe, welche fast plötzlich durch ein tief eingeschnittenes Tal aus der leichten Bergluft in die Hitze Italiens hinunterführt». Und Rainer Maria Rilke schrieb, «das Tal habe es eilig, in Italien anzukommen». Viele Menschen hatten es wohl auch eilig, durch das Tal zu kommen: Schon immer war das Bergell Durchgangsland, seine Schönheiten liegen abseits der schnellen Strasse und wer sich nicht darum bemüht, wird sie nicht finden.

Die Wissenschaft hat eine plastische Erklärung für das tief eingeschnittene Tal: «Vor Jahrtausenden hat der Talfluss Maira die damalige Wasserscheide zwischen dem Engadin und dem Bergell angefressen, zerstört und abgetragen, die Quelle des Inns und seine obersten Zuflüsse nach Süden abgeleitet und infolge dieser Verstärkung mit erhöhter Erosionskraft das Bergell so modelliert, wie es uns von Maloja aus erscheint,» schreibt der Geologe Hans Rütter. Die Fachleute sprechen in solchen Fällen von «rückschreitender Erosion». Die Täler von Albigna, Maroz und Forno waren ursprünglich alte Seitentäler des Engadins, deren Bäche dem Inn zuflossen. Man versteht den Namen, den die Räter dem Bergeller Fluss gegeben haben: Maira, die Mächtige.

Das Bergell nach dem Absturz des Malojapasses lässt sich in vier Stufen unterteilen: die Talstufe von Cavril, die Ebene von Casaccia, den flachen Boden von Vicosoprano und den untersten Teil von Promontogno bis zur Landesgrenze bei Castasegna. Flach ist es im Tal nur an einigen wenigen Orten, fast überall steigt das Tal steil in die Höhe, auf der rechten Talseite noch rauher und unwirtlicher als auf der linken. Spektakulär sind die Granitberge des südlichen Bergells. Erdgeschichtlich gesehen sind diese Berge jung. Die kühnen Nadeln, Gipfel und Grate durchstiessen erst in den letzten Phasen der Gebirgsbildung die bereits bestehende Gesteinsdecke und begeistern heute mit ihren grandiosen, wenig verwitterten Formen.

Die Region Bergell besteht aus den Gemeinden Castasegna, Soglio, Bondo, Stampa und Vicosoprano (Hauptort). Von der Gesamtfläche von 252 Quadratkilometern ist rund die Hälfte unproduktives Land. Mit dem Puschlav, dem Misox und dem Calancatal gehört das Bergell zu den «Valli»; den italienischsprachigen Tälern Graubündens. Der Bergeller Dialekt ist das «Bargaiot», eine mit dem Rätoromanischen und dem Lombardischen verwandte Sprache, die entfernt auch an die Mundart der Tessiner erinnert. (PD)

V Bergell (Nord) – Valle di Lei – Rheinwald – Safien

Einsame Berge ohne hoch gelegene Unterkünfte

Im gesamten Berggebiet des Avers und des nördlichen Bergells gibt es keine einzige SAC-Hütte und auch sonst nur ganz wenige alpine Unterkünfte. Weil man zum Übernachten immer wieder in die Dörfer absteigen muss, sind lange Etappen mit grossen Höhenunterschieden zu bewältigen. Doch die Anstrengungen werden durch die grosse Einsamkeit und die Begegnung mit wenig bekannten, von jeder Form des Tourismus unberührten Winkeln belohnt. Der Besucher kann bei der Begehung dieser Etappen einen Hauch von Pioniergeist verspüren. Das Gefühl für den richtigen Weg ist insbesondere im Grenzgebiet zu Italien gefragt, wo die Routen noch weniger intensiv markiert und begangen sind.

Die Tagesetappen

24 Maloja – Casaccia – Val Maroz – Val da Cam – Soglio
   Atemberaubende Aussichten

25 Soglio – Passo del Turbine – Passo di Lei – Rifugio Baita del Capriolo (Innerferrera)
   Lang, länger, am längsten: die längste Etappe

26 Rifugio Baita del Capriolo – Passo di Sterla Settentrionale – Rifugio Giovanni Bertacchi (Madesimo/Monte Spluga)
   Der Himmel schon südlich, der Weg noch rauh

27 Rifugio Giovanni Bertacchi – Pass da Niemet – Punt da la Muttala – Sufers
   Steine, Schafe und verwunschene Sümpfe

28 Sufers – Cufercalhütte
   Nach den langen Etappen: kurz und gut

29 Cufercalhütte – Farcletta digl Lai Pintg – Farcletta digl Lai Grond – Safien Turrahus
   Vom kleinen See über den grossen See in die Hölle

30 Turrahus – Bärenlücke – Alp Tomül – Vals Platz
   Über ein Meer aus Alpwiesen zur Bärenlücke

138

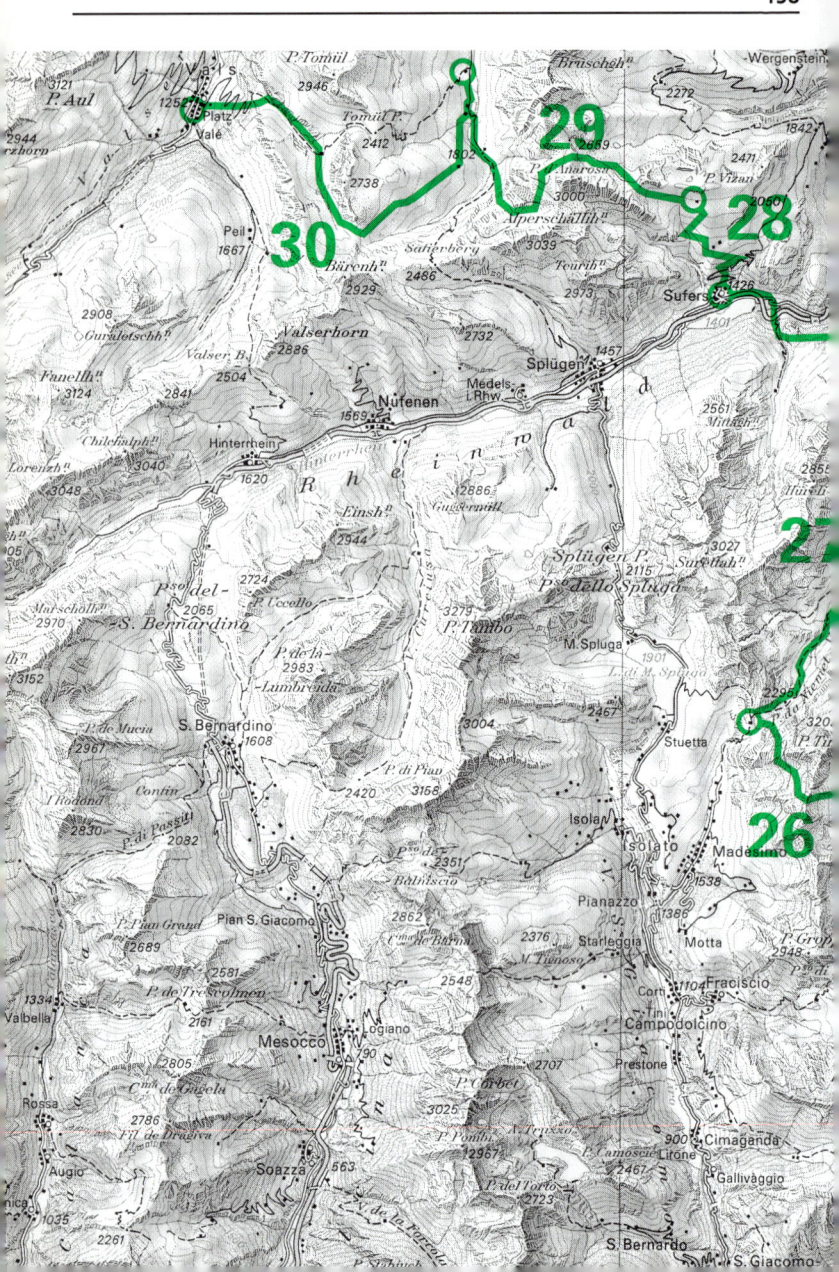

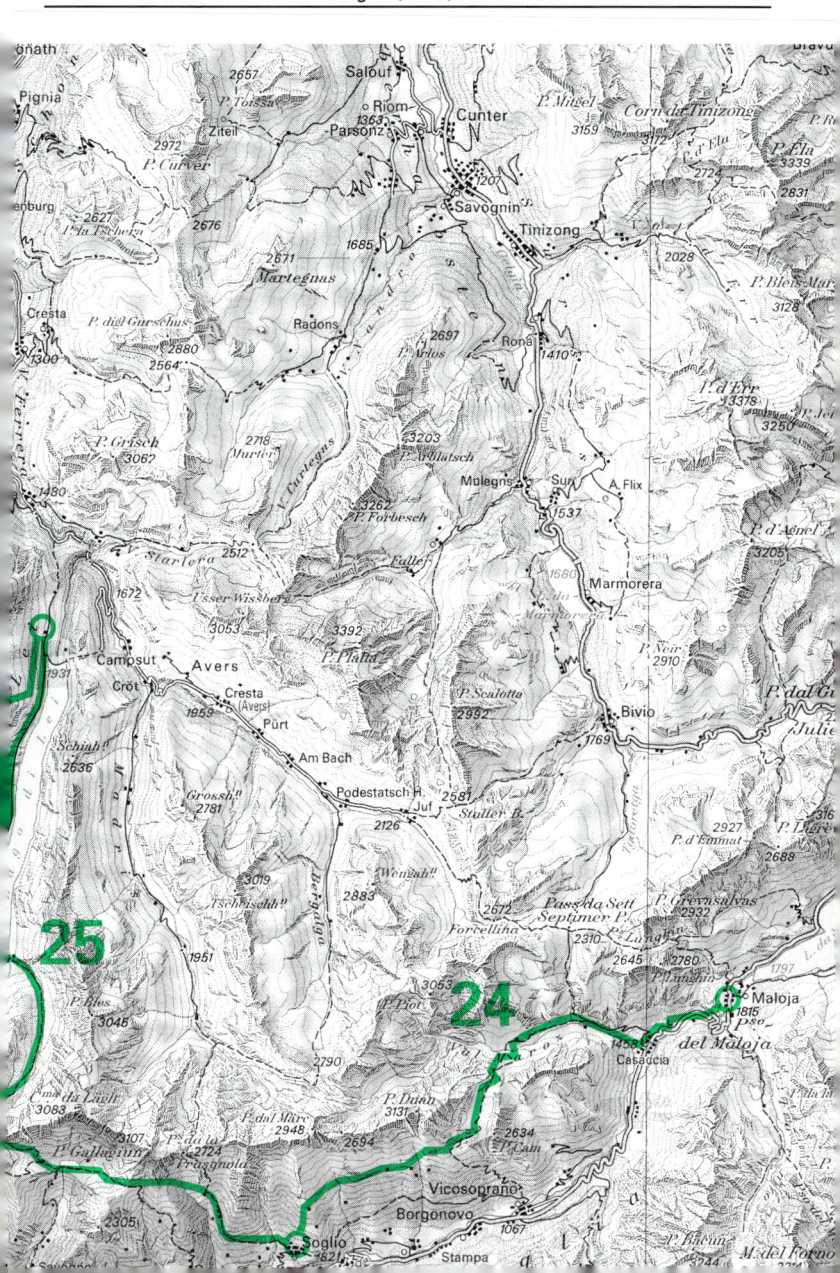

139   V   Bergell (Nord) – Valle di Lei – Rheinwald – Safien

Maloja – Casaccia – Val Maroz – Val da Cam – Soglio

24 Atemberaubende Aussichten

Lange, anstrengende Etappe mit grossen Höhendifferenzen, die aber jeden Schweisstropfen wert ist. Man erlebt aus der Nähe und aus der Ferne Landschaften, die jedem einigermassen sensiblen Naturfreund den Atem stocken lassen. Viele Klischees sind hier Wirklichkeit: «Einsamkeit», «spektakuläre Bergkulisse», «Tiefblick», «Aussicht» – die Etappe ist ein unbeschreibliches Erlebnis! Manchmal, besonders im Aufstieg durch das Val da Cam und im anschliessenden Abstieg nach Soglio, scheinen Szenerie und Stimmung mit jedem Schritt grandioser zu werden. Man versteht, dass Segantini und mehrere Angehörige der Künstlerfamilie Giacometti hier zu ihren grossartigen Werken inspiriert wurden.

EB Routencharakter und Schwierigkeit

Markierte, grösstenteils Wanderwege, streckenweise auch nur Wegspuren. Im Abstieg vom Val da Cam nach Soglio gilt es, eine steinschlaggefährdete Passage rasch und vorsichtig zurückzulegen. Lange Etappe mit grossen Höhendifferenzen im Auf- und Abstieg.

Zeit 6½ – 7 Std.

Ausgangspunkt Maloja oder Casaccia (s. R. 23)

Endpunkt Soglio (1097 m)

Postkartendorf am südlichen Talhang des unteren Bergells.
Mit RhB Chur – St. Moritz, anschliessend mit Postauto Pontresina – Chiavenna bis Promontogno, umsteigen nach Soglio. Fahrplanfelder 940, 940.80 und 940.82.
Mit PW über Chur – Thusis – Julierpass – Maloja – Promontogno – Soglio.
Post: Tel. 081 822 12 01, Fax 081 822 18 68.
Einige Hotels, Lebensmittelgeschäft.

Albergo Ristorante Stüa Granda
Neben der Kirche, 7610 Soglio.
Tel./Reservation: 081 822 19 88, Fax 081 822 19 88.
29 Betten. Ganzjährig geöffnet.

Karte 1276 Val Bregaglia

Sehenswürdigkeiten Gletschermühlen

Die rund 30 Gletschermühlen von Maloja liegen im SW des Dorfs, zwischen diesem und dem Turm von Belvedere. Es sind Zeugen der letzten eiszeitlichen Gletscher. Hier, kurz bevor das Oberengadin ins Bergell abbricht, fiel der Gletscher besonders steil ab. Es bildeten sich Querspalten im Eis, durch die das Wasser wie in einer Leitung abfloss und Steine ins Rotieren brachte, die dann zuerst das Eis, dann den Fels aushöhlten. Die grösste dieser Gletschermühlen hat einen Durchmesser von rund 6 m und ist 11 m tief.

Route

Gleich im Dorfzentrum von Maloja verlässt der markierte Weg die Häuser nach W und führt zuerst flach durch eine Waldlichtung, dann steil durch den Wald zum Malögin, der alten Römerstrasse am Malojapass, deren Ueberreste noch gut sichtbar sind. Der Weg trifft bei der Kurve P. 1564 auf die heutige Passstrasse, folgt ihr ein kurzes Stück, um danach etwas auf- und absteigend, an der bizarren Ruine der Kirche San Gaudenzio vorbei, die satten Wiesen oberhalb von Casaccia zu durchqueren. Bei einer Trafostation (Höhe ca. 1520 m) trifft der Weg auf die Strasse Casaccia – Val Maroz. 1 Std.

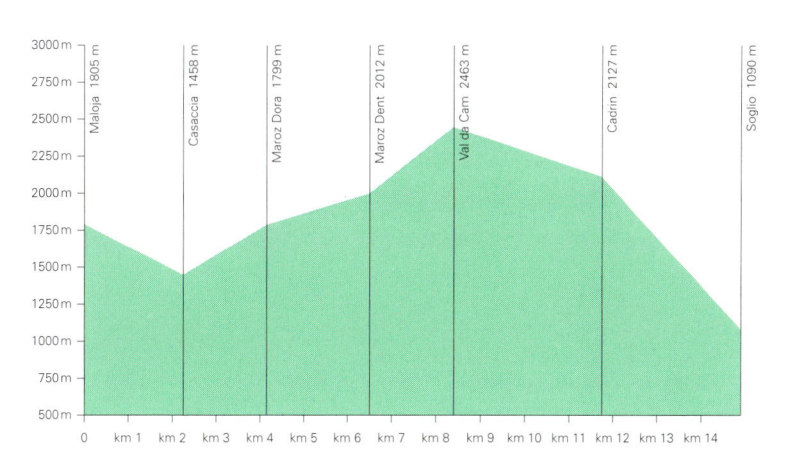

Nun auf der Strasse oder mit einigen Varianten des Wegs hinauf ins Val Maroz. Immer rechts der Maira bleibend, passiert man die Alp Maroz Dora (P. 1799) und steigt nach W über Wegspuren zu den Hütten von Maroz Dent (P. 2035). Der Weg ändert nach der Alp seine Richtung, wendet sich südwestwärts, senkt sich zur Brücke (P. 2012) und überquert den Bach. Steile Kehren führen zum Beginn des Val da Cam, der durch mehrere grosse Steinmänner gekennzeichnet ist. Wegspuren führen durch das einsame Tal in südlicher Richtung zum Passübergang (kein Name, P. 2463). Atemberaubender Blick auf die südlichen Bergeller Berge. 3½ Std.

Der folgende Wegabschnitt ist bei schlechter Sicht etwas schwierig zu finden. Von der «Passhöhe» über einige Buckel und Höcker links haltend, allgemein südlich, dem Weg folgen, der ca. 50 m über dem See die W-Hänge des Piz Cam quert (P. 2433), dann rechts haltend hinab, wo der Weg ansetzt, den man weiter unten, bei den Gebäuden von Plan Lo (P. 2246) sehen kann. Nun nicht mehr viel an Höhe verlieren, sondern den Wegspuren folgen, die nur noch leicht abfallend die S-Flanke des Piz Duan queren. Im Wegabschnitt vor dem Tobel (P. 2119) droht Steinschlaggefahr; man durchquert diese Zone so rasch wie möglich und lässt auch die üble Schlucht möglichst schnell hinter sich. Nun führt der Weg in einem etwas zermürbenden Auf und Ab zu den Hütten von Cadrin (P. 2127), einem ebenfalls faszinierenden Panoramapunkt. Ohne Orientierungsschwierigkeiten führt der markierte Weg über die Maiensäss-Siedlungen Löbbia (ca. 1960 m), Plän Vest (P. 1821) und Tombal (ca. 1540 m) steil hinab nach Soglio (1097 m). 3 Std.

Alternativen Gekürzte Etappe

1. Man steigt vom Septimerpass nach Casaccia ab und übernachtet in Casaccia (s. R. 23; Zeitersparnis 1¼ Std.).
2. Man benützt von Maloja bis Casaccia das Postauto (Zeitersparnis 1 Std.).
3. Man wählt eine kürzere Etappe, z.B. den Bergeller Höhenweg «La Panoramica». Mit Postauto nach Vicosoprano und zu Fuss von Vicosoprano nach Soglio (B, markierter Wanderweg, 5 Std.).
4. Man wählt eine noch kürzere Etappe, z. B. den «unteren Plattenweg» von Stampa nach Soglio (B, markierter Wanderweg, 1½ Std.).

Römer-Highways und viel anderer Verkehr

Nicht nur geographisch, geologisch, klimatisch und hydrologisch stehen wir zwischen Surses, Avers, Engadin und Bergell auf vielfältigem Boden, auch die Geschichte der Menschen ist so spannend, wie man sie in einem derart abgelegenen Winkel nicht vermutet hätte. Das hängt damit zusammen, dass diese Gebirgsgegend immer schon Durchgangsland war.

Einige Zeugen sind uralt: zum Beispiel ein zufällig im Bachbett der Maira gefundener Stein, auf dem Friedhof von San Gian in Samedan aufgestellt. 1975 identifizierte ein deutscher Professor den Stein als Menhir, ein Zeugnis einer längst vergangenen Kultur. Die in den Stein geritzte Felszeichnung zeigt vier ungefähr parallel geführte Zickzacklinien – wie die Experten vermuten Symbol für das Wasser, das einerseits Fruchtbarkeit, andererseits Zerstörung bringt. Der italienische Forscher Emanuele Anati sagte dazu, solche Zeichnungen seien in den Alpen nur auf der Nordseite gefunden worden. Für den Alpenraum aber sei dies der älteste Fund. Den «Monolito di Pranzaira» datieren die Forscher in die Zeit von 3500 vor Christus.

Später prägten die Römer die Besiedlungsgeschichte des Bergells. Eine zufällig in Südtirol entdeckte Bronzetafel aus dem Jahr 46 nach Christus ist der erste bekannte schriftliche Hinweis auf ein Volk namens «Bergaleos».

Der Maloja ist, besonders von Norden, ein angenehmer Pass; am Silsersee ist die Passhöhe bereits erreicht, nur von Süden führt eine steile Rampe nach oben. Das Bergell stellte damit schon früher trotz der relativ kurzen Steilstufe am Malögin einen idealen Zugang ins Herz der Alpen dar, weil keine bösen Schluchten wie etwa die Schöllenen am Gotthard oder die Viamala am San Bernardino den Weg versperrten. War man erst einmal in Maloja, hatte man fast alle Schwierigkeiten überwunden.

Für die Römer führte eine wichtige Verbindung von der Poebene über den Malojapass ins Engadin und weiter über den Julierpass bzw. den Septimerpass in den Norden. Aber wie? Selbst der Wegforscher Armon Planta konnte sich lange Zeit nicht vorstellen, wie die Römer die Steilstufe am Maloja – bis zu 30 Prozent – überwunden hatten. Aber sie haben es getan. Trickreich: Um die Zugtiere an den steilsten Stellen des Malögin, des Wegs von Cavril nach Maloja hinauf, zu unterstützen, wurden neben den Rad-Rillen und der treppenartigen Rampe rund 15 Zentimeter tiefe Löcher in den Fels geschlagen, die den Stoss- und Haltestangen der helfenden Begleitpersonen Halt gaben.

Zur Anlage schreibt Armon Planta: «Nach welchen Kriterien bauten also die Römer ihre Strassen? Heute bin ich überzeugt, dass sie diese in den Alpen dort bauten, wo vorher die prähistorischen Saumpfade durch das Gelände geführt hatten. Der

Aufstieg von Casaccia durch den Malögin war der kürzeste und wird heute noch als Wanderweg benutzt». Im «Itinerarium Antonini», einer römischen Strassenkarte aus dem Jahr 250, sind in der Region folgende Stationen verzeichnet: Summus lacus (Samolaco unterhalb Chiavenna), Murus (bei Promontogno), Tinnetio (Tinizong im Oberhalbstein). Weitere Funde aus der Römerzeit wurden in La Müraia bei Promontogno gemacht. Es waren Tonscherben, Ziegel und ein kleiner Altar, der dem Gott Merkur, dem Schutzpatron der Fuhrleute und Händler, gewidmet war. Er trägt die Inschrift «Mercurio Cissoni Matutino Valerius Germani». Cissonius war eine gallische Gottheit, zuständig für Wagner und Fuhrleute. Am Septimer bei La Palü wurde ein Felsengrab mit römischen Silbermünzen entdeckt. Diese Funde sind heute im Rhätischen Museum in Chur ausgestellt.

Fuhrleute, Wallfahrer, Hirten, Jäger und Schmuggler waren beinahe zwei Jahrtausende lang unterwegs. Und Soldaten, immer wieder auch Soldaten. Nach den Römern kamen die Kaiserlichen. Im Jahr 803 hatte Karl der Grosse das Tal der Grafschaft Chiavenna angegliedert, 960 wurde es vom römischen Kaiser deutscher Nation, Otto I., dem Bistum Chur übergeben. Das war der Beginn der Zugehörigkeit des Bergells zu Rätien. Bei der Kirche Nossa Donna oberhalb Promontogno steht ein Stein, der anlässlich von Gedenkfeierlichkeiten 1969 errichtet wurde, und die Inschrift sagt: «960-1960 per un millennio di storia retico-grigioni, grato e riconoscente a Dio rettore delle umane vicende, il popolo di Bregaglia». Die Urkunde aus dem Jahre 960 liegt im Bischöflichen Archiv in Chur, eine Kopie ist auch im Talmuseum Ciäsa Grande zu sehen.

Die Bergeller haben am Handel und Verkehr verdient – und am Strassenbau. 1387 wurde im Auftrag des Churer Bischofs die Talstrasse verbreitert und gepflastert. Einige Bergeller Familien kamen zu Wohlstand; es entstanden die typischen Steinhäuser, gedeckt mit Granitplatten aus der Region. Selbstverständlich standen die Dörfer entlang der Strassen. Das Bergeller Haus hat kleine, tiefliegende Fenster, im Erdgeschoss oft mit schmiedeisernem Gitterwerk. Manchmal sind die Häuser mit Sgraffito-Schmuck verziert, manchmal tragen sie Haussprüche. Einige besonders wohlhabende Familien bauten riesige Patrizierhäuser, zum Beispiel die Salis in Soglio oder die Stampa, Castelmur und Prevosti in anderen Dörfern.

Heute schliesst die Talstrasse das Bergell an das Engadin und damit an die restliche Schweiz an. Viele Lastwagen und im Sommer viel touristischer Verkehr wälzt sich durch das schmale Tal. Die Regierung im fernen Chur hilft mit Umfahrungsstrassen. Borgonovo, Vicosoprano, Promontogno haben bereits eine, Casaccia, Stampa und Castasegna warten darauf. Der eilig Durchreisende erhält auf dieser Strasse den Eindruck, sie dominiere das Tal und seine Bewohner. Diesen Eindruck zu widerlegen, kann ein Grund sein, das Bergell oft und lange zu besuchen. (PD)

25 Lang, länger, am längsten: die längste Etappe

Die Wanderung von Soglio zum gemütlichen Gasthaus Baita del Capriolo im Valle di Lei ist wohl die anstrengendste Etappe dieses Führers. Eine episch lange Bergtour über zwei Pässe mit einem steilen Aufstieg und einem endlos langen Abstieg, der noch vom zehn Kilometer langen flachen Marsch dem Stausee des Valle di Lei entlang «gekrönt» wird. Doch die Mühen werden mehr als entschädigt! Man erlebt weitgehend unberührte, nur noch schwach alpwirtschaftlich genutzte Täler, verlorene Seen und grandiose Ausblicke. Diese Tour ist eine Herausforderung für konditionsstarke Sucher der Einsamkeit.

EB Routencharakter und Schwierigkeit

Nur zum kleinsten Teil markiert, orientierungstechnisch anspruchsvolles, alpines Gelände, besonders die Strecke zwischen Lago dell'Acqua Fraggia und Passo di Lei und ganz besonders bei schlechter Sicht. Sehr lange Etappe, alpintechnisch ohne Schwierigkeiten.

Zeit   8 – 8 ½ Std.

Ausgangspunkt   Soglio (s. R. 24)

Endpunkt   Rifugio Baita del Capriolo (1961 m)

Valle di Lei, 7445 Innerferrera.
Privates Bergrestaurant. Hüttenwart Valentino del Curto, Tel. Rifugio: 081 667 11 36 oder Tel. privat: 0039 343 34268.
48 Plätze im Touristenlager. Bewartet von Mai bis November, sonst nach Vereinbarung.
Das Rifugio, das für seine feine Küche weitherum bekannt ist, steht auf der Alpe del Crot (P. 1961), zehn Minuten nördlich der Staumauer Valle di Lei, und ist mit dem Auto erreichbar.

Einfachster Abstieg ins Tal   Nach Innerferrera

B. 1 ½ Std.
Kraftwerkstrasse mit (beschränktem) Postautoverkehr bis zum östlichen Ende der Staumauer/Tunnelausgang (P. 1932). 1/2 Std. Regelmässig halten die Postkurse an der Haltestelle «Valle di Lei» an der Route Andeer – Avers. Fahrplanfeld 940.40. 1 Std.

Soglio – Passo del Turbine – Passo di Lei –
Rifugio Baita del Capriolo (Innerferrera)

146

Talort
Innerferrera (1480 m)

Kleiner Ort im Val Ferrera an der Strecke Andeer-Avers.
Mit RhB Chur – St. Moritz bis Thusis; oder mit Postauto Chur – Thusis – Bellinzona bis Andeer, umsteigen nach Juf bis Innerferrera. Fahrplanfelder 940, 900.80, 940.30 und 940.40.
Mit PW über Chur – San Bernardino bis Rofflaschlucht/Avers, weiter bis Innerferrera.
Post: Tel. 081 667 12 46.
Lebensmittelgeschäft. Die Zukunft des Gasthauses war bei Redaktionsschluss unsicher. Nächste Unterkunft in Ausserferrera.

Restaurant Edelweiss
7444 Ausserferrera.
Tel./Reservation: 081 661 18 27, Fax 081 661 18 04.
9 Betten. Ganzjährig geöffnet.

Unterkunft unterwegs Bivacco Chiara e Walter (2660 m)   753.430/137.250

CAI-Sektion Chiavenna. Notunterkunft mit 9 Schlafplätzen, immer geöffnet. Kein Telefon. Kein Hüttenwart. Notausrüstung (Apotheke, Kochgelegenheit, Decken) in unterschiedlichem Zustand.
Die Biwakschachtel aus Metall liegt unmittelbar südlich der Passhöhe des Passo di Lei.

Karte
1276 Val Bregaglia, 1275 Campodolcino, 1255 Splügenpass

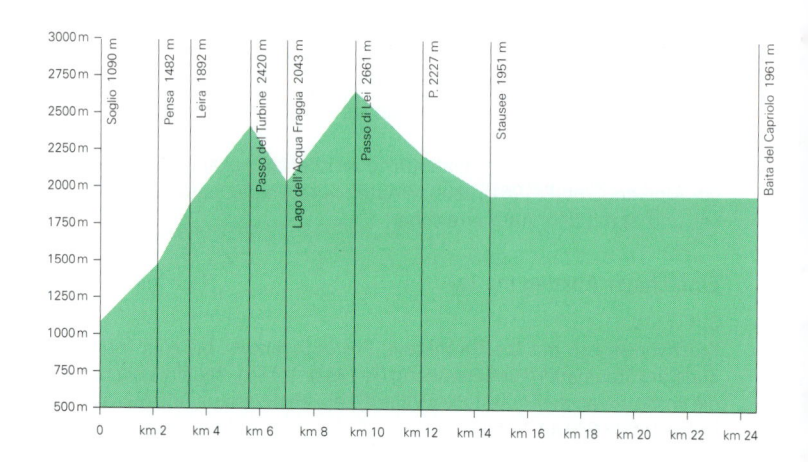

Soglio – Passo del Turbine – Passo di Lei – Rifugio Baita del Capriolo (Innerferrera)

Verschiedenes

Landesgrenze: Man verlässt die Schweiz bald nach dem Maiensäss Leira und betritt Italien. Auch das Rifugio Baita del Capriolo liegt in Italien; die Staumauer liegt auf Schweizer Gebiet.

Route

Man verlässt Soglio auf dem markierten Wanderweg in Richtung Pass da la Prasgnola und steigt über Weiden und durch Kastanienwälder zu den Maiensässhütten von Dair (P. 1610), Vest (P. 1762) und Leira (P. 1892) auf. Kurz oberhalb der Hütten zweigt der markierte Wanderweg zum Pass da la Prasgnola ab (s. Variante). Auf dieser Route ab hier keine Markierungen mehr, deutlich schlechterer Weg, z.T. nur noch Wegspuren. Man steigt nach den Hütten von Leira links haltend nach W hoch (kleine Hirtenhütte aus Stein oberhalb der letzten Bäume), überquert weglos einen grossen Graben (Landesgrenze) und steigt über eine schuttige Mulde westlich auf den Gratrücken zu, der mit P. 2260 eine Art Weideterrasse bildet. Auf diesem Grat trifft man wieder auf gute Wegspuren und Markierungen, die zuerst hinauf, dann durch eine steile und abdrängende Mulde (Weg z. T. abgerutscht) führt und schliesslich zum Passo del Turbine (P. 2420) hinauf leitet. 3 ½ Std.

Nach wenigen Schritten von der Passhöhe nach N öffnet sich der Blick zum Lago dell'Acqua Fraggia und zur Alpe Lago dentro in einer Mulde. Auf Wegspuren zum See (2043 m) hinab. ¾ Std.

Dem südlichen Ufer des Sees entlang kommt man zur Stelle, wo der Wanderweg ins Tal (Val dell'Acqua Fraggia) nach Savogno abzweigt. Der Bach, der aus dem See ausfliesst, kann je nach Wasserführung schwierig zu überschreiten sein. Nun steigt man weiter auf Wegspuren nach W durch das Tälchen hoch, passiert einen kleinen See und die Gebäude Piangesca (P. 2098). Die Spuren werden immer undeutlicher und steigen an der rechten (nördlichen) Talflanke, weiter oben im Tälchen selbst, hoch. Achtung: Auf ca. 2620 m, also schon fast auf der Höhe des Passo di Lei, biegt die Route scharf nach rechts ab (die Biwakschachtel auf dem Pass ist bei guter Sicht zu erkennen) und erreicht über einige Felsbänder und -stufen den Passo di Lei (P. 2661). 1 ½ Std.

Wenig südlich des Passes steht die Biwakschachtel Chiara e Walter.
Vom Pass steigt man über Felsplatten, Geröll, evtl. Altschneehänge gegen N ab, umgeht den kleinen See an seiner E-Seite und trifft unmittelbar an seinem talseitigen Ende auf den Weg, der an der linken Seite des Reno di Lei talauswärts führt. Es ist ein endlos scheinendes Tal, das bei der Alpe Pian del Nido (P. 1951) ins Valle di Lei (Stausee) mündet. 2 Std.

Nun folgen noch 10 km Strasse dem Stausee entlang, falls man nicht das Glück hat, mitgenommen zu werden. 2 Std.

Alternative
Soglio – Pass Prasgnola – Avers

Soglio – Pass Prasgnola – Val Madris – Avers-Cröt (kürzer als die Route)
EB. Markierter Bergweg, später Fahrstrasse. 6 Std.
Bis Leira (P. 1892) wie R. 25. 2½ Std.
Dann folgt man dem markierten Bergweg gerade hoch in steilen Kehren zum Pass da la Prasgnola (2724 m). Auf der Südseite führen zunächst lange, künstlich angelegte Treppenstufen ins Val da la Prasgnola. Bei der Brücke (P. 2132) erreicht man das Val da Roda und biegt gegen NW ab. Bei den Gebäuden der Alp Sovrana (P. 1995) steht man auf dem flachen Talboden des Val Madris. Von hier führt eine Fahrstrasse hinaus zum Stettli (1800 m) und nach Avers-Cröt (P. 1715).
3½ Std.

Weiterweg von Avers-Cröt: Fahrt mit dem Postauto nach Ausserferrera.
Aufstieg zur Alp Nursera 1½ Std.
B. Markierter Wanderweg. Weiter auf R. 27.

Avers-Cröt (1715 m)
Kleine Walser-Siedlung vor der Steilstufe nach Avers-Cresta. Beginn des Val Madris.
Mit RhB Chur – St. Moritz bis Thusis, anschliessend Postauto Thusis – Bellinzona bis Andeer, weiter Andeer – Juf bis Cröt. Fahrplanfelder 940, 940.30 und 940.40.
Mit PW über Chur – San Bernardino bis Rofflaschlucht, weiter ins Avers bis Cröt.
Verkehrsverein Avers: Tel. 081 667 11 67 oder 081 667 11 66,
Fax 081 667 12 02.
Post: Tel./Fax 081 667 11 42.

Gasthaus Walserstuba
7446 Avers-Cröt.
Tel./Reservation: 081 667 11 28, Fax 081 667 13 28.
4 Doppel- und 1 Dreibettzimmer. Geöffnet Mitte Dezember bis April und Pfingsten bis Ende Oktober.

Rifugio Baita del Capriolo – Passo di Sterla Settentrionale – Rifugio Giovanni Bertacchi (Madesimo/Monte Spluga)

26 Der Himmel schon südlich, der Weg noch rauh

Grossartige Wanderung in einem weitgehend unbekannten, wilden Teil des Grenzgebietes zwischen Graubünden und Italien. Wanderern begegnet man kaum in der Wildnis rund um den Piz Timun, und obwohl die Route Teil des «Trekking della Valle Spluga» ist, findet man weder durchgehende Wege noch Markierungen. Das verleiht dem Begeher das Gefühl, ein Pionier zu sein, und der Tour einen Anstrich von Abenteuer, der erst bei der Bertacchi-Hütte verfliegt, die im Sommer von den Tagesausflüglern aus Madesimo regelrecht überschwemmt wird. Giovanni Bertacchi war einer der berühmtesten italienischen Alpen-Dichter und stammte aus dieser Gegend.

EB Routencharakter und Schwierigkeit

Grösstenteils ohne Weg und ohne Markierung. Die Routenfindung ist nicht ganz einfach, bei schlechter Sicht kann sie sehr schwierig sein. Die Gegend ist sehr wenig begangen.

Zeit 4½ – 5 Std.

Ausgangspunkt Rifugio Baita del Capriolo (s. R. 25.)

Endpunkt Rifugio Giovanni Bertacchi (2172 m) 749.000/148.250

CAI-Sektion Milano. Tel. Hütte: 0039 343 56009 oder 0039 343 53544.
32 Plätze. Bewartet von Juni bis September, bei günstigen Verhältnissen auch zu andern Zeiten. Wenn kein Hüttenwart da ist, ist die Hütte geschlossen. Das Rifugio Bertacchi hat sehr viele Tagesgäste, aber nur wenige Übernachtungen.
Die Hütte steht westlich des Lago di Emet auf einer kleinen Anhöhe.
Hinweis: Es empfiehlt sich, vom Rifugio Baita del Capriolo in die Bertacchi-Hütte anzurufen, um sicherzustellen, dass sie offen ist und genügend freie Plätze aufweist.
Falls eine Übernachtung im Rifugio Bertacchi nicht möglich ist, kann man über Innerferrera nach Ausserferrera absteigen und dort nächtigen. Weiterweg: zu Fuss über Alp Nursera – Schwarzwaldalp nach Sufers oder mit Postauto nach Sufers.

Einfachster Abstieg ins Tal Nach Monte Spluga

B. Wanderweg, später Alpstrasse, dann Autostrasse. 2½ Std.
Von der Hütte nach N über den steilen Hang des Spadolazzo hinunter zu P. 1932 an der Splügenpassstrasse.

Nun noch ca. 2,4 km der Strasse entlang nach N dem Stausee entlang nach Monte Spluga.

Talort
Monte Spluga/Italien (1960 m)

Kleine Ansammlung von Häusern an der Splügenpassstrasse. Letzte italienische Siedlung vor der Passhöhe (Landesgrenze).
Mit RhB Chur – St. Moritz bis Thusis oder mit Postauto Chur – Bellinzona bis Splügen, anschliessend Splügen – Chiavenna bis Monte Spluga. Fahrplanfelder 940, 900.80, 940.30 und 940.45.
Mit PW Chur – San Bernardino bis Splügen, über Splügenpass nach Monte Spluga.

Karte
1255 Splügenpass

Verschiedenes

Die Sektion Valle Spluga-Madesimo des CAI hat einen kleinen Prospekt und eine Karte publiziert, die über das «Trekking della Valle Spluga» orientieren. Es handelt sich dabei um eine neuntägige Rundtour um die Valle Spluga – für Bergwanderer möglicherweise das nächste Projekt nach der Durchquerung Graubündens...

Route

Vom Bergrestaurant Baita del Capriolo auf der Strasse zur Staumauer und weiter dem See entlang nach S, bis nach ca. ½ Std. ein improvisierter Wegweiser «Passo Sterla» anzeigt. Ein kleiner Weg (dezent markiert) steigt rechter Hand steil über die Weidehänge hoch, an der Alpe Ganda Nera

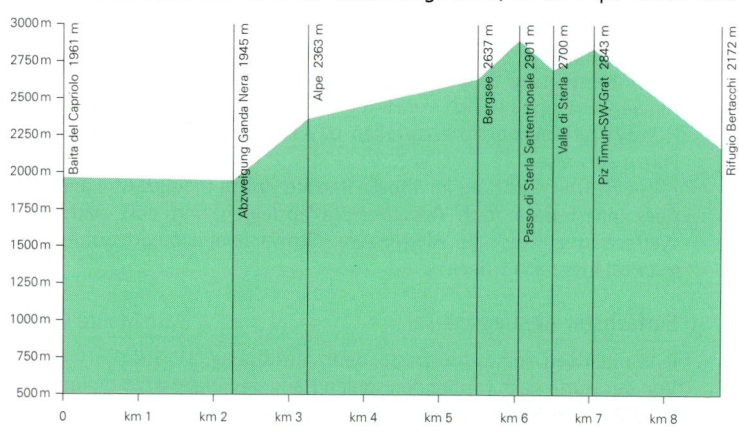

Rifugio Baita del Capriolo – Passo di Sterla Settentrionale – Rifugio Giovanni Bertacchi (Madesimo/Monte Spluga)

(P. 2143) vorbei und nach SW über Alpweiden unterhalb der Gebäude bei P. 2172 durch. Der Weg verliert sich in der Folge immer mehr in undeutliche Spuren und verschwindet stellenweise ganz. Man geht über die Alpweiden nach SW auf den ebenmässigen Kegel des Pizzo di Sterla zu bis in eine flache Mulde. (Achtung: Auf diesem Abschnitt kann man sich im Nebel verirren, weil die Weiden weitläufig und wenig gegliedert sind.) Hier wird geradeaus der Passo di Sterla Settentrionale (rechts vom Pizzo di Sterla) sichtbar. Achtung: Der Übergang – im SAC-Clubführer «Bündner Alpen 3» sowie in den italienischen Führerwerken heisst er «Passo di Sterla Settentrionale» – trägt in der LK keinen Namen, sondern nur die Höhenkote 2830 m! Auf keinen Fall den in der LK mit Passo di Sterla bezeichneten Übergang benutzen!

Ab der erwähnten Mulde helfen Markierungen, den besten Weg durch das Geröll am rechten (SSE-)Hang des Piz Timun zu finden. Über Felsblöcke, Steinplatten und Altschnee erreicht man die Gratschneide Passo di Sterla Settentrionale (2830 m). 2¾ Std.

Zum Blick gegen SW und SE (Bergeller und Bernina-Berge bis zum Piz Platta) gesellt sich ein neuer Blick auf die W-Seite. Und gegen N sieht man ein wichtiges Stück der weiteren Route: Kurzer Abstieg durch die steile NW-Flanke des Pässchens, dann rechter Hand in den grobblockigen Geröllkessel unter den Felsen des W-Hangs von P. 3024 queren. Man steigt rechts neben der kleinen Steinhütte (P. 2788) über den Südhang auf, bis man rechts (östlich) von P. 2843 den W-Grat erreicht, der vom Piz Timun herunterkommt (grosse Steinmänner, schon vom Passo di Sterla Settentrionale aus sichtbar). ½ Std.

Von hier aus geniesst man eine fantastische Aussicht auf die Bündner Oberländer, Zentralschweizer und sogar die Walliser Alpen: Man sieht u. a. Tödi, Oberalpstock, Galenstock, Rheinwaldhorn, Mischabel- und Monte-Rosa-Gruppe. Hier kann man auch den Aufstieg zum Piz Timun beginnen (s. Gipfel).

Vom Grat blickt man nach NW hinunter zum Pass da Niemet, den man anstrebt. Über zunächst steile, dann flachere Geröllhänge und evtl. Altschnee erreicht man die Felsstufe mit dem Grenzstein Nr. 1 (P. 2493) 200 m über dem Pass da Niemet (P. 2294). Links unten ist auch der Lago di Emet und an seinem Südwestufer die Bertacchi-Hütte (2172 m) sichtbar. Über Geröll und Weiden steigt man dorthin ab. 1¼ Std.

Gipfel   Piz Timun/Pizzo d'Emet (3209 m)

L. 1 Std. Leichte Felsen und Geröll.
Vom Grat, bei P. 2843 auf der Route, steigt man auf dem W-Grat des Piz Timun ohne Schwierigkeiten bis P. 3024 im SW-Grat auf. Weiter nach NE über Felsen und Geröll zum Gipfel.
Abstieg auf derselben Route.

Rifugio Giovanni Bertacchi – Pass da Niemet –
Punt da la Muttala – Sufers

27 Steine, Schafe und verwunschene Sümpfe

Eine Etappe der landschaftlichen Superlative! Keine spektakulären Bergnamen, kein berühmter Panoramaweg – «nur» ein kleiner Bergpfad, der sich an grotesk geformten knorrigen Föhren und Arven vorbeischlängelt, über Wurzeln stolpert, über tief in die Felsen eingegrabene Bäche springt, in ölig schimmernden Sumpflachen versinkt und immer wieder hinter Steinblöcken verschwindet. Dabei geht man wie auf einer Terrasse hoch über dem Tal, so richtig «zwischen Himmel und Erde». Besonders das Teilstück zwischen Punt da la Muttala und der Schwarzwaldalp bietet grosse Einsamkeit und entsprechende Zufriedenheit – die Heerscharen wandern woanders.

B **Routencharakter und Schwierigkeit**

Wanderwege und Wegspuren, mehr oder weniger durchgehend markiert, aber an einzelnen Stellen nicht ganz einfach zu finden. Bei nassem Untergrund oder Schnee können einzelne steile und abschüssige Stellen heikel zu begehen sein.

Zeit 6½ – 7 Std.

Ausgangspunkt Rifugio Giovanni Bertacchi (s. R. 26)

Endpunkt Sufers (1426 m)

Erstes Dorf im Rheinwald, am Eingang der Rofflaschlucht und an der San-Bernardino-Strecke gelegen.
Mit RhB Chur – St. Moritz bis Thusis, anschliessend mit Postauto; oder direkt mit Postauto Chur – Thusis – Bellinzona bis Sufers. Fahrplanfelder 940, 900.80 und 940.30.
Mit PW über Chur – San Bernardino bis Sufers.
Touristikinformation: Tel. 081 650 90 30, Fax 081 650 90 31.
Post: Tel. 081 664 11 92, Fax 081 664 17 72.
Ein Hotel und ein Lebensmittelgeschäft.

Hotel Seeblick
Am Dorfrand, 7434 Sufers.
Tel./ Reservation: 081 664 11 86.
20 Betten. Ganzjährig geöffnet.

Karte 1255 Splügenpass, 1235 Andeer

Rifugio Giovanni Bertacchi – Pass da Niemet – Punt da la Muttala – Sufers

Route

Von der Bertacchi-Hütte auf dem Wanderweg zur Landesgrenze und zum Pass da Niemet (P. 2294). ½ Std.

Weiter auf Wegspuren und Weg (markiert) durch das Val Niemet hinaus, nach der Alp da Niemet (P. 1899) über den Bach auf seine rechte Seite und auf der Alpstrasse bis Punt da la Muttala (P. 1823). Hier überquert man den Bach erneut, diesmal auf einer Hängebrücke. 1½ Std.

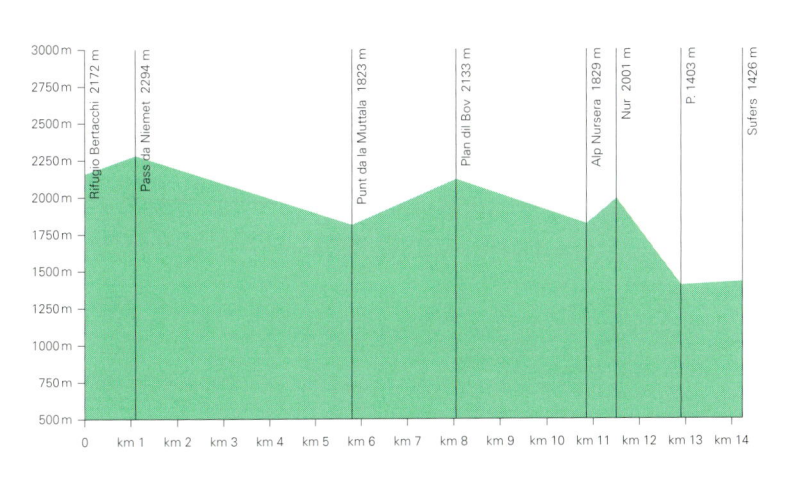

Der nächste Routenabschnitt ist nicht ganz einfach zu finden, die Karte zeigt das Problem: Der Weg ist zunächst klar ersichtlich und verläuft wenig ansteigend talauswärts. Plötzlich, nach ca. 300 m, steigt er steil den Hang hinauf, um sich nach ca. 50 Höhenmetern wieder in der bisherigen Steilheit fortzusetzen. Verpasst man die Abzweigung, so geht man ein gutes Stück flach in die falsche Richtung und muss zurückkehren, um auf den richtigen Weg zu gelangen. Danach sind Weg und Markierungen wieder gut erkennbar. Er geht durch lockeren Arvenwald nach NE hoch über dem Val Niemet, bis der Weg auf einer Wiese bei Mut Grischol (ca. 2000 m) erneut verschwindet. Markierungen zeigen gerade (W) den Hang hinauf, und man folgt ihnen steil und weglos bis auf ca. 2080 m. Dann trifft man wieder auf Wegspuren, und der Pfad verläuft nun in nördlicher Richtung talauswärts. Rechts unten im Val Ferrera ist Innerferrera zu sehen. Der Weg ist nun bis Plan dil Bov nicht mehr zu verfehlen, er führt auf und ab über kleine Wiesen und zwischen Felsblöcken hindurch und überquert die malerische Schlucht des Bachs, der vom Lai Marenda herabkommt. Spektakulärer Blick über äusserst steile Wiesen hinab ins Val Ferrera. Gegenüber (N) sind die Hütten auf der Wiesenterrasse von Plan dil Bov (P. 2133) sichtbar. Kurz zuvor zweigt ein Wanderweg nach Innerferrera ab. Nach den Hütten geht es durch verträumte Wiesen, kleine Moore und zwischen Felsblöcken und Felsplatten hindurch nordwärts. Die Markierung ist durchgehend, der Weg nicht. Bei P. 2095 beginnt sich der Weg zu senken. Allmählich erreicht man die obersten Bäume, vom Wind zerzauste Arven und Föhren, überquert den Bach und kommt ins Alpgelände und zu den Gebäuden der Alp Nursera (P. 1829), die wunderschön am Waldrand liegt. 3 Std.

Von hier gibt es eine Möglichkeit, nach Ausserferrera abzusteigen. Nach Sufers geht man nach N weiter, bis sich nach ca. 200 m die Wege teilen (P. 1836): Nach N hinunter zur Rofflaschlucht und nach Andeer, nach W zur Schwarzwaldalp und nach Sufers. Die Route nach Sufers verläuft von hier an in gleicher Art weiter: Wegspuren, die immer wieder unterbrochen sind und deren Auffinden einigen Orientierungssinn erheischt. Sie sind aber mehr oder weniger durchgehend markiert. Zunächst steigt man nochmals auf bis zum Felsen P. 2001, dann geht es nur noch hinunter durch Steinblöcke, Alpenrosen- und Heidelbeergesträuch zur Schwarzwaldalp (P. 1703). Ab hier ist der Weg wieder durchgehend sichtbar, er senkt sich, überquert nach der Alp den Bach aus dem Surettatal und erreicht direkt durch den Schwarzwald hinunter den Alpweg und danach die Sufner Schmelzi, wo man sich unversehens der Schnellstrasse Chur – San-Bernardino (A 3) gegenübersieht. Unter der Strasse hindurch und auf dem markierten Weg über Strassen und kurze Abkürzungen nach Sufers. 2 Std.

Alternative Nach Innerferrera (s. Talort R. 25)

Von Punt da la Muttala kann man auf der Alpstrasse weiter nach Innerferrera (1480 m) absteigen. 1 Std.

Postauto nach Andeer – Sufers. Die Gehzeit dieser sehr langen Etappe verkürzt sich dadurch um rund 4 Std.

Eine Übernachtungsmöglichkeit gibt es in Ausserferrera.

Von der Natur und den Tieren

Der Schutz der Tierwelt der Berge unterliegt in der Schweiz den kantonalen Jagdinspektoraten. Unter seiner Anleitung hüten im Kanton Graubünden 12 Wildhüter das Wild fast wie eine Herde. Sie kennen Bestand und Alter der Tiere und schiessen schwerkranke Tiere ab. Auch wenn die Jäger hin und wieder widerspenstige Mitarbeiter des Jagdinspektors sind, sind sie doch längst nicht mehr die Feinde des Wildes, sondern leisten grosse Hegearbeit.

Im kantonalen Jagdgesetz sind die Richtlinien festgelegt, an die sich Jagdinspektor, Wildhüter und Jäger halten. Es will die Vielfalt der wildlebenden Säugetiere und deren Lebensräume erhalten. Im Vordergrund steht das Schalenwild: Hirsche, Gemsen, Rehe und Steinböcke. Um einen natürlichen Aufbau der Tiergesellschaft zu erhalten, legt das Jagdinspektorat Alter und Zahl der abzuschiessenden Tiere fest. Im September reguliert die Jagd jedes Jahr die Bestände.

Die Jagd wird in unserer Zeit ökologisch und wildbiologisch mit Umsicht und Sorgfalt geplant. Im Gespräch mit Jägern, Förstern, Landwirten, Natur- und Tierschützern versucht das Jagdinspektorat, diese oft grundverschiedenen Anliegen möglichst ausgeglichen zu berücksichtigen.

Wildbret war im Bergland Graubünden während Jahrhunderten ein wichtiger Teil der Nahrung. Jedermann durfte auf die Jagd gehen. Heute werden die Kenntnisse des Jagdgesetzes und der Jagdvorschriften geprüft und eine Gebühr für das Patent verlangt. Jäger, die im Kanton wohnen, zahlen 550 Franken, Auswärtige bedeutend mehr. Diese Patentjagd wird wie ein uraltes Volksrecht gehütet, die Jagd soll nie Sache der Privilegierten werden. Die Prüfung sorgt dafür, dass die Richtlinien des Jagdinspektorats eingehalten werden, denn ohne planende Aufsicht zerstörten die Jäger das natürliche Gleichgewicht der Wildbestände.

Ein Bergbauer konnte auf dem kargen Boden nur wenige Haustiere halten. Schon der Verlust einer Ziege oder eines Schafes traf die Familie oft schwer. Hartnäckig wurden daher alle Raubtiere verfolgt, die Haustiere schlugen: Wolf, Bär, Luchs und Adler; sogar die aasfressenden Bartgeier, die Lämmergeier, wie man sie irrtümlich nannte, rotteten die Jäger aus. Die Gegend von diesen Räubern befreit zu haben, empfanden die Bergbewohner als Erleichterung.

Dem Bergwanderer bereiten die Tiere Freude, die Jagdleidenschaft versteht er dagegen oft schwer oder kann sie gar nicht akzeptieren. Am häufigsten bekommt er Gemsen zu sehen. Sie machen es dem Beobachter leicht, denn sie halten sich oft über der Waldgrenze auf, sind ausgesprochene Tagtiere und selten allein. Die Geissen bilden mit ihren Jungtieren Rudel, auch die jungen Böcke tun sich zusammen, nur die älteren Böcke sind stille Eigenbrötler. Die Brunft bringt diese Ordnung durcheinander. Ist diese Zeit der grossen Unruhe endlich vorbei, sind die Böcke abgemagert. Böcke und Geissen sind übrigens nur schwer zu unterscheiden. Die Krickel der Geissen sind schlanker und weniger scharf gebogen. Den Gamsbart, den die Jäger auf den Hut stecken, tragen die Böcke nicht etwa unter dem Kinn wie die Ziegen. Diese langen, schwarzen Haare mit weissen Spitzen zupft der Weidmann aus dem dunklen Fellstreifen auf dem Rücken der Tiere.

Rehe sieht der Bergwanderer weniger, denn sie leben im Wald. Sie sind zu jeder Tageszeit unterwegs. Ihr Lebensrhythmus treibt sie dazu: Eine Stunde äsen, eine Stunde wiederkäuen, eine Stunde ruhen – dann weckt sie der Hunger wieder. Sie äsen sieben Mal täglich und brauchen ganz vielseitiges Futter, lieben Knospen und Blätter, Kräuter und Blumen, darunter ganz besondere Kleearten. Auf den Heuwiesen finden sie rund ein Drittel ihres Futters, sie sind also gezwungen, den Wald zu verlassen. Auch Pilze lieben sie sehr. Über der Waldgrenze ist das Angebot ihrer Nahrung zu wenig vielseitig. Sind sie in Gefahr, schrecken sie, was wie ein heiseres Bellen tönt; fühlen sie sich bedroht, fliehen sie sehr elegant, oft aber kopflos. Schon ein sehr kleines Wäldchen genügt ihnen als Deckung. Ihre Nase ist fein, sie wittern Feinde auf 300 Meter. Ihr Auge dagegen sieht nicht sehr scharf. Die Rehböcke teilen das Gebiet unter sich auf, jeder hat sein Revier, die Schwächeren werden nach harten Kämpfen an die Ränder, oft bis in die Wohngebiete gedrängt.

Der König unserer Wälder ist der Rothirsch. Die Jäger hatten ihn aus Graubünden während Jahrzehnten vertrieben. 1918 wanderten wieder neun Hirsche in den Nationalpark ein. Jetzt leben in Graubünden nach Ansicht des Jagdinspektorats 15 000 Tiere. Doch lassen sich Hirsche kaum genau zählen, denn sie lieben das sichere Dickicht und wandern oft weite Strecken. Für die Jäger sind die Hirschbestände gegenwärtig zu klein; für Bauern und Förster dagegen zu gross. Tatsächlich wechseln die Tiere oft erst nach der Jagdzeit im September in die Bündner Täler. Im Winter fressen sie dann den jungen Bäumen die Rinde weg, und im Frühling weiden oft ganze Rudel auf den Bergwiesen.

Die Hirschkühe und die Stiere leben in getrennten Rudeln und lassen sich von einem Leittier straff führen. Während der Brunft treibt der Platzhirsch sein Kahlwild zusammen, so nennt der Jäger die Kühe, weil sie kein Geweih tragen. Die Rivalen verdrängt der Stier meist erst nach erbittertem Kampf, in dem sich die Gegner oft schwer verwunden.

Hirsche hören, sehen und wittern ausserordentlich gut. Man bekommt sie tagsüber kaum zu Gesicht. Im Februar stossen die Stiere ihr Geweih ab, aber es wächst gleich wieder nach, und zwar bis zu einem Zentimeter täglich. Nach rund drei Monaten ist der Imponierschmuck voll «ausgeschoben» und kann wieder als Waffe eingesetzt werden. Dann bricht das Wachstum – durch Hormone gesteuert – wieder ab.

Ein Geweih kann bis zu zwölf Kilogramm wiegen. Im ersten Jahr muss sich der Jungstier mit einem «Spiess» auf dem Kopf abfinden, später nimmt die Zahl der sogenannten Enden zu. Je nach Anzahl der Enden spricht man von einem Sechser, Achter oder sogar von einem Zwölfer oder Vierzehner. Die Endenzahl ist aber nicht fest ans Alter gebunden. Sehr alte Hirsche setzen ihr Geweih wieder zurück, und so kann ein Hirsch im Alter zum «Spiesser» werden.

Die Pracht des Hirschgeweihs macht es zur begehrten Jagdtrophäe. Das ist schon seit Urzeiten so. Auf Crap Carschenna, einem Fels oberhalb Sils im Domleschg, haben Menschen in vorgeschichtlicher Zeit neben vielen geometrischen Figuren auch Tiere, vor allem Pferde und Hirsche, in die Felsen geritzt. Die Jäger baten auf diese Weise um Jagdglück. Das Hirschgeweih soll übrigens ein damit geschmücktes Haus auch vor Blitzschlag schützen. Obwohl niemand mehr daran glaubt, zieren Hirschgeweihe noch immer die Hauswände. Ob nicht ganz versteckt der Glaube an magische Kräfte doch noch vorhanden ist, ist schwer zu sagen. Vielleicht sind die Geweihe einfach Zeichen des Jägerstolzes.

Am Anfang waren Fleisch und Fell das Ziel der Jagd. Später ging es den Jägern vor allem um die Trophäe, jetzt sind sie in ein Hegekonzept eingespannt. Graubünden hat ein vorbildliches Jagdgesetz, und weit über 5000 Jäger lösen jährlich ein Jagdpatent. Vom 9. bis zum 30. September sind sie im Bündnerland auf der Pirsch. (PM)

28 Nach den langen Etappen: kurz und gut

Nach den langen Etappen Nr. 24 bis 27 tut eine Verschnaufpause gut. Der Aufstieg von Sufers zur kleinen Cufercalhütte gibt müden Wanderern die Gelegenheit, unten im Tal etwas länger zu schlafen oder sich früh am Tag in der Hütte etwas aufs Ohr zu legen. Es besteht auch die Möglichkeit, einen Bergsee, einen Aussichtspunkt oder einen Gipfel in der Umgebung der Cufercalhütte zu besuchen – Varianten gibt es viele. Und keine ist lang, schwierig oder anstrengend.

B   Routencharakter und Schwierigkeit
Markierter Wanderweg und Alpstrassen.

Zeit — 2½ Std.

Ausgangspunkt — Sufers (s. R. 27)

Endpunkt — Cufercalhütte (2385 m)   747.150/162.030

SAC-Sektion Rätia, 7000 Chur. Hütte: kein Telefon. Hüttenwart Valentin Färber, 7000 Chur. Tel./Reservation: 081 353 59 72.
30 Plätze. Bewartet von Juni bis Oktober an den Wochenenden.
Die Hütte liegt auf einer Weideterrasse am S-Fuss des Piz Calandari und ist von Glattenberg aus sichtbar, auf dem Hüttenweg gewahrt man sie aber erst im letzten Moment.

Einfachster Abstieg ins Tal — Nach Sufers (s. R. 28)

Talort — Sufers (s. R. 27)

Karte — 1235 Andeer

Sehenswürdigkeit — Sufers, das älteste Dorf im Rheinwald

Das auf den ersten Blick recht unscheinbar wirkende Dorf am Ufer des Staubeckens hat eine mehr als tausendjährige Geschichte. Und noch viel weiter zurück reichen die menschlichen Spuren in der Bergwelt rundherum: Sie beginnen mit ca. 5000 Jahre alten Funden aus der Gegend des Lai da Vons, ziehen sich über die Steinzeit zu den Römern (bis ca. 500 Jahre nach Christi Geburt), weiter zu den ersten Siedlern in der Karolingerzeit über die Walser, die zu Beginn des 13. Jahrhunderts einwanderten, und bis heute, wo neben dem Dorf Kraftwerksanlagen das Bild prägen und der alpenquerende Transitverkehr durch das Tal rauscht.

Route

Der Weg von Sufers (1426 m) in die Cufercalhütte ist ab dem Wasserreservoir oberhalb des Dorfs entweder auf der Alpstrasse über Foppa und Glattenberg (P. 2000) bis zu den Ställen bei P. 2273 möglich. Kürzer, aber steiler ist der Weg direkt hinauf über Plattenställ (P. 1841), Glattenberg (P. 2000), dann gerade hoch durch eine Rinne zu P. 2153 und zu P. 2273, wo die Fahrstrasse endet. Ab hier führt der Hüttenweg über Weiden zunächst nach N, dann nach links (W) abbiegend zur Cufercalhütte (P. 2385). 2½ Std.

Variante   Über Lai da Vons (1991 m)

B. Markierte Wanderwege bzw. Alpstrassen.
Im Aufstieg von Sufers zur Cufercalhütte wendet man sich in Foppa (Haarnadelkurve) nicht nach links, sondern geht auf der Strasse weiter bis P. 1991, wo man gegen NE den wunderschön gelegenen Bergsee Lai da Vons sieht. Vom See über P. 2086 gegen den Felskopf Tschainghel Mellen/Roter Turra (P. 2372) aufsteigen, bis man auf den Wanderweg Andeer – Promischur – Cufercalhütte trifft. Auf ihm zur Hütte. 3 Std.

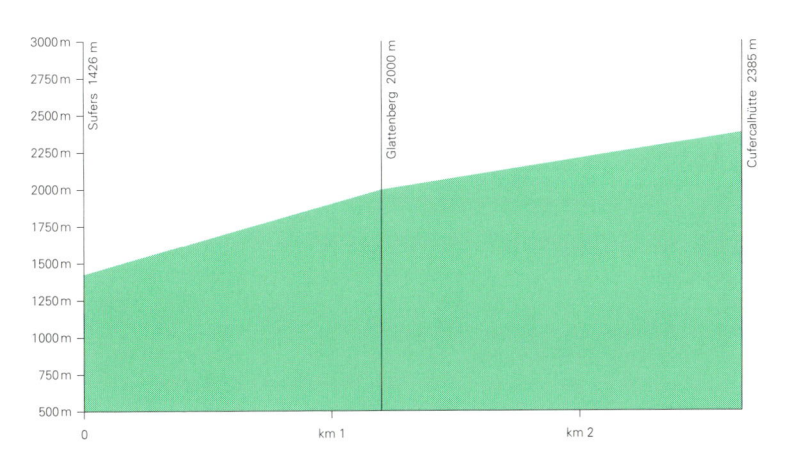

Gipfel

Piz Calandari (2555 m)
EB. ½ Std. Wegspuren.
Von der Cufercalhütte auf Wegspuren und über steiles Gras zu den Blöcken, die diesen Gipfel bilden.

Cufercalhorn (2800 m)
L. 1½ Std.
(Routenbeschreibung s. SAC-Clubführer «Bündner Alpen», Bd. 2).

Aufstieg zum Passo Soreda, unten die Lampertsch Alp (R. 34)

Abstieg von der Fuorcla Sura da Lavaz, hinten Piz Medel (R. 36)

Am Piz Ault, hinten Medelsergruppe (R. 37)

Lago Retico vom Pass Cristallina (R. 38)

Cufercalhütte – Farcletta digl Lai Pintg – Farcletta digl Lai Grond – Safien Turrahus

29 Vom kleinen See über den grossen See in die Hölle

Grossartige Landschaft, fast eine Urlandschaft. Wild, unberührt, wenig begangen. Brüchige Bergflanken, unendliche Schutthalden, Tümpel und Seelein. Eine Steinwelt voller Steine. Weder langweilig noch öd, sondern edel und erhaben. Eine Fundgrube für das Kleine, eine Möglichkeit, sich im grossen Ganzen wiederzufinden. Der Kontrast beim Blick vom Alperschälli ins Safiental ist ein Abenteuer für das Auge. Hier begegnen sich Landschaft und Kulturlandschaft. Atemberaubend, aber bei guten Verhältnissen überraschend einfach verläuft der Abstieg durch die furchterregende Steilschlucht der «Höll».

EB Routencharakter und Schwierigkeit

Zum Teil markierte Wanderwege, zum Teil weglos. Das weglose und nicht markierte Stück zwischen Farcletta digl Lai Pintg und Farcletta digl Lai Grand verlangt etwas Orientierungsvermögen. Im Nebel ist dieser Routenabschnitt nicht leicht zu finden. «Schlüsselstelle» ist der Einstieg in den Höllgraben, der auf keinen Fall verpasst werden darf. Bei Nässe ist auf dem Pfad durch den Höllgraben grosse Vorsicht geboten (ausgesetzt und schmal).

Zeit
5 – 5 ½ Std.

Ausgangspunkt
Cufercalhütte (s. R. 28)

Endpunkt
Berggasthaus Turrahus (1694 m)

Zuhinterst im Safiental, 7109 Thalkirch. Angelika und Erwin Bandli. Tel./Reservation: 081 647 12 03.
20 Plätze im Lager, 20 Betten. Geöffnet Mitte Dezember bis Ende April und Anfang Juni bis Ende Oktober.

Einfachster Abstieg ins Tal
Nach Safien

Strasse und Postautoverbindung nach Safien-Thalkirch – Safien-Platz – Versam.

Talort
Safien-Platz (1315 m)/Safien-Thalkirch (1694 m)

Walsertal mit vielen verstreuten Weilern und Einzelhöfen. Hauptort ist Safien-Platz, hinterste grössere Siedlung ist Safien-Thalkirch.
Mit RhB Chur – Disentis bis Versam, anschliessend mit Postauto Versam – Safien-Thalkirch/Turrahus. Fahrplanfelder 920 und 920.10.

Cufercalhütte – Farcletta digl Lai Pintg – Farcletta digl Lai Grond – Safien Turrahus

Mit PW über Chur – Bonaduz – Versam – Safien-Thalkirch/Turrahus.
Verkehrsverein Safien: Tel. 081 647 12 09 oder 081 647 12 03.
Post Safien-Thalkirch: 081 647 11 13.
Post Safien-Platz: 081 647 11 19.
Hotels, Lebensmittelgeschäft, Bank.

Karte
1235 Andeer, 1234 Vals

Sehenswürdigkeiten
Alte und neue Ortsnamen

«Der Name 'Splügner Kalkberge' ist weder in der Gegend bekannt, noch steht er auf der Karte. Er wurde im 'Bündnerführer' eingeführt, weil er die Berggruppe am besten nach Art und Lage charakterisiert.» So schreibt der Kartograph und Alpinist Eduard Imhof im Jahrbuch des SAC von 1919. Dieses Beispiel zeigt, wie in den Bergen «touristische» Namen neu geschaffen wurden, die oft bekannter geworden sind als viele «gewachsene» Namen. Manchmal bezeichnen solche neuen Namen auch Oertlichkeiten, die bisher gar keinen Namen hatten, so wie es für die Berge zwischen Splügen, Sufers, Andeer und dem hinteren Safiental keinen Gesamtnamen gibt.

Route

Von der Cufercalhütte auf markiertem Wanderweg nach W durch ein Tälchen zur Farcletta digl Lai Pintg (P. 2590). ¾ Std.
Nun steigt man nur wenig (ca. 100 m) auf der andern Seite ab und quert weglos und mühsam die gewaltigen NE- und N-Geröllhänge von Cufer-

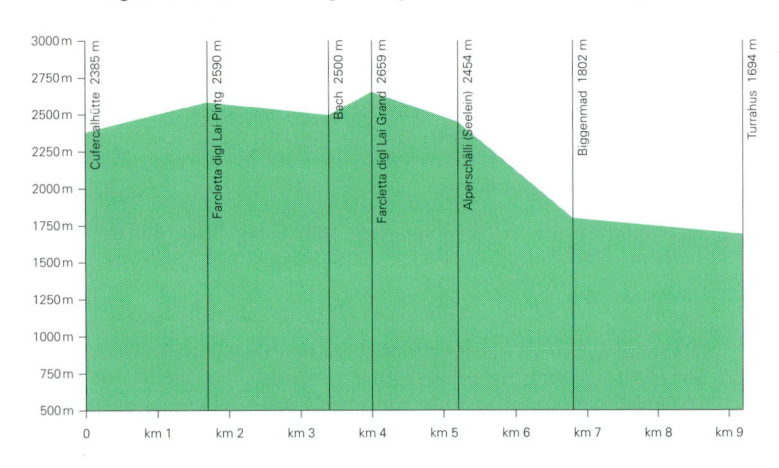

calhorn und Pizzas d'Anarosa. Wenn Schnee liegt, kann die Querung einfacher sein. Ohne Höhenverlust erreicht man die Wegspuren, die im Tälchen unterhalb von P. 2594 von der Alp Anarosa zur Farcletta führen. Von hier steigt man nach W gerade zur Farcletta digl Lai Grand (P. 2659) auf. 2 Std.
Wer die Geröllhänge scheut, kann auch zum Lai Grand (2386 m) absteigen und trifft nordwestlich vom See auf die Wegspuren (¾ Std. länger).
Vom Pass blickt man auf das Plateau von Alperschälli hinab, den letzten «Balkon», bevor die Felswände einige hundert Meter senkrecht ins hinterste Safiental abbrechen. Ueber karge Schafweiden und Geröll steigt man, den Markierungen folgend, weglos nach SW nach Alperschälli ab und passiert den Tümpel (P. 2454). Die Schlucht, die das Bächlein aufnimmt, das den See entwässert, vermittelt auch den Abstieg durch die Felswand. Ein ausgesetzter, schmaler Steig führt durch die wilde Schlucht verblüffend einfach hinunter. Der Weg über die Alpställe bei P. 2032 endet bei «Biggenmad» und ist ohne Schwierigkeiten zu finden und zu begehen. Über die Strasse talauswärts zum Turrahus, das 10 Min. nach dem Ausgleichsbecken erreicht wird. 2 Std.

Alternative — Über die Alperschällilücke (2614 m)

BG. Grösstenteils markierter Wanderweg. Zum Teil weglos (steile, abschüssige Grashänge) zwischen Cufercalhütte und dem Wanderweg auf der Steileralp. Bei Nässe und für unsichere Wanderer abzuraten. 5½ – 6 Std.
Von der Cufercalhütte steigt man nach W etwas ab bis zur Cufercalalp auf ca. 2240 m – nicht tiefer; keineswegs zu den Alphütten P. 2144. Unter dem Felskopf Versangga (P. 2547) auf steilem Gras ins Steilertal queren und über das Geröll der S-Seite des Cufercalhorns auf gleicher Höhe bleibend zum flacheren Talboden der Steileralp, wo man auch den Bach überquert. Hier trifft man auf die Markierungen der Route Sufers – Alperschällilücke – Safien, auf der man die Alperschällilücke (P. 2614) erreicht. 2 Std.
Auf den Wegspuren nach NE zum Plateau von Alperschälli absteigen, wo beim Tümpel P. 2454 R. 29 weiter nach Safien-Turrahus führt.

Gipfel — Schwarzhorn (3032 m), Gelbhorn (3035 m)

EB. 1, bzw. 1½ Std. von der Farcletta digl Lai Grand.
Ueber Weiden und Geröll steigt man nach NW zu P. 2792 auf (eindrucksvoller Tiefblick ins Safiental). Eine schwache Stelle im S-Grat des Schwarzhorns ermöglicht den Durchstieg durch das Felsband. Blockschutt vermittelt den Zugang zum Gipfel.
Der Weiteraufstieg zum Gelbhorn ist ebenfalls schuttig und ohne grosse Schwierigkeiten möglich.

Turrahus – Bärenlücke – Alp Tomül – Vals Platz **164**

30 Über ein Meer aus Alpwiesen zur Bärenlücke

Der grosse Wandererstrom zwischen Safien und Vals wälzt sich «drüben» über den Tomülpass. Der Weg über die Bärenlücke ist länger und zudem beschwerlicher. Doch die Einsamkeit und die Möglichkeit, das aussichtsreiche Bärenhorn zu besteigen, lohnen den Umweg. A propos Einsamkeit: Besonders im Spätherbst, wenn die Kühe nicht mehr auf den Alpen bimmeln und muhen, kann man hier die grosse Stille «hören». Trotz steiler Berge scheint die Umgebung sanft und beinahe lieblich, der Blick, vor allem gegen Norden, ist weit und nimmt der Gebirgsregion die Strenge.

EB Routencharakter und Schwierigkeit
Zumeist weglos, teilweise markiert (Bärenlücke – Alp Tomül); Alpstrasse und markierter Wanderweg (Turrahus – Pianätsch und Alp Tomül – Vals).

Zeit 6 – 6½ Std.

Ausgangspunkt Safien-Turrahus (s. R. 29)

Endpunkt Vals Platz (1252 m)

Stattliches Walserdorf mit vielen schönen Häusern und Steinplattendächern, bekannt durch Mineralwasser und Badequelle.
Mit RhB Chur – Disentis bis Ilanz, anschliessend mit Postauto Ilanz – Vals. Fahrplanfelder 920 und 920.45.
Mit PW über Chur – Ilanz nach Vals.
Kur- und Verkehrsverein: Tel. 081 920 70 70, Fax 081 920 70 77.
Post: Tel. 081 935 11 31, Fax 081 936 90 71.
Sportbahnen Vals AG, Talstation:
Tel. 081 935 14 38, Verwaltung 081 935 15 50.
Einige Hotels, div. Geschäfte und Banken.

Gasthaus Edelweiss
Am Dorfplatz, 7132 Vals.
Tel./Reservation: 081 935 11 33, Fax 081 935 15 09.
9 Betten. Ganzjährig geöffnet.

Hotel Alpina
Dorfplatz, 7132 Vals.
Tel./Reservation: 081 935 11 48, Fax 081 935 16 51.
35 Betten. Geöffnet ca. Ende Mai bis Ende Oktober und ca. Ende Dezember bis Mitte April.

Turrahus – Bärenlücke – Alp Tomül – Vals Platz

Karte
1234 Vals

Verschiedenes
Vorsicht, Biker!

Ab der Alp Tomül ist die Strecke stark von Mountainbikern frequentiert.

Wanderbus

Ab dem Ende der Fahrstrasse im Riefawald (P. 1876) kann man sich von einem privaten Taxi (Valser Wanderbus) abholen lassen. Auskunft im Verkehrsbüro (s. «Verschiedenes», R. 33).

Sehenswürdigkeiten
Heimatmuseum «Gandahus»; Bad Vals

Das heutige Heimatmuseum «Gandahus» stammt aus dem 16. Jahrhundert und stand einst vom Hof Leis taleinwärts auf 1530 Meter über Meer. 1945 haben die Valser Balken für Balken über den Schnee nach Vals Platz hinuntergezogen und dort wieder aufgebaut. Der Speicher daneben stammt aus dem Weiler Zervreila, der 1956 im Stausee unterging. Der Speicher trägt die Jahrzahl 1779, dürfte aber noch älter sein. Das Heimatmuseum enthält Gegenstände «aus alten Zeiten».

Neu hingegen ist das Granitbad des Stararchitekten Peter Zumthor.

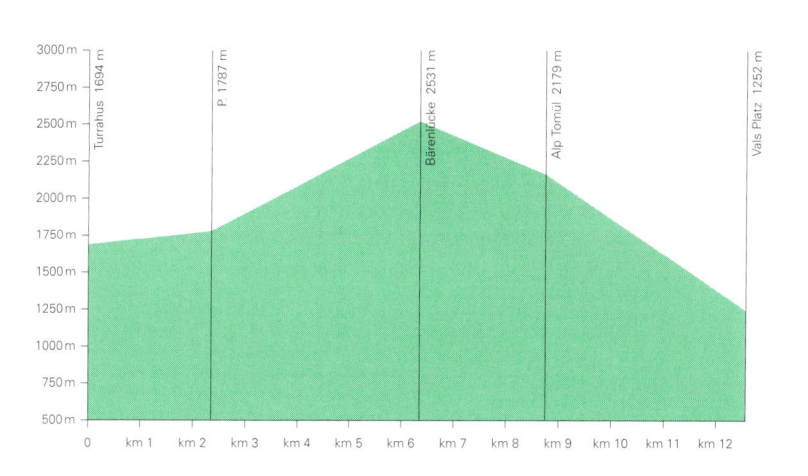

Route

Vom Turrahus folgt man der Strasse taleinwärts am Ausgleichsbecken vorbei, bis kurz vor dem Hof Biggenmad eine Brücke die Rabiusa überquert (P. 1787). Die Alpstrasse führt nach der Brücke nach W über den Hang hinauf bis zu den Gebäuden von Pianätsch (P. 2047) und Laubläger (P. 2116). Von dieser letzten Alphütte sieht man im SW schon die Bärenlücke und links, südlich davon, das Bärenhorn. Über die Weidehänge der Grossalp, das Grosstobel querend und die Weiden der Bärensunnigi ansteigend querend, erreicht man den Übergang. Im letzten Geröllhang erleichtern Wegspuren den Aufstieg zur Bärenlücke (P. 2531). 3 Std.

Auf der W-Seite der Lücke führen Wegspuren und undeutliche Markierungen in die Mulde Chli Tomül und dem Bach entlang nach N hinunter: Zuerst auf der rechten Seite des Gewässers, dann bei einer ersten Ebene auf die linke Bachseite wechselnd über einige Steilstufen hinunter und auf der letzten Ebene wieder auf der rechten Seite zur Alp Tomül (P. 2179). Hier trifft man auf den Weg Safien – Tomülpass – Vals. 1½ Std.

Man folgt dem markierten Wanderweg ohne Orientierungsprobleme am Riedboden vorbei bis zu den ersten Bäumen des Riefawald (P. 1876). Nun kann man entweder dem schottrigen Wanderweg folgen, der streckenweise sehr steil durch den Wald abkürzt, oder der Strasse, die in weiten Kehren hinunter nach Vals Platz führt (1252 m). 1½ Std.

Alternative   Tomülpass (2412 m)

B. 4 Std. Viel begangener Übergang (markiert). Der gute Weg wurde während des Zweiten Weltkriegs von internierten Polen gebaut.
Vom Turrahus (P. 1694) auf Alpsträsschen zum Tomülpass (2412 m). 2 Std. Auf ebenfalls gutem Weg hinab zur Alp Tomül (2179 m). Weiter wie bei R. 30. 2 Std.

Gipfel   Bärenhorn (2929 m)

EB. 1 Std. Gras und Geröll.
Das Bärenhorn, der «Prototyp des Bündnerschiefer-Berges», kann von der Bärenlücke aus über den Nordgrat (Gras- und Geröllrücken) ohne Schwierigkeiten erstiegen werden. Es offeriert eine «bärige» Aussicht in alle Richtungen. Abstieg auf derselben Route.

VI Vals – Greina – Medelsergruppe

Karge, steile Bergwelt zwischen Nord und Süd

Unterwegs in den Bergen am Kamm, der die Alpennord- von der Alpensüdseite trennt: Von der einen auf die andere Seite wechseln das Wetter, die Vegetation, der Baustil der Häuser. Und selbst die Wiesen werden unterschiedlich bewirtschaftet, die Wanderwege unterschiedlich gepflegt. Die andere Mentalität der Menschen findet ihre Entsprechung in der Landschaft – das Licht ist anders, Flora und Fauna warten mit neuen Überraschungen auf. Eines allerdings haben die Berge gemeinsam, ob sie nun auf der Nord- oder der Südseite aufragen: die Kargheit.

Die Tagesetappen

31 Vals – Valserberg – Hinterrhein
    Über alte Fusswege zu neuen (Auto-)Bahnen

32 Hinterrhein – Zapporthütte
    Der Rhein hat viele Quellen, aber nur einen Ursprung

33 Zapporthütte – Canallücke – Lampertsch Alp – Läntahütte (Vals)
    Das im Stausee versunkene Walser-Dorf

34 Läntahütte – Passo Soreda – Lago di Luzzone – Capanna Motterascio (Campo Blenio)
    Freie Sicht aufs Gipfelmeer!

35 Rifugio Motterascio – Greinapass – Capanna Scaletta oder Camona da Terri (Campo Blenio oder Surrein)
    Weltberühmte, vielbewanderte Greinaebene

36 Capanna Scaletta oder Camona da Terri – Fuorcla Sura da Lavaz – Camona da Medel (Curaglia)
    Von Wollgrasbüscheln zu Wolkenfetzen

37 Camona da Medel – Fuorcla dalla Buora – Piz Ault – Curaglia oder Fuorns
    Aussichtsreicher geht's (fast) nicht mehr

168

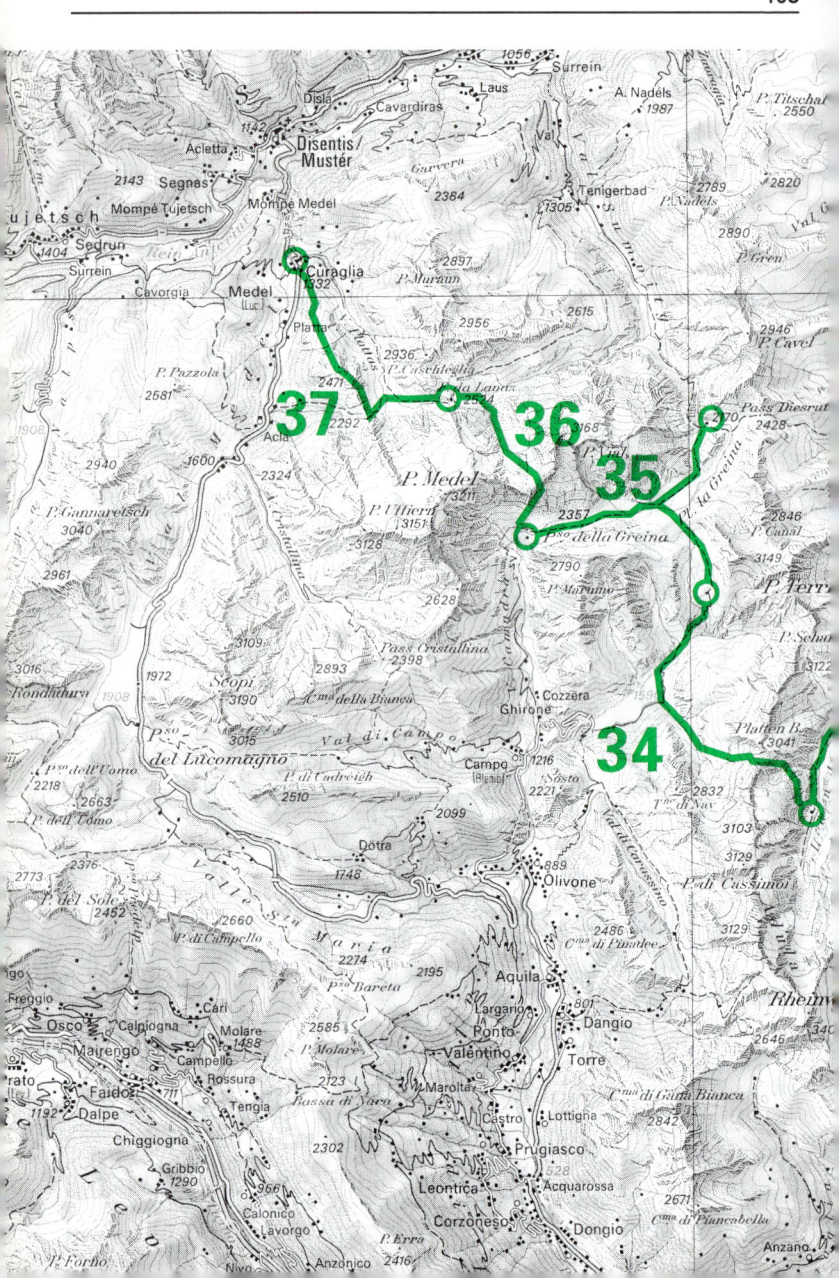

169 VI Vals – Rheinwald – Greina – Medelsergruppe

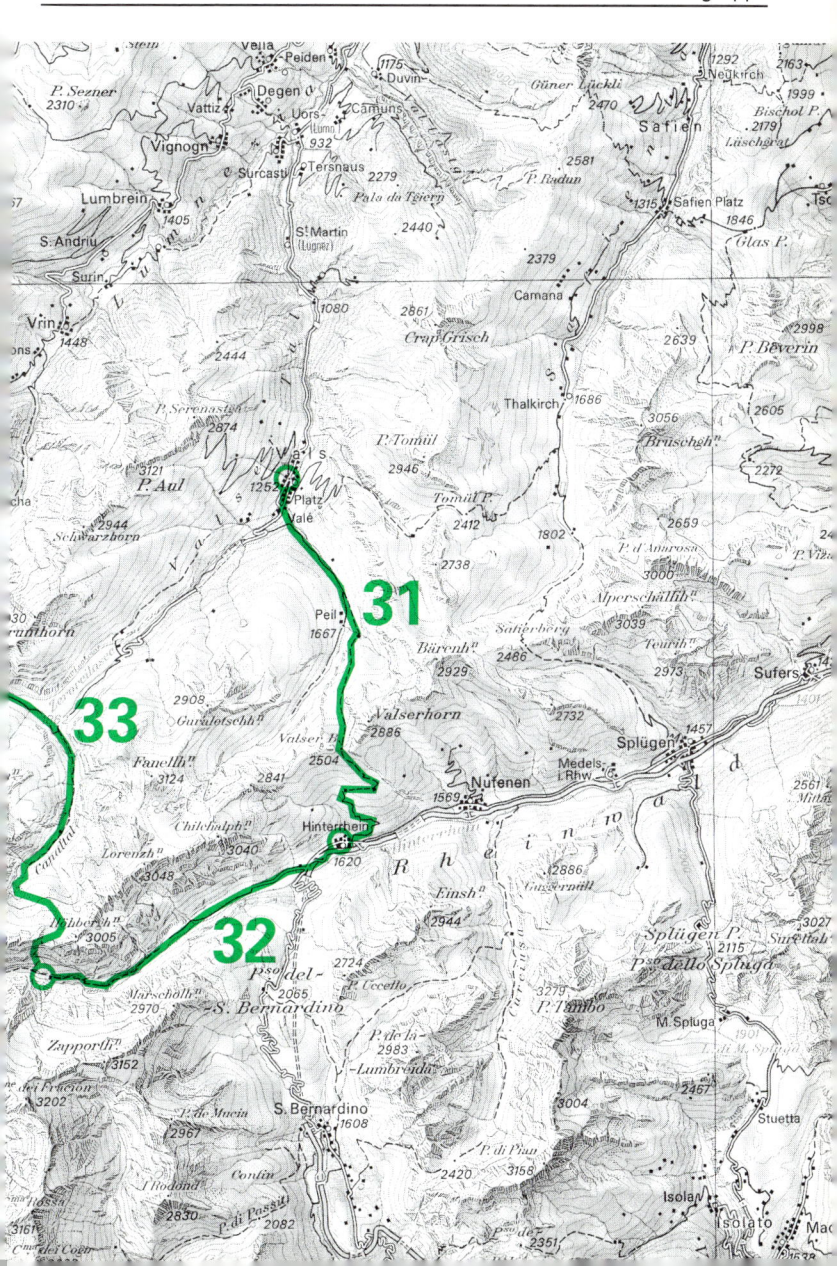

Vals – Valserberg – Hinterrhein

31 Über alte Fusswege zu neuen (Auto-)Bahnen

Diese Route verbindet altes Walserland: Auf ihr wanderten ab 1300 die ersten Walser aus dem Rheinwald ein und liessen sich im Peiltal und später in Vals nieder. Die Natur ist recht lieblich, und die Wanderung vermittelt schöne Einblicke in die Lebens- und Arbeitsweise der Walser. Diese Bergbauern prägten die Natur – sie rodeten, lasen Steine aus den Weiden und düngten die Wiesen, die sie dann mähten. Vom Valserberg aus schockiert die ins Rheinwald geknallte San-Bernardino-Schnellstrasse.

B **Routencharakter und Schwierigkeit**

Markierter Wanderweg.

Zeit 5½ Std.

Ausgangspunkt Vals (s. R. 30)

Endpunkt Hinterrhein (1620 m)

Kleine Siedlung im Rheinwald und letztes Dorf vor dem Nordportal des San-Bernardino-Strassentunnels.
Mit RhB Chur – St. Moritz bis Thusis, anschliessend Postauto Thusis – Bellinzona oder Postauto Chur – Bellinzona bis Hinterrhein. Fahrplanfelder 940, 900.80 und 940.30.
Mit PW über Chur – San Bernardino bis Hinterrhein.
Touristikinformation: Tel. 081 650 90 30, Fax 081 650 90 31.
Post: Tel./Fax 081 664 11 46.
Ein Lebensmittelgeschäft.
Sympathisches Touristenlager in der Dorfmitte, 7438 Hinterrhein.
Tel./Reservation: tagsüber 081 664 15 13, abends 081 664 14 91,
Fax 081 664 14 91.
2 Doppelzimmer, 5 Plätze im Lager. Ganzjährig geöffnet.

Einkehrmöglichkeiten unterwegs

Kiosk im Peiltal
In der Sommerferiensaison wird in Peil ein kleiner Kiosk mit Getränken und Snacks betrieben.

Ziegenalp Peil
Auf der Ziegenalp Peil kann man Alpprodukte geniessen und kaufen.

Vals – Valserberg – Hinterrhein

Karte
1234 Vals, 1254 Hinterrhein

Verschiedenes
Fahrgelegenheit bis Peil

In der Sommerferiensaison besteht eine Fahrgelegenheit mit Kleinbus von Vals bis Peil. Sie verkürzt die Gehzeit dieser Route um ca. 1½ Std. Auskunft beim Verkehrsverein Vals, Tel. 081 920 70 70, Fax 081 920 70 77.

Sehenswürdigkeit
Walser Kulturlandschaft

Am linken Hang des Peiltals bewirtschaften die Bauern von Vals ihre Wiesen – scheinbar – noch nach alter Väter Sitte. Natürlich haben auch auf diesen Maiensässen Motor, Telefon und Satellitenschüssel Einzug gehalten, doch die Wiesen werden regelmässig bis gegen 1800 m Höhe hinauf noch vielerorts gemäht, gehegt und gepflegt, so dass die Landschaft einen richtig «aufgeräumten» Eindruck erweckt.

Route

Von Vals-Platz folgt man dem markierten Wanderweg links haltend nach S ins Peiltal und erreicht über P. 1416 (Achtung, hier den unteren Weg nehmen) die Brücke über den Peiler Bach und die Fahrstrasse ins Peiltal. Auf der Fahrstrasse ins Tal hinein bis zur Ziegenalp im Sand. Dort steigt der Weg in Kehren am rechten Talhang hinauf, passiert die Alp Walletsch (P. 1875) und folgt dann, jetzt weniger steil, dem Berghang über Wiesen und später Geröll bis zur Einsattelung des Valserbergs (P. 2504). 3½ Std. Auf der Südseite senkt sich der Weg über den Piänetschberg, zunächst nach SE, ab ca. 2100 m nach SW ins Rheinwald. Die letzte Strecke nach Hinterrhein (1620 m) verläuft auf Güterstrassen.

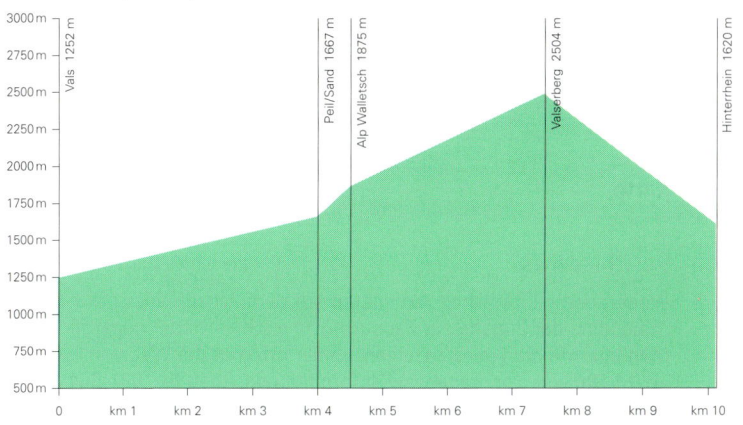

32 Der Rhein hat viele Quellen, aber nur einen Ursprung

Intensivste menschliche Nutzung und gewaltige Natur liegen auf dieser Etappe nur wenige Wegstunden, wenige tausend Meter, auseinander. Der Kontrast zwischen dem hässlichen, umgepflügten, staubigen und lärmigen Panzerschiessplatz und der Bergeinsamkeit am Paradiesgletscher könnte mächtiger, aufwühlender nicht sein. Eine Etappe, die nicht sein müsste, die aber eben auch sein muss.

B Routencharakter und Schwierigkeit
Markierter Hüttenweg

Zeit	3½ Std.

Ausgangspunkt	Hinterrhein (s. R. 31)

Endpunkt	Zapporthütte (2276 m) 727.060/151.200

SAC-Sektion Rätia, 7000 Chur. Tel. Hütte: 081 664 14 96. Hüttenwart Thomas Aebli, Hinterrhein. Tel./Fax 081 664 14 91.
35 Plätze. Bewartet von März bis September jeweils an den Wochenenden oder nach Vereinbarung (Halbpension auf Bestellung).
Die Hütte steht am Grashang unterhalb des Guggeri hoch über dem jungen Rhein und direkt gegenüber dem Zapportgletscher.

Einfachster Abstieg ins Tal	Nach Hinterrhein (s. R. 32)

Talort	Hinterrhein (s. R. 31)

Karte	1254 Hinterrhein

Verschiedenes	Panzerschiessplatz Hinterrhein

Wegen den militärischen Aktivitäten auf dem Panzerschiessplatz Hinterrhein kann der Zugang zur Zapporthütte erschwert oder unmöglich sein. Man beachte die Schiessanzeigen. Immer offen ist der Weg von Samstag, ab 14 Uhr, bis Sonntagabend. Informationen über Tel. 081 664 15 85, Fax 081 664 17 25.

Sehenswürdigkeiten — Ursprung, Höll und Paradies

Auf dem Weg zur Zapporthütte, auf ca. 2100 m, passiert der Weg senkrechte Felswände und eine wilde Schlucht, die Höll heisst. Gegenüber der Höll liegt das Paradies, eine karge Alpwiese. «Paradies» heisst eine Stelle in der Gletscherlandschaft, die in der Erinnerung der Einheimischen stets eisfrei und grün war. Die Legende erzählt zudem, dass dort eine Kapelle stand, deren Glöcklein heute als Schulglöcklein in Splügen hängt. Oberhalb der Hütte, am Fuss des Rheinwaldhorns, sammeln sich die Gletscherbäche im flachen Moränengeröll namens «Ursprung» zum jungen Rhein, der zum grössten Fluss Europas wird und 68 % der Schweiz entwässert.

Route

Von Hinterrhein folgt man der Strasse zum Panzerschiessplatz. Über das Schiessplatzgelände bis an dessen hinterstes (westliches) Ende, wo der junge Hinterrhein aus den Felsen schäumt. Der Weg bleibt immer rechts des Bachs, stellenweise ist er aus dem Felsen gesprengt. Er steigt kontinuierlich über die Zapportalp und die Felswände der Höll bis zur Zapporthütte (P. 2276) auf.

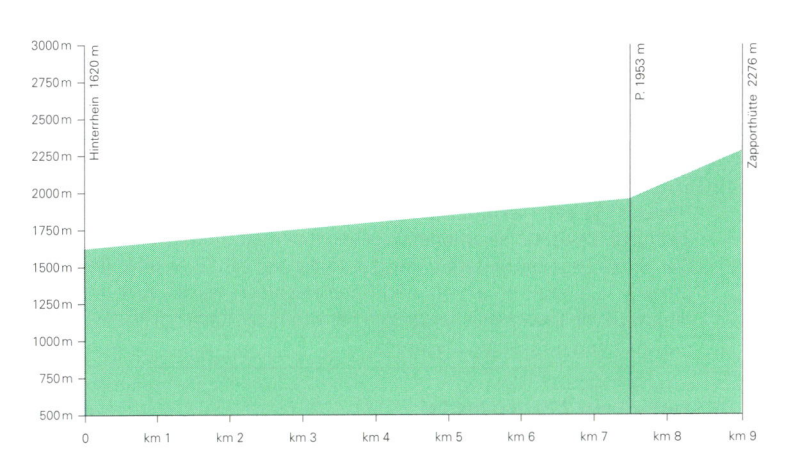

Zapporthütte – Canallücke – Lampertsch Alp – Läntahütte (Vals) **174**

33 Das im Stausee versunkene Walser-Dorf

Spannende, etwas in Vergessenheit geratene Route aus dem Rheinwald ins hintere Valsertal (zum Zervreila-Stausee). Sie ist nun von Einheimischen wieder neu markiert und «aktiviert» worden. Die Route führt aus dem Quellgebiet des Hinterrheins mit Rheinwaldhorn, Vogelberg, Rheinquellhorn, Piz de Stabi und Zapporthorn ins äusserst abgelegene und wilde Canaltal. Man erinnert sich hier gerne an die Legende der Walser vom verlorenen Tal, einer versteckten Gegend, die freie Luft zum Atmen, neuen Lebensraum und frisches Gras für die Kühe bietet, wenn rundherum alles schon besetzt und bevölkert ist.

EB Routencharakter und Schwierigkeit

Markierter Weg, z. T. weglos (Zapporthütte – Canaltal). Bei schlechter Sicht ist der Übergang nicht ganz einfach zu finden. Bei Nebel, Neuschnee oder Vereisung empfiehlt sich die Variante.

Zeit   6½ – 7 Std.

Ausgangspunkt   Zapporthütte (s. R. 32)

Endpunkt   Läntahütte (2090 m)   722.960/155.730

SAC-Sektion Bodan. Tel. Hütte: 081 935 17 13. Hüttenwart M. und T. Meier-Hodel, 7132 Vals. Tel./Reservation: 081 935 14 05 oder 071 463 33 09.
33 Plätze. Bewartet an schönen Wochenenden auf Vorbestellung.
Die Hütte liegt im hinteren Teil des Läntatals, ca. 50 m über dem Valserrhein. Sie lehnt an einem mächtigen Felsblock, wurde aber trotzdem mehrfach von Lawinenniedergängen betroffen, die immer grössere Schutzmassnahmen notwendig machten.

Einfachster Abstieg ins Tal   Nach Vals

Zur Zervreila-Staumauer bzw. nach Vals.
B. 2 Std. zur Staumauer bzw. 4 Std. nach Vals. Markierter Weg.
Auf dem markierten Hüttenweg durch das Läntatal hinaus, an der Lampertsch Alp vorbei zum S-Ende des Stausees. Nun der Strasse folgend über die Canalbrücke und dem Stausee entlang nach S zur Staumauer. Wenige Minuten unterhalb der Staumauer Postauto-Haltestelle und Restaurant Berghaus Zervreila (Tel. 081 935 11 66).

Zapporthütte – Canallücke – Lampertsch Alp – Läntahütte (Vals)

Talort
Vals (s. R. 30)

Einkehrmöglichkeit unterwegs
Lampertsch Alp

Einfache Alpwirtschaft. Das Angebot richtet sich nach Zeit und Produktevorrat der Aelplerinnen und Aelpler.

Karte
1234 Vals, 1233 Greina, 1253 Olivone

Verschiedenes
Wanderer – Taxi

Im Sommer verkehrt ein Wanderer-Taxi von Vals über das Berghaus Zervreila bis zur Canalbrücke. Fahrzeiten und Infos unter Tel. 081 935 12 79 oder beim Verkehrsbüro Vals, Tel. 081 920 70 70, Fax 081 920 70 77.

Sehenswürdigkeit
Zervreila

Eigentlich eine versunkene Sehenswürdigkeit: Am Boden des Zervreila-Stausees, der eine Fläche von 1,6 km^2 und ein Volumen von 100 Mio. m^3 aufweist, liegt die Walsersiedlung Zervreila. Sie musste geräumt werden, als der Stausee 1958 gefüllt wurde. Das auf 1720 m Höhe gelegene Zervreila war einst ganzjährig bewohnt und verfügte sogar über eine Kirche und einen Friedhof.

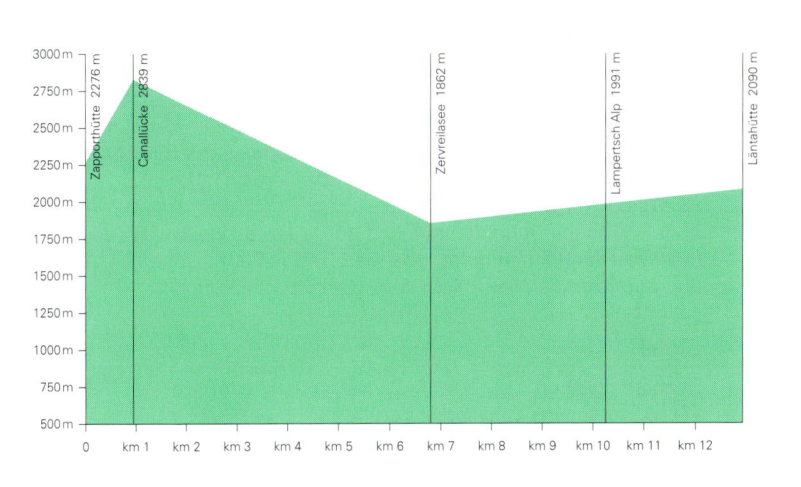

Zapporthütte – Canallücke – Lampertsch Alp – Läntahütte (Vals)

Route

Von der Zapporthütte nach NE auf Schafwegen über die Wiese zu einer wenig ausgeprägten Grasmulde. Man folgt dieser (mässig steil) nach NW zu einem breiten Rücken. Dieser Rücken hält gegen N das kleine Clubhüttentälli verborgen, das vom Höhberghorn bis zum Ursprung hinabreicht. Die Querung dieses schwach eingetieften Tals erfolgt ohne Höhenverlust. Auf der gegenüberliegenden Seite des Bachs beginnt der eigentliche Aufstieg zur Canallücke. Trittspuren und Markierungen weisen den Weg durch die steile, gras- und gerölldurchsetzte Flanke. Der Felsriegel, der schwieriger aussieht, als er ist, wird über gute Stufen durchstiegen. Der Hang wird flacher und weist muldenförmig zur tiefsten Einsattelung, der Canallücke (P. 2839), im Verbindungsgrat zwischen Salahorn im W und Höhberghorn im E. 1½ Std.

Auf der N-Seite der Lücke geht es wenige Meter zum Canalgletscher hinunter und über dessen westlichen, spaltenlosen Rand ins flache Gletschervorfeld. Markierungen und Steinmännchen weisen nach N über das Salaläger (P. 2463) und dann nach NE hinab ins Grosställi. Tal und Bach werden oberhalb des Salatobels bei P. 2308 gequert. Ueber Alpweiden geht es östlich des Tobels zum Graskopf (P. 2231), wo ein guter Weg beginnt, der direkt zur Canalalp führt. 2 Std.

Der Wanderweg, der das wilde und enge Canaltal nach N verlässt, bleibt immer auf der rechten Seite des Bachs. Er stösst bei der Canalbrücke am Zervreila-Stausee auf die Strasse (Hüttenweg zur Läntahütte). ¾ Std.

Man folgt der Strasse links haltend (W, später SW) ins Läntatal. An der Lampertsch Alp (P. 1991) und an der Abzweigung zum Passo Soreda vorbei führt der Wanderweg zur Läntahütte (P. 2090), die sich unter einem grossen Felsen versteckt. 2 Std.

Variante (für Schlechtwetter)

Umgehung des steilen Hangs zwischen Clubhüttentälli und Canallücke (zu empfehlen, wenn Nebel, Regen oder Neuschnee einen Aufstieg über den S-Hang zur Canallücke erschweren oder verunmöglichen).
EB. Weglos, nicht markiert. 1½ Std.
Vom Rücken ins Clubhüttentälli und durch dieses hinauf unter den Gipfelaufbau des Höhberghorns. Über Geröll nach N auf den flachen Verbindungsgrat zum Salahorn. Nach W zur Canallücke absteigen.

Gipfel

Salahorn (2984 m)
WS. ½ Std. von der Canallücke. Geröll.
Von der Canallücke ersteigt man das Salahorn leicht über seinen E-Grat.

Höhberghorn (3004 m)
WS. ¾ Std. von der Canallücke. Schutt und Geröll.
Von der Canallücke folgt man dem schwach ansteigenden Rücken nach E, dann ersteigt man in leichter Kletterei, der steilsten Stelle über die N-Seite ausweichend, auf den Gipfel.

Läntahütte – Passo Soreda – Lago di Luzzone –
Capanne Motterascio (Campo Blenio)

34 Freie Sicht aufs Gipfelmeer!

Eine harte Angelegenheit, eine der körperlich anstrengendsten Etappen dieses Führers mit rund 1200 m Höhendifferenz im Auf- und Abstieg. Über weite Strecken bergauf und bergab schlechte Wege, die Muskeln und Gelenke stark beanspruchen. Doch die Mühen werden belohnt: Eine Vielzahl von landschaftlichen Schönheiten folgen sich Schlag auf Schlag, so dass am Abend Kopf und Herz voll sind von tiefen Eindrücken aus einem unbekannten Stück Schweiz. Auch der Unterschied zwischen Alpennord- und Alpensüdseite ist deutlich spürbar.

EB Routencharakter und Schwierigkeit

Markierte, zum Teil im Geröll verschwundene Wanderwege. Auf der W-Seite des Passo Soreda in schlechterem Zustand als auf der E-Seite.

Zeit 6¾ – 7 Std.

Ausgangspunkt Läntahütte (s. R. 33)

Endpunkt Capanna Motterascio (2172 m)   720.060/161.430

SAC-Sektion Ticino. Tel. Hütte: 091 872 16 22. Hüttenwartin Elena Mercoli, 6911 Gravesano. Tel./Reservation: 091 605 31 29.
70 Plätze. Bewartet von Juni bis September.
Die Hütte liegt am Südrand der weiten Weidefläche der Alpe di Motterascio.

Einfachster Abstieg ins Tal Nach Campo (Blenio)

B. 2½ Std. Markierter Wanderweg, später Strasse.
Zur Alpe Garzott (1630 m) am Südende des Luzzone-Stausees; s. R. 34.
Ab Alpe Garzott folgt man der Strasse zur Staumauer und weiter hinunter ins Bleniotal nach Campo.

Talort Campo Blenio (1216 m)

Kleiner Ort im Bleniotal/Tessin.
Mit RhB Chur – Disentis bis Disentis, anschliessend Postauto Disentis – Lukmanier-Passhöhe, Passhöhe – Olivone, dann Olivone – Campo Blenio.
Fahrplanfelder 920, 920.80, 600.73 und 600.78.
Mit PW über Gotthard – Airolo oder San Bernardino – Bellinzona nach Biasca. Von Biasca ins Valle Blenio und über Olivone nach Campo Blenio.
Ufficio Turistico/Verkehrsbüro: Tel. 091 872 14 08.
Post: Tel. 091 872 14 01.

Läntahütte – Passo Soreda – Lago di Luzzone – Capanne Motterascio (Campo Blenio)

Karte 1253 Olivone, 1233 Greina

Route

Von der Läntahütte geht man auf dem Hüttenweg ca. 1 km zurück Richtung Vals. Etwa auf halber Strecke zur Lampertsch Alp zweigen Fussspuren vom Weg ab und führen am linken Berghang in die Höhe. Auf einer Höhe von ca. 2140 m trifft man auf mehr oder weniger ausgeprägte Wegspuren (markiert), die von der Lampertsch Alp zum Passo Soreda hinaufführen. Der steile Weg vermittelt einen spannenden Durchgang durch das Felsband und führt auf die darüberliegenden Wiesen zum Vorsprung P. 2374. Toller Tiefblick auf das Läntatal. Der Weg folgt dem Bach und ist hie und da für eine gewisse Strecke unterbrochen. Er geht nach SW dem Abhang des Garenstockes entlang bis zu einem Tümpel (P. 2573). Man befindet sich nun in einem wüsten Steinkessel und arbeitet sich durch viele grobe Felsklötze hinauf zur Höhe des Passo Soreda (P. 2759). 2½ Std.

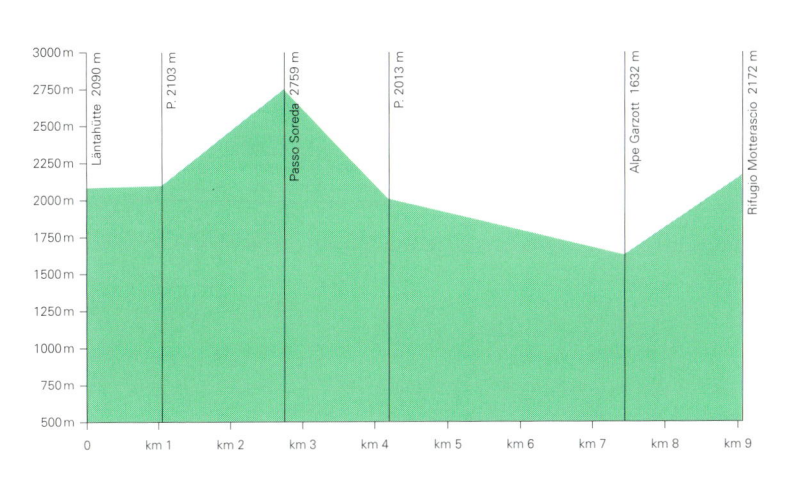

Weiter Ausblick gegen Norden und Süden. Tolle Sicht auf das nahe Rheinwaldhorn und den Läntagletscher. Auf der Nordseite des Passo Soreda führt ein schlechter, rauher Pfad steil ins obere Val Scaradra ab. Zuerst führt eine steile, mit losem Geröll angefüllte Rinne nach W, später NW. Von ca. 2200 m an wird der Weg angenehmer, überquert eine kleine Ebene und senkt sich dann einer senkrechten Felswand entlang eine Stufe tiefer. Achtung: auf dem Weg bleiben! Der Bach links vom Weg schiesst in einem spektakulären Wasserfall über die Felswand. Die Vegetation wird immer üppiger, und man erreicht die Alpe Scaradra di sotto (P. 1797). Nach den Gebäuden teilt sich der Weg, es führen aber beide Arme zur Alpe Garzott (P. 1630), die am Luzzone-Stausee liegt. 2½ Std.

Von der Alpe führt der markierte Hüttenweg zur Capanna Motterascio hinauf über dem Arm des Stausees durch eine spektakuläre Schlucht in die Valle di Garzora. Dieses Wegstück kann bei heftigen Gewittern heikel sein. Zu Beginn des Tals überspannt eine eigenwillige Brücke (P. 1632) den Bach, danach steigt der Weg am S-Hang des Lungadera in die Höhe, geht unter der Transportseilbahn der Hütte durch und überquert bei Trachee (ca. 1940 m) den Ri di Motterascio. Ueber einige Spitzkehren erreicht man die Capanna Motterascio (2172 m). 1¾ Std.

Gipfel Pizzo Cassinello (3103 m)

L. 1 Std. vom Passo Soreda.

Von der Passhöhe (2759 m) steigt man über den breiten Gratrücken gegen S. Auf Geröll und Schnee erreicht man den Gipfel.

35 Weltberühmte, vielbewanderte Greinaebene

Zeitweise verliert die Greina von ihrem Reiz. Dann nämlich, wenn der Himmel sich himmelblau über die Hochebene spannt und Hundertschaften singend und Bierbüchsen schwenkend durch die Sumpfwiesen trampeln. So richtig schön ist die Tundra-Landschaft in der nackten Einsamkeit kalter Schlechtwettertage, kurz vor dem Einschneien im Spätherbst oder während langer Frühlingswochen, wo es scheint, als würde die Sonne dem Schnee niemals Herr werden. An solchen Tagen kann der Besucher fühlen, was an dieser Gegend voller Schutt und Steine so sehr fasziniert, dass man davon schwärmt und immer hierher zurückkommt.

B Routencharakter und Schwierigkeit

Markierte Wanderwege.
In der vielbegangenen und gut ausgeschilderten Greina-Gegend gibt es weder technische Schwierigkeiten noch Orientierungsprobleme. Einzig bei schlechter Sicht (Nebel) sollte man sich genau an die Wege halten.

Zeit
2 ½ Std.

Ausgangspunkt
Capanna Motterascio (s. R. 34)

Endpunkt 1
Capanna Scaletta (2205 m)   715.050/162.920

SAT Lucomagno, 6718 Olivone.
Tel./Reservation: 091 872 26 28.
Hüttenwart Tel./Reservation: 091 827 33 76.
40 Plätze. Bewartet von Mitte Juni bis Mitte Oktober. Die alte Hütte daneben ist immer offen (16 Plätze).
Die 1995 erbaute, eigenwillige Konstruktion steht zuvorderst auf einer aussichtsreichen Terrasse hoch über dem Val Camadra.

Einfachster Abstieg ins Tal
Nach Campo Blenio

B. 2 Std. Markierter Wanderweg.
Von der Hütte steigt man zunächst einige Minuten ostwärts gegen den Greinapass auf, überquert den Bach, gelangt auf seine rechte Seite und steigt über den steilen Geröllhang zur Ebene Pian Geirèt ab. Vom unteren Ende der Ebene führt eine Baupiste durch das Val Camadra hinaus nach Daigra (1408 m). 2 Std.
Von Daigra auf der Strasse nach Campo Blenio (1216 m). 1 Std.

Endpunkt 2 Camona da Terri (2170 m) 719.940/166.010

SAC-Sektion Piz Terri. Tel. Hütte: 081 943 12 05. Hüttenwart Toni Trummer-Janka, 7134 Obersaxen-Meierhof. Tel./Reservation: 081 933 32 93.
82 Plätze. Bewartet von Juli bis September (ganze Woche), von Januar bis Juli an Wochenenden nach Vereinbarung.
Die Hütte steht auf einem Hügel im Talschluss des Val Sumvitg, bevor der Rein da Sumvitg aus der Greina durch eine tiefe Schlucht ins Tal hinabstürzt.

Einfachster Abstieg ins Tal Nach Surrein

B. 6 Std. Markierter Wanderweg.
Von der Hütte steigt man vom Hügel hinunter, auf dem die Hütte steht, gewinnt die gegenüberliegende Bergflanke (W-Hang des Piz da Stiarls) und steigt immer auf der linken Seite des Bachs hinunter bis zur Alp Val Tengia (P. 1344). Der Weg führt nun weniger steil durch Wald und über Wiesen talauswärts zum Stausee Runcahez. 3 Std.
Ab Runcahez führt eine Fahrstrasse über Val nach Surrein. 2½ Std.
Die Bahnstation liegt auf der gegenüberliegenden Seite des Vorderrheins unterhalb von Rabius. ½ Std.

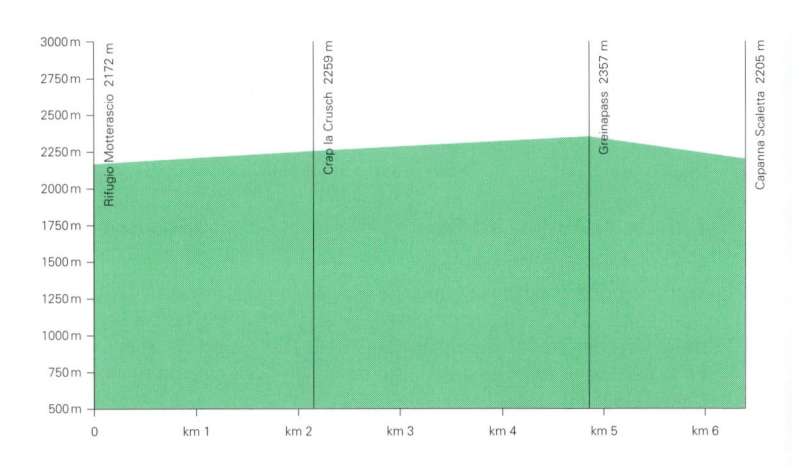

| Talorte | Surrein (895 m) und Campo Blenio (s. R. 34) |

Surrein
Kleines Dorf im Vorderrheintal in der Talsohle und gegenüber Rabius. Am Ausgang des Val Sumvitg.
Mit RhB Chur – Disentis bis Rabius/Surrein. Fahrplanfeld 920.
Mit PW über Chur – Flims – Trun – Rabius/Surrein.
Kur- und Verkehrsverein: Tel. 081 943 16 91.
Post: Tel. 081 943 11 95, Fax 081 943 12 55.
Bahnhof Rabius: Tel. 081 943 11 66.
Bank, Lebensmittelgeschäft.

| **Karte** | 1233 Greina |

Die Route

Von der Capanna Motterascio auf markiertem Wanderweg angenehm zum Crap la Crusch (P. 2259) hinauf, wo man einen tollen Blick auf die Greina-Hochebene/Plaun la Greina hat. 1 Std.
Zum Rifugio Scaletta: Auf die Greinaebene hinunter und auf dem Weg links (W) sanft zum Passo della Greina/Pass Crap (P. 2357) hinauf und hinunter zur Scaletta-Hütte, die erst im letzten Augenblick sichtbar ist. 1½ Std.
Zur Camona da Terri: Auf die Greinaebene hinunter, die Ebene überqueren und nach N über den kleinen Einschnitt (P. 2263) am W-Fuss des Muot la Greina zum Seelein unter dem Hüttenplatz der Terrihütte. In fünf Minuten zur Hütte aufsteigen. 1½ Std.

Capanna Scaletta oder Camona da Terri – Fuorcla Sura da Lavaz –
Camona da Medel (Curaglia)

36 Von Wollgrasbüscheln zu Wolkenfetzen

Ein weiterer Höhepunkt! Aus der lieblichen Greina-Ebene ins Herz der Medelser Berge. Von den sanft im Wind wiegenden Wollgrasbüscheln auf der Südseite des Gebirges zu den windumtosten Felsspitzen des Bergkamms und den zerrissenen Gletscherabbrüchen der Nordseite. Von einer Landschaft, in der die Horizontale den Blick bestimmt, in die aufwärts strebende Felsenwelt des Hochgebirges zwischen Piz Medel und Piz Valdraus.

EB, L Routencharakter und Schwierigkeit

(Südseite), L (Nordseite)
Alpiner Passübergang, der Trittsicherheit, Orientierungssinn und Kenntnisse des Gebirges verlangt. Kein Weg, keine Markierung. Bei Schlechtwetter nicht zu empfehlen. Die wenigen Spaltenzonen auf dem Gletscher auf der Nordseite der Fuorcla Sura da Lavaz lassen sich bei guter Routenwahl umgehen.

Zeit

Von der Camona da Terri: 5½ – 6 Std.
Von der Capanna Scaletta: 4 – 4½ Std.

Ausgangspunkt   Capanna Scaletta, bzw. Camona da Terri (s. R. 35)

Endpunkt   Camona da Medel (2524 m)   712.940/166.540

SAC-Sektion Uto. Tel. Hütte: 081 949 14 03. Hüttenwart-Ehepaar Daniela und Michael Berther, 7132 Vals. Tel./Reservation: 081 935 18 62.
52 Plätze, davon 23 im Winterraum. Von Juli bis Mitte November während der ganzen Woche, von Januar bis Juli an Wochenenden oder nach Vereinbarung bewartet.
Die gemütliche Hütte steht an einem ungemütlichen Ort: genau im Einschnitt der Fuorcla Lavaz zwischen Piz Medel und Piz Caschlegia.

Einfachster Abstieg ins Tal   Nach Curaglia

B. 2½ Std. Von der Hütte auf dem markierten Wanderweg via Alp Sura (P. 1982) bis zur Brücke bei Pardatsch (P. 1596) ins Val Platta absteigen. Von hier führt eine Alpstrasse nach Curaglia.

Capanna Scaletta oder Camona da Terri – Fuorcla Sura da Lavaz – Camona da Medel (Curaglia)

Talort
Curaglia (1332 m)

Dorf im Val Medel, an der Nordrampe des Lukmanierpasses.
Mit RhB Chur – Disentis bis Disentis, anschliessend Postauto Disentis – Lukmanier-Passhöhe bis Curaglia. Fahrplanfelder 920 und 920.80.
Mit PW über Chur – Disentis – Lukmanier-Passhöhe bis Curaglia.
Post: Tel. 081 947 51 41, Fax 081 947 43 48.
Tel. Union da cura e traffic Medel/Verkehrsbüro: 081 947 54 00.
Zwei Hotels, Lebensmittelgeschäft.

Karte
1213 Greina

Ausrüstung
Gletscherausrüstung (Seil, Pickel, evtl. Steigeisen).

Sehenswürdigkeit
«Dessert-Hütte»

Im Herbst 1997 testete die Konsumenten-Sendung «Espresso» von Schweizer Radio DRS verschiedene SAC-Hütten. Positiv fiel den Autoren u. a. die Medelser-Hütte auf, wo «das junge Hüttenwart-Ehepaar alle Register zieht» und wo «jeden Tag frisches Brot auf den Tisch kommt». Den Beinamen «Dessert-Hütte» erhielt die Medelserhütte von dem duftenden Apfelstrudel mit Vanillesauce, den das Hüttenwart-Ehepaar müden Alpinisten beim Eintreffen unter die Nase hält.

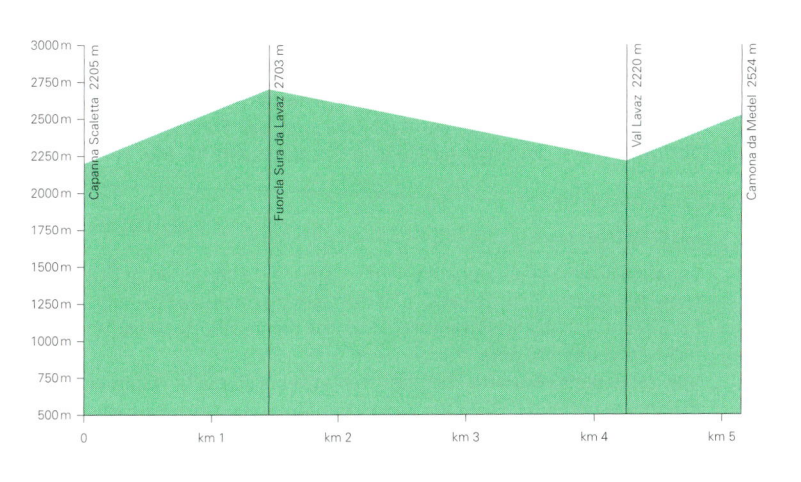

Route

Achtung: Die Routenfindung ist auf dieser Etappe nicht ganz einfach. Sie verlangt einige Aufmerksamkeit.

Von der Camona da Terri: Auf dem markierten Weg zum Greinapass (P. 2357), etwas rechts zur kleinen Ebene absteigen, die westlich des Greinapasses liegt. Weiter wie unten. 1½ Std.

Von der Capanna Scaletta: Auf dem Weg zur Greinaebene geht man etwa ¼ Std. bis links unten, zwischen dem Felsbuckel Piano della Greina (P. 2366) und dem Greinapass, eine Ebene mit mäandrierenden Bächen sichtbar ist. Man verlässt den Weg und steigt nach N zur Ebene ab, überquert sie, wandert ein kleines Stück Richtung Scaletta-Hütte zurück und begibt sich hinter den erwähnten Felsbuckel, also auf dessen N-Seite. Von dort steigt man nordwärts über blockgefüllte Rinnen, steile Grashänge und Felsbuckel an einem kleinen Seelein (P. 2430) vorbei und zu einem etwas grösseren Seelein (P. 2496) hinauf. Vom zweiten Seelein folgt man dem Bachlauf bis zum dritten Tümpel (P. 2588). Nun steht man nur noch 200 Höhenmeter unterhalb der Passhöhe, die man über unangenehm lockeres, blockiges Gestein in nordwestlicher Richtung erreicht. Die Höhe der Fuorcla Sura da Lavaz (P. 2703) ist mit einer Eisenstange markiert. 1½ Std.

Von der Passhöhe aus ist der Weiterweg sichtbar: Ueber den obersten Teil des Glatscher da Lavaz auf die breiten und geröllbedeckten, mit mehreren Seelein «geschmückten» Felsrücken hinunter. An seinem linken (westlichen) Rand entlang (an P. 2643 vorbei) führen Wegspuren und Steinmänner auf den unteren, ziemlich flachen Teil des Gletschers hinunter. Man quert den Gletscher absteigend an seinen linken Rand und quert steile, unangenehme Geröllhänge. Vorsicht, nun nicht zu weit absteigen: Auf ca. 2220 m Höhe kann man, verblichenen roten Pfeilen folgend, unter den Felsen durchgehen, links um die Ecke biegen und auf Wegspuren nach W durch ein Tälchen und weitere Hänge steil zur Fuorcla da Lavaz (P. 2524) aufsteigen. «Wegweiser» ist der Bach, der von der Fuorcla da Lavaz ins Val Lavaz fliesst. Im Sattel der Fuorcla da Lavaz steht die Medelserhütte. 2¼ Std.

Alternative

Capanna Scaletta – Camona da Terri – Camona da Medel ohne Überquerung der Fuorcla Sura da Lavaz und des Glatscher da Lavaz.
EB. 6½ Std. von der Scalettahütte. 5 Std. von der Terrihütte. Markiert, aber nicht durchgehend gute Wanderwege.

Von der Capanna Scaletta über Passo della Greina (P. 2357), Plaun la Greina (Greinaebene) und P. 2263 am W-Fuss des Muot la Greina zur Camona da Terri (P. 2170). 1½ Std.

Von der Terrihütte auf dem Hüttenweg ins Val Sumvitg zum Geröllboden im Hintergrund der Alp Tegnia, wo man bei P. 1385 den Rein da Vigliuts, der von links her aus dem Val Lavaz kommt, überschreitet. Wegspuren (markiert) führen aufsteigend zunächst nach N, dann nach W über die Alp Rentiert Dadens und Stavelatsch (P. 2327) zur Fuorcla da Lavaz und zur Medelserhütte (2524 m). 5 Std.

Gipfel   Piz Valdraus (3096 m)

L (bei guten Verhältnissen). 1 – ½ Std. von der Fuorcla Sura da Lavaz.
Von der Fuorcla Sura da Lavaz (P. 2703) folgt man dem leichten Südgrat. Von der Kuppe (P. 2853) steigt man leicht ab und folgt der Normalroute, die von der Camona da Medel heraufkommt. Sie verlässt den Südgrat und erreicht durch die Mulde des Vadrecc del Valdraus und einen Geröllhang den Gipfel. (Details s. SAC-Clubführer «Bündner Alpen», Bd. 2).

Camona da Medel – Fuorcla dalla Buora – Piz Ault –
Curaglia oder Fuorns

37 Aussichtsreicher geht's (fast) nicht mehr

Eine Panorama-Wanderung, wie es sie nur selten gibt! Von der Medelserhütte, die sich an den Fuss des mächtigen Gebirges duckt, wandert man auf dem ausgesetzten Nordgrat des Piz Ault talwärts, entfernt sich mehr und mehr von den Bergen und gewinnt mit jedem Schritt unvergessliche Blicke: Hinten grüsst die vergletscherte Medelsergruppe, vorne erblickt man das Vorderrheintal mit den Orten Disentis und Sedrun und die hohen Gipfel zwischen Oberalpstock und Tödi, wo die letzten Etappen dieser Haute Route durch Graubünden angesiedelt sind. Ein tiefes Erlebnis für Seele und Gemüt.

EB Routencharakter und Schwierigkeit

Bergweg, der etwas Orientierungssinn und Trittsicherheit verlangt. Markiert ausser auf der Abkürzung zwischen dem Hüttenweg der Camona da Medel und dem Aufstieg zur Fuorcla dalla Buora.

Zeit 4½ Std.

Ausgangspunkt Camona da Medel (s. R. 36)

Talorte Curaglia (1400 m), Platta (Val Medel); s. R. 36.

Hotel Scopi
Hauptstrasse Lukmanierpass, 7184 Curaglia.
Tel./Reservation: 081 947 55 52.
32 Betten. Ganzjährig geöffnet. Donnerstag Ruhetag.

Hotel-Pension Cuntera
Mutschnengia, 7184 Curaglia-Mutschnengia.
Tel./Reservation: 081 947 63 43, Fax 081 947 57 07.
8 Zimmer. Geöffnet Anfang Dezember bis Mitte November.

Ferienhaus Camona
40 m neben dem Hotel Cuntera, 7184 Curaglia-Mutschnengia.
Tel./Reservation: 081 947 59 50, Fax 081 947 57 07.
37 Betten, teils Lager/Zimmer. Geöffnet Anfang Dezember bis Mitte November.

Hotel/Gasthaus dalla Posta
7185 Platta.
Tel./Reservation: 081 947 52 54, Fax 081 947 52 13.
18 Betten in Doppelzimmern. Ganzjährig geöffnet.

Camona da Medel – Fuorcla dalla Buora – Piz Ault – Curaglia oder Fuorns

Karte

1233 Greina, 1213 Trun

Route

Von der Medelserhütte steigt man etwa 300 m auf dem Hüttenweg Richtung Curaglia (Val Medel) ab. Gegenüber im W sieht man die Fuorcla dalla Buora deutlich als markanten Grateinschnitt. Nach ca. ¾ Std. Abstieg quert man den Talhintergrund des Val Platta etwas mühsam über Geröll und durch Alpenrosenstauden an den Fuss des Aufstiegs zur Fuorcla (zwischen 2050 und 2100 m). Auf diesem Abschnitt (Abkürzung) existieren keine Markierungen. Die Ueberquerung der Gletscherbäche kann schwirig sein, im Extremfall muss man bis zur Alp Sura absteigen, wo oberhalb der Gebäude (ca. 2000 m) eine Brücke den Uebergang erlaubt. Kann man ohne Höhenverlust queren, so trifft man bald auf den von weitem sichtbaren, markierten Weg zur Fuorcla, der sich in Spitzkehren zur Fuorcla dalla Buora (P. 2292) hinauf windet. 2 Std.

Von der Passhöhe ersteigt man auf Wegspuren (markiert) den Grashang nach N bis zum ersten, grasigen Kopf (P. 2360). Von ihm aus begeht man den ausgesetzten Grat nach N manchmal direkt über die Gratschneide, dann auf der W- oder E-Seite in stetem Auf und Ab und oft über Gras. Einige wenige Felspartien überklettert man bis zum letzten und höchsten Punkt, dem Piz Ault (P. 2470). Beeindruckende Aussicht. 1 Std.

Man übersieht vom Piz Ault aus den Abstieg, der dem Grat gegen N weiter bis zu den Hütten (P. 1972) am Crap Stagias folgt. Von hier an kann man entweder der geteerten Strasse oder dem z. T. überwachsenen Weg durch die Windwurfflächen bis nach Curaglia (1332 m) folgen. 1½ Std.

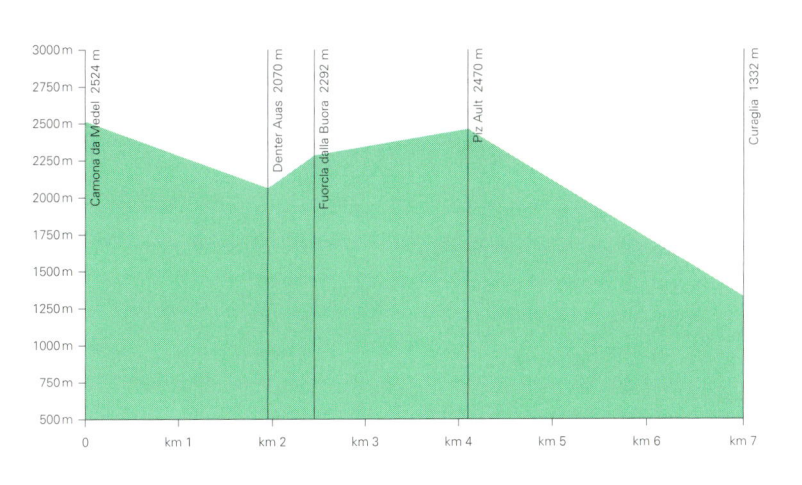

Variante Fuorcla dalla Buora – Fuorns

EB. 1½ Std. Direkter Abstieg von der Fuorcla dalla Buora ins Val Medel (Fuorns): Ein markierter Bergweg führt vom Pässchen durch das Val la Buora direkt nach Fuorns (1486 m) im Val Medel.

Der Wald schützt(e) Leben

Viele guten Dinge nehmen wir erst wahr, wenn sie uns fehlen. Am 27. und 28. Februar 1990 raste ein Unwetter über halb Europa hinweg. Seine Spuren können wir beim Abstieg vom Piz Ault an den Hängen oberhalb von Curaglia noch heute gut sehen. In Deutschland knickte der Sturm 65 Millionen Kubikmeter Holz, in der Schweiz 4,3 Millionen. Im Kanton Graubünden waren es 634 000 Kubikmeter, in den Gemeinden Disentis, Medel und Tujetsch allein 177 000 Kubikmeter.

Ueber die Gewalt des Sturmes schreibt Kreisforstingenieur Alexi Sialm eindrücklich: «Am Oberalppass hievten die Sturmböen sechs Wagen, inklusive Speise- und Panoramawagen, der Furka-Oberalp-Bahn aus den Geleisen. In Curaglia fingen Geschirrschränke zu klirren an. Dumpfes, stundenlanges und unheimliches Dröhnen der Sturmwinde, unterbrochen von heftigen Knallgeräuschen, lehrte am Abend die Bergbewohner das Fürchten.» An einigen Orten in den Alpen massen die Meteorologen 269 Stundenkilometer Wind. «Ich hätte hinter dem Dorf am liebsten eine Staumauer aufgestellt und wäre verschwunden», sagte ein geschockter Förster kurz nach dem Ereignis gegenüber den Medien.

Die Folgen dieses «Jahrhundertsturms» konnten die Leute von Curaglia am anderen Morgen begutachten: Der Bannwald oberhalb ihres Dorfs war vollständig zerstört, wie Zündhölzer hatte der Sturm die dicksten Tannen geknickt. Jahrhundertelang hatte der Wald allen Unbilden des Wetters getrotzt und die Siedlung geschützt – nun fielen unzählige Bäume in einer einzigen Nacht um, genauer gesagt um das 22fache der Jahresnutzung in den Wäldern des hiesigen Forstkreises. 34 Prozent der gesamten Waldfläche der Gemeinde Medel am Lukmanierpass wurden vernichtet. Der Sturm namens «Vivian» beschäftigt seit diesem Tag die Forstorgane. Riesige Mengen Holz mussten weggeräumt werden. Die Förster griffen beim Verkauf zu unkonventionellen Mitteln: Sie bereisten das Piemont und die Lombardei und versuchten, gute Preise zu erzielen.

«Vivian» beschäftigt seit diesem Tag auch die Gemüter. Denn ein Schutzwald ist nicht nur ein Ort, wo Holz wächst. Der Wald schützt Leben! Die kahlrasierten Hänge hinter dem Dorf Curaglia weisen eine Steigung von 60 bis 100 Prozent auf. Ab 58 Prozent wird mit Lawinen gerechnet... Alexi Sialm: «Das Dorf Curaglia ist durch die Orkanschäden seines Schutzwaldes beraubt worden und damit grösster Lawinen- und Steinschlaggefahr ausgesetzt. Es galt hier, Sofortmassnahmen zu realisieren.» 1180 Meter Schneerechen aus Holz und 600 Meter Steinschlagnetze mussten aufgestellt werden. 23,5 Millionen Franken kosteten allein die forstlichen Wiederherstellungsmassnahmen in den Wäldern am Lukmanierpass. Die natürliche Wiederaufforstung auf dieser Höhe und an diesen steilen und nur von einer dünnen Humusschicht bedeckten Hängen wird noch viel Zeit in Anspruch nehmen. (PD)

Lawinenschutz im Schutzwald von Curaglia (R. 37)

VII Val Cristallina – Cadlimo – Maighels – Punteglias

Pässe und Gletscherberge im wilden Westen Graubündens

Neben ausgedehnten Bergregionen berührt die Route die beiden Strassenpässe Lukmanier und Oberalp. Am Oberalppass wendet sie sich von der Ost-West- in die umgekehrte Richtung und von der rechten Seite des Vorderrheintals auf die linke. Fast unwirklich schöne Bergseen, märchenhafte Gerölltäler und ständig wechselnde Himmelsphänomene an der Wetterscheide zwischen Nord und Süd begeistern die Sinne. Im Val Medel beeindruckt die Urgewalt der Naturkräfte: Die Spuren des Orkans Vivian sind unübersehbar. Der Bergwanderer wird gleichzeitig mit zahlreichen massiven Eingriffen der Zivilisation in die Natur konfrontiert – Strassenverkehr, Militärschiessplätzen, Wasserkraftwerken.

Die Tagesetappen

38   Curaglia oder Fuorns – Pass Cristallina - Capanna Boverina (Campo Blenio)
     Der schönste Bündner Bergsee liegt im Tessin

39   Capanna Boverina – Passo di Gana Negra – Lukmanierpass – Capanna Cadlimo (Airolo)
     Entlang der Wasser- und Wetterscheide

40   Capanna Cadlimo – Passo Bornengo – Camona da Maighels (Oberalppass)
     Berge und Täler, wo man sich verlieren kann

41   Camona da Maighels – Oberalppass – Rueras
     1320 Kilometer Rhein bis Rotterdam

42   Rueras – Val Mila – Mittelplatten – Etzlihütte (Bristen)
     Nur der Wind singt in den Hochspannungsdrähten

43   Etzlihütte – Chrüzlipass – Val Strem – Fuorcla da Strem Sut – Camona da Cavardiras (Disentis)
     Zwei Pässe zwischen zwei Hütten

44   Camona da Cavardiras – Alp Cavrein Sura – Val Gliems – Fuorcla da Punteglias – Camona da Punteglias (Trun)
     Schritt für Schritt durch ein geologisches Museum

194

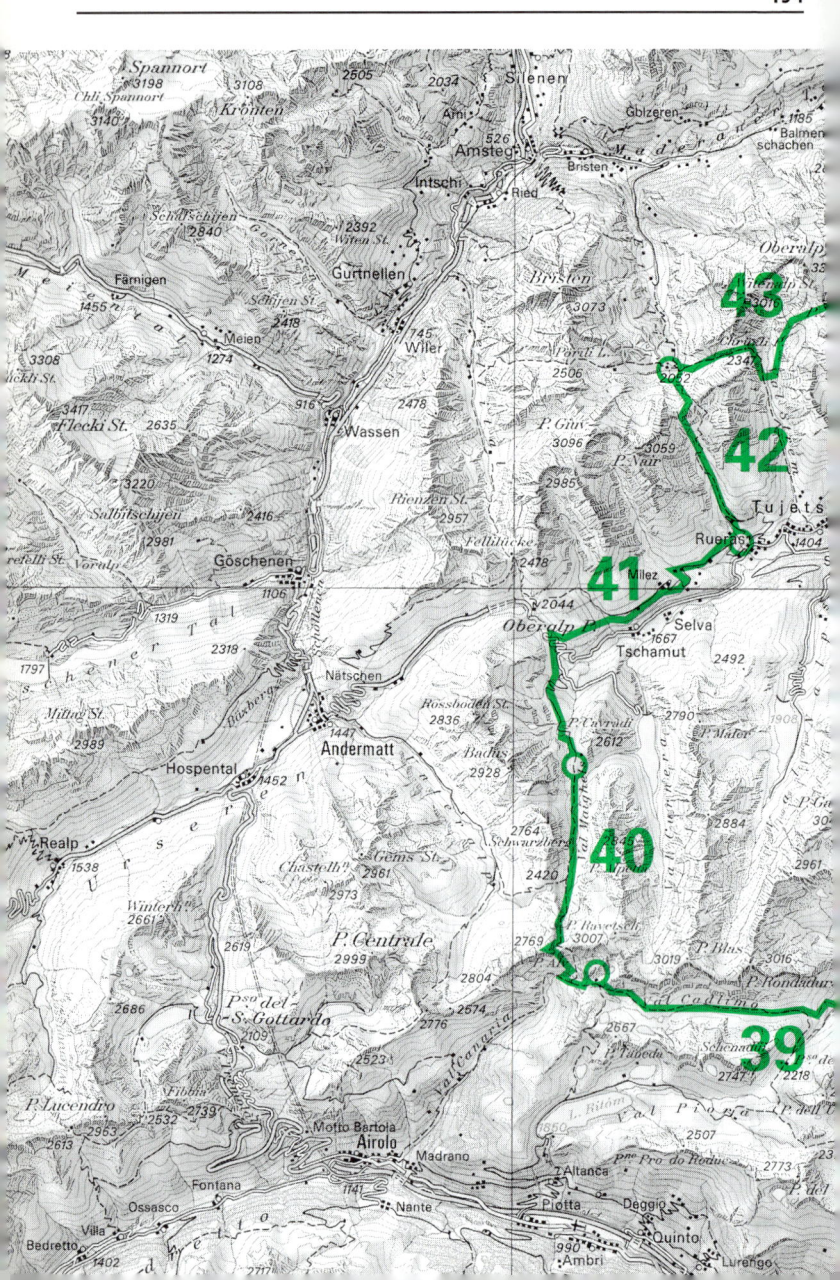

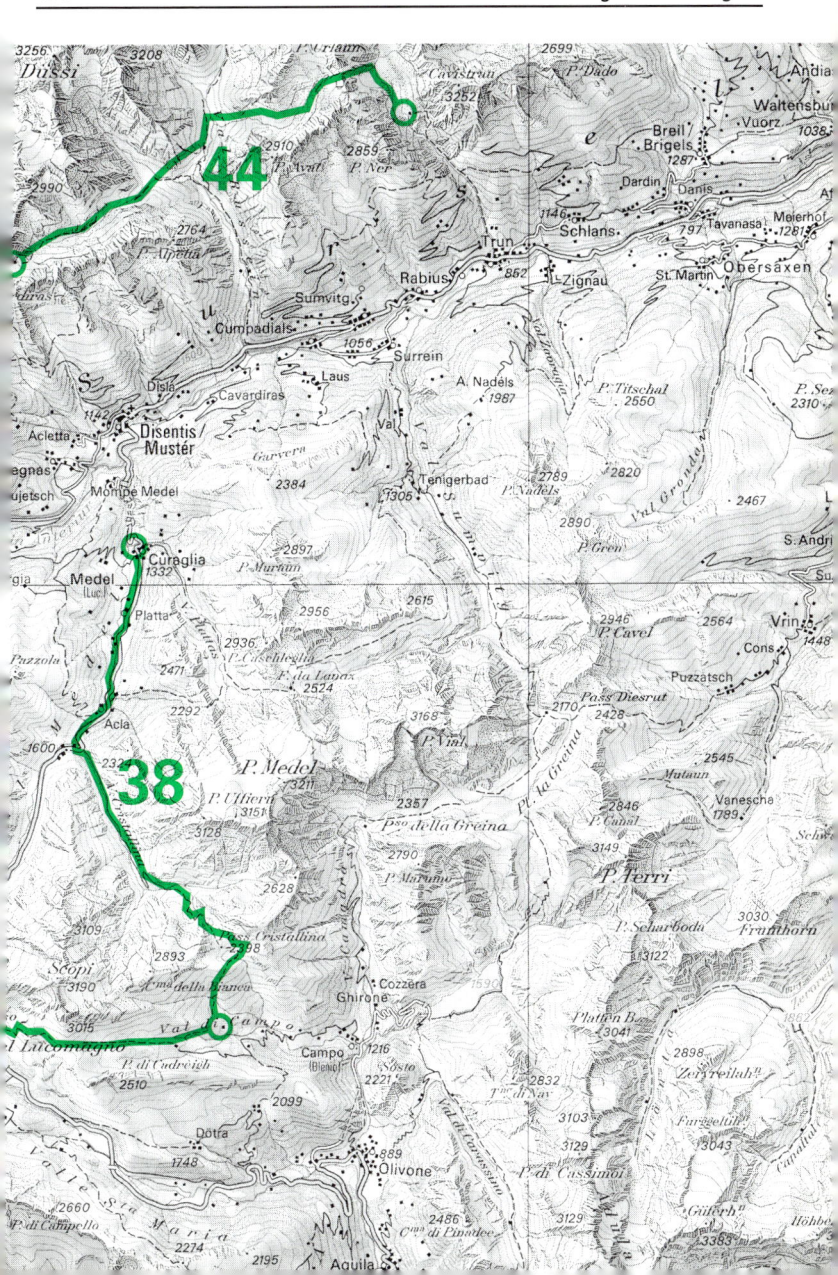

195   VII   Val Cristallina – Cadlimo – Maighels – Puntelgias

Curaglia oder Fuorns – Pass Cristallina – Capanna Boverina
(Campo Blenio)

38 Der schönste Bündner Bergsee liegt im Tessin

Der Zustieg durch das öde militärische Testgelände im Val Cristallina lässt nicht erahnen, welch einzigartig-idyllische Naturlandschaft den Wanderer nördlich und südlich des Cristallina-Passes erfreut. Unglaublich schön liegt wenig unterhalb der Passhöhe der Lago Retico: Er liegt zwar knapp hinter der Kantonsgrenze im Tessin, ist aber von der Passhöhe (Graubünden) aus am schönsten anzusehen. Der SAC-Clubführer nennt den Lago Retico sogar «einen der schönsten Bergseen der Alpen». Am Horizont steht die Kette der Bündner Berge vom Piz Terri über Piz Scharboda und Grauhorn bis zum Rheinwaldhorn (inklusive Passo Soreda, R. 34), und der Blick geht noch weiter hinunter ins Bleniotal und hinaus ins Tessiner Gipfelmeer.

B Routencharakter und Schwierigkeit

Markierte Wanderwege bzw. Militärstrasse. Auf der S-Seite des Pass Cristallina streckenweise nur Wegspuren, jedoch markiert.

Zeit 4½ Std.

Ausgangspunkt Curaglia, Platta, Fuorns im Val Medel (s. R. 37)

Endpunkt Capanna Boverina FAT (1870 m)   711.200/157.550

UTOE-Sektion Bellinzona. Tel. Hütte: 091 872 15 29. Hüttenwart Michael Reiter, 6822 Arogno.
Tel./Reservation: 091 649 80 70, Natel 079 621 23 62.
(30 Plätze). Die 1997 neu erbaute, moderne Hütte liegt wenig oberhalb des Waldrandes auf der Alpe di Boverina.

Einfachster Abstieg ins Tal Nach Campo Blenio

B. Markierter Wanderweg. 2 Std.
Auf dem Alpsträsschen oder auf dem Wanderweg durch das Val di Campo nach Campo Blenio.

Talort Campo Blenio (s. R. 34)

Karte 1232 Oberalppass, 1233 Greina, 1253 Olivone

Verschiedenes — Militärisches Schiessen

Vorsicht vor militärischen Schiessen! Das Val Cristallina ist ein militärischer Test-Schiessplatz. Man muss die Schiessanzeigen im Lukmanier-Hospiz sowie in den SAC-Hütten beachten! Infotafel am Taleingang beachten. Tel. für Auskünfte: 081 664 15 85, Fax 081 664 17 25.

Route

Das Val Cristallina zweigt bei Pardatsch Dadens (P. 1559) vom Val Medel ab. Am Taleingang (Postautohaltestelle) steht auch die Infotafel über die militärischen Schiesszeiten. Man wandert auf der breiten Strasse ins Tal hinein, bis sie, nach einigen Spitzkehren und der Ueberquerung des Baches aus dem Val Uffiern, endet (P. 1944). Der markierte Wanderweg ersteigt den anschliessenden Hang nach SE zum Stavel dil Lajets (P. 2059) und führt weiter über eine kleine Ebene und die anschliessende Steilstufe zu den idyllischen Lajets, den kleinen Seen unterhalb der Passhöhe des Pass Cristallina, die man über Felsplatten erreicht (P. 2398). 3 Std.

Am W-Ufer des Lago Retico beginnt der steile Abstieg auf nicht völlig durchgehenden Wegspuren ins Val di Campo. Oberhalb der Alpe Rèdich (P. 1995) überquert man den Bach und erreicht, auf der Alpstrasse taleinwärts gehend, die Brücke bei P. 1958 und von ihr talauswärts in wenigen Minuten die Capanna Boverina. 1½ Std.

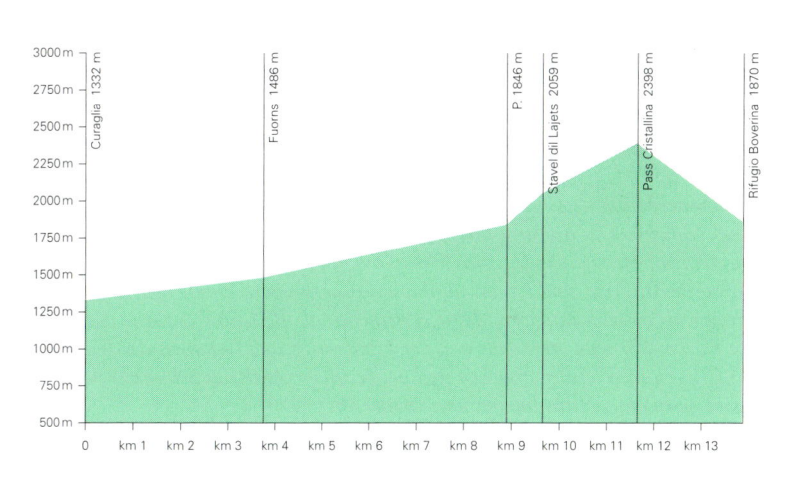

Einsame Natur, vom Militär benutzt

Am Eingang zum Val Cristallina fallen die grossen Tafeln auf, die über die Schiesszeiten in diesem Tal Auskunft geben. Weiter hinten stehen fein säuberlich betonierte und aufgeräumte Häuser und Häuschen, alle durch Strassen und Wege miteinander verbunden. Der Schiessplatz im Val Cristallina ist seit 1990 in Betrieb. Er dient der Erprobung neuer Waffensysteme und wird nur wenige Wochen im Jahr genutzt. Vor allem Panzer- und Panzerabwehrsysteme werden hier getestet. Die Strasse erlaubt es, von fahrenden Panzern aus scharfe Munition zu verschiessen; die Ziele hängen an einer quer über das Tal gespannten Seilbahn.

Abgesehen vom Val Cristallina kann es vor allem im Bereich des Panzerschiessplatzes von Hinterrhein, am Lukmanierpass, aber auch in vielen andern Tälern Einschränkungen durch zeitweise oder ganz gesperrte Wege geben. Viele Regionen sind immer wieder militärische Zielgebiete, und die rotgerandeten Schiessanzeigen in Gasthäusern, an Alphütten und Wegtafeln sind aufmerksam zu beachten. Es kann sein, dass man einen Umweg in Kauf nehmen muss oder dass einem die Schiessübungen die Tour vollständig vermasseln. Im allgemeinen wird ein zeitlicher oder räumlicher Korridor für Zugänge zu SAC-Hütten offengehalten. Gefahr kann aber auch von herumliegenden Granaten drohen: «Durch das militärische Schiessen besteht die Möglichkeit, nicht explodierte Geschosse (Blindgänger) anzutreffen. Blindgänger niemals berühren! Den Ort markieren und die Fundstelle der nächsten Truppe, einem Polizeiposten oder unter der Gratistelefonnummer 155 12 00 melden», so verlangt die Vorschrift in korrektem Ordonnanzdeutsch.

Zu reden gegeben hat in den letzten Jahren vor allem auch die Belastung von Böden in der ganzen Schweiz durch Schwermetalle der Munition. Pro Jahr wird der Boden im Bereich von zivilen und militärischen Schiessanlagen und -plätzen durch verschossene Munition mit 400 bis 500 Tonnen Blei belastet, wie Juan F. Gut, Generalsekretär des Eidgenössischen Militärdepartements, zum Thema «Belastung der Umwelt durch militärische Schiessen» im Herbst 1997 mitteilte. Konkrete Gefahren durch Gift im Boden bestehen für Mensch und Tier, heisst es in einer Untersuchung des Militärdepartements und des Bundesamts für Umwelt, Wald und Landschaft (Buwal). Das belastete Bodenmaterial muss als Sondermüll behandelt und entsprechend entsorgt werden. Bei Schiessübungen der Armee im Gebirge, wo beispielsweise Artillerie- und Panzermunition verschossen wird, ist die Bodenbelastung geringer als in Schiessanlagen, dafür verteilt sich die Belastung auf eine viel grössere Fläche. Wer jetzt angesichts so vieler Hindernisse und Gefahren das Wanderziel Graubünden wieder streichen will, sei beruhigt: Auch das Schweizer Militär macht mal Pause. Nicht immer, aber immer öfter. (PD)

39 Entlang der Wasser- und Wetterscheide

Die Landschaften dieser Etappe sind von grossen Gegensätzen geprägt: Von der Boverinahütte über den Passo di Gana Negra zum Lukmanierpass wandert man weitgehend über karge Alpweiden. «Gana», «Ganda» und «Gonda» sind uralte, aus vorrömischer Zeit stammende Wörter, die «Geröll» bezeichnen. «Gana Negra» bedeutet also schwarzes Geröll. Das Val Cadlimo hingegen ist ein helles Alptal mit Steilstufen und Ebenen, kleinen Mooren und verträumten Seen, mit Höckern und Grasflecken, wo halbverwilderte Schafe sich den ganzen Sommer über ihre Nahrung suchen.

B Routencharakter und Schwierigkeit
Markierte Wanderwege.

Zeit
6 ½ Std.

Ausgangspunkt
Capanna Boverina (s. R. 38)

Endpunkt
Capanna Cadlimo (2570 m)   696.330/158.580

SAC-Sektion Uto. Tel. Hütte: 091 869 18 33. Hüttenwart Erich Rüegsegger, 6781 Madrano/Airolo. Tel./Reservation: 091 880 50 31.
52 Plätze, davon 18 im Winterraum, dazu 18 Schlafplätze in der Dépendance. Bewartet Juli bis September, ausserhalb dieser Zeiten nach Vereinbarung.
Die gemütliche Hütte liegt auf einer felsigen Terrasse am SW-Fuss des Piz Curnera.

Einfachster Abstieg ins Tal
Zur Lukmanier-Passhöhe (s. R. 39).

Nach Airolo:
B. Markierter Wanderweg. 3 ½ Std.
Auf R. 40 bis zur Abzweigung Bocchetta di Cadlimo. Dann weiter ins enge und steile Val Canaria und am rechten Talhang bis zur Brücke bei der Alp Canaria (P. 1661) absteigen. Weiter auf der Alpstrasse über Pautàn (P. 1616) absteigen und zuletzt steil hinab über Valle (1175 m) nach Airolo (1123 m).

Capanna Boverina – Passo di Gana Negra – Lukmanierpass –
Capanna Cadlimo (Airolo)

Talort
Airolo (1123 m)

Dorf und Schnellzugshalt an der Gotthard-Südrampe.
Mit SBB Luzern – Gotthard – Chiasso oder Zürich – Zug – Gotthard – Chiasso bis Airolo. Fahrplanfelder 600 und 601.
Mit PW über Chur – Bellinzona – Gotthard bis Airolo oder Luzern – Gotthard bis Airolo.
SBB-Rail-Service: Tel. 157 22 22.
Post: Tel. 091 869 12 31, Postautodienst 091 869 13 53.
Zahlreiche Hotels, Geschäfte und Banken.

Unterkunft unterwegs

Hospiz Sta. Maria (1914 m)
7185 Pass Lucmagn/Lukmanierpass.
Tel. Reservation: 081 947 51 34, Fax 081 947 48 73.
Tel. Winter: 081 943 10 26, Fax 081 936 31 20.
42 Plätze im Lager, 18 Betten. Geöffnet ca. Ende Mai bis ca. Ende Oktober.

Karte
1253 Olivone, 1252 Ambri Piotta, 1232 Oberalppass

Verschiedenes
Militärische Schiessen

Vorsicht vor militärischen Schiessen! Vielbenutzte Schiessgebiete sind die Region am Lukmanierpass, das Val Cadlimo und das Val Maighels. Man muss die Schiessanzeigen im Lukmanier-Hospiz sowie in den SAC-Hütten beachten! Meist wird der Zugang zu den SAC-Hütten freigehalten oder zeitweise erlaubt. Tel. für Auskünfte 081 664 15 85, Fax 081 664 17 25.

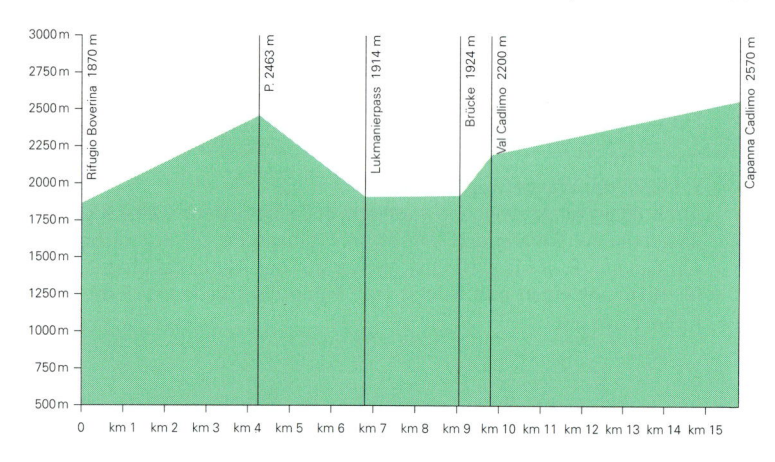

Sehenswürdigkeit   Wetterscheide

Ein besonderes Thema ist hier das Wetter. Die südseitige, gleichzeitig alpenkammnahe Lage des Val Cadlimo wirkt sich aus: Am gleichen Tag kann die Sonne scheinen, kann es regnen, Nebel haben oder schneien. Der Hüttenwart der Cadlimohütte sagt dazu: «Das Wetter, das wir hier haben, sagt der Wetterbericht nie voraus».

Route

Von der Capanna Boverina folgt man der Alpstrasse nach E (Passo di Gana Negra) zur Alpe di Boverina (P. 2008). Von hier an leiten Wegspuren und z. T. etwas eigenwillig gesetzte Markierungen über Alpweiden und zwischen grossen Felsblöcken hindurch durch das Val di Campo hinauf zum Passo di Gana Negra (P. 2401). 2 Std. Zu beachten: Die Höhenangabe für den Passo di Gana Negra bezieht sich auf den tiefsten Punkt der Einsattelung. Der Weg verläuft etwas höher (nördlicher) davon auf ca. 2463 m.

Der Weg quert nun zunächst nach W eben und leicht ansteigend die steilen Wiesen von Foppa di Nero, um sich dann unter der Cima del Muro steil zur schon von oben sichtbaren Lukmanier-Passhöhe (P. 1914) hinabzuwinden.

Vom Hospiz am Lukmanierpass auf der Strasse, die am südlichen Ende des Stausees entlang führt, bis zu P. 1924. Rechts abbiegen und über die Brücke, die den Bach überquert, der aus dem Valle del Uomo kommt. ½ Std.

Der Weg ins Val Cadlimo erklimmt durch Alpenrosenstauden und über Felsplatten den ersten Steilaufschwung und erreicht dann das zuerst enge, dann sich weitende und flacher werdende Val Cadlimo. Der Weg bleibt immer auf der rechten Talseite und passiert die Gebäude Stabbio Nuovo (P. 2259) und Stabbio di Mezzo (P. 2299), den Lago dell'Isra sowie einen weiteren kleinen See bei P. 2379. Markierungsstangen leiten weiter zur Cadlimohütte. 3 Std.

Capanna Cadlimo – Passo Bornengo – Camona da Maighels
(Oberalppass)

40 Berge und Täler, wo man sich verlieren kann

Tiefe, einsame Täler, stille Bergseen, kleine Gletscher und wenig besuchte Gipfel schaffen hier, im äussersten Südwesten Graubündens, eine eigene, reizvolle Stimmung. Es ist ein Gebirge, wo man «sich verlieben und verlieren kann», wie die Walser Dialektautorin Anna Maria Bacher in einem ihrer Gedichte schreibt. Wenn dann noch Nebelschwaden um die Grate wabern, was hier an der Schnittstelle zwischen Alpennord- und Alpensüdseite gar nicht selten vorkommt, fühlt man sich zwischen Cadlimohütte und Passo Bornengo wie in einem Kriminalfilm.

B **Routencharakter und Schwierigkeit**
Markierte Wanderwege.

Zeit 4 – 4½ Std.

Ausgangspunkt Capanna Cadlimo (s. R. 39)

Endpunkt Camona da Maighels (2309 m)   695.840/164.550
SAC-Sektion Piz Terri. Tel. Hütte: 081 949 15 51, Hüttenwart Bruno Honegger-Schmid, 7188 Sedrun. Tel./Reservation: 081 949 18 50.
85 Plätze. Von Januar bis März und Juli bis November während der ganzen Woche bewartet; während der übrigen Zeit an Wochenenden.
Die Hütte liegt auf einer kleinen Terrasse am südwestlichen Ausläufer des Piz Cavradi.

Einfachster Abstieg ins Tal Zum Oberalppass (s. R. 40)

Talort Oberalppass (2044 m)
Passhöhe des Übergangs zwischen Andermatt im Urserental und Sedrun im Tujetsch/Vorderrheintal.
Mit RhB Chur – Disentis bis Disentis, anschliessend mit Furka-Oberalp-Bahn Disentis – Andermatt bis Oberalppass. Fahrplanfelder 920 und 610.
Mit PW über Chur – Disentis zum Oberalppass.
Bahnhof: Tel. 041 887 13 56.
Zwei Hotels/Restaurants, Souvenirläden.

Restaurant Alpsu
Oberalppasshöhe, 7180 Disentis.

Capanna Cadlimo – Passo Bornengo – Camona da Maighels (Oberalppass)

Gasthaus Piz Calmot
Oberalppasshöhe, 6490 Andermatt.
Tel./Reservation: 041 887 12 33.
17 Betten. Geöffnet ca. Mitte Mai bis Ende Oktober und ca. Mitte Dezember bis Mitte April.

Karte

1232 Oberalppass

Ausrüstung

Gletscherausrüstung für die Variante.

Verschiedenes

Militärische Schiessen

Vorsicht vor militärischen Schiessen! Vielbenutzte Schiessgebiete sind die Region am Lukmanierpass, das Val Cadlimo und das Val Maighels. Man muss die Schiessanzeigen im Lukmanier-Hospiz sowie in den SAC-Hütten beachten! Meist wird der Zugang zu den SAC-Hütten freigehalten oder zeitweise erlaubt.

Route

Von der Cadlimohütte folgt man dem geschilderten und markierten Wanderweg nach W über Felsstufen steil hinunter. Auf einer Höhe von ca. 2340 m teilen sich bei der Sotto Bochetta di Cadlimo die Wege; diese Stelle darf nicht verfehlt werden. Der Pfad Richtung Maighelshütte

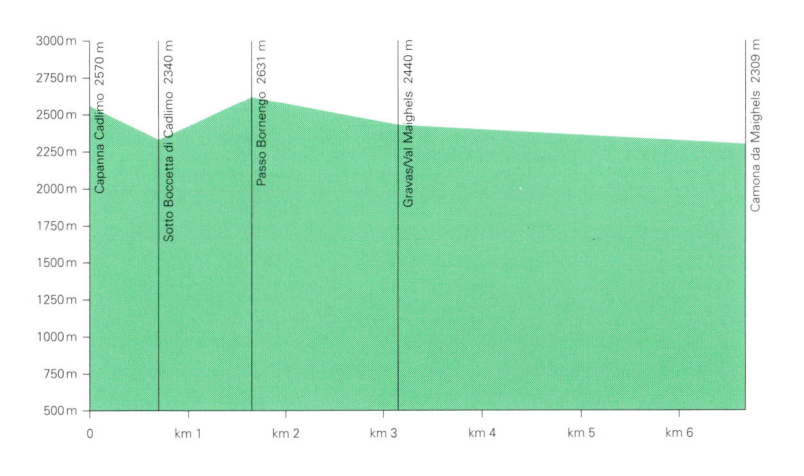

windet sich zunächst nördlich, dann nordwestlich durch eine sehr lange und sehr steile Geröllhalde bis zum Passo Bornengo (2631 m) hinauf. 2½ Std.
Vom Pass hinunter durch das steinige hintere Val Maighels verläuft der Weg auf der linken Talseite, an einigen kleinen Seen vorbei und über die kiesige Ebene Gravas. Das Tal wird zunehmend flacher und geht in Alpweiden über; der Weg bleibt stets auf der linken Bachseite. Nach dem Lai Carin zweigt man bei P. 2261 vom Weg, der weiter Richtung Oberalppass führt, ab und steigt zur Camona da Maighels (P. 2309) auf. 1½ Std.

Variante — Piz Borel

EB/L, je nach Verhältnissen (harter Firn und Spalten auf dem Gletscher). 4½ Std.
Ueber den Piz Borel (2951 m): Hinter der Cadlimohütte führen Wegspuren über Felsstufen nach NE zum Seelein am NW-Fuss des Piz Curnera. An der engsten Stelle der Mulde erklimmt man den steilen Geröllhang im N und gelangt zu einem zweiten Seelein, das man östlich umgeht. Eine steile Felsstufe bringt einen zum dritten Seelein. Wegspuren führen über Geröll und Felsbänder zum Südgrat oder zur Westflanke des Piz Borel. Über grobe Felsblöcke erklimmt man leicht den Gipfel. 2 Std.
Vom Gipfel steigt man nur wenige Meter auf dem Grat Richtung Piz Ravetsch (NE) ab und klettert dann auf den Gletscher (Glatscher da Maighels), der hier bis fast zum Gipfel hinaufreicht. Über den Gletscher und das daran anschliessende Moränengeröll hinunter ins Val Maighels, das man in der Gegend der Plaunca da Ravetsch erreicht. Ueber den Bach an dessen linkes Ufer und auf dem Weg zum Passo Bornengo und Maighelspass zur Maighelshütte. 2½ Std.

Gipfel — Piz Borel (2951 m) (s. Variante).

Gedanken an der Rheinquelle: die Alpen in Europa

Auf 2345 Meter über Meer, eingefasst von steilen Bergflanken und Geröll, glitzert ein Bergsee – der Lai da Tuma. Man nennt ihn poetisch «Wiege des Vorderrheins». Hier entspringt als kleiner Bergbach jener Fluss, der durch grosse Teile Europas führt und nach 1320 Kilometern als mächtiger Strom bei Rotterdam ins Meer mündet: der Rhein. Der Fluss schafft eine Verbindung zwischen den Alpen und dem restlichen Europa.

Seit mehr als 6000 Jahren ist das 180 000 Quadratkilometer grosse Gebirge mitten in Europa dauerbesiedelt. Nach Meinung von Werner Bätzing, Professor für Geografie an der Universität Erlangen (Deutschland), waren drei Faktoren entscheidend für eine nachhaltige Nutzung des Alpenraums, in dem eigentlich ungünstige klimatische Bedingungen herrschen: Bestimmte Grundregeln der Naturnutzung (Nachhaltigkeit), eine gemeinsame kulturelle Basis und günstige politische Rahmenbedingungen.

Auf diesen Faktoren baut auch die Alpenkonvention auf, ein gesamteuropäisches Vertragswerk, das den nachhaltigen Schutz und die sanfte Entwicklung der Alpen zum Ziel hat. Fachleute halten den Alpenraum für eine Vorreiterrolle geeignet, weil Reste von Nachhaltigkeit sich hier besser erhalten haben als in andern Regionen Europas. Und die Bevölkerung wuchs weniger rasch als anderswo: 1871 lebten im Alpenraum 7,8 Millionen Menschen, 1951 10,3 Millionen und 1991 waren es 13 Millionen. Wegen dieses langsamen Bevölkerungswachstums nahm die wirtschaftliche und politische Bedeutung des Alpenraums ab. Mit Hilfe der Alpenkonvention soll nun grenzübergreifend eine Vernetzung von Wirtschaft, Kultur und Umwelt im Sinn einer nachhaltigen Entwicklung realisiert werden.

Der Kulturgeograf Paul Messerli von der Universität Bern schreibt im Buch «Die Alpen – ein sicherer Lebensraum?»: «Der Kampf um ökologische Stabilität ist ein Grundthema der alpinen Nutzungsgeschichte.» Die Alpenkonvention räumt deshalb dem Schutz der Natur einen hohen Stellenwert ein, was die Opposition kritisiert: Der Schutz werde gegenüber der Nutzung überbewertet, lautet das Hauptargument, und dies stehe im Widerspruch zur wirtschaftlichen Entwicklung in den Berggebieten.

Für die Zukunft der Alpen als Lebensraum ist es aber wichtig, dass die beiden Parteien zusammenkommen. Heute geht es darum, Oekologie und Oekonomie zu verbinden, denn beide Faktoren sind notwendig, um das Ueberleben in den Randregionen zu garantieren. Das Ausspielen von Naturschutz und Wirtschaft bringt keinen Fortschritt. Werner Bätzing plädiert für eine ausgewogene Nutzung der Alpen; sie bedingt eine Stärkung der regionalen Wirtschaftspotentiale sowie eine umweltgerechte und soziale Ausgestaltung der von aussen kommenden Nutzungsfunktionen. Bei Konflikten tritt er für eine Bevorzugung der einheimischen Interessen gegenüber auswärtigen Kräften ein. Gemäss der Zielsetzung der Alpenkonvention darf die Zukunft dieses wichtigen und grossen Raums nicht Privatinteressen überlassen werden, die die Alpen als frei zu nutzenden Spielplatz, als Autobahn oder als auszubeutende Rohstoffquelle sehen. Die Interessen der Alpenbewohnerinnen und –bewohner und ihrer Umwelt sollen übergeordnet sein. Das kann mit einer Stärkung der von innen heraus entstandenen Wirtschaftsbereiche (Land- und Forstwirtschaft, Handwerk, nicht-touristische Dienstleistungen) gegenüber den von aussen kommenden Faktoren (Tourismus, Wasserkraft- und Trinkwassergewinnung für ausseralpine Abnehmer, Transitverkehr, militärische Infrastrukturen usw.) geschehen.

Die Belastungen des Oeko- und Sozial-Systems Alpen nehmen weiter zu. So stiegen beispielsweise die touristischen Logiernächte von 50 Millionen anno 1938 auf 500 Millionen im Jahre 1993. Wie stark die Belastung durch den internationalen Verkehr ist, zeigt die Tatsache, dass im alpenquerenden Verkehr von den insgesamt 90 bis 100 Millionen Tonnen Gütern 60 Prozent (Schweiz 30 %) auf der Strasse transportiert werden (Zahlen von 1993).

Als Haupthindernis für neue, nachhaltige Wirtschafts- und Lebensformen in den Alpen sieht Werner Bätzing die gegenwärtige, auf kurzfristigen Profit ausgerichtete Wirtschafts- und Gesellschaftsstruktur: «Andere Wirtschaftsformen, also beispielsweise sanfte und nachhaltige Entwicklungsformen, stehen vollkommen quer dazu und haben deshalb wenig Chancen.» Erschwerend sei ferner, dass diese Strukturen weltweit gelten und von aussen her auf die Alpen einwirken: «Da drängt städtisch geprägter Druck die Bewohner des Alpenraums dazu, Dinge zu tun, die sie gar nicht wollen oder brauchen.» Der Alpenforscher Werner Bätzing sieht im Zuge der Deregulierung und Globalisierung keine Zukunftschancen für alleinstehende, kleine Regionen: «Die Alpen als Region insgesamt haben eine Chance, weil sie so eine Grösse haben, die sich in Europa durchsetzen kann. Allerdings muss das inneralpine Konkurrenzieren beendet werden.»

Werner Bätzing glaubt, dass die Alpenkonvention in diesem Bereich sehr wirksam sein kann, «weil sie die klassischen Politstrukturen sprengt». In der Vernetzung aller politischen und wirtschaftlichen Ressorts, in der Delegation der Verantwortlichkeiten an die richtigen Stellen, in der Abkehr von gern gepflegter «Kirchturmpolitik», in der Aufwertung jener Institutionen, die bisher zu wenig am Gestaltungsprozess der Zukunft beteiligt waren, sieht er Chancen. Seine Vision ist die Förderung eines gemeinsamen Alpenbewusstseins zum Nutzen von Mensch und Natur. (PD)

41 1320 Kilometer Rhein bis Rotterdam

Auf dieser Etappe ändert die Haute Route ihre allgemeine Richtung: Von Ost-West auf West-Ost. Gleichzeitig wechselt man am Oberalppass von der rechten Seite des Vorderrheintals auf die linke. Ein hektisches Zwischenspiel bietet der Oberalppass: Auf der Passhöhe berührt man kurz die Souveniratmosphäre eines touristischen Muss-Haltes, man überquert möglichst rasch die Strasse, auf welcher hektische, auto- und motorradmobile Menschen vorbeikommen, und macht sich so schnell wie möglich bergwärts davon.

B **Routencharakter und Schwierigkeit**

Durchwegs markierte Wanderwege bzw. Alpstrassen. Zwischen Oberalppass und Milez etwas verwirrliche Wegführung über verschiedene Routen. Man folgt den Wegweisern «Senda Sursilvana».

Zeit 5 Std.

Ausgangspunkt Camona da Maighels (s. R 40)

Endpunkt Rueras (1405 m)

Kleiner Ort im Tujetsch zwischen Sedrun und Oberalppass.
Mit RhB Chur – Disentis, anschliessend Furka-Oberalp-Bahn Disentis – Andermatt bis Rueras. Fahrplanfelder 920 und 610.
Mit PW über Chur – Disentis – Oberalppass bis Rueras.
Post: Tel. 081 949 11 28, Fax 081 949 18 83.
Bahnhof: Tel. 081 949 11 37.
Hotels, Lebensmittelgeschäft und Bank.

Hotel Cresta
Direkt an der Oberalpstrasse, Bahnhaltestelle Dieni,
7189 Dieni-Sedrun.
Tel./Reservation: 081 949 12 25, Fax 081 949 12 93.
45 Betten. Geöffnet 15. Dezember bis 10. November.

Unterkünfte und Einkehrmöglichkeiten unterwegs

Oberalppass (s. R. 40 Talort)
Milez
Restaurant Milez. Tel.: 081 949 13 44.

Camona da Maighels – Oberalppass – Rueras

208

Karte

1232 Oberalppass, 1212 Amsteg

Sehenswürdigkeiten

Quelle des Rheins

Lai da Tuma/Tomasee. Die Quelle des Vorderrheins. 1320 Kilometer ist der hier entspringende Fluss unterwegs, bis er in der Nähe von Rotterdam in die Nordsee mündet.

Eher eine Bedenkenswürdigkeit: Es bestehen offenbar Pläne, das linksrheinische Skigebiet am Oberalppass auf die rechte Seite Richtung Val Maighels auszudehnen und die Hänge auf der Seite von Pazolastock und Rossbodenstock mit Pisten und Liften zu überziehen.

Route

Von der Maighelshütte steigt man zur Fahrstrasse ab und folgt ihr talauswärts (N) bis kurz unter der sumpfigen Ebene Plidutscha (ca. 1980 m). Bei einer Haarnadelkurve der Strasse zweigt links der Wanderweg ab, der den Hängen des Pazolastocks entlang auf mehr oder weniger gleicher Höhe zum Oberalppass (P. 2044) führt. Markierter Weg und Strasse. 1½ Std.

Hinter den Militärgebäuden auf der Nordseite des Passes weist der Wegweiser nach NE zum Pass Tiarms (P. 2148), den man auf einer Alpstrasse erreicht. Am Pass verlässt man die Strasse und steigt auf einem gewundenen Weg steil ins nächste Tälchen ab. Bei P. 1970 überschreitet man den Bach und geht auf der Alpstrasse zwischen den Lawinenverbauungen hindurch zunächst eben und dann leicht absteigend bis zur Maiensäss-Siedlung Milez (P. 1876). Markierter Weg und Alpstrasse. 1½ Std.

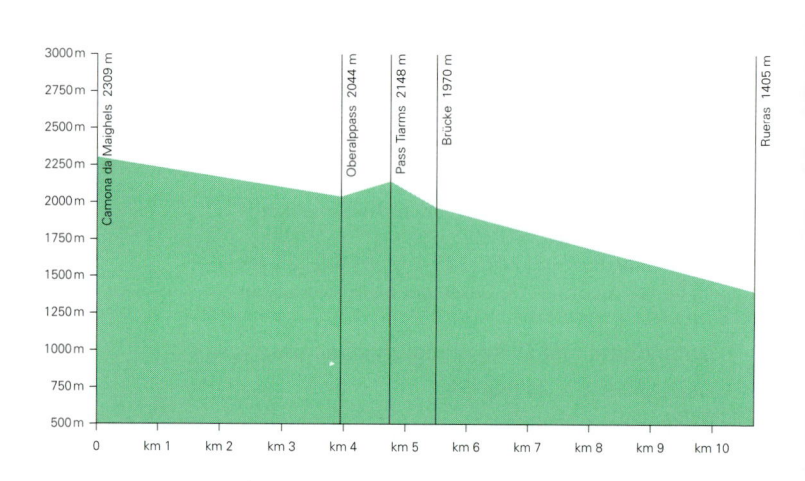

Variante
Lai da Tuma

Wer gut zu Fuss ist, kann den Tomasee besuchen, wo der Vorderrhein entspringt, oder Piz Badus und/oder Rossbodenstock besteigen (Routenbeschreibung s. Gipfel).

Gipfel

Piz Badus/Six Madun (2928 m)
EB. 2½ Std. Leicht erreichbarer Gipfel mit einzigartiger Aussicht.
Von der Camona da Maighels nach W auf den Grat des Piz Tegiola (P. 2708). Ueber diesen Gipfel, immer dem Grat folgend, unschwierig zum Piz Badus. Abstieg zum Oberalppass: EB. 1½ Std. Über den Grat (eine heikle Stelle) bis in die Scharte (P. 2749), dann über Geröllhänge zum Tomasee absteigen. Vom See gibt es zwei Möglichkeiten: 1. Nach N und den Hang querend zum Oberalppass absteigen. Markierter Weg.
2. Abstiegsmöglichkeit: Ueber den Pazolastock (detaillierte Informationen s. SAC-Clubführer Gotthard).

Pazolastock/Piz Nurschalas (2739 m)
B. 2½ Std. Von der Camona da Maighels auf der Route zum Oberalppass auf der Strasse absteigen, bis der Weg zum Lai da Tuma/Tomasee links (nach W) abzweigt (ca. 2260 m). Steil hinauf zum See. Von dort führt ein Weg an der Badushütte (privat und geschlossen) vorbei am Grat entlang zum Gipfel. Wanderweg.
Abstieg zum Oberalppass: B. 1½ Std. Auf dem Grat (Wegspuren) zuerst nach NW, dann auf dem breiter werdenden Grat nach NE über Grashänge zum Oberalppass. Wanderweg. (Detaillierte Informationen s. SAC-Clubführer Gotthard).

Rueras – Val Mila – Mittelplatten – Etzlihütte (Bristen)

42 Nur der Wind singt in den Hochspannungsdrähten

Nach dem kurzen Abstecher in die Zivilisation am Oberalppass und in Rueras tauchen wir in die wohltuend «ungeordnete» Bergeinsamkeit des Val Mila ein. Im wilden Val Mila erlebt man Kontraste, die gut tun. Einziger Wermutstropfen ist die Hochspannungsleitung, die uns auf der ganzen Route begleitet. Sie erinnert uns immer wieder schmerzhaft an die Zivilisation, zu der wir gehören und die wir doch so gerne hinter uns lassen würden...

B Routencharakter und Schwierigkeit

Durchwegs markiert. Grösstenteils Wanderwege. Auf der Südseite der Mittelplatten einige einfach zu begehende Felsstufen.

Zeit
4 Std.

Ausgangspunkt
Rueras (s. R 41)

Endpunkt
Etzlihütte (2052 m)   698.000/174.910

SAC-Sektion Thurgau. Tel. Hütte: 041 820 22 88. Hüttenwart Toni Epp, 6475 Bristen. Tel./Reservation: 041 883 14 10 oder 041 740 12 39.
100 Plätze. Bewartet von Juli bis September. Bei Anwesenheit des Hüttenwarts ist Vollpension möglich; Anmeldung unbedingt erforderlich!
Die Hütte liegt auf einem Felsrücken etwa 70 Höhenmeter über dem flachen Talboden der Müllersmatt.

Einfachster Abstieg ins Tal
Nach Rueras oder Sedrun: s. R. 42.

Nach Bristen:
B. 3½ Std. Markierter Wanderweg. Von der Hütte zur Müllersmatt absteigen, dann talauswärts in nach N an der Alpsiedlung Gulmen vorbei, über den Tritt hinab, bis man auf dem hinteren Etzliboden bei P. 1329 den Bach überschreiten kann und die Alpstrasse erreicht, die kurz vor Bristen ins Maderanertal gelangt.

Talorte
Sedrun (1448 m) Rueras (s. R. 41)

Sedrun (1448 m)
Hauptort des obersten Teils des Vorderrheintals (Tujetsch). Fremdenverkehrsort.
Mit RhB Chur – Disentis, anschliessend Furka-Oberalp-Bahn Disentis – Andermatt bis Sedrun. Fahrplanfelder 920 und 610.

211 Rueras – Val Mila – Mittelplatten – Etzlihütte (Bristen)

Mit PW über Chur – Disentis – Oberalppass bis Sedrun.
Sedrun Tourismus: Tel. 081 920 40 30, Fax 081 920 40 39.
Bahnhof Furka-Oberalp-Bahn: Tel. 081 949 11 37.
Post: Tel. 081 949 11 21, Fax 081 949 10 33.
Zahlreiche Hotels, div. Geschäfte und Banken.

Bristen/Uri (770 m)
Dorf im Maderanertal.
Mit SBB Luzern oder Zug – Chiasso bis Erstfeld, anschliessend Postauto Amsteg – Bristen. Fahrplanfelder 600, 600.1, 600.32 und 600.38.
Post: Tel. 041 883 11 30, Fax 041 883 12 30.
Einige Gasthäuser und Restaurants.

Karte 1212 Amsteg

Route

In der Mitte des Dorfs folgt der Wanderweg dem linken Ufer der Aua da Mila, dem Bach, der aus dem Val Mila kommt, bergauf. Unter der Eisenbahnbrücke durch steigt man nach N gegen das Val Mila auf. Ein kurzes Stück begeht man die Schotterstrasse zur Alpsiedlung Mila, dann führt der Weg nach NW talaufwärts über die Ebene Paliu Cotschna (P. 2215) und einige Felsstufen zur Passhöhe der Mittelplatten (2472 m), die man unmittelbar neben einem Hochspannungsmasten überschreitet. 3 Std.
Die Etzlihütte ist von der Passhöhe aus in nordwestlicher Richtung gut sichtbar. Man erreicht sie, indem man auf mehr oder weniger gut sichtbaren Wegspuren (markiert) über Felsstufen zur Ebene Müllersmatt ab- und von dort in einem kurzen Gegenanstieg aufsteigt. 1 Std.

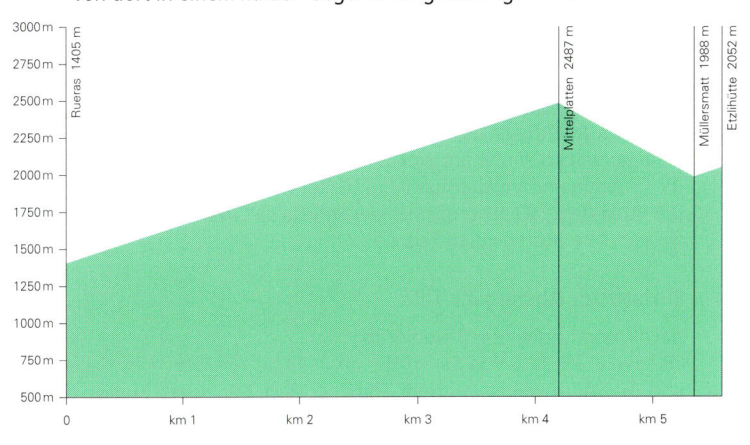

Etzlihütte – Chrüzlipass – Val Strem – Fuorcla da Strem Sut – Camona da Cavardiras (Disentis)

43 Zwei Pässe zwischen zwei Hütten

Eindrücklich: Diese technisch unschwierige, aber anstrengende und lange Route über zwei Pässe und einen Gletscher bietet spannende Einblicke in die einsamen Täler rund um den Oberalpstock. Sie führt von der voralpin gelegenen Etzlihütte in die hochalpine Gletscherwelt von Oberalpstock und Tödi. Das Gehen in weglosem Gelände unterstreicht den ernsthaften Charakter dieses Tages. Das Gefühl «danach», abends in der gemütlichen Cavardirashütte, ist aber unvergleichlich.

B, L Routencharakter und Schwierigkeit

Bis Val Strem (B), Fuorcla da Strem Sut, Brunnifirn (L). Über den Chrüzlipass keine Schwierigkeiten (markierter Wanderweg). Vom Val Strem zur Fuorcla da Strem Sut unmarkiert, zum Teil weglos. Die Begehung des flachen Brunnigletschers ist technisch unschwierig, verlangt aber zumindest eine minimale Gletschererfahrung und -ausrüstung. Je nach Ausaperungsgrad besteht die Gefahr von Spalten. Bei schlechter Sicht (Regen, Schneefall, Nebel) kann die Route vom Val Strem an schwierig zu finden sein. Bei ungünstigen Gelände-Verhältnissen (Eis, Neuschnee) kann der letzte, westliche Hang zur Unteren Stremlücke heikel sein.

Zeit   5½ Std.

Ausgangspunkt   Etzlihütte (s. R. 42)

Endpunkt   Camona da Cavardiras (2649 m)   705.120/177.730

SAC-Sektion Winterthur. Tel. Hütte: 081 947 57 47. Hüttenwart U. Wiesmann und M. Fischer, 8542 Wiesendangen. Tel./Reservation: 052 337 02 65. 70 Plätze. Juli/August durchgehend bewartet, bei guten Verhältnissen im Sommer und im Winter am Wochenende. Auskünfte und Vorbestellungen für Gruppen und Vollpension beim Hüttenwart.
Die Hütte liegt 300 m nordöstlich der Fuorcla da Cavardiras auf einem vom Gwasmet herabziehenden Felsrücken.

Einfachster Abstieg ins Tal

Nach Disentis (über das Brunnigrätli):
EB bzw. B. 2½ Std. Von der Hütte auf R. 43 bis zur Fuorcla da Cavardiras und ca. 500 m weiter auf dem Gletscher nach SW, später südlich gegen den Felsgrat zwischen Brichlig und Piz Acletta. Diesen Felsgrat, Brunnipass

oder Brunnigrätli genannt, überschreitet man mit Hilfe von Seilen und einbetonierten Eisenstangen ohne Probleme und erreicht auf der südlichen Gratseite den Weg, der zur Felskanzel P. 2432 hinabführt. Von hier an gibt es zwei Möglichkeiten: Entweder links haltend zu den Lawinenverbauungen unter dem Muotta dil Tir, am Hüttchen bei P. 1991 vorbei und direkt durch den Wald nach Disentis hinunter. 2 Std.
Oder aber rechts haltend hinunter zum Lag Serein (P. 2072) und immer rechts haltend (SW) zur Bergstation der Luftseilbahn Disentis-Caischavedra (P.1860) hinunter. 2½ Std.

Nach Disentis (über die Russeinerbrücke):
B. 4 Std. Auf R. 44 durch das Val da Cavardiras hinunter bis zur Alp Cavrein Sura/Obere Alp Cavrein (P. 1814). Dem Weg folgend über die Brücke und über von grossen Felsblöcken übersäte Alpweiden nach W steil absteigen. Der Weg kreuzt eine kleine, aber imposante Schlucht und erreicht das Val Russein bei der Alp Cavrein Sut/Untere Alp Cavrein (P. 1540). Dort überschreitet man den Russeinerbach und folgt der Alpstrasse am Ausgleichbecken Barcuns vorbei talauswärts, bis man bei der alten Holzbrücke auf die Kantonsstrasse Ilanz – Disentis stösst (P. 1032). Markierter Wanderweg bzw. Alpstrasse.

Talort   Disentis (1130 m)

Der Hauptort der oberen Surselva wird dominiert vom Benediktinerkloster. Station der RhB-Linie Chur – Ilanz – Disentis und Beginn der Furka-Oberalp-Bahn-Strecke Disentis – Andermatt. Tel. Bahnhof: 081 947 51 32. Fahrplanfeld 920.

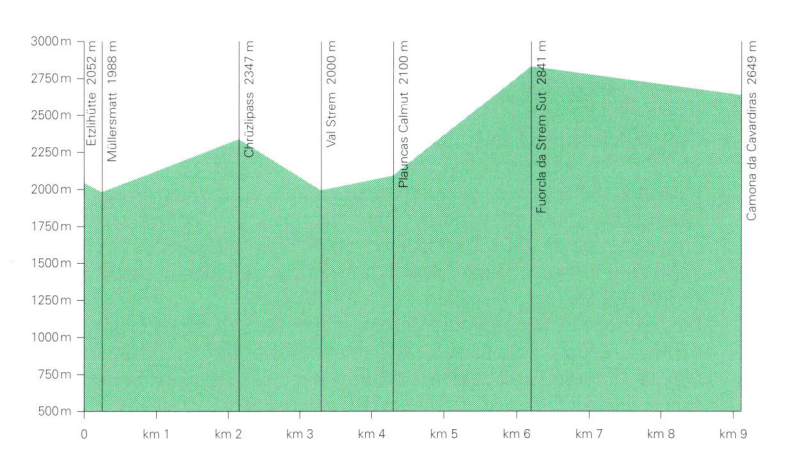

Etzlihütte – Chrüzlipass – Val Strem – Fuorcla da Strem Sut – Camona da Cavardiras (Disentis)

Mit PW über Chur – Flims nach Disentis.
Disentis Tourismus: Tel. 081 920 30 20.
Bergbahnen Disentis AG.: Tel. 081 920 30 40.
Zahlreiche Geschäfte, Banken, Hotels und Gasthäuser.

Karte
1212 Amsteg

Ausrüstung

Gletscherausrüstung (Seil) für den Brunnifirn.

Sehenswürdigkeit
Kloster Disentis

Das Gotteshaus gab der ganzen Region den Namen: Casa Dei wurde zu Cadi, mit dem heute der oberste Teil des Vorderrheintals bezeichnet wird. Das Benediktiner-Kloster wurde um 1100 erbaut und immer wieder erweitert und ausgebaut. Es war während vieler Jahrhunderte religiöser, geistiger, kultureller und auch politischer Mittelpunkt der Region.

Route

Von der Etzlihütte steigt man auf markiertem Weg zur Müllersmatt ab (Wegweiser) und durch das blockgefüllte Chrüzlital zum Chrüzlipass (Wegweiser/P. 2347) auf. 1½ Std.

Von der Höhe des Ueberganges hat man einen guten Blick auf den Weiterweg: Sowohl der massige Aufbau des Oberalpstocks/Piz Tgietschen ist im NE sichtbar als auch der Piz Ault gerade gegenüber im E. Die zu begehende Fuorcla da Strem Sut/Untere Stremlücke liegt zwischen Piz Ault (links) und den Stremhörnern. Auf dem markierten Weg steigt man vom Chrüzlipass ins Val Strem ab und verlässt den Weg kurz bevor er die Talsohle erreicht. Über grobe Blöcke steigt man ins Tal ab, und überschreitet den Bach an geeigneter Stelle. ¾ Std. Nun folgt man dem Wasserlauf eine Viertelstunde hinauf und steigt dann auf Wegspuren steil den Hang auf der rechten Seite (E) hoch. Bei P. 2223 lässt die Steilheit nach, und das grasige Gelände geht in Geröll über. Über Schutthänge geht man bis zum nächsten, steilen, schuttigen und rippenartigen Aufschwung (Wegspuren; wenn man sich an der richtigen Stelle befindet). Bald danach steht man am Seelein bei P. 2579. Nun ist die Untere Stremlücke weiter oben im E sichtbar, und man erklimmt über Schnee oder Geröll den höchsten Punkt (P. 2841). 2 Std.

Die Passhöhe ist flach, ebenso der Brunnifirn, der sich gegen E bis zur gut sichtbaren Fuorcla da Cavardiras erstreckt. Auch die Cavardirashütte ist von der Unteren Stremlücke aus sichtbar. Nach der Gletscherüberquerung führen von der Fuorcla da Cavardiras Wegspuren dem S-Hang des Gwasmet entlang zur Cavardirashütte (2649 m). 1 Std.

Ein neues Kraftwerk und ein Tal (noch ohne) Kraftwerk

Folgt man den Routen dieses Wanderführers und bleibt einige Tage «oben», dann kann der Abstieg in die «Zivilisation» einen grossen Schrecken mit sich bringen. So auch auf der Etappe von der Camona da Punteglias zur Bifertenhütte. Im Abstieg Richtung Trun stösst man bei der Alp Punteglias unvermittelt auf die Anlagen des Kraftwerks Ferrera, eines Gemeinschaftsprojektes der Elektrizitätswerke Bündner Oberland (EWBO) und der Gemeinde Trun. Das Beispiel, das Einblick in die Kreise gewährt, die der Wirtschaftszweig «Wasserkraftnutzung» im Bergkanton Graubünden zieht.

Die Nutzung dieses Bachs ist alt: Ab 1861 produzierte eine einheimische Wollspinnerei, später die Tuchfabrik Truns AG Strom mit Wasser aus dem Val Punteglias. Nun erfolgt ein Ausbau dieses Kraftwerks durch die Elektrizitätswerke Bündner Oberland (EWBO). Sie setzen bis heute rund 150 Mio. Kilowattstunden Strom um, produzieren aber davon nur 25 Millionen (ca. 20 Prozent) selber, der Rest muss von aussen zugekauft werden. Mit den in der Anlage Ferrera produzierten 18 Mio. Kilowattstunden kann die Firma ihre Energiebilanz aufbessern (auf 27 Prozent) – allerdings nur dann, wenn die hier produzierte elektrische Energie günstiger hergestellt werden kann, als der dazu gekaufte Strom. Zur Zeit des Spatenstichs im April 1997 rechnete EWBO-Verwaltungsratspräsident Peter Janki mit einem Gestehungspreis von «unter 10 Rappen pro Kilowattstunde». Sollte das nicht der Fall sein, kann sich die Gemeinde noch immer mit einem jährlichen Zustupf von 200 000 Franken in die Kasse und das einheimische Baugewerbe mit einem schönen – allerdings auf eine Bauzeit von zwei Jahren beschränkten – Auftragsvolumen trösten. Die Kraftwerksanlage wird von der Leitstelle Ilanz aus fernüberwacht und fernbedient. Die Leistungsfähigkeit der Anlage reicht aus, um elektrischen Strom für rund 4000 Haushaltungen zu erzeugen. Die Bifertenhütte gehört nicht dazu, ihr Strom wird mit Sonnenkollektoren hergestellt.

Die Wasserfassung auf der Alp Punteglias wird wegen der Lawinengefahr als Speicherkaverne mit einem Fassungsvermögen von 8000 Kubikmeter gebaut. Dort beginnt eine 2,8 Kilometer lange Druckleitung, durch die das Wasser des Ferrerabachs in die Zentrale nach Trun geleitet und turbiniert wird. 600 Liter Wasser pro Sekunde rauschen durch die Turbine.

Der Trunser Gemeindepräsident Daniel Tuor blickte beim Spatenstich im April 1997 zurück auf eine «denkwürdige» Gemeindeversammlung im Juni 1983: «An jener Versammlung wurde das Projekt Russein 2 (das Projekt sah einen Saisonspeicher im Val Gliems vor) deutlich verworfen. Noch deutlicher wurde aber die sanfte Nutzung des Ferrerabachs angenommen.» Rino Caduff, Projektleiter der Bauherrschaft des Kraftwerks Ferrera, meinte anlässlich des Spatenstichs: «Wasserkraftwerke pro-

duzieren wertvollen Strom, der allerdings seinen Preis hat. Die bedeutenden Abgaben an die öffentliche Hand (Wasserzinsen, Wasserwerksteuer, ordentliche Steuern, Fischereiabgaben usw.) sowie Restwasserbestimmungen und andere ökologische Auflagen treiben den Gestehungspreis in die Höhe.»

Gegen das Ende der Wanderung, kurz vor dem letzten schweisstreibenden Aufstieg zur Bifertenhütte, berührt die Route dann ein noch weitgehend unberührtes Kleinod der Natur: das Val Frisal. Eine flache grasbewachsene Schwemmebene, eingefasst von Bifertenstock, Piz Frisal, Cavistrau, Piz Tumpiv und ihren Gletschern. Es existieren weder Wege noch Gebäude, das Tal macht den Eindruck einer unberührten Naturlandschaft. Aber auch für das Val Frisal existieren Kraftwerkspläne. Doch es besteht die Hoffnung, dass diese Landschaft von der Dynamik, die die Unterschutzstellung der Greina-Ebene ausgelöst hat, profitieren kann. An der Feier vom 5. August 1997, an der die Greina auf symbolische Weise dem Schweizer Volk zum Geschenk gemacht wurde, verlangten Umweltbewusste wie die Bündner Nationalrätin Silva Semadeni, dass das «Greina-Modell» (finanzielle Ausgleichsleistungen an Gemeinden, die auf Kraftwerksprojekte verzichten) auch auf andere hängige Projekte, namentlich auf andere Kraftwerks-Vorhaben in Graubünden, angewendet werde. Eine Idee, welche mittlerweile die Gemeindebehörden von Soglio für das Val Madris, von Vals für die Lampertschalp und von Breil/Brigels für das Val Frisal aufgenommen haben. Das Modell «Entschädigung für entgangene Einnahmen» hat an Attraktivität gewonnen und dürfte mithelfen, noch manche Gebirgslandschaft in ihrem heutigem Zustand zu bewahren. Bundesrätin Ruth Dreifuss sagte dazu: « Die Idee, dass der Naturschutz nicht nur einen ideellen, sondern auch einen materiellen Wert hat, der der betroffenen Bevölkerung die Gewähr gibt, weiter in ihrer Heimat leben zu können, ist für mich absolut wesentlich.» Das Modell «Landschaftsrappen» zeigt, dass das Miteinander von Mensch und Natur auch in den Alpen möglich ist. Die konkrete Ausgestaltung dürfte allerdings von Fall zu Fall noch viel Kopfzerbrechen bereiten. (PD)

Im Val Maighels, Abstieg vom Passo Bornengo (R. 40)

Aufstieg zur Fuorcla da Punteglias mit Piz Urlaun (R. 44)

Bifertenhütte (R. 45/46)

Aufstieg zum Sardonapass (R. 48)

Camona da Cavardiras – Alp Cavrein Sura – Val Gliems –
Fuorcla da Punteglias – Camona da Punteglias (Trun)

44 Schritt für Schritt durch ein geologisches Museum

Ein weiterer Höhepunkt! Lange, hochalpine und nicht ganz leicht zu findende Route, eine der eindrucksvollsten und schönsten Etappen dieses Führers. Man erlebt an einem Tag verschiedenartige Gletscher, geheimnisvolle Alpweiden, verwunschene Hochtäler sowie mehr topographische und tektonische Wunder als andernorts in einer ganzen Woche. Doch diese grossartigen landschaftlichen Eindrücke müssen verdient werden: Allein der Aufstieg von der Alp Russein da Mustér zur Fuorcla da Punteglias misst über 1100 Höhenmeter – grösstenteils in weglosem Gelände.

EB/L Routencharakter und Schwierigkeit

Cavardirashütte – Alp Russein (B);
Bis zur Alp Cavrein Sura markierter Wanderweg. Fuorcla da Punteglias (EB). Danach unmarkiert und nur spärliche Wegspuren. Orientierungssinn und gute Kenntnisse im Kartenlesen sind notwendig. Die Umgebung ist hochalpin, die Route ist aber technisch problemlos zu begehen. Einzig das oberste, steilste Stück auf der E-Seite der Fuorcla da Punteglias kann bei Blankeis oder hartem Firn heikel sein (L).

Zeit   7 Std.

Ausgangspunkt   Camona da Cavardiras (s. R. 43)

Endpunkt   Camona da Punteglias (2311 m)   715.890/181.900

SAC-Sektion Winterthur. Tel. Hütte: 081 943 19 36. Hüttenwart Kurt Rütschi, 8544 Rickenbach. Tel./Reservation: 052 337 18 71.
42 Plätze. Bewartet von Juli bis September. Übernachtung für Gruppen sowie Vollpension nach Vereinbarung möglich.
Die Hütte liegt zuvorderst auf einem Felsriegel, bevor das Val Punteglias in einer 400 Meter hohen Steilstufe gegen die Alp Punteglias abfällt.

Einfachster Abstieg ins Tal   Nach Trun

EB. 2½ – 3 Std. Wie bei dieser Route zur Alp Cavrein Sura. Dort dem beschilderten Weg weiter rechts hinunter ins Tal folgen. Der Wanderweg führt meist der linken (westlichen) Bachseite entlang über Alp Cavrein Sut und Barcuns steil hinunter nach Trun.

Camona da Cavardiras – Alp Cavrein Sura – Val Gliems – Fuorcla da Punteglias – Camona da Punteglias (Trun)

Talort
Trun (852 m)

Dorf am Eingang des Val Punteglias.
Mit RhB Chur – Disentis bis Trun. Fahrplanfeld 920.
Mit PW erreichbar über Chur – Ilanz bis Trun.
Tel. Verkehrsbüro: 081 943 31 49.
Post: Tel. 081 943 11 36, Fax 081 943 23 73.
Bahnhof: Tel. 081 943 11 34.
Zahlreiche Hotels und Gasthäuser.

Karte
1212 Amsteg, 1213 Trun, 1193 Tödi

Ausrüstung

Evtl. Eispickel zum Stufenschlagen in der Fuorcla da Punteglias.

Route

Von der Cavardirashütte steigt man in das gegen NE abfallende Val Cavardiras hinunter. Schneefelder und zum Teil grosse Bäche bringen Weg und Markierungen im obersten Teil des Val Cavardiras immer wieder zum Verschwinden. Die beste Route führt von der Hütte auf das von der Fuorcla da Cavardiras hinunterziehende Altschneefeld bis unter den Felskopf, auf dem die Hütte steht. Unter diesem durch und links haltend hinunter, dann über den Bach, bis man an der linken Talseite, dort wo sie steiler wird, auf den Weg trifft. Der markierte Pfad bleibt immer auf der linken Talseite,

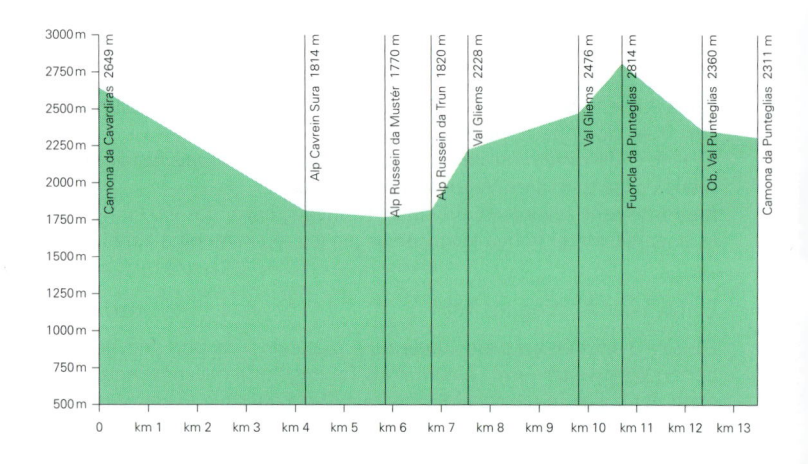

Camona da Cavardiras – Alp Cavrein Sura – Val Gliems – Fuorcla da Punteglias – Camona da Punteglias (Trun)

verläuft manchmal hoch über dem Bachlauf, dann wieder direkt diesem entlang. Bei einem kleinen Alpgebäude (P. 2123) teilen sich die Täler: rechts das Val Pintga da Cavrein mit dem Bach, links das Tälchen Cavardiras. Der Weg folgt dem linken Tal und man erreicht dort, wo es sich öffnet, die Alp Cavrein Sura (P. 1814). 1½ Std.

Nördlich der Alpgebäude überquert man auf einer Brücke den Bach aus dem Val Gronda da Cavrein und quert auf Wegspuren den S-Hang des Piz Cuolmet zur Alp Russein da Mustér (P. 1770). ¾ Std.

Von dieser grossen Alp überquert man nach NE die Ebene bis dort, wo von rechts (E) her ein Bach hinunterfliesst (Brücke). Nördlich dieser Brücke steigt man auf Wegspuren sehr steil über die Alpweiden bis zu einer kleinen Felskanzel (P. 1948) auf. Rechts haltend hinauf, bis ein deutlicher Einschnitt (schmaler, grasbewachsener Kamin) den Durchstieg durch die Felswand erlaubt. Bei P. 2228 erreicht man eine markante Kante. Wir folgen nun der linken Seite des Bachs aus dem Val Gliems. Wegspuren folgen dem Bach bis in den Talgrund, wo das Wasser aus dem Gletscher über braungelbe Felswände rauscht. Unterhalb der Felswände (in der Nähe von P. 2476) überquert man den Bach (was je nach Wasserführung nicht immer ganz einfach ist) und steigt auf der rechten Bachseite, links einer vorspringenden gelben Felsrippe, mühsam über loses Geröll und Felsplatten zu einem markanten Geröllgrätchen (ca. 2740 m). Von diesem Grätchen aus ist die Scharte der Fuorcla da Punteglias im E sichtbar. Man erreicht über Wegspuren (sie kommen von der Porta da Gliems, dem Aufstieg zum Tödi, her) im Geröllhang zuerst leicht ab- und dann aufsteigend die firn- und schneebedeckte Passhöhe (P. 2814). 3½ Std.

Hier eröffnet sich ein gewaltiges Panorama: links der Piz Urlaun, im N der Tödi Grischun und der Bifertenstock, gegenüber im W der Piz Frisal, der Crap Grond und – besonders eindrücklich – der Cavistrau. Zwischen Piz Frisal und Crap Grond ist deutlich die Scharte der Barcun Frisal Sut (Untere Frisallücke) sichtbar (s. Variante von R. 45).

Die Fuorcla da Punteglias hat zwei Uebergänge, die durch einen Felskopf getrennt sind. Man wählt den linken und steigt über den zunächst steilen, dann flacher werdenden und zunehmend von Geröll und Felsblöcken bedeckten Gletscher gerade in das ebene Val Punteglias hinunter. Bei Blankeis oder hartem Firn hält man sich möglichst links am Hang, wo man bald einmal Felsen und Geröll betreten kann. In der Talsohle wendet man sich gegen rechts (S) und folgt dem Bach auf seiner rechten Seite. Kurz bevor er in die Schlucht stürzt, überquert man ihn und erreicht gleich danach die Puntegliashütte, die auf einer Terrasse steht, kurz bevor das Tal in einer mehrere hundert Meter hohen Steilstufe abbricht. 1¼ Std.

Pater Placidus a Spescha: von der Natur des Steinbocks

« Er muss ein skurriler, eigensinniger Gottesmann gewesen sein. Den einfachen Menschen zum Wohlgefallen. Uns Bergsteigern Vorgänger und Vorbild» sagte der österreichische Alpin-Publizist Kurt Maix. Der Bündner Historiker Friedrich Pieth meint: «Spescha wagte sich auf Gletscher, die noch niemand betreten, auf Gipfel, die noch niemand bestiegen hatte.» Obwohl nur in seiner engeren Heimat, der Surselva, aktiv, gehört der Benediktinerpater Placidus a Spescha (1752-1833) zu den grossen Bergsteiger-Pionieren. Einige seiner wichtigsten Erstbesteigungen von Dreitausendern im 18. Jahrhundert: Rheinwaldhorn, Oberalpstock, Piz Urlaun, Piz Terri, Güferhorn.

Diese Bergnamen zeigen seine körperliche Leistungsfähigkeit und sein alpinistisches Können. So führte er die Besteigung des Rheinwaldhorns von Disentis aus in drei Tagen aus – eine aussergewöhnliche Leistung. Denn es gab zu jener Zeit weder Postautos noch Clubhütten. Weder Landkarten noch Führerliteratur. Die Erstbesteigung des Piz Terri, die dem Pater 1801 oder 1802 gelang, war eine klettertechnische Glanztat. Spescha schreibt über die letzten Meter zum Gipfel: «Der Abstand vom Vorgebirge bis zum höchsten Punkt des Giebels war nicht länger als ungefähr 20-30 Schritte. Allein dazwischen lag eine Schlucht, die mir kitzlich zu übersetzen schien. Ich legte demnach meinen Stock nieder, stieg die Kluft hinab, trat auf den schmalen Rand des Eises und hielt mich mit den Händen am Saum des Gebirgs fest, welcher kaum eine Spanne breit war. Während dessen schaute ich rückwärts auf meinen Jüngling hin, der sein Angesicht gegen Abend gewendet hatte, damit er mich nicht ansehen müsste, wie ich vorwärts schritt. Ich kam glücklich durch, und die Aussicht war vollkommen.» Welche Route beschreibt der Pater, wo ist er aufgestiegen? Der Alpinist Walram Derichsweiler kommt zur Ansicht, der Pater habe den einfacheren Westgrat (heute Normalroute) für den Aufstieg benutzt. Und bei der vom Pater erwähnten Spalte handle es sich um eine Kluft zu einem isolierten Gendarmen östlich des Gipfels, der höher sei als der eigentliche Gipfel. Der englische Alpinchronist und -pionier W. A. Coolidge vermutet hingegen, dass der um einiges schwierigere Nordostgrat dem Pater als Aufstiegsroute diente. Auf diesem Weg gibt es vor dem Gipfel eine Scharte.

Ein grosser Traum blieb dem Pater allerdings verwehrt: Die Besteigung des Tödi, des dominierenden Berges seiner Heimat. Sechsmal hat er vergeblich versucht, die eisbedeckte Kuppe des auf romanisch Piz Russein genannten Gipfels zu erreichen. Bei seinem letzten Versuch im Jahre 1824 war er 72jährig. Er übertrug seine brennende Motivation auf Jüngere: Von Spescha durchs Fernrohr beobachtet, stiegen die beiden Gemsjäger Placi Curschellas und Augustin Bisquolm dem Riesen aufs Haupt. Dem Pater blieb die Genugtuung: Der «Unersteigliche» war also doch ersteigbar. Er hatte es immer gewusst. Nebenbei: Speschas Name war so eng mit demjenigen des Tödi verbunden, dass sogar Speschas Freund, der Naturforscher Johann Gottfried Ebel, in seinen Schriften die Meldung verbreitete, Spescha habe den Tödi erstbestiegen.

Ein grosses Problem für den Pater war es, geeignete Begleiter für seine Bergtouren zu finden. Fast auf jeder Tour hatte er Schwierigkeiten mit seinen Weggefährten. So erzählt er von der Besteigung des Piz Scherboden, der Sohn seines Begleiters sei am ausgesetzten Gipfel von Angst und Schwindel befallen worden und habe zu weinen begonnen. Man habe ihn nur mit grösster Mühe wieder vom Berg hinuntergebracht. Der Pater zieht daraus den Schluss: «Dies ist eine Warnung, welche Gattung Leute man auf hohe Berge mitnehmen soll.»

Immer steiler hinauf, immer höher hinaus zog es den Pater. Seine Schilderung über eine Besteigung am Stocgron jedenfalls klingt schon nach extremem Klettern. Und das anno 1788! «Es war bei dieser Ersteigung an einem fürchterlichen, mit entsetzungsvollen Abgründen naturalisierten Glätscher heraufzusteigen und eine steile, beynahe senkrechte Eis- und Schneewand zu durchsetzen, die fast gänzlich für unersteigbar gehalten wurde. Wir verbanden uns alle drey, ungefähr 10 Schuhe voneinander entlegen... Die Eisschründen waren so dicht aneinander, dass wir uns gezwungen sahen, deren Ränder zu übersetzen, welche oft nicht mehr als die Breite eines Werkschuhs hatten. Es durfte dabei nur einer gehen; denn die andern mussten auf der Hut seyn und festen Fuss setzen, damit der Dritte nicht unglücklich wurde. Der Jüngling entfiel, sank aber nicht, weil das Seil, welcher er um sich hatte, von hinten und vornen an uns fest hielt; er richtete sich selbst nach und nach aus der Spalte heraus, in welche er gesunken war.» Placidus a Spescha spricht nach seiner Ueberquerung des Gletschers selbstkritisch von «Verwegenheit, nicht Tapferkeit» und davon, dass er «solches Reisen meiden» wolle.

Die seelenhygienische Wirkung des Bergsteigens war dem Mönch Spescha ebenfalls wohlbekannt: «Für die Schwermüthigen ist nichts gedeihlicheres; denn die Schwermuth entsteht gemeiniglich von den Aengstigkeiten des Leibes und des Gemüthes, von Zorn, Rachgierd und Verdickung des Gebluts und der übrigen Lebenssäfte, die nur mit dem Umgang aufgeräumter Menschen, stärkenden und belustigenden Reisen können aufgehoben werden, wodurch die Säfte verdünnet und die schwermüthigen Gegenstände verdrängt werden.» (PD)

Pater Placidus a Spescha als Bergsteiger

VIII Biferten – Vorab – Sardona – Calanda

Über Gletscher und Mondlandschaften am Tödi vorbei

Dieser Abschnitt folgt dem Verlauf des Vorderrheintals, aber viele, tief eingeschnittene Täler liegen quer zur Gehrichtung. Die Nachtruhe muss jeweils durch einen langen Abstieg in ein Tal und einen mindestens ebenso langen Gegenanstieg verdient werden. Immer wieder stehen aussichtsreich gelegene Unterkünfte am Weg. Exotisch sind die Mondlandschaften zwischen Bifertenhütte und Fuorcla Gavirolas, die Gletscher rund um den höchsten Glarner und Nordbündner Berg, den Tödi, und die starken Kontraste zwischen dem Fels der Tschingelhörner, dem Eis des Sardonagletschers und dem Grün der Glarner Alpweiden. Dazu gibt's in der sogenannten «Alpenarena» eine Lektion in amerikanischem Tourismus-Management.

Die Tagesetappen

45 Camona da Punteglias – Alp da Punteglias – Tschegn Dado – Frisal – Bifertenhütte (Breil/Brigels)
Endlich – aus dem Geröll auf liebliche Alpweiden

46 Bifertenhütte – Falla Lenn – Fuorcla da Gavirolas – Fil dil Fluaz – Panixerpass-Schutzhütte (Pigniu)
Mondlandschaft im Hochgebirge

47 Panixerpass-Schutzhütte – Rotstock – Fil da Ranasca – Fuorcla da Sagogn – Camona da Segnas (Flims)
Aus der Ruhe auf den Rummelplatz

48 Camona da Segnas – Segnas Sura – Sardonapass – Sardonahütte (St. Martin/Vättis)
Gletscher grenzt Graubünden von St. Gallen ab

49 Sardonahütte – Plattenseeli – Gigerwaldspitz – Gigerwald – Vättis
Wildreiches Wanderland: das St. Galler Oberland

50 Vättis – Schaftälli – Tüfels Chilchli – Calanda – Calandahütte (Haldenstein)
Zweitausend Meter über der Hauptstadt

51 Calandahütte – Vazer Alp – Stelli – Zweienchopf – Chimmispitz – Furggels (St. Margretenberg)
Zum Abschluss ein unbekannter Höhenweg

224

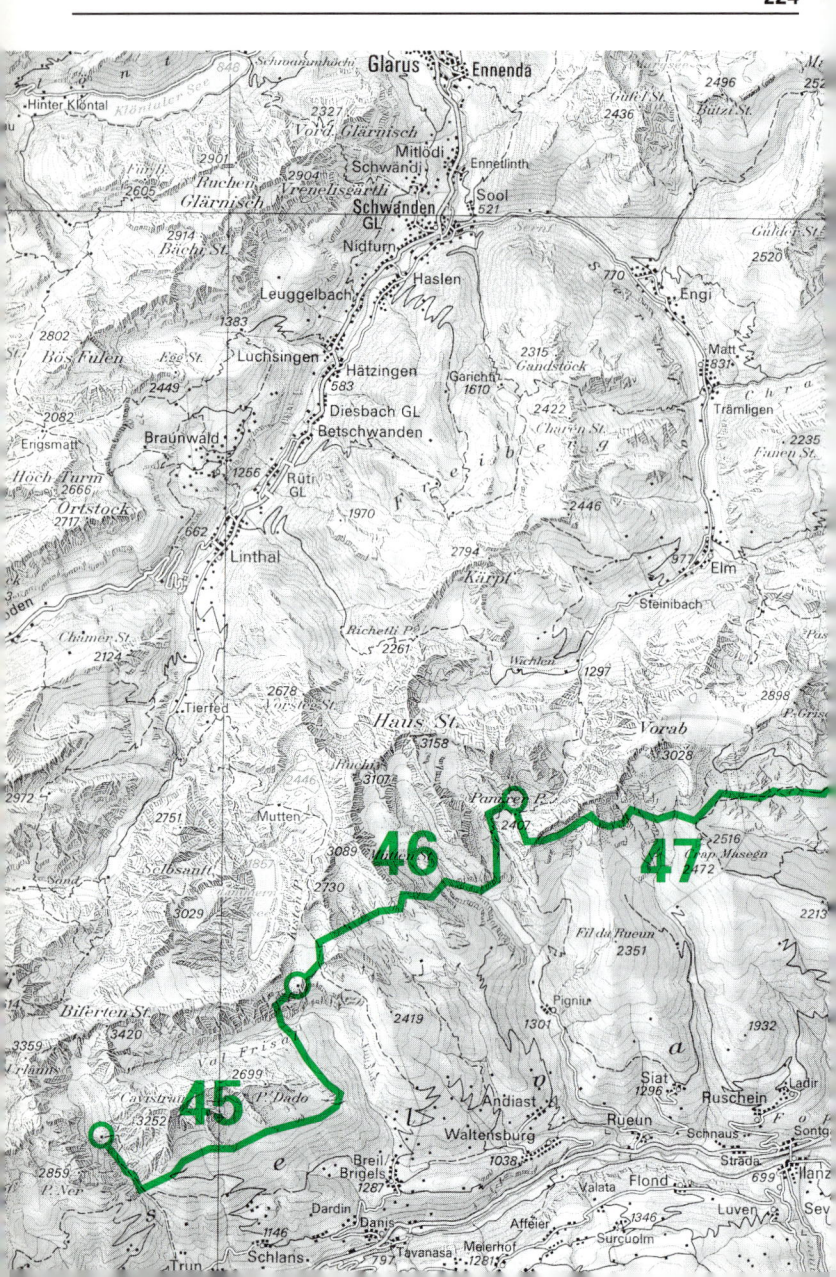

225   VIII   Biferten – Vorab – Sardona – Calanda

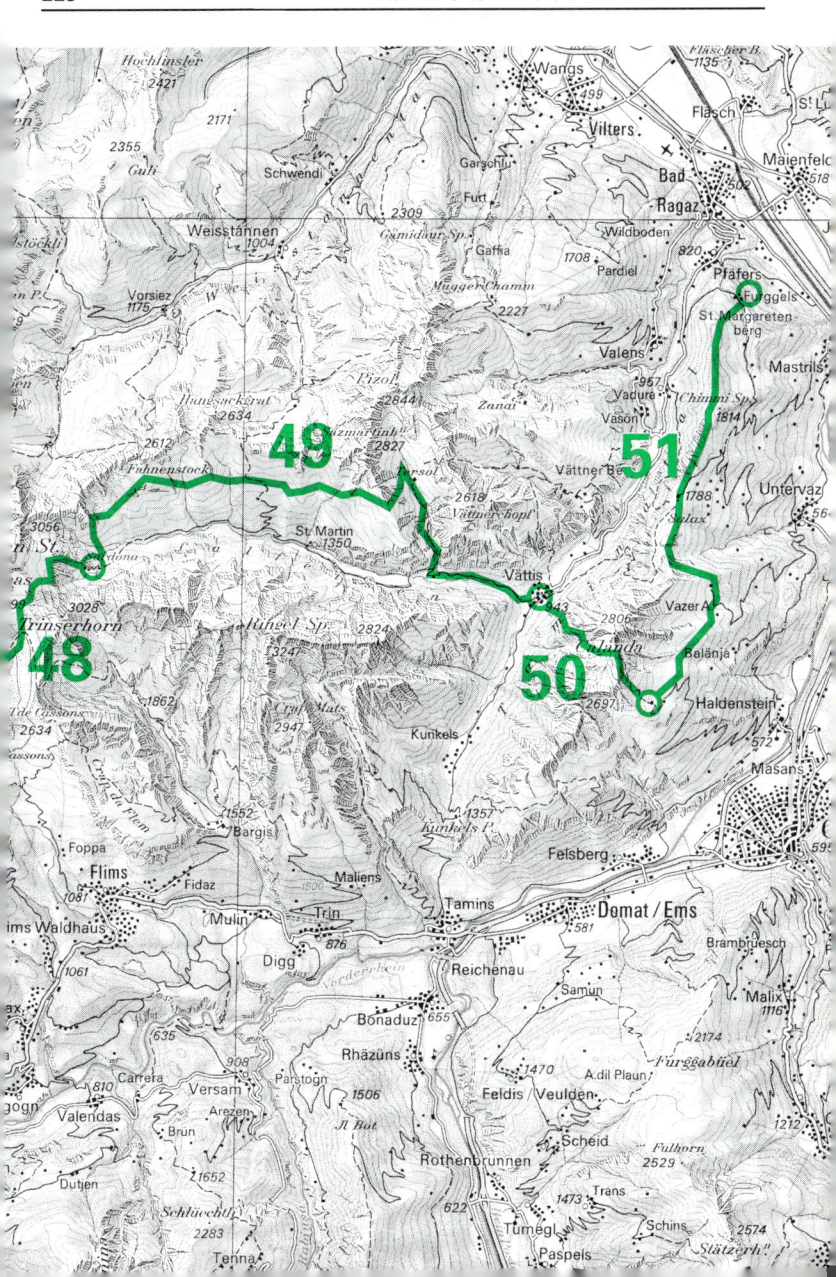

Camona da Punteglias – Alp da Punteglias – Tschegn Dado –
Frisal – Bifertenhütte (Breil/Brigels)

45 Endlich – aus dem Geröll auf liebliche Alpweiden

Nicht die direkteste, aber die technisch unschwierigste und abwechslungsreichste Route zwischen den Hütten Punteglias und Biferten. Sie führt aus den Bergen um Piz Urlaun und Bifertenstock zur Waldgrenze hinunter. Die Wanderung entlang der obersten Grenze des Bergwaldes und über liebliche Alpweiden bietet eine willkommene Abwechslung zur Geröllandschaft vorheriger und nachfolgender Routenabschnitte. Unterwegs ergeben sich immer wieder Möglichkeiten, mit Älplerinnen und Älplern ins Gespräch zu kommen. Auf dem ganzen Weg begleitet den Wanderer ein weiter Rundblick ins Vorderrheintal und seine Dörfer.

B, EB Routencharakter und Schwierigkeit

Bis Frisal keine technischen Schwierigkeiten (B). Markierte Wanderwege in voralpinem Gelände und Alpstrassen. Der Abstieg von der Puntegliashütte zur Alp da Punteglias ist teilweise steil, aber ausgetreten. Zwischen Alp da Schlans Sut und Alp Tschegn Dadens Sut etwas komplizierte Routenführung.

Von Frisal zur Bifertenhütte zunächst Wegspuren, dann wegloses Steilgelände (EB). Auch einige gutgriffige Felsstufen sind zu überwinden (I). Trittsicherheit und Orientierungssinn sind notwendig. Bei Nässe und schlechter Sicht muss von diesem Wegstück ganz abgeraten werden. Alternative: Variante 1. Bei schlechter Sicht kann die Orientierung auf der ganzen Etappe Probleme bereiten.

Zeit   6½ – 7 Std.

Ausgangspunkt   Camona da Punteglias (s. R. 44)

Endpunkt   Bifertenhütte (2482 m)   721.180/186.040

Akademischer Alpenclub Basel. Tel. Hütte: 081 941 23 36, Hüttenwart Daniel Steger-Derungs, 7157 Siat. Tel./Reservation: 081 925 41 95 oder 079 355 58 72.
30 Plätze. Bewartet Mitte Juli bis Mitte August.
Die Hütte liegt auf der flachen, ausgedehnten Grasterrasse am SE-Fuss des Kistenstöckli/Muot da Rubi.

Einfachste Abstiege ins Tal

1. EB. 3 Std. Von der Hütte leicht absteigend nach E zu P. 2415, unter dem SW-Fuss des Piz d'Artgas durch bis zu den Alpgebäuden Rubi Sura (P. 2172), steil absteigend zur Alp Rubi Sut (P. 1672) und ins Tal, wo eine Alpstrasse dem Flembach entlang nach Breil/Brigels führt.

2. EB. 2½ Std. Auf obiger Route bis zur Alp Rubi Sura. Von dort dem Weg folgend weiter nach S über Cuolm da Rubi zur Alp Quader. Von hier Fahrstrasse nach Brigels. Taxi von Brigels bis zur Alp Quader oder Sessellift Brigels – Crest Falla bis zum Restaurant Burleun.
3½ Std. bis Brigels.

Talort   Breil/Brigels (1287 m)

Schön gelegener Ort auf einer Terrasse mit einiger touristischer Infrastruktur.
Mit RhB Chur – Disentis bis Tavanasa/Brigels, anschliessend Postauto Tavanasa/ Brigels bis Endstation. Fahrplanfelder 920 und 920.65.
Mit PW über Chur – Ilanz bis Tavanasa und nach Brigels.
Tel. Verkehrsbüro: 081 941 13 31.
Bergbahnen Brigels: Tel. 081 941 16 12, Fax 081 941 24 44.
Post/Postautodienst: Tel. 081 941 11 23, Fax 081 941 24 76.
Zahlreiche Hotels, Gasthäuser und Banken.

Karte   1213 Trun, 1193 Tödi

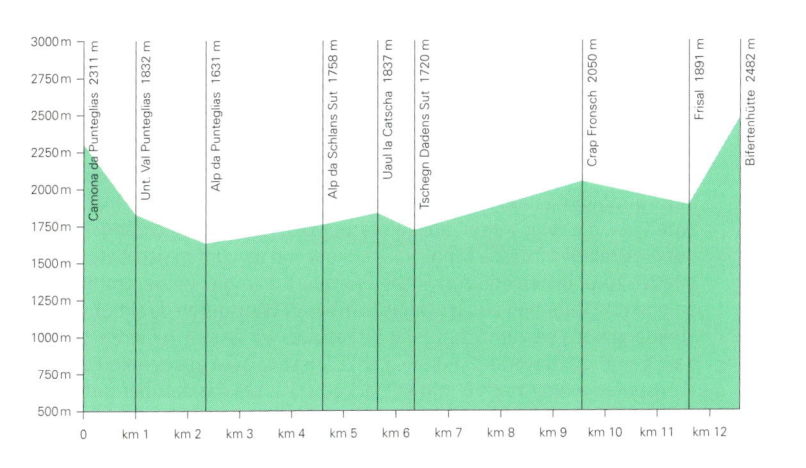

Camona da Punteglias – Alp da Punteglias – Tschegn Dado – Frisal – Bifertenhütte (Breil/Brigels)

Route

Direkt vom Hüttenplatz sticht der Fussweg über die Steilstufe hinab bis zum flacheren Boden des unteren Val Punteglias. Auf der rechten Talseite liegen die Hütten der Alp da Punteglias, an der engsten Stelle sperren die Kraftwerkanlagen «Ferrera» das Tal. Wegweiser. 1¼ Std.

Der Weg führt nun links haltend zunächst durch den Wald von Punteglias hinauf, quert Lichtungen und Alpweiden und erreicht, mehr oder weniger auf gleicher Höhe bleibend, die Alp da Schlans Sut (P. 1723). ½ Std.

Wenige Meter hinter den neuen Gebäuden trifft man auf die geteerte Alpstrasse, über die man geradeaus aufsteigt. Wo die Strasse eine Haarnadelkurve macht, verlässt man sie bei einer sumpfigen Wiese (Wegweiser) und folgt einem schlechten, nicht durchgehend sichtbaren Pfad durch den Wald von Catscha. Bei P. 1837 am Waldrand übersteigt man ein durchgehendes Alpmäuerchen und geht in weglosem, aber markiertem Gelände über Weiden zu einem Brunnen (Wegweiser) hinunter. Gleich um die Ecke stehen die Gebäude der Alp Tschegn Dadens Sut. ¾ Std.

Auch hier trifft man auf eine geteerte Strasse, auf der man kurz absteigt, bis sie bei P. 1720 auf die von Brigels heraufführende Strasse trifft. Schöner Blick auf den Ort Brigels, auf das Vorderrheintal und die gegenüberliegende Walser-Streusiedlung Obersaxen. Man folgt nun der Alpstrasse weiter nach NE hinauf, bis sie bei P. 1931 eine Haarnadelkurve macht. Nun verlässt man die Strasse und folgt den spärlichen Markierungen gerade (nördlich) den Hang hoch, bis man auf einen Weg trifft (Wegweiser), der zwischen den Felsen Ils Plattius durch nach N zur Alp Nova und nach Frisal (P. 1891) hinunterführt. Auf diesem Wegstück sind auf dem nördlich gelegenen Hochplateau bereits das Kistenstöckli und die Bifertenhütte sichtbar.

In Frisal befindet man sich am Anfang des gleichnamigen, wunderschönen Tals, einer Schwemmebene, die von den schroffen Gipfeln Piz Frisal, Cavistrau, Piz Tumpiv, Piz Dadens und Piz Dado eingefasst ist (s. Variante 2). 2¼ Std.

Der nun folgende Aufstieg zur Bifertenhütte erfordert Trittsicherheit, Schwindelfreiheit und Orientierungssinn. Bei Nässe und schlechter Sicht muss dringend davon abgeraten werden! In diesem Fall ziehe man Variante 1 vor, die zwar weiter, aber einfacher zu begehen ist. Achtung: Es gibt nur eine relativ einfache Möglichkeit, die schon von unten sichtbaren Felsbänder zu übersteigen. Von Frisal überquert man die kleine Kraftwerksanlage und folgt den zunächst gut sichtbaren Wegspuren direkt über den Steilhang hoch bis zum Schafgelände Faschas, wo sie sich verlieren. Unterhalb von P. 2215 wendet man sich links (westwärts) – auf keinen Fall den Wegspuren weiter nach E folgen (Sackgasse) –, um das darüber gut sichtbare braune Felsband am NE-Ende von Las Cordas zu umgehen. Trittspuren leiten zu dem Punkt, wo der Durchstieg durch das Felsband am einfachsten ist. Die Ersteigung des hellen Felsbandes scheint von weitem schwierig zu sein, ist aber über gutgestufte Absätze recht einfach. Einige Meter über Gras hochklettern und bei einer in den Boden gerammten Eisenstange (markante Ecke) eine Kante umgehen, dann in einer blockgefüllten Geröllrinne hochsteigen. Nun befindet man sich in einem sich öffnenden Gras- und Geröllkessel. Oberhalb des riesigen, mitten in diesem Tälchen liegenden Felsblocks steigt man, Wegspuren folgend, rechts haltend hinauf, bis man (erst im letzten Moment) eine auffällige, kaminartige Spalte erblickt, die einen verblüffend einfachen Ausstieg auf das Hochplateau ermöglicht. Man steht nun wenige hundert Meter südlich der Bifertenhütte, die man über flaches Gelände erreicht. 2 Std.

Variante Über Rubi Sut und Rubi Sura

B. Markierter Wanderweg.
Umgehung des möglicherweise heiklen Aufstiegs von Frisal über Faschas zur Bifertenhütte: Von Frisal talauswärts auf schottrigem Weg zur Abzweigung, die linker Hand zu den Alpen Rubi Sut (P. 1672) und Rubi Sura (P. 2172) führt. Von Rubi Sura links nach NW auf dem Weg zum Kistenpass zu P. 2415 (Wegweiser). In wenigen Minuten über Gras und Geröll nach W zur Hütte.

Bifertenhütte – Falla Lenn – Fuorcla da Gavirolas – Fil dil Fluaz – Panixerpass-Schutzhütte (Pigniu)

46 Mondlandschaft im Hochgebirge

Ausflug in die Einsamkeit einer urtümlichen Gebirgsgegend, die weitgehend frei von menschlichen Eingriffen ist. Weite, einsame Geröllkessel wechseln ab mit Passübergängen, die immer wieder Ausblicke in die umliegende Hochgebirgswelt von Selbsanft, Hausstock, Tödi, Bifertenstock, Ringelspitz und bis weit hinaus in die Mittelbündner Berge gestatten. Zwischen den Übergängen Falla Lenn und Fuorcla Gavirolas durchquert man eine fremdartig anmutende Mondlandschaft von exotischem Reiz; Felsen und Geröll leuchten in den verschiedensten Rot- und Brauntönen – schwer zu glauben, dass man sich in Graubünden befindet.

EB Routencharakter und Schwierigkeit

Mehr oder weniger durchgehend markiert, aber kein durchgehender Weg. Geröllfelder und Alpweiden. Zwischen Falla Lenn und P. 2326 östlich unterhalb der Fuorcla da Gavirolas ist etwas Orientierungssinn gefragt, weil die Markierungen nicht immer leicht zu finden sind. Bei schlechter Sicht nicht ganz einfach zu finden.

Zeit   4½ Std.

Ausgangspunkt   Bifertenhütte (s. R. 45).

Endpunkt   Panixerpass-Schutzhütte (2407 m)   727.000/190.800

Besitzerin Gemeinde Elm. Infos: Unterhaltsdienst des Kt. Glarus.
Tel.: 055 616 60 20.
Einfache Unterkunft, immer offen, 12 – 15 Plätze, Kochgelegenheit.

Einfachster Abstieg ins Tal   Nach Pigniu/Panix

B. Markierter Wanderweg. 3 Std.
Vom Panixerpass (P. 2407) zum Plaun da Cavals und über den imposanten Wanderweg durch die Felsen hoch über dem Stausee auf der Alp Panix nach Pigniu (1301 m).

Talort   Pigniu/Panix (1301 m)

Kleines Bergbauerndorf, das im Val da Pigniu unterhalb des gleichnamigen Stausees liegt.

Bifertenhütte – Falla Lenn – Fuorcla da Gavirolas – Fil dil Fluaz – Panixerpass-Schutzhütte (Pigniu)

Mit RhB Chur – Disentis bis Rueun, anschliessend Postauto Rueun – Pigniu/Panix. Fahrplanfelder 920 und 920.55. Achtung: Platzzahl im Postauto beschränkt. Reservation wird in der Hochsaison empfohlen.
Mit PW über Chur – Disentis bis Rueun, anschliessend nach Pigniu/Panix.
Auto da posta Grischun Natel: Tel. 079 216 49 83, Ilanz 081 925 16 50.
Post: Tel./Fax 081 941 18 08.
Restaurant.

Karte

1193 Tödi, 1174 Elm

Route

Von der Bifertenhütte geht man in wenigen Minuten nordöstlich in den Sattel hinab (P. 2415), wo man auf den Kistenpassweg stösst (Wegweiser). Man folgt diesem Weg nach N nur kurz, biegt hinter dem Piz d'Artgas nach NE ab und steigt in weglosem und spärlich markiertem Gelände zum schon von unten sichtbaren Passübergang Falla Lenn (P. 2578) auf. ¾ Std. Von der Falla Lenn hat man einen guten Ueberblick über den weiteren Verlauf der Route bis zur Fuorcla da Gavirolas (im NW als weite Einsattelung links (nördlich) des markanten Crap Tgietschen. Die ideale Route überquert weglos und mehr oder weniger auf gleicher Höhe bleibend ausgedehnte Geröllfelder, übersteigt Geröllrippen und quert zuletzt einen Steilhang zur Fuorcla da Gavirolas (P. 2528). 1 ¼ Std.

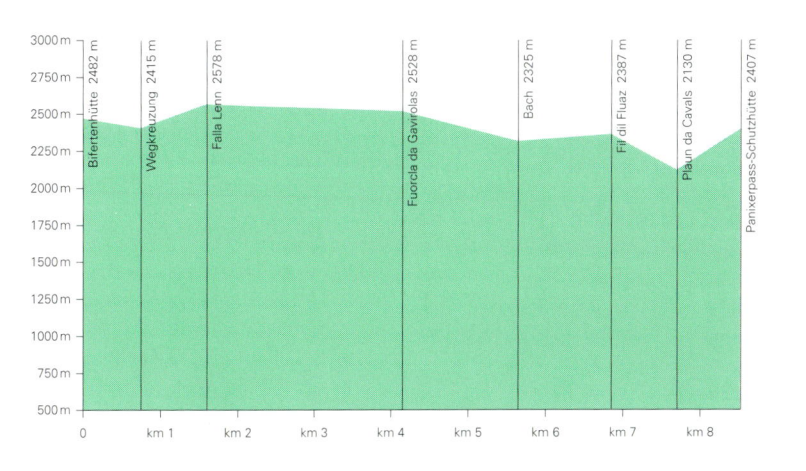

Von der Fuorcla da Gavirolas fällt gegen NE ein steiler, je nach Verhältnissen mühsam zu begehender Geröllhang ab. Markierungen sind bis zum flacheren Boden unterhalb des Geröllhangs keine sichtbar, man versucht am besten, sie von der Passhöhe auszumachen. Man steigt über den Geröllhang mehr oder weniger direkt ab und trifft bei P. 2326 auf den Weg, der von Andiast zum Panixerpass verläuft (Wegweiser). Nun folgt man dem zunächst gut sichtbaren Weg, bis er sich in den W-Hängen des Fil dil Fluaz wieder verliert (Fil dil Fluaz heisst der markante SW-Grat, der sich vom Piz Fluaz gegen das Val dil Pigniu hinabzieht). Man umrundet die markante Gratkante auf einer Höhe von ca. 2340 m (zahlreiche Kuhweglein) und trifft dahinter wieder auf Weg und Markierung. 1 ¼ Std.

Vom Fil dil Fluaz guter Ueberblick über den weiteren Wegverlauf: hinab zur Ebene Plaun da Cavals, über die Brücke bei P. 2130 und über die Spitzkehren des Wegs hinauf zum Panixerpass. Man folgt dem Wanderweg ohne Orientierungsschwierigkeiten zum Panixerpass (P. 2407). 1 Std.

Mit einer Armee über den Panixerpass

Im zweiten Koalitionskrieg gegen Frankreich hatte der russische General Alexander Wassiljewitsch Suworow den Oberbefehl über die russischen und österreichischen Truppen in Oberitalien. Als er die Franzosen von dort vertrieben hatte, erhielt er Ende August 1799 den Befehl, sich mit einem russischen General zu verbünden und die Franzosen in Zürich anzugreifen. Er zog über den Gotthardpass nach Altdorf und über den Kinzigpass ins Muothatal im Kanton Schwyz. Dort erreichte ihn die Nachricht, dass seine Landsleute von den Franzosen geschlagen worden seien. Suworows Kriegsrat beschloss, auf den Weitermarsch zu verzichten und sich über Pragel- und Panixerpass zurückzuziehen.

Es war der 5. Oktober, und der Winter war bereits – zu früh – eingebrochen. Um 2 Uhr morgens verliess die russische Armee Elm am Fuss des Panixerpasses. Bis zu den Knien sanken die Männer im Schnee ein, weiter oben überzog eine dicke Eisschicht die Felsen. Die einheimischen Führer hatten sich längst aus dem Staub gemacht. Erschöpfte und erfrorene Soldaten blieben hinter dem Zug liegen, andere stürzten über die Felsen ab. «Mit dem Erreichen des höchsten Rückens fingen erst die Beschwerlichkeiten an, welche keine Feder zu beschreiben vermag», notierte der Oesterreicher Franz von Weyrother, der den Zug begleitete. Immer wieder stürzten Pferde, Menschen und Waffen in den Abgrund, nicht eine der mitgeführten 25 Gebirgskanonen erreichte ihr Ziel. Nur eine kleine Vorhut und einige Offiziere kamen am Abend nach Pigniu, dem ersten Dorf auf der Bündner Seite des Passes. Die meisten Männer verbrachten die Nacht völlig schutzlos im Freien.

Der kleine Ort erlebte eine Invasion von Hunderten zerlumpter Gestalten, die eine Sprache sprachen, die keiner verstand, und die auf der Suche nach Essbarem und warmer Unterkunft den ganzen Ort auf den Kopf stellten. Ihre schlechte Verfassung liess die Soldaten jede Scham vergessen. Sie nahmen alles mit, was nicht niet- und nagelfest war, das Vieh führten sie aus den Ställen «und verzehrten es halbroh», wie der lokale Chronist Paul Fravi schrieb. «Am 10. Oktober befanden sich die Trümmer des Suworoffschen Korps in Ilanz vereinigt, erschöpft von den Anstrengungen und Entbehrungen, in einem jammervollen Zustand», schildert der Historiker Friedrich Pieth in der «Bündner Geschichte». Zwischen Mitte September und Mitte Oktober verlor Suworow mehr als ein Sechstel seiner Armee, verschiedene Quellen sprechen von 100 Offizieren und fast 3700 Soldaten.

Der Berg hat Suworows Spuren am Panixerpass getilgt. Geblieben ist eine Fussnote in den Geschichtsbüchern. Nur wenige Monate nach seiner Rückkehr in seine Heimat starb der General erschöpft und enttäuscht in Petersburg. Er hatte einen zu hohen Preis für den Marsch über die Alpen bezahlt. (PD)

Panixerpass-Schutzhütte – Rotstock – Fil da Ranasca –
Fuorcla da Sagogn – Camona da Segnas (Flims)

47 Aus der Ruhe auf den Rummelplatz

Abwechslungsreiche Landschaft, die wunderschöne Aus- und Einblicke in die Bergwelt zwischen Hausstock und Vorab erlaubt, und zum Abschluss das tiefe Erlebnis der Wanderung durch die «Alpenarena» des modernen Wintersportdorados von Laax und Flims. Am Passeinschnitt der Fuorcla da Sagogn begrüssen einen die Masten der Hochspannungsleitung Surselva-Glarnerland, rechts ziert eine Seilbahn-Bergstation den Crap Masegn, geradeaus stehen die Vorab-Skilifte, und dazwischen wird an der Verbesserung der Pisten gelocht, planiert und gebaggert. Man begeht das letzte Stück der Etappe nach dem Motto «Augen zu und durch»; der Weg erlaubt dies.

EB, B Routencharakter und Schwierigkeit

Bis zur Fuorcla da Sagogn wegloses, voralpines Gelände (EB). Die Routenfindung erfordert abschnittsweise guten Orientierungssinn. Geröll und Alpweiden. Ab Fuorcla da Sagogn markierte Wanderwege (B).

Zeit   4½ Std.

Ausgangspunkt   Panixerpass-Schutzhütte (s. R. 46)

Endpunkt   Camona da Segnas (2102 m)

Privates Bergrestaurant mit Uebernachtungsmöglichkeit. 7017 Flims-Dorf. Hüttenwart: Margrith und Reto Berther, 7017 Flims-Dorf. Tel./ Reservation: 081 921 58 49, Fax 081 921 58 49, Reservation ausserhalb der Saison: 081 911 58 58.
5 Doppelzimmer und 24 Lager. Geöffnet ab Anfang Juli bis ca. Mitte Oktober. Nur mit Halbpension.
Die Segnashütte liegt im Skigebiet von Laax und Flims, 30 Min. unterhalb der Bergstation der Seilbahn Flims-Startgels-Grauberg.

Einfachste Abstiege ins Tal   Nach Flims

1. B. 4 Std. Segnashütte – Runca – Flims. Markierter Wanderweg.
2. B. 2 Std. Segnashütte – Station Naraus der Seilbahn Flims-Cassonsgrat. Bergrestaurant. Markierter Wanderweg.

Panixerpass-Schutzhütte – Rotstock – Fil da Ranasca –
Fuorcla da Sagogn – Camona da Segnas (Flims)

Talort
Flims (1081 m)

Grosser Sommer- und Wintersportort mit zahlreichen Gasthäusern, Hotels, Seilbahnen und Liften.
Mit SBB bis Chur, anschliessend Postauto Chur – Laax bis Flims. Fahrplanfeld 900.75.
Mit PW über Chur – Reichenau nach Flims.
Verkehrsbüro Flims Tourismus: Tel. 081 920 92 00, Fax 081 920 92 01.
Weisse Arena AG: Tel. 081 921 21 25.
Post: Tel. 081 911 11 40, Postautodienst 081 911 11 30 oder 911 29 36.
Zahlreiche Hotels, div. Geschäfte und Banken.

Karte
1194 Flims

Route

Vom Panixerpass steigt man über Geröll, Felsplatten und leichte Felsstufen nach SE auf den Rotstock (2624 m). Kein Weg, nicht markiert, ¾ Std.
Vom Gipfel folgt man dem Grat zwischen Rotstock und Vorab auf der Glarner-Seite etwa 300 m über Geröll und einige Felsabsätze nach NE bis zur markanten Gratscharte (P. 2584). Aufmerksame Wanderer entdecken nun auf der südlichen (Bündner) Seite vereinzelte Pfadspuren im Geröll. Man folgt den spärlichen Spuren und einigen seltenen, alten und pinkfarbenen Markierungsstreifen links haltend (E) bergab bis in den flachen, sumpfigen Kessel der Alp da Bovs (P. 2378). Hier werden die Wegspuren etwas deutlicher und ziehen sich links haltend (nach SE) über den steilen

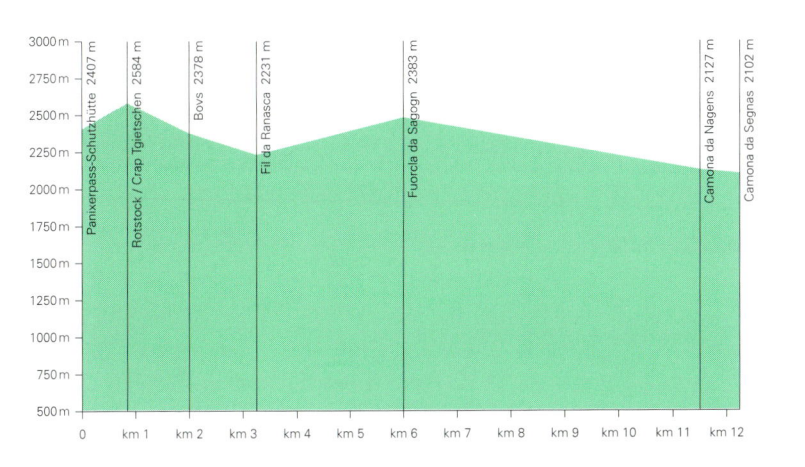

Grashang hinauf zu einem Einschnitt im steilen Wiesengrat Fil da Ranasca. Etwa bei P. 2231 überschreitet man den Grat. Teilweise alte Markierung, teilweise Wegspuren, ¾ Std.

Nun ist gegenüber im NE die Fuorcla da Sagogn (P. 2383) sichtbar. (Im Einschnitt der Fuorcla sind der Leitungsmasten und rechts davon die Gipfelstation Crap Masegn sichtbar). Man steigt nun wieder links haltend zunächst nach N, dann nach E etwas ab und erreicht über karstige Alpweiden die von unten kommende Markierung, die dann von links her zur Fuorcla leitet. Trifft man nach dem Überschreiten der Fil da Ranasca nicht bald auf Markierungen, so peilt man einfach die Fuorcla da Sagogn an. Wichtig ist, dass man nicht zu weit absteigt: Man bleibt stets über 2300 m, sonst muss man danach zuviel aufsteigen. Teilweise markiert, vereinzelte Wegspuren. ¾ Std.

Von der Fuorcla da Sagogn (Wegweiser) folgt man dem nach links wegführenden Weg, der zuerst durch schönes Karstgelände verläuft und danach direkt ins Skizirkus-Gelände Vorab (an der Camona Vorab, P. 2259, vorbei) führt. Nun wird der Weg zur Strasse, die zum Berghaus Nagens führt. Von hier einige Höhenmeter absteigen, um kurz danach einen Bogen nach N zu machen und unter der Grauberg-Seilbahn durch in nördlicher Richtung die Camona da Segnas zu erreichen. 1 ½ Std.

48 Gletscher grenzt Graubünden von St. Gallen ab

Aus der betriebsamen und verkabelten Tourismus-Arena führt diese Etappe in die Einsamkeit der Berge des St.Galler Oberlandes. Natur-Höhepunkte noch und noch: Das Gebiet des Flimsersteins (Crap da Flem) ist ein geologisch ungemein vielfältiges Gebiet, in dem sich verschiedenartige und verschieden alte Gesteinsschichten über- und unterlagern. Man geht durch ein geologisches Museum mit allen Schattierungen von Braun, Rot, Grau und Schwarz. Dazu kommt das bizarre Weiss der Gletscher, die man bald nach dem oberen Segnasboden erreicht. Die Alpweiden auf der St. Galler Seite des Sardonamassivs bilden einen ungeheuren Kontrast zur Steinwelt der Bündner Seite.

EB, L Routencharakter und Schwierigkeit

(Überquerung des Sardonapasses L) Wanderroute in teilweise hochalpinem Gelände, die keine technischen Schwierigkeiten bietet, aber Bergerfahrung und Trittsicherheit verlangt. Vor und nach dem Sardonagletscher markierte Wanderwege. Bei Nebel und schlechter Sicht kann die Orientierung schwierig sein. Bis zum Sardonagletscher Wanderwege (EB).

Zeit   3½ – 4 Std.

Ausgangspunkt   Camona da Segnas (s. R. 47)

Endpunkt   Sardonahütte (2158 m)   739.910/197.680

SAC-Sektion St. Gallen. Hüttenwart Beat Jäger-Hobi, 7315 Vättis. Tel./Reservation: 081 306 11 17. In der Hütte Notfunkgerät.
43 Plätze, davon 25 im Winterraum. Bewartet von Juli bis Mitte August; von Mitte August bis Oktober an Wochenenden oder nach Vereinbarung. Die Hütte liegt aussichtsreich auf einer Terrasse im Talhintergrund von Sardona.

Einfachster Abstieg ins Tal   Nach Vättis

EB. Markierter Wanderweg. 2½ Std. nach St. Martin; 4½ Std. nach Vättis. Der Abstieg ins Calfeisental ist von der Hütte aus bis zur Sardonahütte/Sardonaalp (privat; im Sommer kleine Gastwirtschaft) bei P. 1745 sichtbar. Er verläuft als markierter Wanderweg hangabwärts, über die Ebene von Sardona und über die Brücke zur Sardonaalp. Von dort folgt man der Alpstrasse bis St. Martin (1350 m), zuhinterst am Gigerwald-Stausee (von hier Fahrstrasse nach Vättis).

Camona da Segnas – Segnas Sura – Sardonapass – Sardonahütte (St. Martin/Vättis)

Talort
Vättis (943 m)

Kleines Dorf zuhinterst im Taminatal.
Mit SBB Zürich oder St. Gallen – Chur bis Bad Ragaz, anschliessend Postauto Bad Ragaz – Vättis – Gigerwald. Fahrplanfelder 880, 905 und 900.62.
Mit PW Zürich oder St. Gallen – Chur bis Bad Ragaz, weiter über Pfäfers nach Vättis.
Post: Tel. 081 306 11 10, Fax 081 306 13 36.
Einige Restaurants und Gasthäuser (s. Route 49).

Karte
1194 Flims, 1174 Elm, 1175 Vättis

Ausrüstung

Je nach Zustand des Gletschers ist Gletscherausrüstung erforderlich. Alpine Erfahrung ist unerlässlich.

Route

Von der Camona da Segnas auf markiertem Wanderweg Richtung Segnaspass links am Oberen Segnasboden (Plaun Segnas Sura) vorbei bis La Siala (P. 2459). Hier zweigt der Weg zum Segnaspass links ab; wir folgen dem Weg Richtung Fuorcla Raschaglius/Cassonsgrat. Zuhinterst im Talgrund, schon beinahe auf der Höhe der Gletscherzunge, steigt man über loses Geröll nach N gegen die breite Einsattelung des Sardonapasses auf (Wegspuren). Den Glatscher dil Segnas muss man bis kurz vor der Passhöhe (2778 m) nicht betreten. 2½ Std.

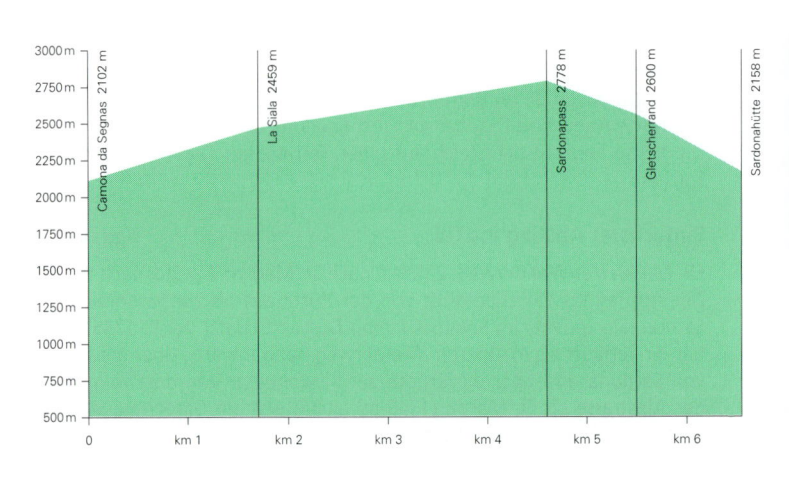

Steht man dann auf dem Gletscher, peilt man die nordwärts aus dem Eis ragende Felsinsel an und quert dann, etwas gegen den Piz Sardona haltend, in einem Bogen auf dem flacheren Eis die anschliessende Eiszunge des Sardonagletschers, die steil gegen E abfällt. Hier muss man auf einige parallel zur Marschrichtung verlaufende Gletscherspalten achten. Oberhalb von P. 2563 sieht man zahlreiche Steinmänner. Hier beginnt gleich am Gletscherende das Weglein, das in steilen Spitzkehren zur Sardonahütte und ins Tal führt. 1 Std.

Alternative   Über die Trinser Furgga

(Umgehung des Sardonagletschers)
EB (Wanderwege, Wegspuren und z. T. wegloses Gelände). Für die Begehung der Trinser Furgga ist Trittsicherheit absolute Voraussetzung. 4 Std.
Von der Camona da Segnas benutzt man den Wanderweg Richtung Cassonsgrat. Auf der Höhe zweigt man nicht rechts zum Aussichtspunkt mit Fahnen (P. 2674) und zur Bergstation der Seilbahn Flims-Cassonsgrat ab, sondern geht weiter nach N und erreicht, hundert Höhenmeter absteigend, die Fuorcla Raschaglius (P. 2551). 2 Std.
Von diesem Passübergang führt ein markierter Wanderweg nach Bargis und Flims. Man folgt ihm, aber nur bis P. 2411. Dort quert man die Flanke des Trinserhorns/Piz Dolf und wandert weglos durch das Val Sax nach N auf den markanten Sattel der Trinser Furgga zu. Der kurze Geröllhang kann über einzelne Trittspuren erklommen werden. Von der Passhöhe (2492 m) sieht man eindrucksvoll in den Kessel von Sardona mit der Sardonahütte. Man kann den Weiterweg von hier aus gut einsehen. 1 Std.
Der folgende Abstieg von der Trinser Furgga in den Sardona-Kessel ist trotz Wegspuren nicht ganz problemlos. Der Weg wird jedes Jahr von Rüfen und Lawinen ins Tal befördert. Trotz einiger Bemühungen, ihn instand zu halten, erfordert das Begehen der Route Trittsicherheit, denn das Gelände ist ausserordentlich steil. An der westlichen Seite der Passhöhe beginnt beim Steinmann der Einstieg in die schattige Nordflanke. Er zieht sich von rechts nach links durch die abschüssige Schuttflanke. Achtung: immer auf dem Weg bzw. den Wegspuren bleiben! Nach ca. 300 m läuft die Flanke in einen Geröllhang aus, die Steilheit lässt nach, und die Wegspuren werden immer deutlicher. Sie queren einige Rippen, Rinnen und Bachläufe und treffen bei P. 2334 auf den Pfad, der vom Sardonapass zur Sardonahütte führt. 1 Std.

Gipfel

Trinserhorn/Piz Dolf (3028 m)
EB. 1 Std. Vom Sardonapass steigt man über mässig steile Schutt- oder evtl. Schneehänge auf den Nordgipfel (2998 m) und von dort auf einer Wegspur zum Hauptgipfel (3028 m).

Piz Segnas (3098 m) und Piz Sardona/Surenstock (3055 m)
Mit einfacher Gletscherausrüstung (Seil, Steigeisen, Pickel) und der entsprechenden Bergerfahrung sind Piz Segnas und Piz Sardona/Surenstock ohne grosse Schwierigkeiten zu ersteigen (L – ZS, je nach Verhältnissen). (Routenbeschreibung s. SAC-Clubführer «Bündner Alpen», Bd. 1).

Mehr Pepp in verniedlichten Bergen...

Zwischen der Fuorcla da Sagogn und dem Cassonsgrat wandern wir durch eine stark touristisch genutzte Landschaft mit vielen Transportanlagen. Grund genug, um sich mit jenem Mann zu unterhalten, der diese Entwicklung massgeblich geprägt hat: Reto Gurtner. Der Chef der Weissen Arena AG begrüsst seine Besucher in Turnschuhen, weitem Hemd und ohne Vorzimmerdame. Wie ein Direktor sieht er nicht aus, direktorial sind weder sein Gehabe noch sein Büro. Sein Redefluss ist kaum zu stoppen, Ideen und Konzepte hat er zuhauf im Kopf. Seine Aussagen sind markant und profiliert, und er fürchtet sich auch nicht vor dem Schlachten von «heiligen Kühen». Das trägt ihm viel Kritik ein, hält ihn aber nicht davon ab, eine Nasenlänge voraus zu sein.

Die Weisse Arena AG, die aus dem Zusammenschluss der Bergbahnen Crap Sogn Gion AG (Laax) und den Bergbahnen Flims hervorging, will nicht zu denen gehören, die in schwierigen Zeiten schrumpfen: Ganz im Gegenteil – sie investiert kräftig. 62,5 Millionen Franken werden zur Zeit ausgegeben, vor allem für die High-Tech-Zubringerbahn «Arena-Express» zur Camona da Nagiens, für den Umbau von Ski- zu Sesselliften, für die Modernisierung des Berghotels Crap Sogn Gion und den Ausbau der Beschneiungsanlage im Flimser Gebiet. Für die kommenden Jahre erwartet das Unternehmen Umsätze von über 55 Millionen Franken. Ob diese Vorwärtsstrategie die Verzweiflungstat eines Getriebenen darstellt, wie Kritiker weissagen, oder ob sie sich als richtige Vision bezahlt macht, wie sich Reto Gurtner sicher ist, das wird die Zukunft zeigen.

Wie will Gurtner den Erfolg erreichen? Er will nicht mehrere, sondern nur eine Zielgruppe konsequent bearbeiten: «Die Jugend von heute ist ausserordentlich sportlich und betreibt drei, vier Sportarten, und zwar vor allem Fun- und Outdoorsportarten: Snowboarden, Inlineskating, Paragliding, Rafting, Mountainbiking. Wir stellen den Leuten die Infrastruktur dafür zur Verfügung.» Er untermauert den Anteil an Fun-Sportlern in der Weissen Arena mit Zahlen: «In unserem Skigebiet machen die Snowboarder mittlerweile ein Viertel der Frequenzen aus, und die Zunahme der Snowboarder kompensiert den Rückgang der Skifahrer.» Laax kann sich rühmen, zu den Pionieren in Sachen Snowboard gehört zu haben. «Man sagt über uns, wir seien das Original», sagt Reto Gurtner nicht ohne Stolz, «Kopien haben es natürlich schwerer.»

Reto Gurtner philosophiert gern: Er wünscht sich «mehr Pepp» in den touristischen Angeboten, mehr Spannung, mehr Gefühl. Allein mit knalligen Namen sei es nicht getan: «Ob man Wandern oder Trekking oder anders sagt, das Image lautet 'schön, aber langweilig'». Reto Gurtner sieht «irrsinnig viele Themen», die man noch angehen und umsetzen könnte: Kulturtage, Architekturtage, Schlechtwetter-Wanderungen, Mystik-Erfahrungen und vieles mehr.

Am Beispiel der «Alpenarena», wie die Tourismusregion Flims-Laax-Falera in der Werbesprache heisst, schildert Reto Gurtner, wie er den Gegensatz zwischen harter und sanfter Naturnutzung überwinden und den Fremdenverkehr der Zukunft organisieren will: «Das Rad der Zeit können wir nicht mehr zurückdrehen. Doch wir erschliessen keine neuen Gebiete mehr, sondern optimieren das Bestehende. Wir konzentrieren die 'harte' Nutzung auf die bereits erschlossenen Gebiete. Daneben schaffen wir grossräumige Freiräume, wo die Nutzung nur eingeschränkt, sanft und extensiv geschieht.» In der Alpenarena der Zukunft ist in der Vorstellung Gurtners ein problemloses Nebeneinander von Funsportlern und geruhsamen Geniessern möglich: Crap Sogn Gion als Berg der jungen und junggebliebenen Fun- und «Halli-Galli-Urlauber», die Region Flims-Falera als Wandergebiet für Ruhesuchende und «Jungsenioren». Beiden Zielgruppen sei eines gemeinsam, meint Reto Gurtner: Der Wunsch nach «Draussen-Sein» und «Sich-Selber-Finden». Das müsse man ihnen bieten.

Immer wieder importiert Reto Gurtner städtische Elemente in die Bergwelt der Surselva. Viele Menschen sehen darin einen Bruch mit regionaler Kultur und Traditionen. Was haben Grunge-Bands, Snowgroove und Biker-Downhill mit den Traditionen der Region Flims-Laax-Falera zu tun? Sind diese Phänomene Gurtners Bulldozer der Moderne, die da durch die gewachsenen Strukturen der Region blochen? Gurtner widerspricht vehement: «Tradition ist für mich etwas natürlich Gewachsenes, etwas, was sich stets auch verändert und weiterentwickelt. Altmodisch ist, wenn etwas total verharrt. Vieles, was wir heute unter 'traditionell' verstehen, wie etwa 'übertriebenen Folklorismus', ist altmodisch. Der Kulturwandel, der an unseren Anlässen und Angeboten sichtbar wird, wird von der Jugend – auch der regionalen Jugend – getragen.» Reto Gurtner folgert daraus, Angebote seien, auch wenn sie englische Namen tragen, durchaus «kulturverträglich».

Reto Gurtner fordert eine Neu-Belebung und eine Neu-Orientierung des Alpentourismus. Allerdings sieht er die Zukunft nicht als Alpen-Disneyland, sondern traditonell abgestützt, kulturell verankert, nachhaltig und glaubwürdig: «In den Bergen müssen wir Angebote schaffen, die in die Berge passen, die mit den Bergen zu tun haben. Mit den Massentransportmitteln, die wir in den sechziger und siebziger Jahren gebaut haben, wurden die Berge verniedlicht», sagt der Bergbahndirektor Reto Gurtner; er fordert wieder mehr Ehrfurcht vor den Bergen und möchte das alte Schaudern vor den «Schrecknissen des Gebirges» wieder aufleben lassen. Er begibt sich damit auf die heikle Gratwanderung zwischen den Abgründen der menschlichen Gefühlswelt – und seiner eigenen Glaubwürdigkeit. (PD)

49 Wildreiches Wanderland: das St. Galler Oberland

Nach der eisgepanzerten und steinreichen Alpin-Etappe über den Sardonapass wirkt die Wanderung über die saftiggrünen Alpweiden des Calfeisentals befreiend für Seele und Gemüt. Das ganze innere Calfeisental ist Freiberg, also Wildschutzgebiet, und der aufmerksame Wanderer kann mit etwas Glück jede Menge Gemsen und Steinböcke sehen. Ernste Akzente setzen der Tiefblick vom Gigerwaldspitz, der ungebremst fast tausend Meter zum Gigerwald-Stausee hinabfällt, und der anschliessende Abstieg über einen abschüssigen Pfad ins Tersol.

EB, BG Routencharakter und Schwierigkeit

Z. T. markierte Wanderwege, z. T. weglos (EB). Der Abstieg vom Gigerwaldspitz ins Tersol ist bei Nässe heikel. Bei schlechter Sicht nicht leicht zu finden, in diesem Fall steigt man besser auf dem Hüttenweg ab (s. R. 48, « Einfachster Abstieg ins Tal»). Abstieg vom Gigerwaldspitz nach Tersol (BG).

Zeit
6 – 7 Std.

Ausgangspunkt
Sardonahütte (s. R. 48)

Endpunkt
Vättis/St. Gallen (s. R. 48)

Hotel Tamina
Im Dorfkern, 7315 Vättis.
Tel./Reservation: 081 306 11 73, Fax 081 306 12 08.
40 Betten in 18 Zimmern. Ganzjährig geöffnet.

Karte
1174 Elm, 1175 Vättis

Einkehrmöglichkeit unterwegs

Restaurant Gigerwald (1228 m)
Restaurant an der Strasse Vättis – Gigerwald-Staumauer – St. Martin.

Sehenswürdigkeit
Freiberg

Das gesamte Calfeisental nördlich der Tamina ist Freiberg (Wildschutzgebiet). Zu den wildreichsten Orten zählen die Gebiete Plattenseeli, Seezberg, Eggtal, Marchtal, Ochsental und die Alp Brändlisberg. In den felsigen Gratregionen ist Steinwild zu sehen, weiter unten kann man Gemsen beobachten. Hirsche sind in den tieferen, bewaldeten Regionen anzutreffen.

Sardonahütte – Plattenseeli – Gigerwaldspitz – Gigerwald – Vättis

Route

Von der Sardonahütte führt der Bergweg nach N zum Teil weglos zum Schafälpli. Weiter auf einer Höhe von ca. 2000 m über Aelpli – Rothusboden – Chäsboden zur Malanseralp (P. 1832). Von hier steigt man Richtung E auf eine Höhe von ca. 2200 m auf und quert, die Höhe haltend, durch das Eggtal zur Chanzle (2277 m) und über Alpweiden von Marchtal, Ochsental und Gütschtal und Alp Brändlisberg bis zum deutlichen, First genannten Gratrücken, der als SE-Grat vom Sazmartinshorn herabkommt. Nun steigt man ab bis zum Gipfelkreuz des Gigerwaldspitzes (P. 2291). Gewaltiger Tiefblick. 3 Std.

Vom Gipfel steigt man auf dem First nach NE auf bis zu P. 2492. Dort beginnt ein nicht immer durchgehender Pfad, der rechts (NE) nach Schönplanggen ins Tersol hinunterführt (bei Nässe heikel). Kurz unterhalb von Säss (P. 2000) wechselt der Weg auf die rechte Seite des Tersolbachs. Man folgt dem Weg steil hinunter, bis er gegenüber des Restaurants Gigerwald auf die Fahrstrasse trifft. 3 Std.

Bei der nächsten Kehre (oberhalb des Restaurants Gigerwald) verlässt man die Strasse gleich wieder und geht durch einen kurzen Tunnel unter der Staumauer hindurch auf die gegenüberliegende Talseite. Hier verläuft der «Alte Walserweg» über St. Martinsbrunnen nach Roter Herd (P. 1060). Der Weg überquert die Fahrstrasse und verläuft nun wieder auf der linken Talseite hinab nach Vättis.

Man kann auch vom Restaurant Gigerwald auf der Strasse nach Vättis absteigen. 1 Std.

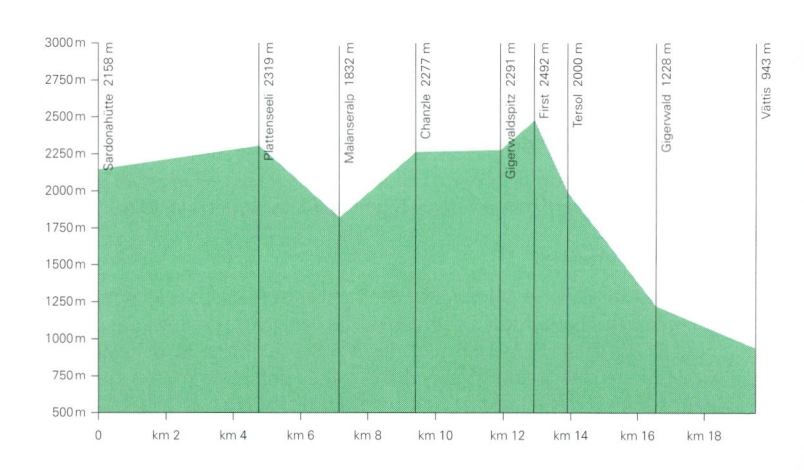

Variante

Sardonahütte – Malanseralp – St. Martin – Vättis (ohne Besteigung des Gigerwaldspitzes)
B. Z. T. Wanderwege, z.T. wegloses Alpgelände. Zeitersparnis zur Route: 3 Std.
Auf der Route bis zur Malanseralp. Von hier folgt man der Alpstrasse hinunter ins Calfeisental und nach St. Martin (Bergrestaurant und Unterkunftsmöglichkeit).

Berggasthaus St. Martin (1350 m)
Im Calfeisental, 7315 Vättis.
Tel./Reservation: 081 306 12 34, im Winter 081 302 45 50.
50 Plätze im Lager, 4 Doppelzimmer. Geöffnet ca. Mitte Mai bis ca. Ende Oktober.
Am hintersten Ende des Gigerwald-Stausees (Ende der Fahrstrasse/ Parkplatz).

Vättis – Schaftälli – Tüfels Chilchli – Calanda – Calandahütte (Haldenstein)

50 Zweitausend Meter über der Hauptstadt

Der Calanda ist nicht ganz dreitausend Meter hoch und zählt damit nicht zu den Grossen unter den Bündner Bergen. Und doch liegt Chur 2275 Höhenmeter tiefer an seinem Fuss. Zum Vergleich: Von Pontresina zum Gipfel des Piz Bernina sind es nur 2244 m. Die Besteigung des Calanda ist ein ernsthaftes, aber zugleich auch ein lohnendes Vorhaben für Wanderer. Der Ausgangspunkt Vättis liegt auf der Schattenseite des Bergs. Im Sommer wären die Churer manchmal froh um diese Kühle – wir geniessen sie auf unserm steilen Aufstieg durch Wälder, Legföhren und über Alpweiden.

EB Routencharakter und Schwierigkeit

Markierter, sehr steiler Bergweg bis zur Waldgrenze, dann weglos zum Gipfel. Gut markiert auf Bergweg hinab zur Hütte.

Das grösste technische Problem dieser Tour ist eine kleine Steilschlucht vom Mittleren zum Obern Schafälpli. Liegt hier im Frühsommer viel Schnee, dann steigt man problemlos auf. Ist der Schnee im Herbst ganz weggeschmolzen, bietet diese Passage ebenfalls keine Probleme. Für kurze Zeit kann ein spitzer Keil aus vereistem Firn Schwierigkeiten bereiten.

Zeit   6½ Std.

Ausgangspunkt   Vättis (s. R. 49)

Endpunkt   Calandahütte (2073 m)   755.750/194.460

SAC-Sektion Rätia, 7000 Chur. Hüttenwartin Alice Gasser, 7000 Chur.
Tel.: P 081 285 15 37, G 081 254 41 11.
45 Plätze, davon 10 im Winterraum. An Wochenenden von Juni bis Oktober bewartet.
Die Hütte liegt auf einer Terrasse der Haldensteiner Alp, ¼ Std. oberhalb des Altsäss.

Einfachster Abstieg ins Tal   Nach Haldenstein

B. 3 Std. Von der Hütte auf markiertem Wanderweg zum Haldensteiner Altsäss (P. 1973), dann über Bärenhag, Fontanolja, Nesselboden und Arella nach Haldenstein. Man folge dem alten Alpweg.

Vättis – Schaftälli – Tüfels Chilchli – Calanda – Calandahütte (Haldenstein)

Variante
Kunkelspass Reichenau

Als Alternative zum Abstieg nach Haldenstein ist der Abstieg von der Calandahütte zum Kunkelspass und nach Reichenau sehr schön. Von der Hütte nach S zum Rossboden und weiter zur Aeplihütte. Von hier leicht ansteigend immer über der Waldgrenze zum Taminser Aelpli und beim Sennenstein auf gutem Weg durch den sehr steilen Lärchenwald am Nordhang zum Kunkelspass.

Talort
Haldenstein (572 m)

Dorf im Bündner Rheintal am Fuss des Calanda.
Mit SBB bis Chur, anschliessend Bus nach Haldenstein, oder mit RhB ab Landquart – Chur bis Haldenstein. Fahrplanfelder 905, 910 und Bus Nr 6.
Mit PW bis Chur Ausfahrt Nord und nach Haldenstein.
Post: Tel. 081 353 23 29, Fax 081 353 57 90.
Bahnhof RhB: Tel. 081 353 21 66.
Restaurants und Laden.

Karte
1175 Vättis, 1195 Reichenau

Route

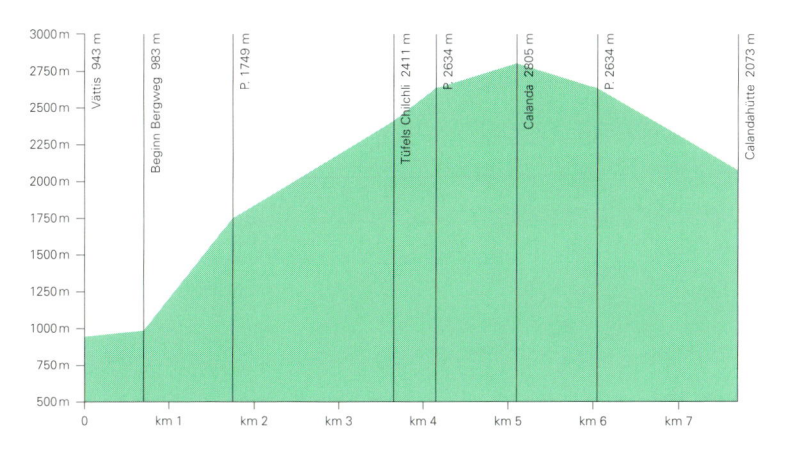

Vom Dorfzentrum Vättis über die Taminabrücke Richtung Kunkelspass. 100 m nach der Rechtskurve zweigt ein Gässchen ab, das zwischen Häusern zum Görbsbach führt (150 m). Nach der Brücke auf dem linken Feldweg nach S (350 m) an den Bergfuss. Der Einstieg in den Wald ist nicht sehr deutlich sichtbar. Man staunt, wie rasch man auf dem nun folgenden Waldweglein höher kommt! Nur die Fallrüfi reisst es bei Unwetter weg, und weil diese Stelle dicht über einer Felsstufe liegt, kann sie nach einem Gewitter heikel sein (s. Variante). Weiteraufstieg, bis sich der Weg in den Legföhren bei P. 1749 verliert. Wir überqueren die Rinne und steigen eine feuchte, steile Grashalde hoch bis zum unteren Schaftäli. Auf Wegspuren über eine Stufe in den verborgenen Kessel des Mittlertäli, das zuhinterst durch einen Felsriegel abgeschlossen wird. Man steigt links haltend bis zum Felsriegel und überwindet ihn in einer glattwandigen Miniaturschlucht. Der Altschnee schmilzt manchmal zu einem spitzen Keil, der wie ein Türwächter drin steht und hart gefroren sein kann. Danach ohne Probleme zum Gratsattel (P. 2411). 4 Std.

Die Schutthalde über dem Gratsattel steilt sich zu P. 2634 auf, ist aber auf Trittspuren gut begehbar und wird oben flach, bis wir bei P. 2755 in den «Weibersattel» gelangen. Diese Felszacken lassen sich auf der Westseite leicht umgehen. 1 Std.

Variante Via Pradätsch

Von Vättis auf dem Kunkelspasssträsschen bis nach Pradätsch (bei P. 1024). Auf dem Waldweg nach E bis an sein Ende. Weiter auf einem Fussweg in den Pradätschwald und nach N über Hüttenwistobel und Gonschrolatobel auf Gonschroloboden, wo man auf den Weg von Vättis trifft. Dieser Einstieg umgeht die nach Unwettern möglicherweise heikle Stelle; er ist zwar 1 Std. länger, aber reizvoller als der steile Direktanstieg durch den dichten Wald.

Vom Land zur Agglomeration zur Stadt

Untersuchungen des Geographischen Instituts der Universität Bern zeigen zwei gegensätzliche Entwicklungen im Alpenraum: Einerseits entleeren sich weite Räume im Südwesten der Alpen – mehr als 600 Gemeinden in den Alpen des Piemonts, von Aosta und am Lago Maggiore haben seit 1870 über zwei Drittel ihrer Bevölkerung verloren. Anderseits verzeichnen im gleichen Zeitraum Gemeinden mit mehr als 10 000 Einwohnern (Städte) ein Wachstum von zwei Dritteln und Gemeinden mit 5000 bis 10 000 Einwohnern eine Verdoppelung ihrer Bevölkerungszahl. Der Autor der Studie, Werner Bätzing (Geografieprofessor an der Universität Erlangen/Nürnberg), folgert: "Die Bevölkerungsentwicklung des Alpenraumes wird in erster Linie von den grossen Städten und den tiefen Tallagen bestimmt...». Er prägte in der Folge den Begriff der «Verstädterung und Verödung der Alpen». Aufgrund mangelnder Geldmittel fehlen zuverlässige Untersuchungen für den grössten Ballungsraum Graubündens leider fast völlig.

1982 gelangte der damalige Bündner Regierungsrat Donat Cadruvi zur Ansicht, nachdem er das Tal überblickt hatte, «er habe einen optisch tiefen Eindruck gewonnen und das Churer Rheintal sei ökologisch aussergewöhnlich belastet.» Es ist tatsächlich eines der am dichtesten besiedelten grossen Alpentäler der Schweiz. Eine Studie des Instituts für Orts-, Regional- und Landesplanung der Eidgenössischen Technischen Hochschule (ETH) präzisierte die Einschätzung des Politikers: «Durch grossräumige menschliche Eingriffe (Zersiedelung, Rheinkorrektion, Meliorationen, Autobahn, Eisenbahn, Kehrichtverbrennungsanlage, Zementwerke, Industrie, Heliflugplatz und vieles mehr) hat die Tallandschaft ihre Schönheit, Eigenart, Persönlichkeit weitgehend eingebüsst und weist heute den Charakter einer stark belasteten, naturfernen Zivilisationslandschaft auf.» Zum kontinuierlichen Ausbau der Siedlungen kommen neue Infrastruktur-Projekte und Ausbauten bereits bestehender Anlagen: Kehrichtverbrennungsanlage Trimmis, Laufkraftwerke zwischen Reichenau und Mastrils, zunehmender und immer schwererer Schwerverkehr auf der A 13.

Die erwähnte Studie der ETH spricht von der Möglichkeit, wie der Alpenrhein – unter Beachtung wasserwirtschaftlicher Ziele (Nutzung und Schutz des Grundwassers, Hochwassersicherheit, Wasserkraftnutzung) – zu einem talschaftsprägenden, naturnahen und für die Erholung wertvollen Gewässer umgestaltet werden könnte. Dazu müssten allerdings die gegenwärtig bestehenden Interessenkonflikte zwischen Nutzen und Schützen in eine Zusammenarbeit zwischen Bevölkerung, Staat und Wirtschaft übergeführt werden. Diese visionären, aber noch nicht verwirklichten Worte wurden 1988 geschrieben. (PD)

Calandahütte – Vazer Alp – Stelli – Zweienchopf – Chimmispitz – Furggels (St. Margretenberg)

51 Zum Abschluss ein unbekannter Höhenweg

Dieser Höhenweg ist noch nicht entdeckt worden! Er ist beschaulicher und vielseitiger als mancher bekannte Bergwanderweg, nur nicht so komfortabel. Er ist weitgehend vom Vieh ausgetreten, wird nicht gepflegt und fällt stellenweise ganz aus. Aber die stets wechselnden Blicke ins offene Rheintal, auf die Stadt Chur, die fünf Dörfer, die Bündner Herrschaft, Sargans und dann zur Linken in die Tiefe der Taminaschlucht – diese Route hätte die Voraussetzung zu einem klassischen Panoramaweg! Beim Ueberschreiten des Zweienchopfs nehmen wir am Ringen der Bäume auf dem stürmischen Kamm teil. Wir beenden den Tag in St. Margretenberg, einem eigenartigen Hochtal.

B Routencharakter und Schwierigkeit

Ein eigentlicher Höhenweg, meist weglos und nicht markiert über Weiden und Kuhweglein und durch lichten Bergwald.

Zeit 7 – 8 Std.

Ausgangspunkt Calandahütte (s. R. 50)

Endpunkt St. Margretenberg/Furggels/Kanton St. Gallen (1186 m)

Auf einem Plateau gelegene, kleine Siedlung.
Mit SBB Zürich oder St. Gallen – Chur bis Bad Ragaz, anschliessend Postauto Bad Ragaz – Pfäfers – St. Margretenberg. Fahrplanfelder 880, 905, 900.62 und 900.63.
Mit PW Zürich oder St. Gallen – Chur bis Bad Ragaz, weiter über Pfäfers nach St. Margretenberg.

Hotel Piz Alun (1200 m)
7313 St. Margretenberg.
Tel./Reservation: 081 300 45 45, Fax 081 300 45 49.
60 Plätze. Ganzjährig geöffnet.

Talort Bad Ragaz (502 m)

Kurort, Thermalquelle in der Taminaschlucht, Thermalbäder.
Mit SBB Zürich – Chur bis Bad Ragaz. Fahrplanfeld 900.
Mit PW auf der A3 / A13 nach Bad Ragaz.
Verkehrsbüro: Tel. 081 302 10 61, Fax 302 62 90.
Bahnhof: Tel. 081 157 22 22.
Zahlreiche Hotels, Geschäfte, Banken.

Calandahütte – Vazer Alp – Stelli – Zweienchopf – Chimmispitz – Furggels (St. Margretenberg)

Einkehrmöglichkeiten unterwegs

Steffis Bergwirtschaft
Liegt gleich am Ende der Strasse im hintersten St. Margretenberg, 5 Min. östlich der Strasse mit Blick auf das Rheintal, Landquart und die Klus. Serviert werden Getränke und kleine Imbisse.

Buura Beizli
Kleine, sympathische Bauern-Gastwirtschaft ca. 20 Min. vor Furggels direkt an der Strasse. Gemütlicher Gastraum und Sonnenterrasse. Es gibt eine Menge selbst produzierte, geräucherte, eingemachte und gebackene Bauernspezialitäten.

Karte   1175 Vättis

Sehenswürdigkeiten   Taminaschlucht und Pfäfers

Thermalquelle in der Taminaschlucht: Die Schlucht ist so eng, dass man auf dem künstlichen Steg die Sonne gar nicht zu sehen bekommt; der Einfall einzelner Strahlen ist besonders stimmungsvoll. Ganz hinten, tief im Berg, ist die Fassung der Thermalquelle zu besichtigen. Die Stiftung Bad Pfäfers hat das Barockgebäude in der Schlucht sorgfältig restauriert. Auf der Terrasse über dem Rheintal thront die prachtvolle Barockkirche des ehemaligen Klosters Pfäfers.

Calandahütte – Vazer Alp – Stelli – Zweienchopf – Chimmispitz – Furggels (St. Margretenberg)

Route

Von der Calandahütte nach NE immer etwa auf gleicher Höhe zur Wolfsegg. (Die Wegzeichen leiten hinunter nach Batänjen.) An «Gigers Grab» vorbei 300 m absteigen zur Vazer Alp (1751 m) und zur Mastrilser Alp (1755 m). Auf dem Fussweglein zu P. 1840, auf den Gratrücken und weiter zum Brotjoggli (2115 m) ansteigen. 2½ Std.

Weglos über den Sattel zum Stelli, hinunter zu den Alphütten von Salaz und gleich wieder hoch zu P. 1786. Der Weiterweg über den Grat zum Zweienchopf ist voller Abwechslung, aber nicht ganz mühelos. Die Route geht über Stock und Stein und ist landschaftlich sehr reizvoll. Man kann dem Grat weiter über P. 1821 folgen oder auf den Weg absteigen, der zur Bärenfallen führt. Auf dem Fussweg nach N zur Alp Maton hinauf. Hier lohnt sich ein viertelstündiger Abstecher von N nach S auf den Chimmispitz. 3 Std.

Man kann von Maton nach St. Margretenberg absteigen. Die Fortsetzung der Gratwanderung über «Grat» nach N lohnt sich bis zum Skilift auf dem Ragoler Berg. Weglos hinunter nach Furggels. 1½ Std.

Variante

Stelli und Zweienchopf können nördlich auf Kuhweglein umgangen werden. Die Route wird dadurch etwa um 1½ Std. kürzer.

Gipfel   Pizalun (1478 m)

B. 1 Std. Markierter Wanderweg.
Von Büel (1300 m) auf gutem Fussweg über P. 1316 und P. 1364 zum Pizalun.
Abstieg: Die erste Abzweigung nach N (rechts) führt auf eine Steilstufe, die zwar begehbar, bei Nässe aber glitschig ist. Besser ist das untere Weglein am W-Hang des Pizalun entlang nach Furggels.

I Unterengadin – Nationalpark

Wanderwege inner- und ausserhalb des Nationalparks

Der Schweizerische Nationalpark ist ein Publikumsmagnet. Der Besucher ist an die offiziellen Wege gebunden. Trotz dieser Einschränkungen und der vielen Wanderer ist die Faszination der Landschaft und des Lichtes geblieben. An der Schwelle von rigid geschützter Natur (Parkgebiet) und genutzter Natur begreift man, dass die Alpen zu Recht als das «letzte Naturparadies Europas» gelten. Ob Wildnis oder Kulturlandschaft – die Natur in den Bergen ist sehr fragil, wie man im Val d'Uina oder auf dem Piz Arpiglia unschwer feststellen kann.

Die Tagesetappen

101 Sur En oder Ramosch – Val d'Uina – Passo di Slingia – Schutzhaus Sesvenna
Auf verstecktem Schluchtweg nach Italien

102 Schutzhaus Sesvenna – Fuorcla Sesvenna – S-charl
Berge und Dörfer mit wohlklingenden Namen

103 S-charl – Val Mingèr – Sur il Foss – Fuorcla Val dal Botsch – Il Fuorn
Es gibt nur einen Schweizer Nationalpark

104 Il Fuorn – Punt la Drossa – Murter – Chamanna Cluozza (S-charl)
Zur Geburtsstätte des Parc Naziunal

105 Chamanna Cluozza – Fuorcla Val Sassa – Chamanna dal Parc Varusch (S-chanf)
Weglos im Nationalpark: die grosse Ausnahme

106 Chamanna dal Parc Varusch – Alp Vaüglia – Piz Arpiglia – La Punt
Die liebliche Seite des Bergwandererlebens

254

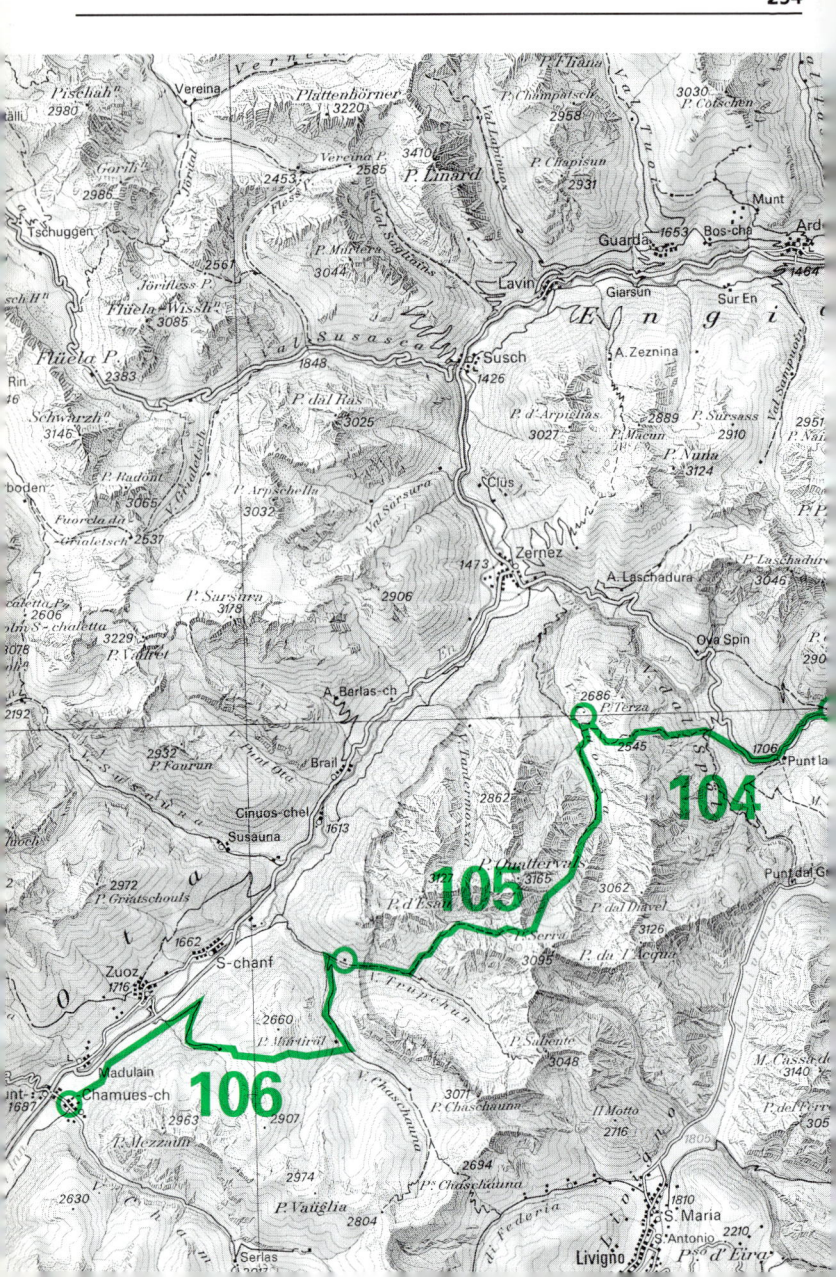

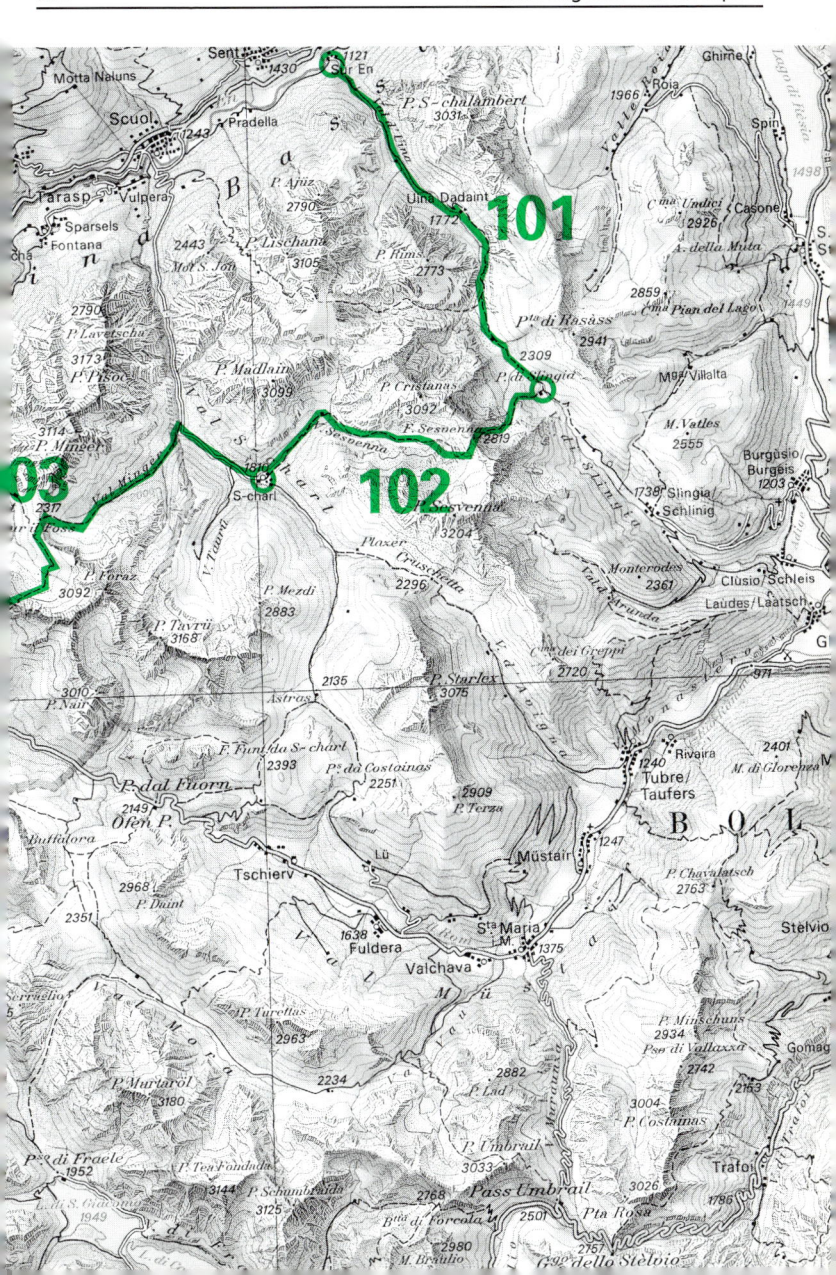

255 I Unterengadin – Nationalpark

101 Auf verstecktem Schluchtweg nach Italien

Die Schafe haben unserem Weg den Namen gegeben, aus lateinisch «ovis» wurde romanisch «uina». Val d'Uina heisst also Schaftal; Kühe konnten die Alp Gross Lager vom Engadin aus gar nicht erreichen, der Weg war früher viel zu schwierig. Das Val d'Uina ist ein Tal der Ruhe und der Stille geblieben. Nach vier Kilometern atmen wir in Uina Dadora, nach weiteren zwei in Uina Dadaint ganz tief auf. Hier schliesst sich das Tal. Jetzt folgt die Überraschung – der Weg verschwindet nach 200 Metern in einer engen Felsspalte. Hoch über dem Wasser ist er in die felsige Schluchtwand gekerbt, sonst gäbe es keinen Ausgang aus diesem Talkessel. Das Gross Lager auf 2157 m öffnet sich nur nach Süden zum Passo di Slingia, über den man sanft zum Schutzhaus gelangt.

B Routencharakter und Schwierigkeit

Viel begangener Bergwanderweg.

Zeit 5 Std.

Ausgangspunkt Sur En bzw. Ramosch (1121 m bzw. 1231 m)

Haltestelle Crusch an der Postauto-Strecke Scuol – Martina.
Sur En, eine Fraktion von Sent, liegt direkt am Inn und ist Ausgangspunkt schöner Wanderungen vor allem ins Val d'Uina.
Ramosch liegt auf einer Terrasse.
Mit RhB Chur – St. Moritz bis Bever, St. Moritz – Scuol bis Endstation; oder mit RhB ab Landquart – Davos, anschliessend Postauto Davos – Flüela – Scuol, dann mit Postauto Scuol – Samnaun bis Ramosch. Fahrplanfelder 940, 960, 910, 910.75 und 960.70.
Mit PW über Landquart – Davos – Flüelapass – Scuol und weiter nach Ramosch.
Verkehrsverein: Tel. 081 866 35 66.
Post: Tel. 081 866 31 52, Fax 081 866 36 96,
Postautodienst Tel. 081 864 16 83.
Zwei Hotels, einige Geschäfte.

Hotel Posta
Stradun, 7556 Ramosch-Fermada an der Talstrasse.
Tel./Reservation: 081 866 31 62.
6 Zimmer. Ganzjährig geöffnet.

Hotel/Restaurant Val d'Uina
7554 Sur En / Sent.
Tel./Reservation: 079 419 56 41. Tel. Hotel: 081 866 31 37, Fax 081 866 32 16.
20 Plätze im Lager, 20 Zimmer. Geöffnet vom 10. Mai bis 31. Oktober.

Endpunkt   Schutzhaus Sesvenna (2256 m)   829.000/180.300

AVS-Sektion Mals/Vinschgau, I-39024 Mals/Schlinig, Vinschgau.
Hütte Tel./Reservation: 0039 473 830234. Hüttenwart Walter Sagmeister,
Tel. 0039 473 830509.
40 Zimmer, 50 Plätze im Lager. Hüttenschlafsack ist Pflicht. Rauchverbot.
Bewartet vom 1. März bis 10. Mai und 15. Juni bis 30. Oktober.
Das Schutzhaus steht etwa 150 m westlich der alten Pforzheimerhütte (auch
Rif. Rassàs) zuoberst im Valle Slingia (Schlinigtal).

Talort   Sur En oder Mals/Italien

Sur En oder Ramosch oder Mals/Schlinig (Südtirol/Italien) an der Reschenstrasse.

Karte   1199 Scuol, 1219 S-charl

Route

Auf gutem Fahrsträsschen durch das enge, dicht bewaldete Bergtal nach
Uina Dadaint, auf viel begangenem Bergwanderweg durch die eindrückliche Felsenschlucht. Weggabelung kurz nach der Schlucht. Am Gross
Lager vorbei über den weiten, offenen Passo di Slingia (2309 m). Abstieg
zum Schutzhaus (2258 m).

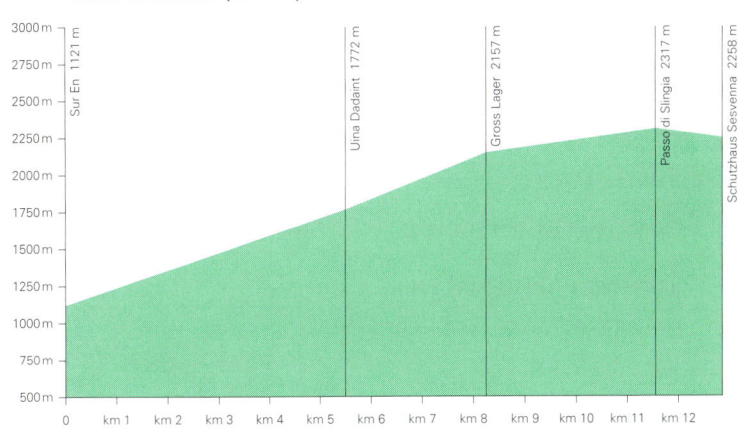

Schutzhaus Sesvenna – Fuorcla Sesvenna – S-charl

102 Berge und Dörfer mit wohlklingenden Namen

Dem gastlichen Berghaus folgt ein angenehmer, kurzweiliger Aufstieg zum nahen Pass. Prächtig steht hier der vergletscherte Piz Sesvenna vor uns, der einzige, der in die Region des ewigen Schnees hinaufragt. Auf dem sanften Abstieg durchs Val Sesvenna folgt beschaulich Eindruck um Eindruck von Alpen und Weiden, und schliesslich nehmen uns schattige Wälder auf, durch die wir das Bergdörfchen S-charl erreichen.

B **Routencharakter und Schwierigkeit**

Durchgehend markierter, viel begangener Bergwanderweg.

Zeit 4½ Std.

Ausgangspunkt Schutzhaus Sesvenna (s. R. 101)

Endpunkt S-charl (1810 m)

Das mittelalterliche Knappendorf besteht heute noch aus 13 Häusern mit einer kleinen Kirche. In der Blütezeit des Bergbaus standen hier 70 Häuser. Die Wandermöglichkeiten von S-charl können zwei Wochen füllen. Besonders empfohlen wird der Ausflug über die Fuorcla Sesvenna ins Val d'Uina (wo wir eben herkommen) oder ins Val Mingèr (wo wir morgen hingehen).

Hotel Crusch Alba
S-charl.
Tel./Reservation: 081 864 14 05, Fax 081 864 14 06.

Pension Alvetern
S-charl.
Tel./Reservation: 081 864 14 03, wenn keine Antwort Tel. 081 864 12 52.

Gasthaus Mayor
S-charl.
Tel./Reservation: 081 864 14 12, Fax 081 864 99 83.

Einfachster Abstieg ins Tal Nach Scuol

Postauto nach Scuol. Fahrplanfeld 960.60.

Talort　　　　　　　　　　　　　　　　　　　　　　　Scuol (1286 m)

«Metropole» der Engiadina Bassa. Die zwei malerischen, guterhaltenen Dorfteile Scuol sura und Scuol sot aus dem 17. und 18. Jahrhundert bilden den Kern. Die Hauptstrasse dazwischen deckt den ganzen Konsumbedarf. Exklusiv sind fünf Dorfbrunnen und die Quellfassungen, aus denen jedermann gratis Mineralwasser trinken kann. Im Raum Scuol-Tarasp-Vulpera entspringen über 20 Quellen. Renaissance der Badetradition feiert Scuol mit dem neuen Bade- und Kurzentrum Bogn Engiadina Scuol.
Mit RhB Chur – St. Moritz, St. Moritz – Scuol. Fahrplanfelder 940 und 960. Postauto bis Landeck und ins Zollfreigebiet Samnaun.

Karte　　　　　　　　　　　　　　　　　　　　　　　　　1219 S-charl

Sehenswürdigkeit　　Museum Schmelzra in S-charl (Bergwerksmuseum)

Route

Auf gutem Wanderweg vom Berghaus Sesvenna zur Fuorcla Sesvenna. Der leichte Abstieg durchs Val Sesvenna bietet reizvoll wechselnde Landschaftsbilder. 4½ Std.
Die kurze Tageswanderung lädt zu einem Abstecher auf den Piz Sesvenna ein.

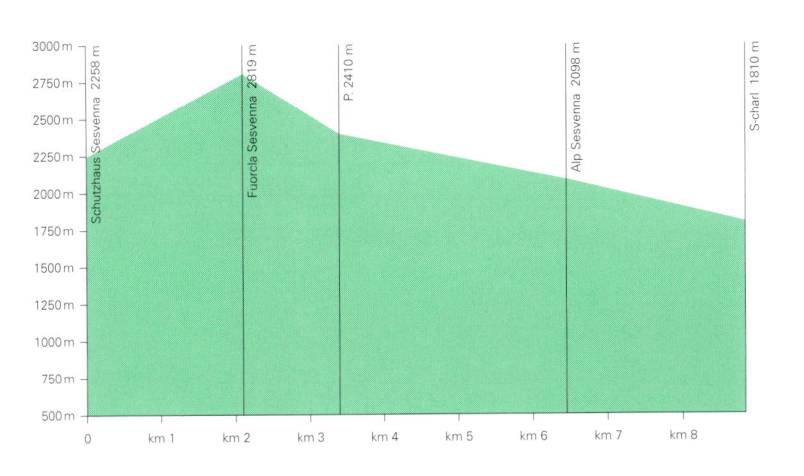

Gipfel
Piz Sesvenna (3204 m)

WS. Der Piz Sesvenna ist der meistbesuchte Gipfel dieser kleinen, schönen Berggruppe. Wenig südlich der Fuorcla zweigt vom Wanderweg ein kleiner Weg nach S zum Gletscher Vadret da Sesvenna ab. Zwischen 2800 und 2900 m sind einige Spalten zu beachten. Abstieg auf der gleichen Route.

Der SAC-Clubführer empfiehlt die Überschreitung: Fernerspitze – Muntpitschen – Piz Foratrida – Piz Sesvenna. Am meisten zu klettern gibt's dabei am Muntpitschen, aber er wird auch als wenig schwierig eingestuft.

103 Es gibt nur einen Schweizer Nationalpark

Im Nationalpark darf die Natur möglichst natürlich sein. Wanderer stören am wenigsten auf den gut ausgebauten Wanderwegen. Im Park ist das Verlassen der Wege verboten. Diese und weitere strenge Regelungen haben – unter anderem – zur Folge, dass sich sogar die Tiere an die Menschen gewöhnen und letztere zu eindrücklichen Beobachtungen und Begegnungen kommen können.

B **Routencharakter und Schwierigkeit**

Durchwegs sehr gut unterhaltener und markierter Wanderweg mit gepflegten Rast- und Beobachtungsplätzen.

Zeit 6 Std.

Ausgangspunkt S-charl (s. R. 103)

Endpunkt Hotel Parc Naziunal Il Fuorn (1800 m)

Mitten im Nationalpark an der Ofenpassstrasse, 7530 Zernez.
Tel./Reservation: 081 856 12 26, Fax: 081 856 18 01.
60 Betten in Einer-, Zweier-, Dreier-, und Vierer-Zimmer, 20 Plätze im Lager. Geöffnet Mai bis Oktober.
Postauto Zernez – Ofenpass – Val Müstair. Haltestelle vor dem Hotel. Fahrplanfeld 960.20.
PW: Zernez – Ofenpass – Val Müstair. Grosser Parkplatz vor dem Haus.

Talort Zernez (1471 m)

Dorf im mittleren Engadin am Nordfuss des Ofenpasses. Sitz der Nationalparkverwaltung.
RhB Chur – St. Moritz, St. Moritz – Scuol bis Zernez, Fahrplanfelder 940 und 960. Postauto über den Ofenpass ins Val Müstair, Fahrplanfeld 960.20.
Verkehrsverein: Tel. 081 856 13 00, Fax 081 856 11 55.
Hotels und Pensionen.

Karte 1219 S-charl, 1218 Zernez

S-charl – Val Mingèr– Sur il Foss – Fuorcla Val dal Botsch – Il Fuorn

Route

Von S-charl auf nicht asphaltierter Fahrstrasse oder schöner, fast parallel dazu, vom Museum Schmelzra auf Wanderweg zur Abzweigung Val Mingèr. Hier betreten wir den Nationalpark, dessen Ordnung das Verhalten der Besucher bestimmt. 1 Std.

An der nördlichen Gratkante des Mot foraz steht der Cheu da la stria, der Hexenkopf; bei günstiger Beleuchtung kann man den aus Höhlen und Kerben im Gestein gebildeten Kopf erkennen. Ruinen von Kohlenmeilern erinnern an die Zeit, in der die Wälder hier rücksichtslos abgeholzt wurden. Sogar der Halt auf Alp Mingèr ist angeordnet, wer rechtzeitig da ist, wird Hirsche und Gemsen beobachten. 1½ Std.

Auf 2168 m ist wieder Wildbeobachtung angezeigt. Hier ringen bereits die letzten Arven um ihr Dasein, wir aber steigen noch weiter und sind nach einer halben Stunde auf dem Pass Sur il Foss (2317 m) bei einer Abzweigung, die durchs Val Plavna nach Tarasp führt. Wir bleiben auf der Höhe, verlassen für 1 Std. den Park, bis wir ihn auf der Fuorcla dal Botsch (2677 m) erneut betreten. 1 Std.

Wir trennen uns vom Blick auf die Pisoc-Kette, haben vielleicht das Glück, in der Höhe Steinadler oder Bartgeier auf ihren Suchflügen zu beobachten. Auf der Steilstufe ins Val dal Botsch sind die Weiden blumenreicher als bisher. Und der God da Chamuotschs heisst Gemsenwald, nicht weil sie sichtbar sind, sondern weil sie sich darin verstecken. Der Duft der zahlreichen Steinröschen dagegen kann sich nicht verbergen, er hüllt zur Blütezeit den ganzen Wald ein und begleitet uns fast bis an die Ofenpassstrasse. Zum Hotel Il Fuorn gehen wir auf dem Wanderweg südlich der Strasse. 2½ Std.

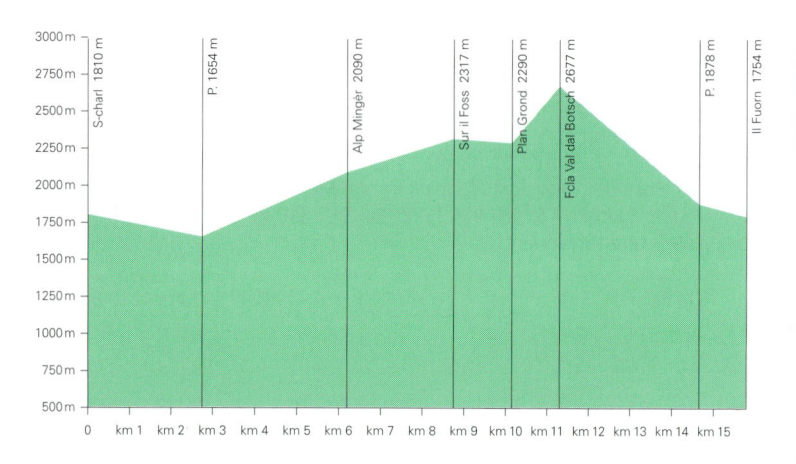

Parc Naziunal

Oberforstinspektor Johann Coaz war bereits 80, als er Carl Schröter nach S-charl einlud. Er wollte den Professor für Botanik davon überzeugen, dass die Seitentäler des Unterengadins sich bestens dazu eignen, die Entwicklung von Pflanzen und Tieren möglichst frei von menschlichen Einflüssen zu verfolgen. Zwei Fotografen hielten im Bild fest, womit Coaz und Schröter die zuständigen Stellen für die Idee eines nationalen Naturschutzgebietes gewinnen wollten.

Der alte Förster, Erstbesteiger des Piz Bernina, soll seine Begleiter wie Hasen zur Alp Astras getrieben haben. Der Achtzigjährige drängte. Er wollte seine Idee, die Natur in einer geeigneten Gegend sich selber zu überlassen, verwirklicht sehen.

Die Einheimischen verstanden ihn nicht. Vier Jahre später brachten Jäger aus dem Unterengadin in S-charl den letzten Bündner Bären zur Strecke. Stolz liessen sie sich mit dem elenden Prachttier vor ihren Füssen fotografieren. Das Bild hängt heute noch in den Gaststuben. Den Bären stellte man als Trophäe auf seine Hinterbeine. Man wollte zeigen, von welchem Ungeheuer die Welt befreit war.

Heute denkt man auch im Engadin anders. Der Bündner Liedermacher Linard Bardill hat ein Gedicht von Madleina Stuppan vertont. Im Text wird Tamangur angesprochen, der sagenumwobene Arvenwald im Nationalpark. «Sag, bist du noch da, du Baum?» fragt eine Schriftstellerin unserer Zeit und klagt ihm, wie kalt es zwischen den Menschen geworden sei. Sie bittet den alten Baum, die Menschen nicht im Stiche zu lassen, wenn die Sonne untergehe. Der Baum antwortet ihr: «Ich stehe nun bald ein Jahrtausend hier, und ich weiss, dass nach jedem Winter wieder Frühling wird.» Die Stimme eines alten Baums kann Menschen in ihrer Not helfen.

Nationalparkpioniere waren im Unterengadin nicht willkommen. Da drangen 1909 Herren aus guten Häusern im Unterland ins Engadin ein und wollten von den Gemeinden Land pachten. Wozu? Die Bauern hatten ihre Weiden und Alpen in hartem Kampf der Natur abgerungen und sich bemüht, diese den Nachkommen zu erhalten. Nun sollte ihr Land plötzlich wieder der «natürlichen Entwicklung überlassen werden». Das verstanden sie nicht und sprachen wohl von Spinnerei. Aber die Ziele der Pioniere waren weitsichtig:

– Ein Stück unseres Landes soll sich selbst überlassen werden, Menschen dürfen hier die Natur nicht mehr gestalten, sondern sollen ihr zuschauen.
– Wissenschaftler werden das Geschehen forschend begleiten und Veränderungen genau dokumentieren.
– Das Volk wird gründlich informiert über das, was im Naturreservat geschieht.

Hauptziel der Parkgründer war also die wissenschaftliche Erforschung einer Berglandschaft, die sich selbst überlassen bleibt. Für Touristen war der Park nicht gedacht. Carl Schröter und Paul Sarasin gewannen Steivan Brunies aus Cinuos-chel, und den drei gelang es, die Gemeinde Zernez dazu zu bewegen, ihr Land für das Experiment zu verpachten. Dann reiste eine Kommission des Nationalrates an. Im Val Cluozza liess auch sie sich von dieser Idee begeistern, langsam wuchs die Zahl der Mitstreiter. Der Bund pachtete von der Gemeinde Zernez das Val Cluozza. Am 1. August 1914 wurde der erste Nationalpark Mitteleuropas feierlich eröffnet. Scuol, S-chanf und Valchava gaben bald weiteres Land in Pacht. Heute misst der Park 169 Quadratkilometer, und man ist eben daran, Randzonen rund um den Park einzubeziehen.

Den Pachtzins bezahlten zuerst Private. Sie gründeten in Basel den Schweizerischen Bund für Naturschutz, heute Pro Natura; jedes Mitglied steuerte einen Franken bei. Erst später übernahm der Bund den Pachtzins des Nationalparks. Die Grundidee, Gemeinden dafür zu entschädigen, wenn sie auf die bestmögliche Nutzung ihres Landes verzichten, ist alt. Wenn wir heute – wie im Fall Greina – Gemeinden entschädigen, weil sie auf den Ausbau von Kraftwerken verzichten, ist das ein ähnliches Vorgehen.

Der Park hat jetzt jährlich 150 000 Besucher. Manche werden enttäuscht. Sie stellen sich einen Urwald vor und finden nicht diese «Natur pur». Weite Teile des heutigen Parkwaldes wurden früher stark übernutzt, die Spuren und vor allem die Folgen sind noch nicht überwunden. 80 Jahre reichen nicht dazu aus, es wird Jahrhunderte dauern, bis die Natur wieder das sein wird, was sie einmal war. Diese Veränderungen laufend zu beobachten, wissenschaftlich genau festzuhalten, zu ergründen und Schlüsse daraus – auch für unser Verhalten – zu ziehen, war das Hauptziel der Parkpioniere. Parkbesucher wären eigentlich gar nicht vorgesehen gewesen.

1914 gab es hier weder Hirsche noch Steinböcke noch Bartgeier, man hatte sie ausgerottet gleich wie die Bären, Wölfe und Luchse. Diese Raubtiere waren einst in die Viehherden gefallen, Hirsche frassen den Haustieren das Futter weg und schadeten den Bäumen im Wald. Die Jäger schonten nicht einmal das Bündner Wappentier.

In jüngster Zeit wurden im Nationalpark Bartgeier ausgesetzt. Lämmergeier nannte man diese Prachtvögel früher, weil man ihnen aufgrund ihrer Grösse zutraute, Lämmer wegzutragen. Sie fressen aber nur Aas, vor allem Knochen. Man kennt ihre Art, die Knochen der Beute zu zerkleinern, indem sie diese aus grosser Höhe auf die Steine fallen lassen. (PM)

Im Val Chamuera (R. 107)

Chamanna Coaz und Vadret da Roseg (R. 110)

Auf dem Vadrec del Forno hinten Torrone-Gruppe (R. 111)

Aufstieg zum Pass Cacciabella Sud (R. 113)

Il Fuorn – Punt la Drossa – Murter – Chamanna Cluozza (S-charl)

104 Zur Geburtsstätte des Parc Naziunal

Die Spannweite der Gegensätze prägen das Erlebnis von heute: «Ausgiebiges Frühstück» im Hotel, im Postcar zur Brücke bei Punt la Drossa, durch den einsamen God Piz la Schera an den Spöl. Hier darf dieser Bach noch immer ganz wild sein, oben und unten sind seine Energien für unsern Komfort in Stauseen gefesselt. Seinen Arm drängt das Gewässer sogar tief in die Schlucht hinein. Fast 1000 m Aufstieg über den Spiegel des Ausgleichsbeckens hinauf nach Murter überwinden wir mit eigenen Energien. Dann steigen wir gleich wieder ab in eine ganz andere Welt. Das Val Cluozza ist die Wiege des Parc Naziunal, und die Chamanna Cluozza nimmt uns ganz park-gemäss gastlich auf.

B **Routencharakter und Schwierigkeit**

Guter Parkwanderweg. Von Pra Spöl 1000 m steil aufwärts nach Murter und gleich wieder 800 m hinunter ins Val Cluozza.

| **Zeit** | 6½ Std. |

| **Ausgangspunkt** | Hotel Il Fuorn (s. R. 103) |

| **Endpunkt** | Chamanna Cluozza (1882 m)   805.000/171.450 |

Schweizerischer Nationalpark, 7530 Zernez.
Tel./Reservation: 081 856 12 35.
40 Plätze im Lager, 25 Betten in Mehrbettzimmern. Geöffnet ca. 20. Juni bis Mitte Oktober. Keine Kochgelegenheit.
Das Blockhaus liegt im Val Cluozza, mitten im Nationalpark.

| **Einfachster Abstieg ins Tal** | Nach Zernez |

Auf Wanderweg 200 m Aufstieg zur Bellavista und 600 m Abstieg nach Zernez. 2½ Std.

| **Talort** | Zernez (s. R. 103) |

| **Karte** | 1218 Zernez, 1238 Piz Quattervals |

Sehenswürdigkeit — Saurierfährte

Seit mehr als 30 Jahren kennt man eine einmalige Fundstelle von Saurierfährten aus der Zeit der Obertrias (vor rund 200 Mio Jahren). Es handelt sich um eine 30 auf 60 m messende Kalkplatte, auf deren oberer Schichtfläche 14 kreuz und quer verlaufende, bis 32 m lange Fährten mit über 200 Trittsiegeln von der Verwitterung freigelegt worden sind. Die Saurierfährten wurden 1961 entdeckt. Wissenschaftler glauben, zweibeinige Dinosaurier hätten hier pflanzliche Nahrung gesucht. Die Fährtenplatte liegt weitab vom Parkweg, ist aber mit gutem Feldstecher vom Blockhaus Cluozza erkennbar.

Route

Die ersten fünf Minuten von Il Fuorn auf der Strasse talwärts; dann führt ein Wanderweg weiter, der allerdings stellenweise in Strassennähe verläuft, doch auch durch schöne Bergbachlandschaft bis nach Punt la Drossa führt. Über den Ova dal Fuorn und auf den Waldrücken, der ihn vom Spöl trennt. Bei Punt Periv über den Spöl und auf der linken Talseite kurzweilig auf und ab nach Plan Praspöl. Hierher auch auf der Ofenpasstrasse. 1 oder 3 Std., je nach Weg.

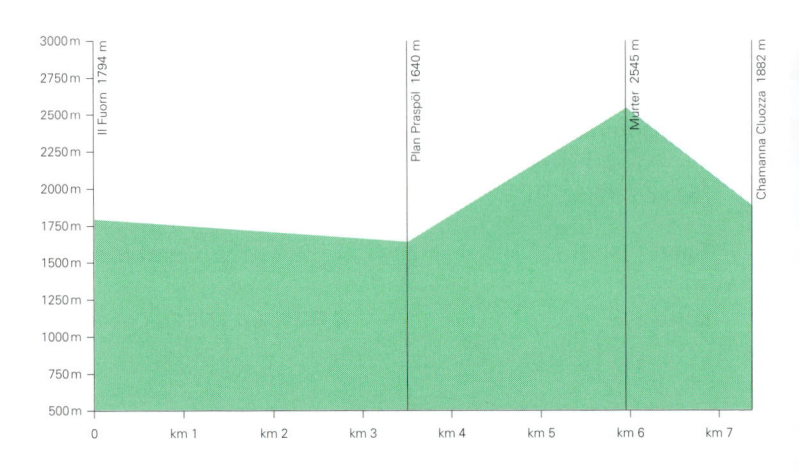

Fast 1000 m Aufstieg stehen vor uns. Wir freuen uns an dem fjordartig gestauten Wasser, dem domartigen Dach der Föhren über dem Pfad, der in den Lärchen weiter oben immer sonnenbeschienener wird, an den Hirschen, die wir auf grünen Bändern am Murter entdecken, und gelangen bei Plan dal Poms zu zerfallenden Alpgebäuden. Sie haben seit der Parkgründung ausgedient. Auf dem Sattel von Murter gehen wir auf einer fossilienreichen Steinschicht, die den Paläontologen fesselt. Noch einen letzten Blick ins Azurblau des still liegenden Sees Spöl, dann beginnt der Abstieg ins Val Cluozza, wo ganz gewiss irgendwo Hirsche, Steinböcke oder Gemsen am Aesen sind. Der Piz Quattervals gegenüber wird immer grösser, wir werfen sogar einen Blick auf den gewaltigen Blockgletscher im Val Sassa, den wir morgen erleben werden, treffen noch einmal auf verlassene Alphütten aus der Vorparkzeit und finden im Föhren- und Lärchenwald das Blockhaus Cluozza. 4½ Std.

Variante

Bleiben Sie einen Tag im Blockhaus Cluozza!

Gipfel   Piz Quattervals (3164 m)

L. 5 Std. (im Abstieg 3 Std.).
Dies ist der einzige Berg, der im Nationalpark abseits von Parkwanderwegen bestiegen werden darf. Der Aufstieg ist deutlich weiss-blau-weiss markiert und bietet eine anspruchsvolle Bergwanderung inmitten einer wirklich einzigartigen Abgeschiedenheit.
Von der Chamanna Cluozza nach S, bei P. 1835 hinüber ins Valetta, wo sich der Weg und auf 2100 m auch die Wegzeichen verlieren.
Nachdem man einen Durchstieg durch die zwei Felsriegel gefunden hat, betritt man auf 2700 m auch im Hochsommer Schnee. Im Spätsommer ist der Aufstieg über den Grat dem der Flanke vorzuziehen.

Chamanna Cluozza – Fuorcla Val Sassa –
Chamanna dal Parc Varusch (S-chanf)

105 Weglos im Nationalpark: die grosse Ausnahme

Bis zur Vereinigung von Val dal Diavel und Val Sassa, eine Wegstunde hinter der Chamanna Cluozza, leitet uns ein guter Pfad, im «Tal der Steine» (Val Sassa) lässt er uns dann im Stich. Hier lag einst ein langer, schmaler Gletscher, Moränen zeigen seine Ränder noch deutlich an. Wenn der Schnee im Frühsommer noch hart ist, ist der Aufstieg zur Fuorcla Val Sassa am angenehmsten; am schlimmsten ist das Gehen, wenn Neuschnee auf den Steinen liegt. Von der Fuorcla leitet wieder ein guter Weg durchs Val Müschauns hinunter, ohne ihn wären wir nicht gut dran, denn die Steilstufe ist nur genau hier passierbar; man versuche es nicht ohne Weg.

EB Routencharakter und Schwierigkeit

Die einzige unserer Wanderungen im Nationalpark, die alpine Erfahrung voraussetzt. Sind Wetter und Schneeverhältnisse nicht günstig, ist sie mit Vorsicht anzutreten. Auf einem weiss-blau-weiss markierten Bergweg bis auf ca. 2000 m, dann weglos in grobem Blockgelände zur Fuorcla Val Sassa. Hier beginnt wieder ein gut markierter Bergweg.

Zeit	6½ Std.
Ausgangspunkt	Chamanna Cluozza (s. R. 104)
Endpunkt	Chamanna dal Parc Varusch (1775 m)

Nationalpark, Val Trupchun, 7525 S-chanf.
Tel./Reservation: 081 854 31 22, Fax 081 854 00 40.
35 Betten. Geöffnet 1. Juni bis 20. Oktober.

Einfachster Abstieg ins Tal	Nach S-chanf

EB. 1 Std.

Talort	S-chanf (1662 m)

Kleiner Ort im mittleren Engadin.
Mit RhB Chur – St. Moritz bis Bever, anschliessend St. Moritz – Scuol bis S-chanf. Fahrplanfelder 940 und 960.
Mit PW über Chur – Thusis – Albulapass – La Punt nach S-chanf.
Gasthäuser und Geschäfte.

Karte	1318 Zernez, 1238 Piz Quattervals

Sehenswürdigkeit
S-chanf

S-chanf (sprich Sch-tschanf) wird heute von der Strasse grossräumig umfahren und gilt als besterhaltenes historisches Strassendorf im Engadin. Dorfbild, Charakter der Häuser und romanische Beschriftung stimmen überein. 1622 wurde es von österreichischen Soldaten niedergebrannt, kurz darauf im heutigen Stil wiederaufgebaut. S-chanf gab dem bedeutenden Bündner Naturwissenschaftler Theobald das Bürgerrecht.

Route

Von der Chamanna Cluozza taleinwärts, nach 10 Min. Abzweigung nach rechts. Weiss-blau-weiss markierter Weg über Plaun Val Sassa bis auf ca. 2000 m (mühsam und steil). Bis spät in den Sommer kann Hartschnee den Aufstieg in die Fuorcla Val Sassa (2857 m) erleichtern. 3½ Std.

Von der Fuorcla aus ist der Blick auf den Talboden des Engadins inmitten der wilden Bergspitzen bis hin zum Berninagebiet beeindruckend. Ganz in der Nähe glitzert der Spiegel des Lai da Müschauns. Den Abstieg durchs Val Müschauns ins Val Trupchun erleichtert ein geschickt angelegter Weg, dessen Erstellung an der Talstufe zwischen 2500 m und 2300 m sicherlich nicht einfach war. Dies ist die schwierigste Stelle des Tages, man wird gelegentlich die Hände zu Hilfe nehmen müssen. Rasch kommt man in die Tiefe, aber es lohnt sich, hier anzuhalten und mit dem Feldstecher die rechten Talhänge des Val Müschauns bis hinauf zum Piz d'Esan abzusuchen; hier entdeckt man bestimmt Steinböcke und Gemsen. Weiter ins Val Trupchun und schon bald in die Chamanna dal Parc Varusch. Sie steht zwar nicht mehr im Park, doch immer noch in der Stille. 3 Std.

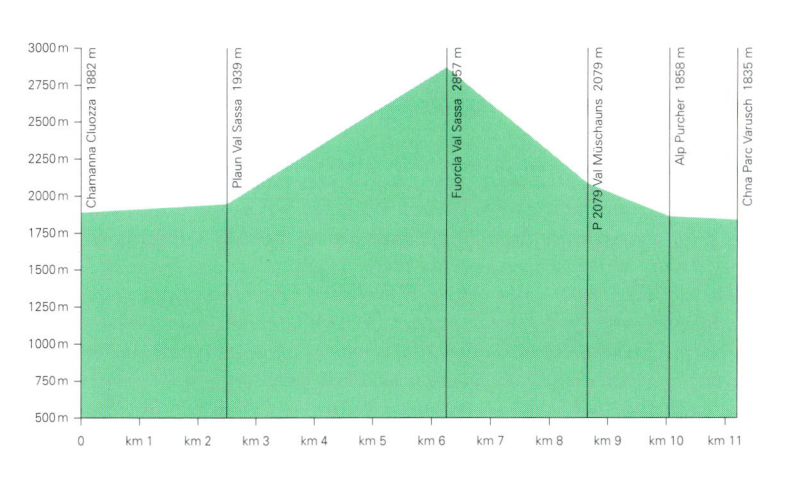

Eine Vision für den Nationalpark

Sommerzeit – Wanderzeit. Das bedeutet im Schweizerischen Nationalpark (Fläche: 169 Quadratkilometer) den «Einfall» von rund 150 000 Besuchern, die in der kurzen Zeit von Mitte Juni bis Ende Oktober «ihren» Nationalpark sehen wollen. Zwar stehen ihnen nicht weniger als 80 Kilometer Wanderwege zur Verfügung, aber der Hauptharst tummelt sich auf einem Bruchteil davon – auf Margunet, im Val Trupchun oder im Val Mingèr. Auf der Spur der vielen grossen Wunder wie Hirsch, Gemse, Adler. Und oft blind für die kleinen Wunder. Bereitet diese riesige Zahl dem Parkdirektor Kopfweh? Heinrich Haller erläutert die Rolle des Parks: «Die ursprüngliche Idee zur Zeit der Park-Gründung 1914 war, ein Reservat zu schaffen, das nicht in erster Linie für die Besucher da ist. Diese Einstellung hat sich mit der Zeit geändert; heute erfüllt der Park eine ausserordentlich wichtige Aufgabe bei der Sensibilisierung der Menschen für die Natur.» Der Park sei für ihn, sagt der Parkdirektor, nur ein Teil eines Systems, ein Brückenkopf, von dem aus Schritt für Schritt das Verständnis für Umwelt, Natur und Landschaft in die Welt hinausgetragen werden müsse. Seiner Meinung nach funktioniert diese Idee: «Die zahlreichen Besucher des Schweizerischen Nationalparks zeigen allein durch ihr Kommen schon Interesse an dieser Thematik.» Er unterscheidet zwei Arten von Besuchern: «Die bewussten Besucher, diejenigen, die sich im Nationalparkhaus in Zernez informieren und auf langen Wanderungen und Streifzügen den Park erkunden, die machen mir keine Sorgen. Sie sind meist mit dem Nationalpark-Gedanken vertraut und respektieren ihn.» Die zweite Art von Besuchern – die schnell Durchreisenden – bereitet ihm Probleme und er zählt auf, was sich in einem schmalen Streifen entlang der Ofenpassstrasse so alles ereignet: Da werden Aschenbecher geleert, Abfälle aller Art entsorgt und wird die Notdurft verrichtet. Da gibt es Staub, Lärm und Abgase. In der Beschränkung der Besucherzahlen sieht Heinrich Haller keine Lösung. Trotz der 150 000 Ankömmlinge ist die touristische Nutzung des Parks für ihn ein Nebeneffekt. Die Belastungen überschreiten das zumutbare Mass aus seiner Sicht nicht.

Heinrich Haller hat eine andere Idee: Eine Vergrösserung des Angebotes, sprich der Parkfläche, würde zusätzlichen Freiraum schaffen. «Ein Nationalpark, der fast das gesamte rechtsseitige Engadin umfassen würde, mehr als 1 Prozent der Landesfläche der Schweiz, das muss nicht länger Utopie sein», sagt Heinrich Haller. Zum Vergleich: Heute umfasst die Parkfläche 0,4 Prozent der Landesfläche. Die Planung sieht eine Park-Erweiterung für die ersten Jahre des 21. Jahrhunderts vor. Wichtige Landschaftstypen könnten hinzukommen, andere könnten noch strenger geschützt werden, die gesamte Substanz des Parks würde gestärkt. Die vorgesehene und nachhaltige Nutzung von einzelnen Gebieten im Park könnte als Beispiel für andere Regionen dienen. Der Nationalpark würde damit zum gelebten Beispiel für einen sinnvollen und nutzbringenden Umgang mit Landschaft und Kulturlandschaft. Produkte, die aus solchen Gebieten stammen, sind meist qualitativ hochwertig und emotional ansprechend. Damit wächst ihre Chance, wirtschaftlich erfolgreich zu sein. Ein Beispiel dafür, dass sich Oekonomie und Oekologie keineswegs ausschliessen brauchen.

Der Park ist ein wichtiger regionaler Wirtschaftsfaktor: Die 150 000 Touristen lassen auch Geld im Tal. Der Fremdenverkehr im Unterengadin wirbt mit den Slogans «Wellness», «Naturverbundenheit» und «Aktivitäten» – da passt das Angebot des Nationalparks dazu. «Der Nationalpark ist ein wertvoller, charaktervoller Bestandteil des hiesigen Fremdenverkehrs», sagt Heinrich Haller. Der Parkdirektor will den Nationalpark aber nicht einfach nur als Bereicherung des touristischen Angebotes verstanden haben: «Das Konzept des Nationalparks ist auf Langfristigkeit ausgelegt. Die Natur hat das Sagen, wir Menschen sind nur geduldet. Wir haben festgestellt, dass Beobachtungen und Studien von äusserster Präzision über ungeheuer lange Zeiträume notwendig sind, um Naturphänomene einigermassen erfassen zu können. Diese Möglichkeiten bietet der Nationalpark, der trotz seiner beschränkten Grösse sehr viel ungenutzte, sich frei entfaltende Natur umfasst.» Diese Erkenntnisse sollen mithelfen, den Umgang des Menschen mit der Natur ganz allgemein und auch ausserhalb des geschützten Raums eines Nationalparks natürlicher zu gestalten.

«Der Mensch steht nicht im Zentrum des Universums», sagt der Nationalpark-Direktor, «der 'Pützligeist', unter dem vor allem auch wir Schweizer leiden, hat der Natur in der Vergangenheit oft geschadet». Die unberührten und naturnahen Flächen in den Alpen sind in den letzten Jahrzehnten stark zurückgedrängt worden. Im Gebiet des Schweizerischen Nationalparks wird sich in den nächsten Jahren die einmalige Gelegenheit bieten, naturräumliches Kapital nicht anzunagen, sondern aufzustocken. Heinrich Haller plädiert dafür, mehr auf die Natur zu hören: «Die Alpen sind das letzte Naturparadies Mitteleuropas. Dieses müssen wir unbedingt erhalten.» (PD)

Chamanna dal Parc Varusch – Alp Vaüglia – Piz Arpiglia – La Punt

106 Die liebliche Seite des Bergwandererlebens

Nach den langen, hoch hinaufführenden und schweisstreibenden Etappen über die Pässe im Nationalpark mutet der Gang über den Piz Arpiglia wie ein Spaziergang an. Auch die Natur ist lieblich geworden, es gibt mehr Alpwiesen als Geröllhalden. Am Gipfel hat man Zeit, sich umzuschauen, sich hinzulegen, die Augen zu schliessen und sich der Stimmung hinzugeben, was bei langen Etappen oft zu kurz kommt. Vom Gipfel des Berges bietet sich ein schöner Blick auf das mittlere Engadin, und der Abstieg dorthin ist erfreulich viel kürzer und weniger kniebelastend, als es von oben den Anschein macht.

B **Routencharakter und Schwierigkeit**

Markierte Wanderwege bzw. Waldstrassen. Z. T. wegloses Alpgelände.

Zeit 6 Std.

Ausgangspunkt Chamanna dal Parc Varusch (s. R. 105)

Endpunkt La Punt (1687 m)

Kleiner Ort im Mittelengadin. Ausgangspunkt für den Albulapass.
Mit RhB Chur – St. Moritz bis Bever, anschliessend St. Moritz – Scuol bis nach La Punt. Fahrplanfelder 940 und 960.
Mit PW über Chur – San Bernardino bis Thusis, Tiefencastel – Albulapass nach La Punt.
Verkehrsverein: Tel. 081 854 24 77, Fax 081 854 38 77.
Bahnhof RhB: Tel. 081 854 12 39.
Post: Tel. 081 854 12 85, Fax 081 854 24 44.
Einige Hotels, Geschäfte und Banken.

Hotel Garni Chesa Plaz
Am Anfang des Chamuera-Tales, 7522 La Punt-Chamues-ch.
Tel./Reservation: 081 851 21 00, Fax 081 851 21 13.
27-34 Betten in 13 Zimmern. Geöffnet Anfang Juni bis April, im Mai auf Anfrage.
Nichtraucher-Hotel, Abendessen auf Vorbestellung.

Hotel Albula
Am Fuss des Albulapasses, 7522 La Punt.
Tel./Reservation: 081 854 12 84, Fax 081 854 35 55.
26 Betten. Geöffnet Juni bis Ende Oktober.

Chamanna dal Parc Varusch – Alp Vaüglia – Piz Arpiglia – La Punt

Karte 1238 Piz Quattervals, 1237 Albulapass

Route

Von der Parkhütte Varusch nimmt man die Strasse talauswärts (Richtung S-chanf) bis zur Brücke Punt da Val da Scrigns (P. 1736). Man überschreitet sie und begeht die Waldstrasse, die in südlicher Richtung ins Val da Scrigns hineinführt. Nach ca. 2 km überquert die Strasse die Ova da Chaschauna und erreicht die Gebäude der Alp Vaüglia Suot, die romantisch in lockerem Lärchen- und Arvenwald liegt. Weiter auf der Strasse, die sich in vielen Kehren in die Höhe schraubt und bei den Hütten der Alp Vaüglia Sura (obere Alp/P. 2264) endet. 2 Std.

Nun hat man den breiten Hang des Piz Arpiglia vor sich und ersteigt ihn über Alpweiden nach W, bis man auf ca. 2620 m Höhe den Gratrücken erreicht, der nach SSW über P. 2748 auf den Gipfel des Piz Arpiglia (2765 m) führt. Zunächst weglos, dann Wegspuren. 1 Std.

Vom Gipfel begeistert die Aussicht auf das tief unten liegende Engadin und über die Mittelbündner Berge bis hin zum Ortler in Italien. Man sieht u. a. Corn, Piz Ot, Cima da Flix, Piz d'Err, Piz Blais Marscha, Piz Ela. Gut sieht man auch den steilen Abstieg von R. 5 von der Fuorcla Val Sassa ins Val Müschauns sowie Piz Kesch, Piz Val Mura, Piz Linard, Piz Esan.

Vom Gipfel des Piz Arpiglia geht man die letzten Meter zurück zu P. 2748, dann führt der Abstieg ins Val Arpiglia und ins Engadin nach SE über den grasigen und geröllbedeckten Grat hinunter (Wegspuren). Bei den Hütten der Alp Arpiglia (P. 2129) erreicht man die Alpstrasse, die talauswärts führt.

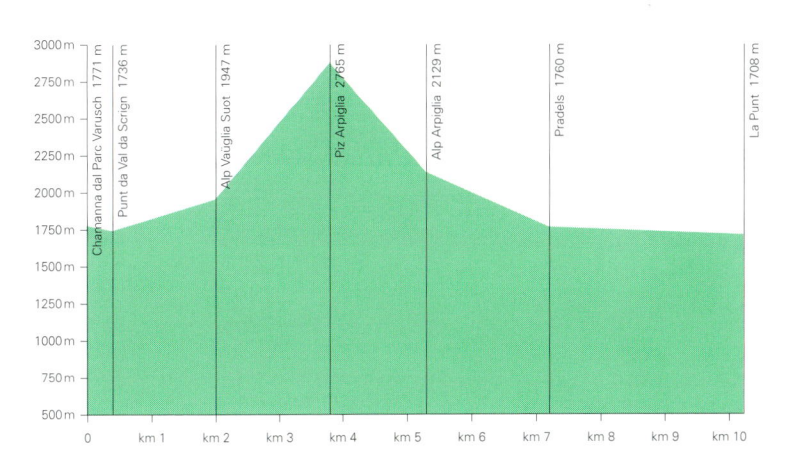

Kurze Zeit später überquert man die Brücke über die Ova d'Arpiglia auf die linke Bachseite und folgt einem schlechten Weg, der kurz darauf in einen besseren mündet. Er wird bald zu einer Waldstrasse und führt den Hang hinunter bis ins Engadin. Kurz vor dem Waldrand gabelt sich der Weg nach Zuoz (rechts) oder nach La Punt (links). 2 Std.

Diesem markierten Wanderweg folgend, erreicht man La Punt (1708 m). 1 Std.

II Mittleres Engadin – Bernina – Maloja

Vom stillen ins berühmte Engadin

Aus den Arven- und Lärchenwäldern des Engadins am rechten Innufer führen diese Etappen zu den Fels- und Eisbergen der Bernina mit dem Piz Bernina, dem östlichsten Viertausender der Alpen und einzigen Viertausender Graubündens. Aus den stillen und wenig bekannten Tälern gelangt man im vorliegenden Abschnitt in berühmte Regionen. Fast nur Superlative wie «Festsaal der Alpen» und «Himmelsleiter» fielen Dichtern und Schreibern beim Anblick dieser Berglandschaft und insbesondere des Bianco-Grates am Piz Bernina ein. Die landschaftlichen Kontraste zwischen La Punt und Maloja prägen sich nicht nur dem Alpinisten, sondern auch dem Wanderer ein. Superlative der anderen Art bilden die zahlreichen touristischen Anlagen – Bergbahnen, Sesselbahnen und Skilifte, die sich im «Festsaal der Alpen» in grosser Zahl finden.

Die Tagesetappen

107 La Punt – Fuorcla Prüna – Val da Fain – Bernina Suot oder Berghaus Diavolezza
Die Einsamkeit im Val Prüna ist hörbar

108 Berghaus Diavolezza – Vadret Pers – Vadret da Morteratsch – Morteratsch – Pontresina
Zu Besuch beim König der Bernina

109 Pontresina – Val Roseg – Chamanna Coaz (Pontresina)
Von den Wiesen zu den Gletschern

110 Chamanna Coaz – Fuorcla Fex-Roseg – Fex Crasta oder Maloja
Der Weg nach Süden ist mit Geröll gepflastert

276

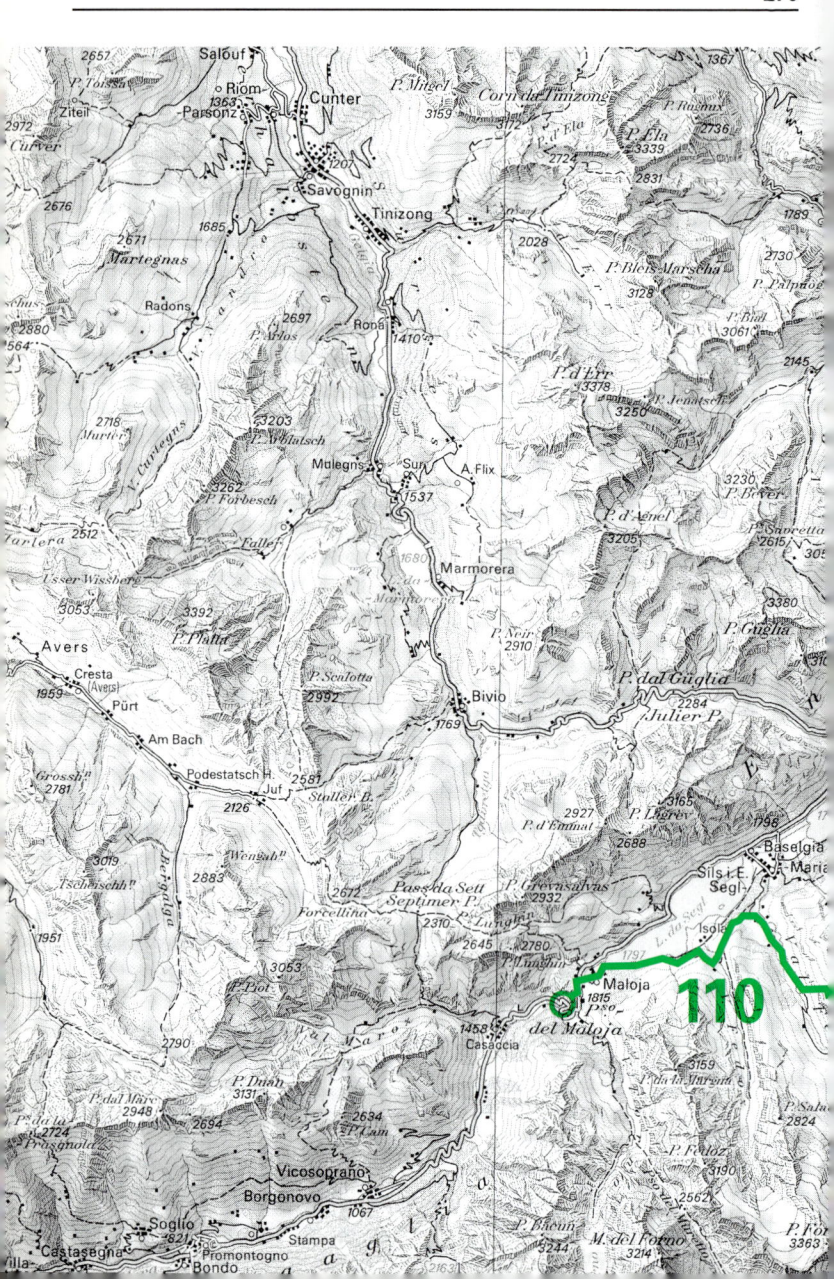

II Mittleres Engadin – Bernina – Maloja

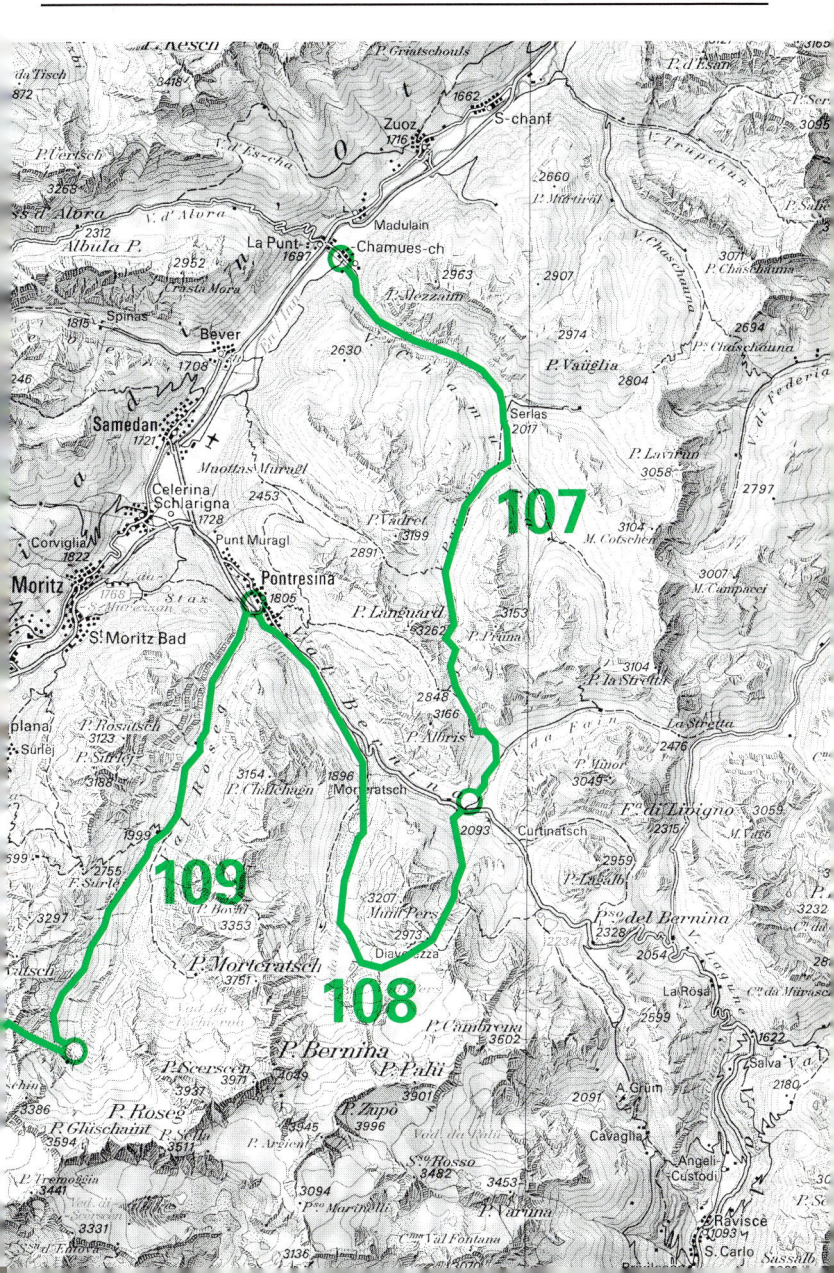

La Punt – Fuorcla Prüna – Val da Fain –
Bernina Suot oder Berghaus Diavolezza

107 Die Einsamkeit im Val Prüna ist hörbar

Lange Tour, die in abgelegene und einsame Winkel des Mittelengadins führt. Diese Etappe ist ein Ausflug in eine Wildnis, die niemanden unberührt lässt. Die Berge sind hier nicht im klassischen Sinne schön, nicht stolz und nicht anmutig, vielmehr ungeordnet, ja chaotisch. Zumindest weitgehend natürlich. Die Gefühle, die diese Landschaft auslöst, sind nicht erhebend wie der Blick auf die Bernina-Eisriesen, denen wir in der nächsten Etappe näherkommen, nicht lieblich-beruhigend wie der Ausblick der vorigen Etappe über die alpwirtschaftlich genutzte Kulturlandschaft am Piz Arpiglia.

BG Routencharakter und Schwierigkeit

Markierte Alpstrassen und Wanderwege. Ueber weite Strecken nur spärlich markiert (Alp Prüna – Fuorcla Prüna). Im hintersten Val Prüna verschieben Schnee- und Steinlawinen immer wieder die Markierungen, so dass man in die Irre gehen kann. Besonders guter Orientierungssinn ist gefragt, wenn im hinteren Val Prüna und zwischen Fuorcla Prüna und dem Abstieg ins Val da Fain Nebel einfällt.

Zeit
7 – 7½ Std.

Ausgangspunkt
La Punt-Chamues-ch (s. R. 106)

Endpunkt
Bernina Suot (2046 m)

Passherberge an der Nordrampe des Berninapasses.
Mit RhB Chur – St. Moritz bis Endstation, anschliessend St. Moritz – Tirano bis Bernina Suot. Fahrplanfelder 940 und 950.
Mit PW über Chur – Thusis – Julierpass – Silvaplana – St. Moritz – Pontresina – Bernina Suot oder Albulapass – La Punt – Samedan – Pontresina – Bernina Suot.
Bahnhof Pontresina: Tel. 081 842 63 37.
Diavolezza Bahn: Tel. 081 842 64 19 oder 842 71 05, Fax 081 842 72 28.

Gasthaus Bernina Suot
In der Nähe der Bergbahnen Diavolezza und Lagalb, Bahnstation Bernina Suot, 7504 Pontresina.
Tel./Reservation: 081 842 64 05, Fax 081 842 79 49.
34 Plätze im Lager, 29 Betten in 15 Zimmern. Geöffnet ca. 25. November bis 3. Mai und 12. Juni bis 25. Oktober.

Berghaus Diavolezza
7504 Pontresina.
Tel./Reservation: 081 842 62 05, Fax 081 842 61 58.
6 Vierer-Lager, 3 Zweier-Lager und 7 Zwanziger-Lager. Geöffnet Mitte Juni bis Mitte Oktober und Dezember bis April.
Das Berghaus liegt bei der Bergstation der Diavolezzabahn.

Einfachster Abstieg ins Tal   Nach Pontresina

Diavolezzabahn nach Bernina-Diavolezza (Parkplatz) und mit der RhB nach Pontresina.

Talort   Pontresina (s. R. 108)

Karte   1237 Albulapass, 1258 La Stretta, 1257 St. Moritz

Route

Von La Punt-Chamues-ch begeht man die Strasse ins Val Chamuera bis zum auffälligen, grossen, weissen Haus bei Serlas (P. 2017). Dort überquert man den Bach, die Ova Chamuera, und folgt dem breiten Wanderweg nach S, später nach SW ins Val Prüna, dem man auf markiertem Weg folgt. Man überschreitet den Bach, die Ova Prüna, und erreicht die Alp Prüna (P. 2270). 3 Std.
Hinter der Alp überquert man den Bach erneut an sein linkes Ufer und folgt den Markierungen ins hintere Val Prüna. Etwa 10 Min. nach der Alp Prüna

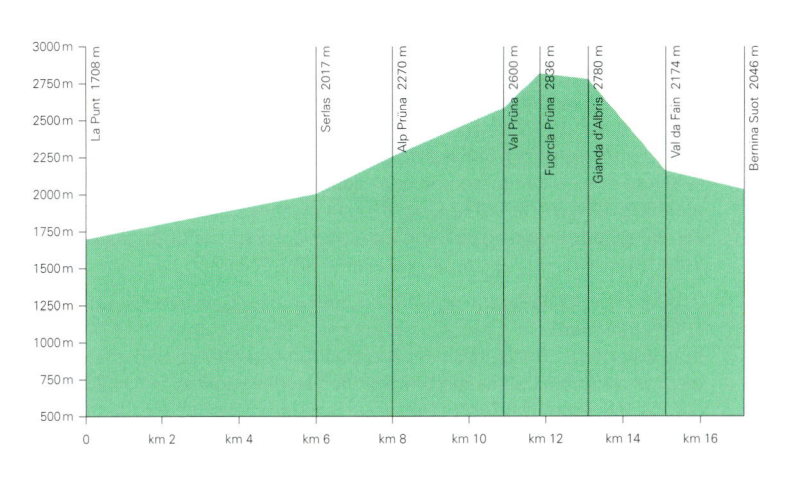

wenden sich die Wegspuren rechts den Hang hinauf zur Fuorcla Muragl. Unsere Route folgt aber weiterhin dem Val Prüna, das nun immer steiniger wird, nach S. Geröllströme von rechts sind mühsam zu überqueren. Sie haben die Wegspuren und auch die spärlichen Markierungen z. T. verdeckt. Man sucht sich den besten Weg, der auch durch das ausgetrocknete Bachbett führen kann. Vereinzelte Markierungen helfen bei der allgemeinen Orientierung. Zuhinterst im Tal türmt sich gegen S eine riesige, steile und ungegliederte Geröllhalde auf. Man sieht aber Markierungen und Wegspuren, die von der Mitte des Geröllhangs gegen links hochziehen. Wenn man ihnen folgt, erreicht man Felsplatten, die man leicht überklettern kann. Weiterhin nach S zu P. 2815 mit dem Bergsee Lej da Prüna und an seinem westlichen Ufer entlang zur Fuorcla Prüna (P. 2836). 2 Std.

Nun überblickt man die steinreiche Geröll- und Seenlandschaft zwischen Fuorcla Prüna, Fuorcla Pischa im SW und Fuorcla Tschüffer im SE. Die Route führt (markiert) am W-Rand des Kessels entlang, knapp unter der Fuorcla Pischa durch und zunächst nach E, dann S an den Rand des Geröllkessels. Westlich des kleineren Tümpels (P. 2787) «stürzt» der Weg in unzähligen Kehren hinab ins Val da Fain, überquert den Bach und führt an der Alp Bernina vorbei hinaus zur Bernina-Passstrasse. 2 Std.

Nun in 10 Min. zur Talstation der Diavolezza-Seilbahn (P. 2093) schräg gegenüber oder talabwärts zum Gasthaus Bernina Suot (P. 2046).

Von hier Wanderweg zur Talstation der Diavolezza-Bahn und zur Diavolezza. 2-3 Std. Oder mit der Seilbahn.

Varianten

1. Über die Fuorcla Pischa ins Val Languard zur Seilbahn Alp Languard (2326 m) und nach Pontresina.

Man zweigt ca. 10 Min. nach der Fuorcla Prüna nach W ab und erreicht in wenigen Minuten auf markiertem Wanderweg die Fuorcla Pischa (2851 m), die ins Val Languard führt. Der Weg folgt dem Geröllhang der Crasta Languard. Ca. 10 Min. nach der Fuorcla Pischa gabelt er sich bei P. 2821. Man nimmt den links hinunterführenden Weg, erreicht über eine steile Felsstufe den Lej Languard und folgt dem Weg durch das von vielen Murmeltieren bevölkerte Val Languard hinan (nach NW) am rechten Talhang zur Bergstation der Sesselbahn Pontresina – Alp Languard und zum Bergrestaurant. Tel. Talstation Sesselbahn: 081 842 62 55.

2. Über die Fuorcla Pischa ins Val Languard und zur Georgyhütte (3186 m) am Piz Languard.

Man zweigt ca. 10 Min. nach der Fuorcla Prüna nach W ab und erreicht in wenigen Minuten auf markiertem Wanderweg die Fuorcla Pischa (2851 m), die ins Val Languard führt. Der Weg folgt dem Geröllhang der Crasta Languard. Ca. 10 Min. nach der Fuorcla Pischa gabelt er sich bei P. 2821.

Der obere Weg führt gerade weiter und in die SW-Flanke des Piz Languard und steigt in Spitzkehren steil den Hang hinauf bis zur Georgyhütte (3186 m), die auf einer aussichtsreichen Terrasse am Steilhang steht. Von der Hütte kann man den Piz Languard (3261 m) besteigen. WS, Wegspuren. ½ Std.

Chamanna Georgy (3186 m)
7504 Pontresina.
Tel. Hütte: 081 833 65 65. Hüttenwart Hans Wöhrle, 7504 Pontresina.
Tel./Reservation: 081 842 68 13.
24 Plätze im Lager. Geöffnet ca. 15. Juni bis 20. Oktober.
Sehr einfach, kein Wasser.
Die Hütte liegt in der S-Flanke des Piz Languard wenig unterhalb des Gipfels.

108 Zu Besuch beim König der Bernina

Einer der zwei Gletscher-Höhepunkte dieses Führers: Diese Etappe beeinhaltet den Blick auf den Piz Bernina, der mit seiner stolzen Höhe von 4047 m Höhe der höchste Gipfel Graubündens und der einzige Viertausender der Ostalpen ist! Die Tour führt – immer mit Ausblick auf den Piz Bernina und seine nicht weniger berühmten Nachbarn Piz Palü, Bellavista, Piz Morteratsch – über zwei grosse Oberengadiner Eisströme hinunter. Ein unvergessliches Erlebnis für hochalpine Bergwanderer, auch wenn man dabei selten allein unterwegs ist. Diese Landschaft der Superlative wollen verständlicherweise viele andere auch gesehen haben.

L Routencharakter und Schwierigkeit

Grösstenteils Gletscherwanderung, wenig Wege, die nur z. T. markiert sind. Die Begehung der Gletscher ist technisch unschwierig, verlangt aber die entsprechende Gletschererfahrung und -ausrüstung. Bei aperem Eis sind die Spalten gut zu erkennen und leicht zu umgehen. An schönen Tagen im Sommer wird diese Tour von sehr vielen Leuten begangen. Bei Nebel kann die Routenfindung plötzlich sehr schwierig werden. Wer sich auf dem Gletscher nicht auskennt, stelle auf der Diavolezza einen Bergführer an (s. Verschiedenes).

Zeit 4 Std.

Ausgangspunkt Berghaus Diavolezza (s. R. 107)

Endpunkt Pontresina (1805 m)

Grosser Oberengadiner Fremdenverkehrsort am Beginn der Berninapass-Nordrampe. Ausgangspunkt für die Täler Roseg und Morteratsch.
Mit RhB Chur – St. Moritz bis Samedan, anschliessend Samedan – Pontresina. Fahrplanfelder 940 und 943.
Mit PW über Chur – Thusis – Julierpass – Pontresina oder Chur – Thusis – Albulapass – La Punt – Pontresina.
Kur- und Verkehrsverein: Tel. 081 838 83 00, Fax 081 838 83 10.
Bahnhof: Tel. 081 842 63 37, Fax 081 842 75 47.
Post: Tel. 081 842 63 78, Fax 081 842 70 20, Postautodienst 081 842 63 77.
Zahlreiche Hotels, div. Geschäfte und Banken.

Hotel-Restaurant Bahnhof
Am Eingang zum Rosegtal, 7504 Pontresina.
Tel./Reservation: 081 838 80 00, Fax 081 838 80 09.
32 Betten. Ganzjährig geöffnet.

Jugendherberge Tolais
Am Bahnhof Pontresina, 7504 Pontresina.
SJH-Jugendherberge.
Tel./Reservation: 081 842 72 23, Fax 081 842 70 31.
116 Betten in Zweier-, Vierer-, Sechser-Zimmern. Geöffnet Mitte Juni bis Mitte Oktober und Mitte Dezember bis Mitte April.

Karte	1277 Piz Bernina, 1257 St. Moritz

Ausrüstung	Gletscherausrüstung: Steigeisen, Pickel, Seil

Verschiedenes	Bergführer

Wanderer, die im Begehen von Gletschern unerfahren sind, können bei der Bergsteigerschule Pontresina oder direkt beim Berghaus Diavolezza einen Bergführer anstellen.
Bergsteigerschule: Tel. 081 838 83 33, Fax 081 838 83 80.

Sehenswürdigkeit	Gletscher-Pfad

Die Tafeln am Weg des Gletschertors des Morteratschgletschers geben Auskunft über den Rückgang dieses Eisstroms. Als 1910 die Bernina-Bahnlinie gebaut wurde, reichte das Eis noch bis zu den Bahnschienen. Heute dauert der Fussmarsch vom Gletschertor zum Bahnhof Morteratsch eine gute halbe Stunde. Trotzdem ist der Morteratschgletscher noch immer der grösste Gletscher Graubündens.

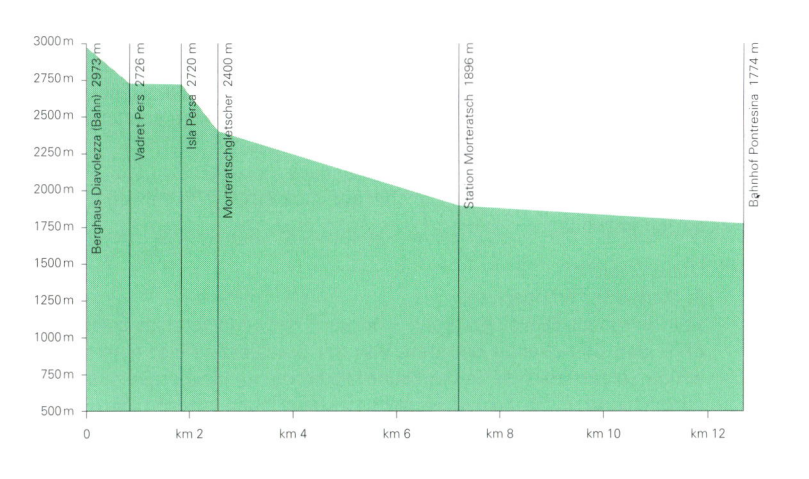

Berghaus Diavolezza – Vadret Pers – Vadret da Morteratsch – Morteratsch – Pontresina

Route

Vom Berghaus Diavolezza steigt man auf Wegspuren nach SW über die Moräne auf den Persgletscher und überquert ihn dort, wo er am wenigsten Spalten aufweist. Man wandert dabei auf die Isla Persa zu, jene Felsinsel, die die Gletscher Pers und Morteratsch trennt. Nach Erreichen der Felsen steigt man über Wegspuren zu P. 2720 auf, einem markanten Punkt auf der Felsinsel. Wegspuren führen auch über den steilen NW-Grat der Isla Persa und dem spektakulären Eisbruch Sagl da Vadret Pers entlang hinunter bis zum Punkt, wo Pers- und Morteratschgletscher zusammenfliessen (ca. 2420 m). Nun wendet man sich nach N und begeht den flachen Morteratschgletscher dort, wo er am wenigsten Spalten aufweist. Gegen Ende des Gletschers wendet man sich an sein linkes Ufer, um über einen mässig steilen Hang am Gletschertor vorbei das Geröllfeld am Ende des Eises und bald danach den Fussweg zu erreichen, der talauswärts zur Bahnstation Morteratsch führt. 4 Std.

Varianten

Über die Chamanna da Boval L. 4½ Std.
Vom Berghaus Diavolezza steigt man auf Wegspuren nach SW über die Moräne auf den Persgletscher und überquert ihn dort, wo er am wenigsten Spalten aufweist. Man wandert dabei auf die Isla Persa zu, jene Felsinsel, die die Gletscher Pers und Morteratsch trennt. Nach Erreichen der Felsen steigt man über Wegspuren zu P. 2720 auf, einem markanten Punkt auf der Felsinsel. Wegspuren führen auch über den steilen NW-Grat der Isla Persa und dem spektakulären Eisbruch Sagl da Vadret Pers entlang hinunter bis zum Punkt, wo Pers- und Morteratschgletscher zusammenfliessen (ca. 2420 m). Von hier wendet man sich nach SW gegen den Piz Bernina zu, um den Morteratschgletscher über seine spaltenärmste Zone an sein westliche Ufer (ca. 2500 m) zu queren. Dort trifft man auf ein Weglein, das auf der Moräne talauswärts führt, und erreicht, zuletzt etwas aufsteigend, bald die Bovalhütte (P. 2495). 2½ Std.
Von der Bovalhütte auf dem Hüttenweg nach Morteratsch. 2 Std.
Von Morteratsch mit Bahn, Auto oder auf markiertem Wanderweg (2 Std.) nach Pontresina.

Ohne Gletscher
B. Markierter Wanderweg.
Vom Berghaus Diavolezza kann man auch nach Morteratsch gelangen, ohne den Gletscher zu betreten. Von der Diavolezza steigt man zuerst einige Schritte nach SE in ein kleines Pässchen, dann überquert man in nordöstlicher Richtung ein Firnfeld (Sessellift) und erreicht die Felsen des Sass Queder. Der Weg schlängelt sich nun dem NNE-Grat des Sass

Queder entlang zum schon von oben sichtbaren Bergsee Lej da Diavolezza (2573 m) hinunter. Von seinem N-Ufer windet sich der Weg unter der Diavolezza-Seilbahn durch hinunter bis zu einer Verzweigung. Ein Weg führt direkt hinab zur Talstation, der linke Weg führt durch lichten Arvenwald und über blumenreiche Alpweiden durch das Val Bernina hinaus (NW) in den Wald God Chapütschöl und an einem schönen Wasserfall (Cascata da Bernina) vorbei zur Bahnstation und zum Hotel Morteratsch. 3 Std.
Von Morteratsch Wanderweg nach Pontresina. 1-1½ Std.

Gipfel Munt Pers (3207 m)

EB. 2 Std. Fussweglein, Wegspuren, Geröll.
Von der Diavolezza folgt man den Pfadspuren über den SE-Grat auf den Munt Pers. Abstieg auf der gleichen Route.

Den Klimawandel an den Gletscherzungen ablesen

Gletscher sind wichtige Indikatoren für das Klima im Gebirge. Der Bericht der Gletscherkommission der Schweizerischen Akademie der Naturwissenschaften weist ab 1993 zwar ein Nachlassen des Längenschwundes der Gletscher auf; er liegt aber noch immer über dem langjährigen Durchschnitt. Einige Längenänderungen von Bündner Gletschern aus dem Berichtsjahr 1995: Forno minus 20,7 m; Morteratsch minus 24,1 m; Paradies plus 12,1 m; Porchabella minus 5,5 m; Punteglias minus 22 m; Roseg minus 84,4 m; Silvretta minus 14,5 m. Die Rückzüge der Gletscher fallen allerdings nicht kontinuierlich aus, sondern weisen Schwankungen auf. So wuchs der Sardonagletscher 1995 um 27 Meter und schmolz 1996 um 31 Meter. Sollte sich das Klima weiterhin erwärmen, müsste entsprechend mehr Schnee fallen, damit die Eismassen gleich lang und gleich mächtig bleiben würden.

Im ganzen 20. Jahrhundert waren bisher Temperaturanstieg und Gletscherschwund in den Alpen besonders deutlich. Die vergletscherte Fläche ist in diesem Jahrhundert um 40 Prozent zurückgegangen, und rund die Hälfte des alpinen Eisvolumens ist abgeschmolzen. Der Zürcher Glaziologe Max Maisch kommt in einer Untersuchung von 1992 zum Schluss, dass in den nächsten 30 Jahren rund die Hälfte der heutigen Eisflächen abschmelzen werden, wenn die Erwärmung wie bisher voranschreitet. Kleinere Gletscher wie der Brandner Gletscher, der Brunnifirn, der Corvatsch-, der Diavolezza- und der Vorabgletscher würden dann wohl ganz verschwinden. Nach diesem Szenario würden in wenigen Jahren in Graubünden nur noch 12 Gletscher existieren...

Es ist also zu warm für die Gletscher. Doch weshalb? Handelt es sich um "normale" Schwankungen oder findet tatsächlich eine beschleunigte Erwärmung als Folge des Treibhauseffektes statt? Oder ist es eine Kombination von beiden Faktoren? Viele Wissenschaftler sind überzeugt, dass der Gletscherschwund seit der Industrialisierung Europas in Zusammenhang mit Klimaveränderungen steht, die vom Menschen mitverursacht sind. Einige Immissionen sind stark gewachsen: Seit der Nutzung fossiler Energieträger hat die Konzentration von CO^2 in der Luft um 25 Prozent zugenommen. Diese Zahlen mögen – weltweit betrachtet – klein sein, die Eingriffe minimal ausschauen, doch die Folgen sind gravierend. Da das Klima auf der Erde das Ergebnis eines ausserordentlich komplexen Zusammenwirkens verschiedenster Faktoren ist, braucht es nur wenig, um dieses labile Gleichgewicht ins Wanken zu bringen. Der Wanderer im Gebirge hat die Möglichkeit, die Auswirkungen dieser Phänomene aus der Nähe zu erleben.

Die Experten der Eidgenössischen Technischen Hochschule (ETH) rechnen damit, dass bei einem Temperaturanstieg von 3 Grad Celsius die Schneedecke auf einer

Höhe, in der viele Kurorte liegen, um mehr als einen Monat kürzer liegen bleibt (Einschneien 20 Tage später und Ausapern um fast einen Monat früher). Gleichzeitig würde die Schneemenge auf die Hälfte reduziert. Forscher des Eidgenössischen Instituts für Schnee- und Lawinenforschung Davos (SLF) sehen einen Anstieg der winterlichen Schneefallgrenze um 300 bis 500 Meter voraus; unterhalb von 1200 Meter über Meer wäre Schnee nur noch ganz selten anzutreffen. Gemäss den Ergebnissen des Nationalen Forschungsprogramms 31 über Klimaänderungen und Naturkatastrophen hätte die Erwärmung um nur 2 Grad bis Mitte des nächsten Jahrhunderts eine Wertschöpfungseinbusse von 1,6 bis 2,1 Milliarden Franken jährlich zur Folge, dies vor allem durch das Ansteigen der Schneegrenze in den Voralpen und im Jura. Der gesamte Wintersportbereich würde schrumpfen, weil Talabfahrten nicht mehr oder nur noch kurze Zeit befahrbar wären, weil Pisten geschlossen werden müssten und ganz einfach, weil es im Winter weniger Winter gäbe. Denn Schnee gehört einfach zum Winter!

Auf vielen Etappen durch die hochalpinen Gegenden Graubündens treffen wir immer wieder auf Gletscher, einige sind mächtig, wie z.B. jene im Oberengadin, andere nur noch kümmerliche Firnfelder. Was wären die Alpen ohne Gletscher? Viele hundert Jahre lang prägte das Bild eindrücklicher Eisströme auch das kulturelle Selbstverständnis von Alpenbewohnern und -besuchern. Eine Hochgebirgslandschaft ohne Gletscher – beinahe unvorstellbar! Das Verschwinden von Gletschern bedeutet einen unersetzbaren Verlust an Naturschönheiten, die für den Fremdenverkehr, den wichtigsten Wirtschaftszweig Graubündens, auch im Sommer von grosser Bedeutung sind. Tatsächlich wird die Landschaft nach dem Rückgang des Eises dramatisch verändert. Wo früher weissblaues Eis strahlte, liegen Schutt, Geröll und Staub.

Für den Bergsteiger kann die Begehung steiler Rinnen und Hänge gefährlicher werden, und es droht vermehrt Steinschlag. Eine weitere Folge sind Erosion, Erdrutsche und Überschwemmungen im Frühling und im Herbst. (PD)

Pontresina – Val Roseg – Chamanna Coaz (Pontresina)

109 Von den Wiesen zu den Gletschern

Der normale Hüttenweg zur Coazhütte ist alles andere als «gewöhnlich». Er bringt eine langsame, natürliche Annäherung an eine andere Seite des Berninamassivs. Aus dem betriebsamen Tourismusort Pontresina entweicht man in den zauberhaften Lärchen- und Arvenwald des vorderen Val Roseg. Beim Hotel Roseggletscher öffnet sich plötzlich das Tal, und die Szenerie der Berge überragt seinen Abschluss. Man kommt den Gipfeln immer näher; links entfalten Piz Roseg, Scerscen, Bernina und Morteratsch ihre majestätische und unvergleichliche Pracht. Zuletzt, eine Stunde bevor man die Coazhütte auf ihrer Aussichtskanzel erreicht, meint man, die Unterkunft stehe inmitten chaotischer Eisabbrüche. Ein atemberaubender Anblick – es lohnt sich, viel Zeit dafür zu haben.

B Routencharakter und Schwierigkeit

Markierter Hüttenweg.

Zeit 4½ Std.

Ausgangspunkt Pontresina (s. R. 108)

Endpunkt Chamanna Coaz (2610 m)   784.360/139.740

SAC-Sektion Rätia, Tel. Hütte: 081 842 62 78. Hüttenwart Christian Clavadetscher, 7503 Samedan. Tel./Reservation: 081 852 56 65.
80 Plätze. Bewartet während der ganzen Woche von März bis Mai und Juli bis September.
Die Hütte liegt auf dem Felsrücken von Plattas direkt am Ufer des Roseggletschers.

Einfachster Abstieg ins Tal Nach Pontresina

Talort Pontresina (s. R. 108)

Karte 1257 St. Moritz, 1277 Piz Bernina

Route

Vom Bahnhof Pontresina folgt man dem markierten Weg (Fahrstrasse, die für Autos gesperrt, aber für Pferdekutschen geöffnet ist) ins Rosegtal bis zum Hotel Roseggletscher (P. 1999). 1½ Std.

Von hier an folgt der Weg zunächst dem Talgrund bis zur Alp Ota Suot (P. 2022). Dann beginnt er zu steigen und erreicht nach den letzten Bäumen die Gebäude von Margun da l'Alp Ota (P. 2257). Von hier an traumhafte Ausblicke auf die Berninagruppe. Ohne Orientierungsschwierigkeiten wandert man zunächst noch einmal steil hinauf, dann mehr oder weniger eben zur Coazhütte (P. 2610). 3 Std.

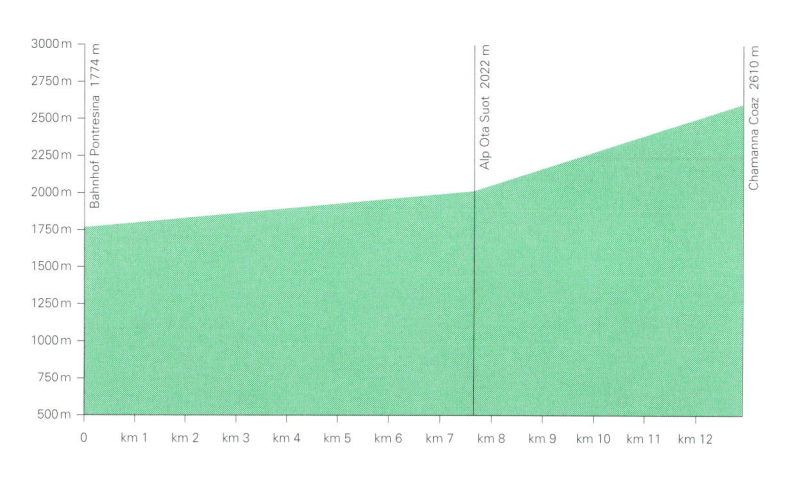

110 Der Weg nach Süden ist mit Geröll gepflastert

Von der Roseg-Seite her zeigt sich die Fuorcla Fex-Roseg erstaunlich zugänglich: Leichte Platten und Felsen führen zum Passübergang. Im Rücken hat der Wanderer stets das Panorama des Piz Roseg und der Sellagruppe. Der Blick auf die S-Seite der Fuorcla lässt den Atem stocken: Sehr steil und schuttig fällt die Rinne gegen den Lej Alv ab, doch die Route sieht schlimmer aus, als sie in Wirklichkeit ist. Eine eindrückliche und einsame Gebirgsetappe, für trittsichere Bergwanderer kein Problem.

BG Routencharakter und Schwierigkeit

Unmarkierte Gebirgsroute (Coazhütte – Lej Sgrischus), z. T. markierte Wanderwege. Der Abstieg von der Fuorcla Fex-Roseg erheischt vorsichtiges Gehen (viel grobes und loses Geröll) und ist gefährlich, wenn mehrere Gruppen im Couloir sind. Bei schlechter Witterung und Sicht kann die Routenfindung schwierig sein.

Zeit 5 ½ Std. (Fex Crasta), 7 ½ Std. (Maloja)

Ausgangspunkt Chamanna Coaz (s. R. 109)

Endpunkt Fex Crasta (1951 m) oder Maloja

Hotel Sonne
7514 Fex-Crasta.
Tel./Reservation: 081 826 53 73, Fax 081 826 59 63.
16 Zimmer. Geöffnet Mitte Juni bis Mitte Oktober und Mitte Dezember bis Mitte April.

Maloja (1815 m)
Hotel Salecina
Stiftung Salecina, 7516 Maloja.
Tel./Reservation: 081 824 32 39, Fax 081 824 35 75.
Ganzjährig geöffnet.

Hotel-Restaurant Longhin
Im Dorfzentrum, 7516 Maloja.
Tel./Reservation: 081 824 31 31, Fax 081 824 36 77.
30 Betten. Geöffnet Mitte Mai bis November und Anfang Dezember bis April.

Talorte
Fex und Maloja

Fex Crasta (1951 m)
Kleiner Weiler im stillen und idyllischen Fextal. Mit Pferdekutschen erreichbar.
Mit RhB Chur – St. Moritz bis Endstation, anschliessend Postauto Pontresina – Chiavenna bis Sils/Maria. Fahrplanfelder 940 und 940.80.
Mit PW über Chur – Thusis – Julierpass – Sils/Maria nach Crasta.
Post in Sils/Maria: Tel. 081 826 53 13, Fax 081 826 59 28.
Hotels und Restaurant.

Maloja (1815 m)
Dorf am nördlichen Ende des Malojapasses. Gehört topographisch zum Oberengadin und politisch zum Bergell.
Mit RhB Chur – St. Moritz, anschliessend mit Postauto Pontresina – Chiavenna bis Maloja. Fahrplanfelder 940 und 940.80.
Mit PW über Chur – Thusis – Julierpass nach Maloja.
Verkehrsverein: Tel. 081 824 31 88, Fax 081 824 36 37.
Post: Tel. 081 824 31 41, Fax 081 824 34 52.
Zahlreiche Hotels, div. Geschäfte, Bank.

Karte
1277 Piz Bernina, 1276 Val Bregaglia

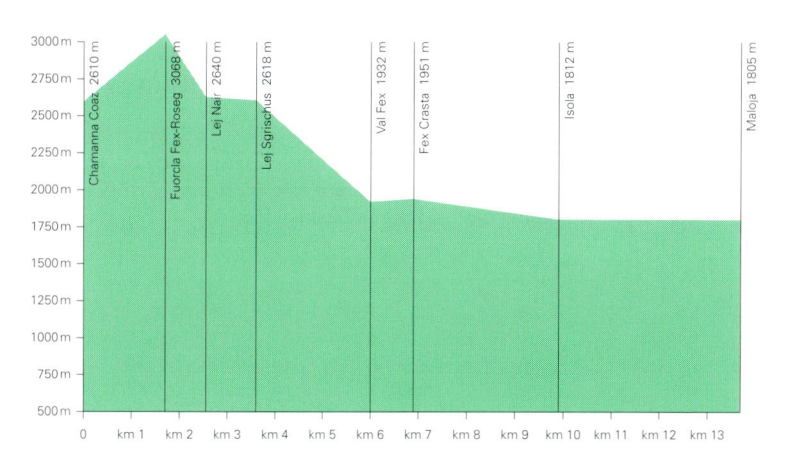

Sehenswürdigkeit   Reformierte Kirche von Fex Crasta

Das zierliche, romanisch anmutende Gotteshaus in diesem abgelegenen Bergtal ist vermutlich etwa im 15. Jahrhundert entstanden. Im Inneren findet man schöne Wandbilder, die von Malern einer oberitalienischen Wanderwerkstatt geschaffen wurden, als sie in der Kirche von Silvaplana arbeiteten. Die Kanzel aus Arvenholz entstand 1721.

Route

Von der Coazhütte geht man knapp 500 m auf dem Hüttenweg Richtung Pontresina, um dann einem Weglein links hinauf (NW) zu folgen, das die steilen Geröllhalden in der NE-Flanke des Piz dal Lej Alv quert. Der Weg verliert sich bald, und man steigt über Geröll und Felsplatten unter dem nördlichsten Gletscherarm des Piz dal Lej Alv hindurch bis zu einer weiten Rinne, die den Weiterweg ermöglicht. Steinmänner helfen beim Finden der besten Route. Man kommt am Felskopf P. 2907 links vorbei, wendet sich nun nach W und steigt über leichte Felsplatten zur markanten Einsattelung der Fuorcla Fex-Roseg (P. 3068) hinauf. Grosser Steinmann. 2 Std.

Vom Passübergang sieht man auf der W-Seite tief unten den Lej Alv, den man anstrebt. Der Tiefblick in die westseitige Rinne sieht schlimmer aus, als der Weg tatsächlich ist. Man steigt auf zunächst deutlich sichtbaren, später verwischten Wegspuren direkt durch die Rinne ab. Später sind die Wegspuren nicht mehr sichtbar, und man sucht sich den besten Weg in die Tiefe. Vorsicht ist geboten, wenn sich mehrere Gruppen weit auseinander in der Rinne befinden: Dann besteht Steinschlaggefahr! Bald wird auch der Lej Nair, der schwarze See, sichtbar. Man steigt besser nicht ganz zu diesen beiden Seen ab: Auf ca. 2800 m, wo sich die Rinne deutlich zu verbreitern beginnt, wendet man sich nach NW und sucht sich die beste Route zum grossen Bergsee, dem Lej Sgrischus (2816 m), der im NW sichtbar ist. Am W-Ufer des Lej Sgrischus trifft man auf den markierten Weg, der ins Fextal (Fex Curtins) hinunterführt. 3 Std.

Von Fex Curtins auf der Fahrstrasse talauswärts nach Fex Crasta. ½ Std.

Von Fex Crasta führt ein Wanderweg Richtung Silsersee und über Petpreir (P. 1991) nach Ca d'Starnam, wo man auf eine Alpstrasse trifft. Sie führt dem Silsersee entlang nach Maloja (1809 m). 2 Std.

III Bergell (Süd)

Die kraftvollste Eis- und Felswelt Graubündens

Die südlichen Bergeller Berge sind jung: Erst im Tertiär, vor weniger als 60 Millionen Jahren, bahnten sich ihre Zacken, Spitzen und Kanten ihren Weg durch die bereits gefalteten Alpen. Die Natur hat hier ein atemberaubendes Schauspiel aus Eis und Fels geschaffen. Die Topographie verlangt dem Wanderer sehr viel ab: Grosse Höhenunterschiede sind zu bewältigen, Geröllhalden und Gletscher zu überqueren, steile Felsflanken und Schneefelder im Auf- und Abstieg zu begehen; dazu braucht es gutes Orientierungsvermögen. Die Durchquerung der Berge von Forno, Albigna und Bondasca, vom Engadin bis beinahe zur Landesgrenze nach Italien, wird guten Bergwanderern grosse Freude bereiten.

Die Tagesetappen

111 Maloja – Capanna del Forno
Engadiner Ebenen, Engadiner Hochgebirge

112 Capanna del Forno – Pass da Casnil Nord – Capanna da l'Albigna (Vicosoprano)
Bizarre Berge, flache Gletscher und ein See

113 Capanna da l'Albigna – Pass Cacciabella Sud – Capanna di Sciora (Bondo/Promontogno)
Versteinertes Schauspiel von ungeheurer Kraft

114 Capanna di Sciora – La Plota – Capanna Sasc Furä (Bondo/Promontogno)
Letzte Atemzüge reiner Natur vor dem Abstieg ins Tal

294

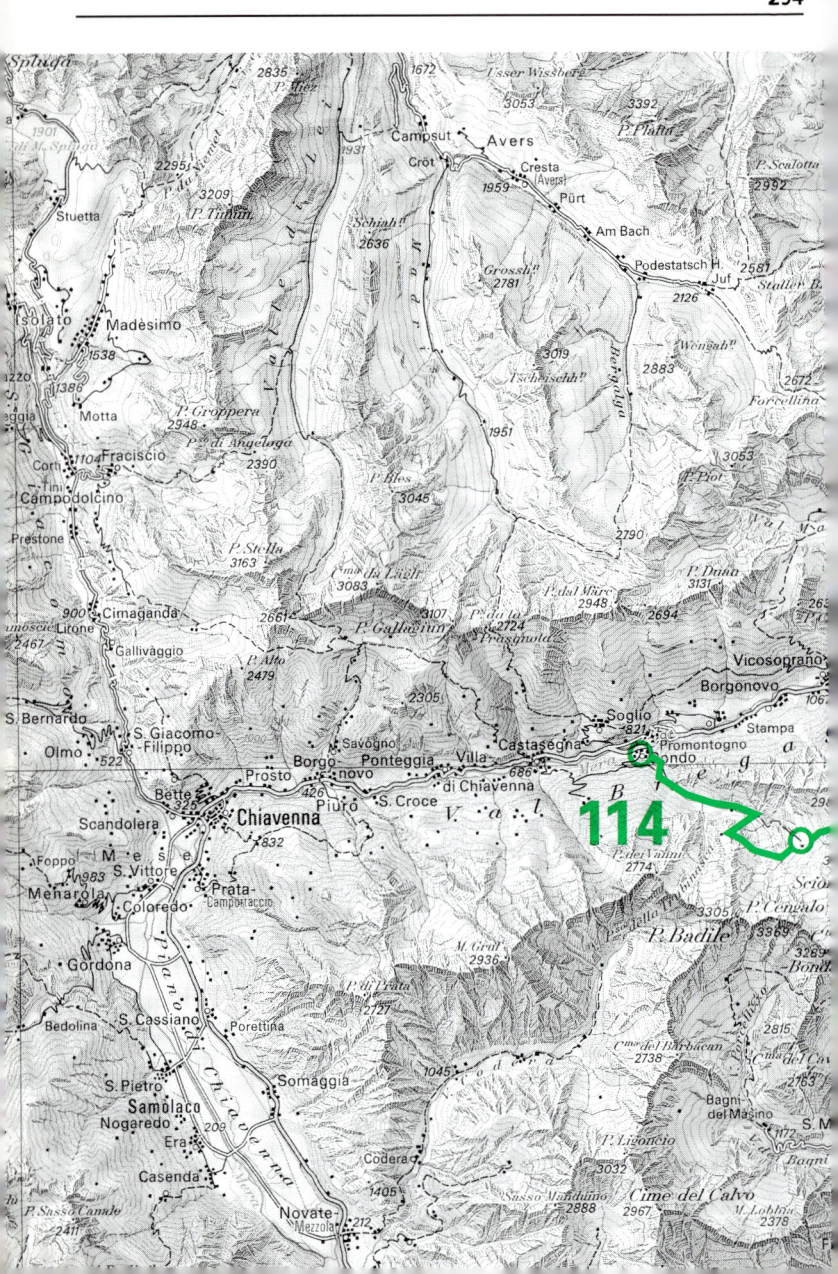

295　　　　　　　　　　　　　　　　　　　　III　Bergell (Süd)

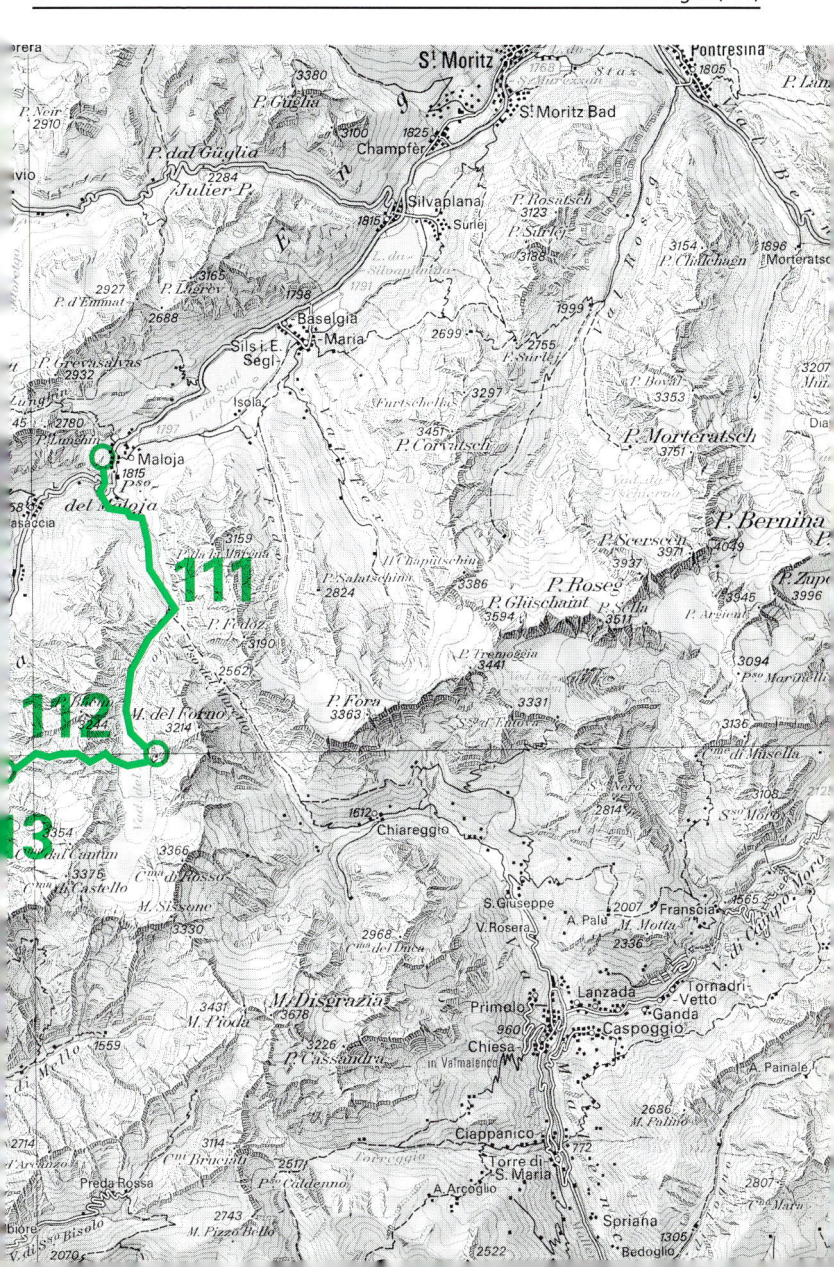

111 Engadiner Ebenen, Engadiner Hochgebirge

Abwechslungsreicher geht es fast nicht mehr! Man kann am Morgen noch im lieblichen Fextal oder in Maloja auf der Sonnenterrasse sitzen und sich mit Speis und Trank verwöhnen lassen – und am Nachmittag lässt man das Eis unter den Füssen knirschen und geniesst die grossartige Hochgebirgsszenerie des Fornokessels. Der Hüttenweg zur Fornohütte führt am stillen Lägh da Cavloc vorbei, in dem sich – bei ruhiger Wasseroberfläche – die umliegenden Berge spiegeln. Schritt für Schritt öffnet sich danach die Berglandschaft, man gleitet gleichsam aus dem üppigen Grün in die karge Stein- und Gletscherwelt.

B **Routencharakter und Schwierigkeit**

Markierter Hüttenweg. Zuletzt Gletscherwanderung. Bei schlechter Sicht kann die Orientierung auf dem Fornogletscher schwierig sein.

Zeit 4 Std.

Ausgangspunkt Maloja oder Fex-Crasta (s. R. 110)

Endpunkt Capanna del Forno (2574 m) 774.825/133.700

SAC-Sektion Rorschach. Tel. Hütte: 081 824 31 82. Hüttenwart Hans Brunner, 7516 Maloja, Tel./Reservation: 081 824 32 30.
102 Plätze. Während der ganzen Woche bewartet von Juli bis Ende September.
Die Hütte liegt am östlichen Ufer und ca. 170 m über dem Fornogletscher auf einer Terrasse im SW-Grat des Monte del Forno.

Einfachster Abstieg ins Tal Nach Maloja

Talort Maloja (s. R. 110)

Karte 1276 Val Bregaglia, 1296 Sciora

Route

Vom Dorfzentrum in Maloja folgt man der Passstrasse Richtung Bergell bis zur ersten Kurve (P. 1790). Dort zweigt der markierte Weg ab und verläuft, zunächst als Strasse, über Orden ins Val Forno. Man kommt am idyllischen Lägh da Cavloc vorbei, in dem sich bei ruhiger Wasseroberfläche der Piz dei Rossi spiegelt. Der Hüttenweg streift den See an seinem E-Ufer und kommt hinter der Alp da Cavloc (1911 m) in lockeren Wald. Bei Plan Canin gabelt sich der Weg: Geradeaus ins Val Muretto und zum – sichtbaren – Passo del Muretto und rechts zum Fornogletscher und zur Fornohütte. Mit jedem Schritt im Val Forno öffnet sich der Gletscherkessel zusehends, zuerst werden die Berge rechter Hand sichtbar (Cima da Spläga, Cima dal Largh, Piz Bacun, Piz Casnil), dann der unten flache Fornogletscher und zuletzt im Talhintergrund die Cima dal Cantun, die Torrone-Gruppe und der Monte Sissone. Markierungen und Wegspuren leiten auf den Gletscher, und man begeht ihn von seinem linken allmählich an sein rechtes Ufer, wo ca. 170 m über dem Eis die Fornohütte (2574 m) sichtbar wird. Am Gletscherrand beginnt auf ca. 2420 m ein Weglein, das hinauf zur Hütte führt.

Alternative   Über den Monte del Forno (3214 m)

WS. Felsen, Geröll und evtl. Schneefelder. 7 – 7½ Std. von Maloja zur Fornohütte.
(Routenbeschreibung s. SAC-Clubführer «Bündner Alpen», Bd. 4.)

Gipfel   Monte del Forno (3214 m)

(s. Alternative)

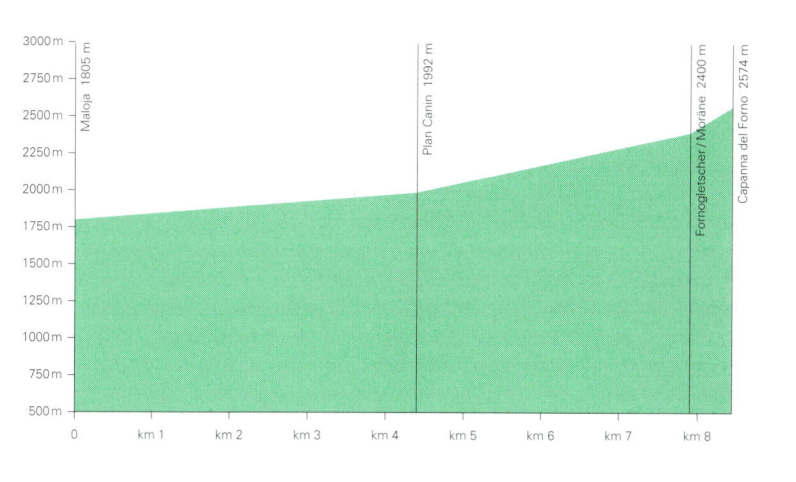

Die Clubhütten des Schweizer Alpen-Clubs

Die Clubhütten des Schweizer Alpen-Clubs sind weit mehr als Schlafstellen für Bergsteiger, sie gehören zum Bergbild der Schweiz. Häufig sind es Schmuckstücke, bauliche Kunstwerke, zum Teil bereits von geschichtlichem Wert. Zum 125. Jubiläum des SAC hat die Sektion UTO ein Buch geschaffen, das die 153 SAC-Clubhütten vorstellt. Die älteste ist die Grünhornhütte der Sektion Tödi: erbaut 1863, 12 Plätze. Der Bildband wurde zum Grosserfolg, denn die Clubhütten haben sehr viele Freunde. Die Clubhütten gehören den Sektionen des SAC, und ihre Leistungen sind unschätzbar. Die Sektionen haben die Hütten gebaut, sie unterhalten sie und sorgen dafür, dass sie für Bergsteiger und Wanderer stets benützbar sind. Jede Hütte steht unter der Obhut eines Mitglieds, das sie als Hüttenchef betreut. Sind Unterhaltsarbeiten zu leisten, bittet er oft seinen Freundeskreis um Hilfe. Dieses System erinnert an das alte Gemeindewerk der Bauerngemeinden. Was auf diese Weise in 135 Jahren von Clubmitgliedern für die SAC-Hütten geleistet wurde, ist einzigartig. Das Werk hat zudem Freundschaften gestiftet, für die die Hütten zu Bezugspunkten geworden sind. Leider trifft dies nicht mehr für alle Hütten zu.

Manchen Clubhütten aber merkt man diese Liebe zum Werk einer Gemeinschaft, die sie geschaffen hat, immer noch an. Dieser Arbeitseinsatz ist noch immer nicht wegzudenken. Einzigartig aber ist auch, dass diese mit soviel Hingabe gebauten Hütten stets offen bleiben. Jedermann darf eintreten, auch wenn kein Hüttenwart da ist: Irgendein Gast kann sich ein Nachtessen kochen. Pfannen, Besteck und Geschirr sind im Gestell, jedes an seinem Platz, und trockenes Holz ist fast immer auch da.

Am Anfang schuf der SAC nur Biwakplätze, ebnete unter einem Felsvorsprung den Boden etwas aus, so dass sich die Bergsteiger hinlegen konnten. Dann wurden alte, zum Teil zerfallene Alphütten geflickt oder auch nur ein Raum zum Kochen und Schlafen eingerichtet. Bald gab der Club Richtlinien heraus, die die Anforderungen an eine Unterkunft festlegten: vier Wände, ein Dach, Herd, Tisch und einige Schlafplätze auf Pritschen mit Heu oder Stroh. Spartanische Strenge war ganz selbstverständlich, sie ist mehr und mehr zum Prinzip geworden und hat überlebt. Aber der Unterschied zu den Wohnverhältnissen der meisten Menschen war im letzten Jahrhundert viel kleiner als heute. Einfachheit wird fragwürdig, wenn sie nur Rückwendung ist oder wenn sie sogar pädagogische Ziele verfolgt. Es wird auch immer schwieriger, die Clubhütten nach den alten Grundsätzen zu führen. In den Hütten an der Landesgrenze fällt der Mangel an Komfort im Gegensatz zu den Unterkünften jenseits der Grenze besonders auf: Die Nachbarländer führen viele Hütten wie Berghotels, man isst nach der Karte, kann sich nach der Tour duschen und findet oft sogar Zimmer mit fliessendem Wasser. Der SAC erfüllt noch immer vor allem die Wünsche jener Berggänger, die in den Bergen einfache Refugien suchen und in der

Unterkunft die alte, vertraute Atmosphäre einer wirklichen Hütte. Entscheiden wird schliesslich das Geld. «Es soll nicht sein, dass unsere Generation das reiche Erbe unserer Vorfahren im SAC, die zahlreichen Hütten im Alpenraum, langsam zerfallend den Nachfahren hinterlässt. Um das zu vermeiden, brauchen wir eine neue Hüttenpolitik, wir brauchen mehr Geld», schreibt der Verantwortliche für alle Hütten des SAC.

Die Sektion Rätia zum Beispiel, die grösste der neun Bündner Sektionen des SAC, besitzt sechs Clubhütten. Zwei davon sind sehr gut besucht, hier erwirtschaftet der Hüttenwart einen kleinen Überschuss. Damit konnten auch die andern Hütten ständig erneuert werden. Am dringendsten war der Einbau von Waschanlagen, zeitgemässen Toiletten, elektrischem Licht und etwas Komfort für den Hüttenwart. Die meisten Arbeiten mussten von Fachleuten ausgeführt werden. In der Form von Fronarbeiten wie früher konnte nur wenig geleistet werden, und die Maurer, Dachdecker, Schlosser und Zimmerleute, die keine Beziehung zur Clubhütte hatten, schätzten diese entlegenen Arbeitsplätze in der Höhe wenig. Vor allem bei anhaltend schlechtem Wetter war es nicht immer leicht, eine Arbeitsgruppen bei guter Laune zu halten.

Auch gesamtschweizerisch gleicht der SAC aus: Ein Teil der Hütteneinnahmen geht in eine zentrale Hüttenkasse, aus der die Sektionen beim Hüttenbau unterstützt werden. Der SAC will gerade die abgelegenen Hütten in Gegenden, die wirklich fast unberührt sind, nicht vernachlässigen. Viele Bergsteiger aber schwärmen wohl von Stille und Einsamkeit in den Bergen und gehen doch dorthin, wo alle hingehen, weil es gewisse Gipfel und Grate gibt, die beim Erzählen zum Repertoire eines «zünftigen» Alpinisten gehören.

In allen SAC-Hütten zusammen gibt es 9645 Schlafplätze. Pro Jahr werden sie rund 300 000 Mal belegt; das entspricht zwar 1 % aller Logiernächte in der Schweiz, aber die Ausgaben für die Clubhütten steigen weit mehr als die Einnahmen. Der Anlagewert aller Clubhütten wird gegenwärtig auf 180 Millionen Franken geschätzt, der jährliche Unterhalt von 5,4 Millionen ist bis anhin in den Hütten erwirtschaftet worden. Es liessen sich sogar Reserven anlegen. In jüngster Zeit aber schwinden diese bedenklich. Eine Arbeitsgruppe des SAC ist wieder einmal daran, neue Strategien zur Finanzierung der Hütten zu entwickeln. Sie arbeitet Vorschläge aus, legt diese den Sektionen vor, die Konferenz der Präsidenten nimmt dann Stellung dazu. Aber erst die Abgeordnetenversammlung aller Sektionen kann die Änderungen dann – vielleicht – genehmigen. Das ist ein langer, ein mühsamer Weg. So träge dieses typisch schweizerische Milizsystem auch ist, es bewahrte die Hütten bisher davor, reine Zweckbauten zu werden. Fast ausnahmslos alle Hütten fügen sich stilbewusst in ihre Umwelt ein und stehen allen offen, das ist das Wertvollste an ihnen. (PM)

112 Bizarre Berge, flache Gletscher und ein See

Nach dem recht flachen Auftakt zur Fornohütte am Vortag steigt diese Etappe zum aussichtsreichen Casnilpass auf. Man betritt damit vollends die einzigartige Eis- und Felsszenerie der südlichen Bergeller Berge: Schroffe Granitzacken und dazwischen eingeklemmte Gletscher – und doch gibt es immer wieder Durchgänge für Bergwanderer. Toll! Wen sie einmal begeistert haben, den lassen diese Landschaften so schnell nicht wieder los. Der Bergeller Granit ist jung, er drang erst nach der Alpenfaltung durch die schon bestehenden Gesteine hindurch. So sind die Zacken, Spitzen und Grate noch wenig verwittert und von entsprechend bizarrem Aussehen.

EB Routencharakter und Schwierigkeit

Alpine Route, weiss-blau-weiss markiert. Grösstenteils weglos oder nur Wegspuren, bis weit in den Sommer hinein Firn- bzw. Schneefelder. Bei schlechter Sicht schwierig zu finden.

Zeit 5 Std.

Ausgangspunkt Capanna del Forno (s. R. 111)

Endpunkt Capanna da l'Albigna (2336 m) 770.660/133.360

SAC-Sektion Hoher Rohn (8820 Wädenswil). Tel. Hütte: 081 822 14 05. Hüttenwartin Lucia Marazzi-Hofmeister, 7606 Bondo, Tel./Reservation: 081 822 14 30.
86 Plätze. Bewartet während der ganzen Woche von Mitte Juni bis Mitte September. In der übrigen Zeit geschlossen und nur auf Anmeldung geöffnet.
Die Hütte liegt ca. 170 m über dem E-Ufer des Albigna-Stausees.

Einfachster Abstieg ins Tal Nach Vicosoprano

Nach Vicosoprano, bzw. Pranzaira
Mit der Seilbahn
Von der Albignahütte auf dem markierten Hüttenweg nach N zur E-Seite der Staumauer und über diese an ihre W-Seite. Unter der Mauer steht die Bergstation der Seilbahn Pranzaira-Albigna. Tel. 081 838 14 14.

Capanna del Forno – Pass da Casnil Nord – Capanna da l'Albigna (Vicosoprano)

Durch das Val da l'Albigna nach Vicosoprano
B. Markierter Wanderweg. 2½ Std.
Von der Albignahütte auf dem markierten Hüttenweg nach N zur E-Seite der Staumauer (2165 m) und über diese an ihre W-Seite. Auf der breiten Strasse an den Fuss der Mauer und dann dem Wanderweg folgend nach N zum Aussichtspunkt Sasc Prümaivaira (P. 1941). Nun windet sich der Weg in unzähligen Kehren steil durch den Wald hinunter, und zwar immer hoch über dem Bach. Unter Motta Ciürela, auf 1200 m, teilt sich der Weg: rechts über den Bach zur Talstrasse und nach Pranzaira (Talstation der Seilbahn Pranzaira-Albigna) und links nach SW, dann W hinunter und durch das Haupttal auf einer Waldstrasse talauswärts nach Vicosoprano.

Talort Vicosoprano (1067 m)

Hauptort des Bergells mit erhaltenswertem Ortsbild von nationaler Bedeutung.
Mit RhB Chur – St. Moritz bis Endstation, anschliessend Postauto Pontresina – Chiavenna bis Vicosoprano. Fahrplanfelder 940 und 940.80.
Mit PW über Chur – Thusis – Julierpass – Maloja bis Vicosoprano.
Post: Tel. 081 822 12 36, Fax 081 822 18 26.
Seilbahn Pranzaira – Albigna: Tel. 081 838 14 14.

Karte 1296 Sciora, 1276 Val Bregaglia

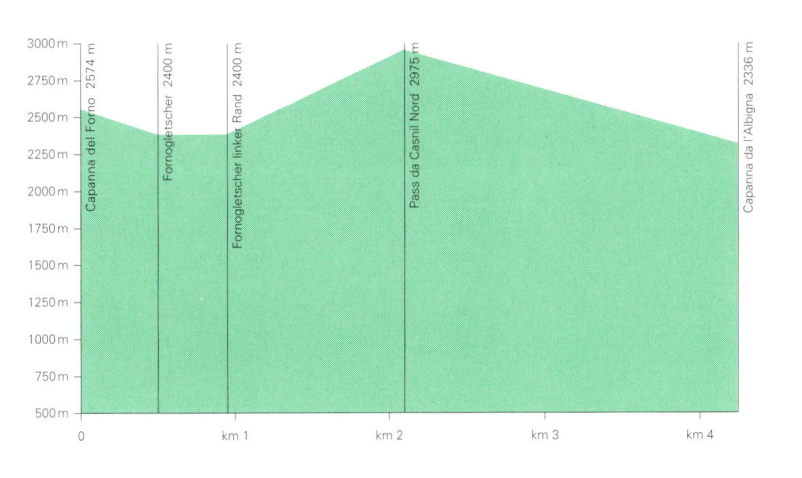

Route

Von der Fornohütte ist die gesamte Route bis zum Casnilepass einsehbar. Man steigt zurück auf den Gletscher und quert ihn an sein westliches Ufer. 1 Std.

Wenig schräg unter der Fornohütte fliesst ein Bach aus einem kleinen Hochtal hinunter. Man gewinnt dieses kleine Hochtal zuerst durch eine Schlucht, die mit grobem, lockerem Geröll gefüllt ist. Felsblöcke, gross wie Einfamilienhäuser, liegen hier herum. Vereinzelte Markierungen und Pfadspuren helfen mit, den besten Weg durch das Steinchaos zu finden. Am besten quert man die Schlucht von links unten nach rechts oben und überquert den Bach nach der ersten Steilstufe an sein linkes Ufer. Oberhalb der Geröllrinne werden die Wegspuren besser, und man steigt über einen Rücken in den Talkessel auf. Hier erkennt man auch die zwei Casnilepässe: Den Pass da Casnil Sud (2941 m) links und den Pass da Casnil Nord (2975 m) rechts. Beide sind begehbar. Der südliche Casnilepass ist etwas bequemer erreichbar, dafür ist der Weg weiter. Den nördlichen Casnilepass ersteigt man über einen steilen Schnee- oder Schutthang. 2½ Std.

Der Albigna-Stausee ist vom Pass aus sichtbar. Man umgeht die erste Mulde (Seelein) links und steigt dann mehr oder weniger direkt gegen W über Schutt und Geröll an weiteren Seelein (P. 2652) vorbei ab, bis man auf ca. 2580 m auf den Weg trifft, der, den Piz dal Päl südlich umgehend, zur Albignahütte hinunterführt. 1½ Std.

Capanna da l'Albigna – Pass Cacciabella Sud – Capanna di Sciora (Bondo/Promontogno)

113 Versteinertes Schauspiel von ungeheurer Kraft

Die alpintechnisch anspruchsvollste Etappe dieses Führers! Sie bietet alles, was das Herz des hochalpinen Wanderers begehrt: Steile Gras- und Felspassagen, abschüssige Bänder, weite Schneefelder und eine sehr steile Rinne. Die Etappe verlangt einiges: Erfahrung im Routenfinden, Trittsicherheit, gute Moral und je nach Verhältnissen den Einsatz von Pickel und Steigeisen. Ausserdem bietet sie jede Menge Ausblicke. Im Albignakessel dominieren die Gletscherberge Cima del Cantun, Cima di Castello, Pizzo di Zocca und Cima della Bondasca. Auf der Scioraseite nimmt uns die Sicht auf die Granitkolosse Piz Badile und Piz Cengalo den Atem.

BG, L Routencharakter und Schwierigkeit

Aufstieg vom Albigna-See zum Pass (BG). Letzte Meter zum und Abstieg vom Pass (L). Alpintechnisch schwierigste Etappe dieses Führers. Achtung: Regelmässig ereignen sich am Cacciabellapass schwere Unfälle – seine Begehung erfordert je nach Verhältnissen alpine Erfahrung! Über die Verhältnisse am Übergang erkundige man sich unbedingt in der Albigna- oder in der Sciorahütte. Bei schlechter Sicht trotz Markierung (weiss-blau-weiss) sehr schwierige Routenfindung.

Zeit
5½ – 6 Std.

Ausgangspunkt
Capanna da l'Albigna (s. R. 112)

Endpunkt
Capanna di Sciora (2118 m)   767.330/131.330

SAC-Sektion Hoher Rohn (8220 Wädenswil). Tel. Hütte: 081 822 11 38. Hüttenwart Bruno Hofmeister, 7606 Bondo. Tel./Reservation: 081 822 11 64. Tel. Hüttenchef: 01 780 00 74.
42 Plätze, 10 Plätze im Winterraum. Während der ganzen Woche bewartet von Anfang Juli bis Mitte September. In der übrigen Zeit geschlossen und nur auf Anmeldung geöffnet.
Die Hütte steht auf der Alp Sciora am Beginn der riesigen Geröllhalden unter der Scioragruppe.

Einfachster Abstieg ins Tal
Nach Bondo

B. Markierter Hüttenweg. 3 Std.
Der Weg folgt von der Sciorahütte einem Moränenrücken nach NW, steigt in den Legföhrenwald ab und passiert eine Schäferhütte bei Naravedar (P. 1843). Dann geht es in vielen Kehren, z. T. durch einen steilen, mit Felsen

durchsetzten Hang (Camin), bis zum flachen Talboden Plän Marener hinunter. Von hier durch lichten Lärchenwald talauswärts zum Parkplatz Laret (1377 m). Nun entweder der Fahrstrasse folgend oder einige Zeit nach Erreichen der Strasse – bei der Brücke P. 1023 – auf dem rechts weggehenden Wanderweg nach Bondo oder Promontogno (823 m).

Talort — Bondo (823 m)

Bondo beeindruckt durch sein ausserordentlich geschlossenes Dorfbild und den behäbigen Palazzo Salis am Ortsrand.
Mit RhB Chur – St. Moritz bis Endstation, anschliessend Postauto Pontresina – Chiavenna bis Bondo. Fahrplanfelder 940 und 940.80.
Mit PW über Chur – Thusis – Julierpass – Maloja bis Bondo.
Post Promontogno: Tel. 081 822 11 23.
Restaurant und einige Häuser.

Karte — 1296 Sciora

Ausrüstung — Pickel und Steigeisen (evtl. Seil)

Verschiedenes — Fahrbewilligung

Die Strasse nach Laret kann mit einer Bewilligung (erhältlich im Negozio/Osteria am Dorfplatz in Bondo) befahren werden.

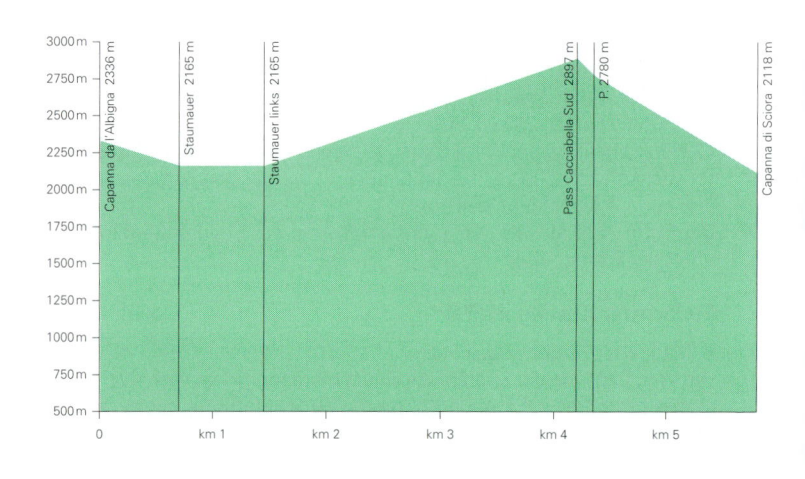

Sehenswürdigkeiten   Piz Badile und Bondascagruppe

Von der Passhöhe des Cacciabella-Passes und von der Sciorahütte sieht man sich der eindrücklichen, 1000 Meter langen N-Kante (Erstbegehung 1923 durch Walter Risch und Alfred Zürcher) und der 800 Meter hohen und glatten NE-Wand des Piz Badile gegenüber, wo seit der dramatischen Erstbegehung anno 1937 durch Riccardo Cassin und Gefährten immer wieder Alpinismusgeschichte geschrieben wurde. Heute gibt es mehrere Dutzend Kletterrouten an diesem Berg. Sie zählen zu den schwierigsten Graubündens. Die Berge des Bondascakessels sind beliebte Ziele von Alpinisten und Extremkletterern.

Route

Von der Albignahütte auf dem markierten Hüttenweg nach N zur E-Seite der Staumauer und über diese an ihre W-Seite. Dort steht die Bergstation der Seilbahn Pranzaira-Albigna. ½ Std.

Die markierte Route folgt nun dem steilen Hang über dem linken Seeufer an P. 2297 vorbei zunächst als Weg, später nur noch als Wegspuren. Man muss dabei heikle Schluchten und Plattenzonen des Piz Frachiccio überqueren. Man bleibt möglichst hoch direkt unter den Felswänden. Grosse Vorsicht erheischen diese Passagen insbesondere bei nassem Gelände, oder wenn Schnee liegt (diese Strecke ist von der Albignahütte aus einsehbar). Das Gelände wird allmählich etwas flacher, aber auch unübersichtlicher. Ueber die Geröll- und Plattenzone Cacciabella steigt die Route nach SW gegen den Piz Eravedar auf. Auf ca. 2800 m im E-Grat des Piz Eravedar zweigt die Route scharf nach W ab, und man erklettert über abschüssige Bänder und durch einen Kamin in der S-Flanke des erwähnten Piz Eravedar die Scharte des Pass Cacciabella Sud (2897 m). 3½ Std.

Die Passhöhe ist nur eine schmale Scharte im gewaltigen Grat und alpintechnisch die anspruchsvollste Stelle dieses Führers. Der Blick auf die W-Seite ist beeindruckend - und je nach Verhältnissen beklemmend. Senkrecht bis überhängend brechen die ersten 20 m ab, ein Drahtseil hilft bei deren Ueberwindung. Man quert an den Drahtseilen unter den Felsen rechts hinaus und steigt am rechten Couloirrand abwärts. Der Abstieg über den steilen Schneehang kann je nach Verhältnissen einfach oder sehr schwierig sein. Am rechten Rand sind Abseilstellen eingerichtet. Nach dem flachen Schneefeld am Fuss der Rinne trifft man auf Wegspuren im Geröll, die zunächst nach W, dann SW zur schon von weit oben sichtbaren Sciorahütte (2118 m) führen. 1½ - 2 Std.

Alternative

Nach Vicosoprano – Bondo – Capanna di Sciora (ohne den Cacciabella-Pass)
Sehr nützliche Alternative, wenn die Verhältnisse eine Begehung des Cacciabella-Passes nicht zulassen oder für Wanderer, die sich den alpinistisch anspruchsvollen Pass nicht zutrauen.
Auf einer der Varianten von R. 12 nach Vicosoprano. Mit Postauto nach Promontogno.
Aufstieg zur Sciorahütte
B. Markierter Hüttenweg. 4 Std. Die Fahrstrasse ist bis Laret (P. 1377) mit einer Bewilligung befahrbar. Der Weg zur Sciorahütte folgt ab Laret durch lichten Föhrenwald dem Bach und überquert die Ebene Plän Marener. Ab P. 1542 geht es in vielen steilen Kehren mühsam durch den mit Felsen durchsetzten Hang (Camin) hinauf. Man passiert eine Schäferhütte bei Naravedar (P. 1843) und steigt weiter in Kehren zwischen Legföhren durch zur Waldgrenze. Ein Moränenrücken leitet zur Hütte (P. 2118).

Val da l'Albigna und Val Bondasca: neu bundesgeschützt

Am 1. April 1998 hat der Bundesrat das Val da l'Albigna und das Val Bondasca neu ins Bundesinventar der geschützten Landschaften (BLN) der Schweiz aufgenommen. Das Inventar umfasst nun 161 Landschaften. Diese sind aufgrund ihrer Schönheit, Eigenart, wissenschaftlichen, ökologischen oder kulturgeografischen Bedeutung in schweizerischer und teilweise gar europäischer Sicht einmalig oder für eine bestimmte Region charakteristisch. Mit der Aufnahme ins BLN verdienen diese Landschaften in besonderem Mass ungeschmälerte Erhaltung oder jedenfalls grösstmögliche Schonung. Seine Schutzwirkung entfaltet das BLN allerdings in erster Linie im Rahmen der sogenannten Bundesaufgaben: Dazu gehören Erstellung und Unterhalt der bundeseigenen Bauten und Anlagen (zum Beispiel Nationalstrassen, Armee-, PTT- und SBB-Bauten). Weiter gehört alles dazu, was vom Bund konzessioniert, bewilligt oder subventioniert wird, wie Seilbahnen, Hochspannungsleitungen, Forststrassen, Hochwasserschutz oder Meliorationen.

Welche Bedeutung hat das BLN konkret? Verlangt es einen totalen Schutz? Der Bündner Landschaftspfleger Georg Ragaz erklärt dazu: «Die rechtliche Bedeutung des BLN ist nicht sehr gross.» Die Aufnahme einer Landschaft in das Inventar bedeutet also beispielsweise kein Bau- oder Erweiterungsverbot. Trotzdem erwächst dem BLN oft Widerstand. So entstand das BLN-Projekt Val da l'Albigna und Val Bondasca aus einem grösseren Projekt «Val Bregaglia», das die Bergeller Berge und auch die Talsohle einschloss. Doch die Gemeinden wehrten sich gegen den Einbezug der Talsohle, weil sie befürchteten, ihre Bauvorhaben nicht mehr in gleichem Mass ausführen zu können. Deshalb umfasst das heutige Bergeller BLN-Objekt eigentlich nur noch die Landschaften oberhalb der Orte. Georg Ragaz sagt zu der Furcht vieler Gemeindebehörden vor möglichen Einschränkungen durch das BLN: « Wenn ein Bauvorhaben notwendig ist, wenn es vernünftig geplant wird oder wenn es sich nur um eine Aenderung handelt, gibt es auch in BLN-Objekten wenig Einschränkungen.» Er erwähnt das Beispiel der Oberengadiner Siedlungen Sils und Silvaplana, wo Planung und Bautätigkeit möglich sind, obwohl beide Dörfer mitten in einem BLN-Objekt liegen. Trotzdem möchte das kantonale Amt für Landschaftspflege und Naturschutz nicht auf dieses Instrument verzichten: «Das BLN hilft uns, krasse Dinge zu verhindern», sagt Georg Ragaz, «und man hat die Möglichkeit, Verbesserungen und Anpassungen zu erreichen.» Bedauerlich findet er, dass die touristischen Instanzen das BLN praktisch nicht kennen und sich nur daran stossen, wenn es ihnen bei einer Erschliessung «im Wege steht». «Die touristische Vermarktung von geschützten Landschaften – immer mit Mass natürlich – könnte eine wertvolle touristische Angebotserweiterung darstellen», glaubt Georg Ragaz, «der Tourismus muss aber auch helfen, diese Landschaften zu schützen und zu erhalten.» (PD)

114 Letzte Atemzüge reine Natur vor dem Abstieg ins Tal

Die Wanderung über den Viäl ist ein würdiger und krönender Abschluss der Bergell-Durchquerung. Die markierte Route führt in alpiner Atmosphäre an den Rändern zerschrundeter Gletscher vorbei, die in die Felsenkessel am Fuss der Granitkolosse Gemelli, Cengalo und Badile eingebettet sind. Im Eis knackt und kracht es, ab und zu poltert ein Stein irgendwo in die Tiefe, die Gletscherbäche rauschen. Ein Hauch von unberührter Urtümlichkeit weht, die Natur zeigt sich wild und völlig frei von menschlichen Eingriffen. Diese strenge Umgebung erlaubt dem aufmerksamen Besucher intensive Erfahrungen – nicht zuletzt auch mit sich selbst. Trotzdem müssen Begeher dieser Route keine Extremalpinisten sein – das macht den Reiz des Viäl aus.

EB Routencharakter und Schwierigkeit

Markierte (weiss-blau-weiss) Route und zum grossen Teil Wegspuren und Wege. Bei schlechter Sicht kann die Routenfindung Schwierigkeiten bereiten.

Zeit	3 – 3½ Std. (von Hütte zu Hütte)

Ausgangspunkt	Capanna di Sciora (s. R. 113)

Endpunkt 1	Capanna Sasc Furä (1904 m) 765.110/131.580

SAC-Sektion Bregaglia, 7649 Promontogno.
Tel. Hütte: 081 822 12 52. Reservation: Gian Ganzoni, 7606 Promontogno. Tel. 081 822 12 21.
50 Plätze. Bewartet während der ganzen Woche von Juli bis September.
Die Hütte steht auf einer Lichtung im romantischen Lärchenwald auf dem Rücken, der von der N-Kante des Piz Badile herabkommt.

Endpunkt 2	Nach Bondo und Promontogno

B. Markierter Hüttenweg. 2 Std.
Von der Sasc-Furä-Hütte sticht der Hüttenweg durch steilen Lärchenwald in vielen Kehren ins Val Bondasca hinab. Bei Laret überquert eine Brücke den Bach und trifft bei P. 1377 auf die Fahrstrasse, die nach Bondo und Promontogno hinunterführt (das Befahren ist mit kostenpflichtiger Spezialbewilligung erlaubt, die im Negozio/Osteria in Bondo erhältlich ist). Man kann der Strasse folgen oder den Wanderweg benützen, der einige hundert Meter nach der Lichtung Prä rechts von der Strasse abzweigt.

Capanna di Sciora – La Plota – Capanna Sasc Furä – Bondo/Promontogno

Talorte	Bondo (823 m) (s. R. 113) und Promontogno

Promontogno (871 m)
Dorf unmittelbar neben Bondo am Westrand der «Porta».
Mit RhB Chur – St. Moritz, anschliessend mit Postauto Pontresina – Chiavenna bis Promontogno. Fahrplanfelder 940 und 940.80.
Mit PW über Chur – Thusis – Julierpass – Maloja nach Promontogno.
Post: Tel. 081 822 11 23, Fax 081 822 18 49.

Hotel-Pension Sciora und Touristenlager
7606 Promontogno.
Tel./Reservation: 081 822 14 90, Fax 081 822 13 89.
5 Doppelzimmer im Hotel und 45 Plätze im Lager. Die Pension ist das ganze Jahr und das Touristenlager vom 20. Mai bis 30. Juni und 1. September bis 20. Oktober geöffnet.

Karte	1296 Sciora, 1276 Val Bregaglia

Route

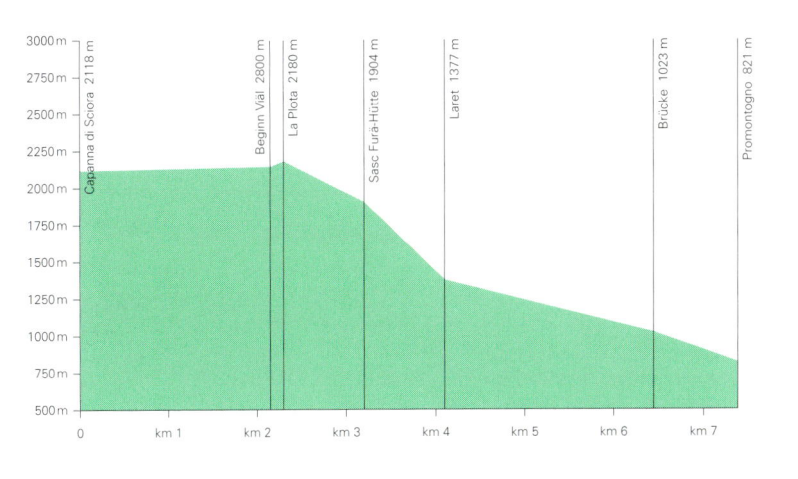

Von der Sciorahütte kann man einen grossen Teil der Route einsehen. Sie verläuft von der Sciorahütte ohne wesentlichen Höhenverlust nach SSW durch die grossen Geröllhalden am Fuss der Gletscher der Pizzi Gemelli, Cengalo und Badile. Man überquert einige Bäche und folgt dem Moränenrücken Cant la Föia seiner Seite entlang hinunter, quert das Geröll un-terhalb des Gletschers Vadret da Cengal und des Moränenrückens Fort da Cengal ansteigend, bis man die letzte Geröllmulde – jene unter der mächtigen NE-Wand des Piz Badile – erreicht. Zwischen grossen Felsblöcken und über Altschnee erreicht man die E-Flanke des Grates von La Plota. Durch die Felswand verläuft ein schmales und ausgesetztes Grasband mit einem gut begehbaren Pfad (Viäl oder Viale genannt). Über Wegspuren und einige leichte Kletterstellen (I) erreicht man die Plattenzone am Fuss der Nordkante des Piz – Badile (ca. 2280 m; schöner Aussichtspunkt). 2 Std.

Nun steigt man über Granitplatten an moosigen Plätzchen vorbei nach N, später NW ab bis zu den ersten Lärchen. Wenig später erreicht man die Sasc-Furä-Hütte. ½ Std.

Nach Bondo/Promontogno s. «Endpunkt 2».

Literatur und Abbildungen

Bachmann, Ruedi	Südliches Bergell/Disgrazia. SAC-Clubführer Bündner Alpen 4, Bern 1992
Bündner Wald	Organ des Bündner Forstvereins, Nr. 6, Chur 1991
Caminada, Christian	Die verzauberten Täler, Olten 1961
Coaz, Johann	Das Bündner Oberland. Itinerarium für das Excursionsgebiet des SAC, St. Gallen 1874
Condrau, Bernard u. Hunziger, Manfred	Tamina- und Plessurgebirge. SAC-Clubführer, Bündner Alpen 2, Bern 1988
Condrau, Bernard u. Candinas, Walter	Mittleres Engadin/Puschlav. SAC-Clubführer Bündner Alpen 10, Bern 1984
Condrau, Bernard	Silvretta/Samnaun. SAC-Clubführer Bündner Alpen 8, Bern 1985
Egler, Jachen u. Pernet, Martin	Engiadina Bassa/Val Müstair. SAC-Clubführer Bündner Alpen 9, Bern 1986
Egloff, Peter	Neu-Splügen wurde nicht gebaut, Zürich 1987
Frischknecht, Jürg	Wandert in der Schweiz, solange es sie noch gibt, Zürich, 1988
Frischknecht, Jürg	Grenzschlängeln, Zürich 1995
Fullin, Toni	Urner Alpen Ost. SAC-Clubführer, Bern 1992
Furter, Willy	Das grosse Clubhüttenbuch, Zürich 1988
Gross, Paul	Albula. SAC-Clubführer Bündner Alpen 6, Bern 1986
Hunziker, Manfred	Vom Lukmanier zum Domleschg. SAC-Clubführer Bündner Alpen 2, Bern 1996
Hunziker, Manfred	Avers. SAC-Clubführer Bündner Alpen 3, Bern 1994
Krebs, Peter u. Siegrist, Dominik	Klimaspuren, Zürich 1997
Lisignoli, Guido	Bregaglia. Le più belle escursioni, Chiavenna 1996
Luchsinger, Werner	Glarner Alpen. SAC-Clubführer, Bern 1992
Lüps, Peter	Der Steinbock, Chur 1995

Literatur und Abbildungen

Maeder, Herbert	La Greina, Chur 1995
Maeder, Herbert/ Kruker, Robert	Hirten und Herden, Olten 1987
Matossi, René	Bernina. SAC-Clubführer Bündner Alpen 5, Bern 1993
Meinherz, Paul	Rätikon. SAC-Clubführer Bündner Alpen 7, Bern 1989
Meier, Erhard	Kulturwege in Graubünden, Chur 1962
Müller, J. Paul, in	Tierwelt der Berge, Chur 1987
Pieth, Friedrich	Bündner Geschichte, Chur 1945
Planta, Armon	Verkehrswege im alten Rätien, Bd. 2, Chur 1986
Robin, Klaus	Wanderführer durch den Schweizerischen Nationalpark, Zernez 1995
v. Salis, Hubertus	Bahnhistorischer Lehrpfad Preda Bergün, Thusis 1992
Schnyder, W.	Handel und Verkehr über die Bündner Pässe, Zürich 1973
Schorta, Andrea	Wie der Berg zu seinem Namen kam, Chur 1988
Sererhard, Nicolin	Einfalte Delineation aller Gemeinden gemeiner dreyen Bünden (1872), Chur 1994
v. Sprecher, J.A.	Kulturgeschichte der Drei Bünde im 18. Jh., Chur 1857/1951
Terra Grischuna	Zeitschrift für Graubünden, Bottmingen, div. Autoren u. Jahrgänge
Volken, Marco u. Kundert, Remo	Hütten der Schweizer Alpen, Bern 1998
Weiss, Richard	Das Alpwesen Graubündens, Zürich 1941
Zinsli, Paul	Walser Volkstum, Chur 1991

Fotos:
Donatsch, Peter	Titel, S. 36, 160/161, 192, 216/217, 264/265, 313
Meinherz, Paul	S. 64/65

S. 38/39, 66/67, 92/93, 114/115, 138/139, 168/169, 194/195, 224/225, 254/255, 276/277, 294/295 und Umschlag: Reproduziert mit Bewilligung vom 7.7.1998 des Bundesamtes für Landestopographie, Wabern.

Steinbock am Falknis mit Pizalun (vorne) und Calanda (R. 1 und R. 51)

Ortsverzeichnis

Acqua Fraggia, Lago dell',	147
Aelpli, Malanser	46
Agnel, Fuorcla d'	125
Agnel, Piz	126
Airolo	200
Albigna, Capanna da l'	300
Albigna-Stausee	302
Albris, Gianda d'	280
Alperschälli	163
Alperschällilücke	163
Anschatscha, Fuorcla d'	98
Arpiglia, Piz	273
Ault, Piz (Disentis)	214
Ault, Piz (Medel)	189
Avers	129
Bad Ragaz	250
Badus, Piz / Six Madun	209
Bärenhorn	166
Bärenlücke	166
Baita del Capriolo, Rifugio	145
Bergün	104
Bernina Suot	278
Bertacchi, Rifugio Giovanni	149
Bever	121
Bever, Fuorcla da	122
Bielerhöhe	60
Bifertenhütte	226
Bifertenstock	219
Blaisun, Piz	112
Bondo	304
Borel, Piz	204
Bornengo, Passo	204
Bov, Plan dil	153
Boval, Chamanna da	284
Boverina, Capanna	196
Bovs	235
Brand	49
Breil/Brigels	227
Bristen	210
Brunnifirn	214
Buora, Fuorcla dalla	189
Cacciabella Sud, Pass	305
Cadlimo, Capanna	199
Cadlimo, Sotto Bochetta di	203
Cadlimo, Val	201
Cadrin	142
Calanda	248
Calandahütte	246
Calandari, Piz	160
Calmut, Plauncas	213
Cam, Val da	142
Campatsch, Fuorcla	90
Campo Blenio	178
Campo, Val di	197
Canallücke	176
Canaltal	176
Canin, Plan	297
Carschinafurgga	49
Carschinahütte	47
Casaccia	134
Casnil Nord, Pass da	302
Catscha, Uaul da	228
Cavagl	117
Cavals Plaun, da	232
Cavardiras, Camona da	212
Cavardiras, Fuorcla da	214
Cavardiras, Val	218
Cavelljoch	49
Cavloc, Alp da	297
Cavrein Sura, Alp	219
Cavrein, Val Gronda da	219
Chants	112
Chessi	98
Chiara e Walter, Bivacco	147
Chlei Seehorn	62
Chrüzlipass	214

Ortsverzeichnis

Chrüzlital	214
Cluozza, Chamanna	265
Coaz, Chamanna	288
Colrosa	49
Crap Grond	219
Cristallina, Pass	197
Cristallina, Val	197
Cröt (Avers)	148
Crusch, Crap la	183
Cufercalhorn	160
Cufercalhütte	158
Cuolmet, Piz	219
Curaglia	185
Curnera, Piz	204
Darlux	112
Darlux, Piz	112
Davos	102
Denter Auas	189
Diavolezza, Berghaus	282
Disentis	213
Douglashütte	49
Drusator	49
Egghorn	72
Ela, Chamonas d'	116
Ela, Pass d'	117
Emet, Pizzo d'	151
Enderlinhütte	41
Enderlinstein	42
Enderlinweg	42
Era, Alp	89
Ereztälli	59
Es-cha, Chamanna d'	108
Es-cha, Porta d'	109
Etzliboden	210
Etzlihütte	210
Fain, Val da	280
Falknis	46
Falla Lenn	231
Fallerfurgga	130
Fex Crasta	291
Fex, Val	291
Fex-Roseg, Fuorcla	292
First	244
Flims	235
Flix, Alp	124
Fluaz, Fil dil	232
Flüela Hospiz	103
Flüela Wisshorn	103
Forcellina	135
Forno, Capanna del	296
Forno, Val	292
Fornogletscher	292
Frisal	229
Fürkli, Fläscher	45
Fuorns	190
Furcletta	75
Furggels	252
Galtür	60
Gamsluggen	49
Gana Negra, Passo di	201
Ganda Nera, Alpe	151
Gargäller Chöpf	59
Garzott, Alpe	179
Gavirolas, Fuorcla da	231
Gelbhorn	163
Gemschtobel	54
Georgy, Chamanna	281
Gigerwald	244
Gigerwaldspitz	244
Glattenberg	159
Gliems, Porta da	219
Gliems, Val	219
God Fallò	117
Gravas	204
Greinapass	183
Grialetsch, Chamanna da	102
Grialetsch, Piz	106
Gronda, Val	79
Gruobenpass	54
Guarda	73
Gwasmet	214
Haldenstein	247

Ortsverzeichnis

Heidelberger Hütte	75
Hinterrhein	170
Höhberghorn	177
Hof Zuort	82
Hüenersee	60
Ijes	46
Il Fuorn, Hotel	261
Innerferrera	146
Ischgl	74
Isla Persa	284
Isola	292
Jenatsch, Chamanna	121
Jenatsch, Piz	123
Jöriseen	103
Juf	129
Juonen Fürggli	59
Kanonensattel	125
Karrenfeld	48
Kesch, Chamanna digl	104
Klosterpass	69
Klosters	58
Küblis	48
Kurhaus Val Sinestra	82
La Crappa	122
La Punt	272
Läntahütte	174
Lai Grand, Fuorcla digl	163
Lai Pintg, Fuorcla digl	162
Lajets	117
Lajets	130
Lajets, Stavel di	197
Languard, Piz	281
Languard, Val	280
Laret, Alp	94
Lavaz, Fuorcla da	187
Lavaz, Fuorcla Sura da	186
Lavaz, Glatscher da	186
Lavaz, Val	186
Laviner, Piz	122
Leget, Fuorcla digl	125
Lei, Passo di	147
Lei, Valle di (Stausee)	147
Leira	147
Lindauerhütte	49
Litzner Sattel	69
Lukmanier-Hospiz	203
Lukmanierpass	200
Lunghin, Pass	135
Lunghin, Piz	135
Luzzone, Lago di	180
Madlenerhaus	60
Madris, Val	148
Madulain	108
Maienfeld	40
Maighels, Camona da	202
Maighels, Glatscher da	204
Maighels, Val	204
Maisas, Fuorcla	84
Maisas, Las	98
Malans	46
Malanseralp	244
Maloja	133
Marangun, Alp	98
Marmorerasee	130
Maroz, Val	141
Marti, Munt da	103
Mastrilser Alp	252
Mattun, Plan da	75
Medel, Camona da	184
Medel, Val	188
Mezdi, Plan	72
Mila, Aua da	211
Mila, Val	211
Milez	208
Mingèr, Alp	262
Mittelplatten	211
Monte Spluga	150
Morteratsch	284
Morteratschgletscher	284
Motterascio, Capanna	178
Müllersmatt	210
Müschauns, Val	269

Mulix	122
Murter	266
Muttala, Punt da la	153
Muttans	130
Muttler	84
Naafkopf	46
Nagens, Camona da	236
Naluns, Chamanna da	88
Naz	117
Nursera, Alp	154
Oberalppass	202
Oberalpstock/Piz Tgietschen	214
Oefenpass	49
Ota, Alp	289
Paliu Cotschna	211
Panixerpass	232
Panixerpass-Schutzhütte	230
Partnun	52
Pazolastock	209
Peil	171
Pers, Munt	285
Pers, Vadret	284
Pian Grond	262
Pigniu/Panix	230
Pischa, Fuorcla (Albula)	111
Pischa, Fuorcla (Engadin)	280
Piz Dolf	240
Pizalun	252
Plasseggen	58
Platta	188
Plattenseeli	244
Plazbi, Alp	111
Plidutscha	208
Plota, La	310
Pontresina	282
Porchabella, Vadret da	109
Pranzaira	300
Prasgnola, Pass	148
Praspöl, Plan	266
Preda	116
Promontogno	309
Prüna, Val	280
Prui	95
Punteglias, Alp da	228
Punteglias, Camona da	217
Punteglias, Fuorcla da	219
Punteglias, Val	219
Purcher, Alp	269
Quattervals, Piz	267
Radönt, Stavel da	103
Rätschenhorn	59
Rätschenjoch	59
Ramosch	256
Ranasca, Fil da	236
Ravetsch, Piz	204
Ravetsch, Plaunca da	204
Roseg, Val	289
Rossboden	84
Rossbodenstock	209
Rote Furka	70
Rotstock/Crap Tgietschen	235
Rubi Sura	229
Rubi Sut	229
Rueras	207
Russein da Mustér, Alp	219
Russein da Trun, Alp	218
S-chanf	268
S-charl	258
Saaser Alp	59
Safien	161
Sagogn, Fuorcla da	236
Salahorn	176
Salategnas	130
Salaz, Alp	252
Samnaun	78
Sarbrückenerhütte	60
Sardasca, Alp	68
Sardonahütte	237
Sardonapass	238
Sasc Furä, Capanna	308
Sassa, Fuorcla Val	269
Scaletta, Capanna	181

Ortsverzeichnis

Scalettapass	105
Scaradra, Val	179
Schesaplana	49
Schesaplanahütte	44
Schlans Sut, Alp da	228
Schlappin	57
Schlappiner Joch	59
Schönbüel	106
Schottensee	60
Schottenseefürggli	61
Schwarzhorn	163
Schwarzwaldalp	154
Schweizergletscher	62
Sciora, Capanna di	303
Scuol	89
Sedrun	210
Seegletscher	60
Seelücke	61
Seewis	44
Segnas, Camona da	234
Sent	82
Serlas	280
Sesvenna, Fuorcla	259
Sesvenna, Piz	260
Sesvenna, Schutzhaus	257
Sett, Pass da / Septimerpass	135
Sgrischus, Lej	292
Siala, La	238
Signalhorn	72
Silsersee	292
Silvrettahaus	68
Silvrettapass	72
Sinestra, Val (Berghaus)	82
Slingia, Passo di	258
Soglio	140
Soreda, Passo	179
St. Antönien	48
St. Antönier Joch	59
St. Margretenberg	250
St. Martin	245
Stallerberg	130
Steigwald	42
Stelli	252
Sterla Settentrionale, Passo di	151
Strem Sut, Fuorcla da	214
Strem, Val	214
Stremhörner	214
Stremlücke, Untere	214
Stürfis	46
Sufers	152
Sur	124
Sur En	256
Sur il Foss	262
Sura, Chant	103
Surgonda, Piz	126
Surrein	183
Tälihorn	130
Tasna, Fuorcla da	75
Tasna, Val	94
Terri, Camona da	182
Tersol	244
Tiarms, Pass	208
Tigias (Alp Flix)	124
Tilisunahütte	53
Timun, Piz	151
Tödi Grischun	219
Tomasee	208
Tomülpass	166
Totalphütte	49
Tote Alpe	49
Trinser Furgga	239
Trinserhorn	240
Tristeli	250
Trun	218
Tschegn Dadens Sut	228
Tschitta, Fuorcla	117
Tschüvel, Val dal	105
Tuma, Lai da	208
Tuoi, Chamanna da	71
Turbine, Passo del	147
Turrahus	161
Urezzas	75

Urlaun, Piz	219
Vättis	238
Val da Scrign, Punt da	273
Val dal Botsch, Fuorcla	262
Vallorgia	105
Valmala	95
Vals	164
Valserberg	171
Varusch, Chamanna dal Parc	268
Vaüglia, Alp	273
Vazer Alp	252
Vereina, Berghaus	96
Viäl/Viale	310
Vicosoprano	301
Winterlücke (Flüela)	103
Winterlücke (Silvretta)	69
Zadrell, Fuorcla	98
Zapporthütte	172
Zeblasjoch	79
Zernez	261
Zervreila	175
Zweienchopf	252